普通高等教育精品教材

商务礼仪与商务谈判

主　编◎徐建华　赵　鑫　胡秋菊
副主编◎罗阿玲　蔡雨晗　者吉莲
参　编◎宋　艳　杨航月　汪云遥

西南交通大学出版社
·成　都·

内容简介

本书主要介绍了商务人士在商务活动中应掌握的礼仪规范及商务谈判的基本技巧，共分为 16 个项目。上篇由树立现代商务礼仪观、仪容礼仪、仪表礼仪、仪态礼仪、中餐礼仪、西餐礼仪、商务拜访与接待礼仪、办公室礼仪、求职面试礼仪和涉外商务礼仪等 10 个项目构成，下篇由初步认识商务谈判、商务谈判前的准备、商务谈判开局、商务谈判磋商、结束谈判与签约、商务谈判的沟通技巧等 6 个项目构成。每个项目都根据商务活动安排了若干任务，把完成任务的相关知识点、技能点作为重点内容。在各项目之后设置了礼仪或谈判实训，以更好地达到教学要求，体现“做中学”的教学理念。

图书在版编目（CIP）数据

商务礼仪与商务谈判 / 徐建华，赵鑫，胡秋菊主编. —成都：西南交通大学出版社，2021.8（2025.7 重印）

ISBN 978-7-5643-8152-3

Ⅰ. ①商… Ⅱ. ①徐… ②赵… ③胡… Ⅲ. ①商务－礼仪－高等学校－教材②商务谈判－高等学校－教材 Ⅳ. ①F718②F715.4

中国版本图书馆 CIP 数据核字（2021）第 150588 号

Shangwu Liyi yu Shangwu Tanpan

商务礼仪与商务谈判

主　　编 / 徐建华　赵　鑫　胡秋菊

责任编辑 / 罗爱林

封面设计 / GT 工作室

西南交通大学出版社出版发行

（四川省成都市金牛区二环路北一段 111 号西南交通大学创新大厦 21 楼　610031）

发行部电话：028-87600564　028-87600533

网址：https://www.xnjdcbs.com

印刷：成都中永印务有限责任公司

成品尺寸　185 mm × 260 mm

印张　23.25　　字数　581 千

版次　2021 年 8 月第 1 版　　印次　2025 年 7 月第 3 次

书号　ISBN 978-7-5643-8152-3

定价　68.00 元

课件咨询电话：028-81435775

前 言

PREFACE

子曰："不学礼，无以立。"商务礼仪在商务活动过程中扮演着越来越重要的角色。学习礼仪，"知礼、懂礼、习礼、用礼"，成为一个有素质的人、一个内外兼修的人已经成为现代商务人士的必修课程。越来越多的企业都把商务礼仪作为对员工的基本考核要求。

随着我国经济的发展，商务活动也迅速增长，商务谈判则贯穿于整个商务活动中。商务合同的洽谈、签订及履行，谈判的心理、谈判的技巧与策略、谈判计划的制订等准备工作的实施为商务谈判的成功奠定了基础，企业员工对于商务谈判理论与实践知识的掌握会直接或间接影响谈判的结果及己方的利益。因此，商务礼仪与商务谈判在现代商务活动中愈发重要。

本书是经济管理类专业素质类课程系列教材。本教材在 OBE-TOPCARES 教育理念的指导下，以目标为导向，培养学生的推理能力、开放式的思维、个人的职业能力、沟通表达能力、团队合作能力、实际操作能力和整体素质。本教材按照"项目—任务—知识点—实训"的基本框架进行编写，理论联系实践、图文并茂、通俗易懂，将教师讲解和学生操作有效结合起来，以提高教学效果。

全书主要介绍了商务人士在商务活动中应掌握的基本礼仪规范及谈判策略与技巧，由树立现代商务礼仪观、仪容礼仪、仪表礼仪、仪态礼仪、中餐礼仪、西餐礼仪、商务拜访与接待礼仪、办公室礼仪、求职面试礼仪、涉外商务礼仪、初步认识商务谈判、商务谈判前的准备、商务谈判开局、商务谈判磋商、结束谈判与签约、商务谈判的沟通技巧等 16 个项目构成。每个项目都根据商务活动安排了几个任务，每个任务中都把完成这个任务的相关知识点、技能点作为重点内容，通过各项目知识点、技能点的学习，实训的练习，以更好地达到教学要求，体现"做中学"的教学理念。

本书由成都东软学院徐建华、赵鑫、胡秋菊担任主编，罗阿玲、蔡雨晗、者吉莲担任副主编。另外，宋艳、杨航月、汪云遥也参与了本教材的编写。具体编写分工如下：徐建华负责总体框架的设计以及样章的编写、各章初稿的修订，并编写项目一和项目十三；赵鑫负责编写大纲的审定，并编写项目八、项目十二和项目十四；胡秋菊编写项目二和项目七；罗阿玲编写项目三、项目四和项目十；蔡雨晗编写项目十六；者吉莲编写项目五和项目九；宋艳编写项目六；汪云遥编写项目十五；杨航月编写项目十一。全书最后由赵鑫、杨航月统稿校对，徐建华审核与定稿。

本书可以作为各大高校各类专业学生的礼仪课程教材，也可以供社会各行业人士使用和参考，从而提升个人形象和企业形象。

在本书的编写过程中，借鉴和参考了大量的国内外相关资料和书籍，同时也得到了西南交通大学出版社罗爱林编辑等的大力支持，在此一并表示感谢！

由于编者经验和知识的局限，书中难免存在遗漏和不足之处，恳请各位读者和同行专家批评指正。

编　者

2021 年 7 月

目　录
CONTENTS

上篇　商务礼仪

下篇　商务谈判

上篇　商务礼仪

项目一　树立现代商务礼仪观

【知识结构图】

- 树立现代商务礼仪观
  - 认识礼仪及相关概念
    - 礼仪的起源
    - 礼仪的含义
    - 礼仪的功能
    - 礼仪的内容
    - 礼仪的特征
    - 提高礼仪修养的途径
  - 商务礼仪的内涵、特征和功能
    - 商务礼仪的内涵
    - 商务礼仪的特征及原则
    - 商务礼仪的功能

【知识目标】

1. 了解中华民族历史悠久的礼仪文化。
2. 理解礼仪的基本含义和精神。
3. 识别社会生活中的礼仪现象。
4. 掌握提升自身礼仪修养的途径和方法。

【能力目标】

1. 培养学生良好的形象，提高学生的基本素质。
2. 理解社交礼仪、商务礼仪中的基本规则和要点。

【素质目标】

1. 提高学生自身的文化修养和礼仪素质。
2. 养成在各种场合中都能自觉遵守礼仪规范的行为习惯。

【案例导入】

飞机上“彪悍”的乘客

近年来，中国乘客在飞机上“打架”的新闻频繁见诸报端。2014年4月，在泰国飞北京的航班上，3名乘客因嫌对方吃饭声大，持用餐的刀叉互殴。

某年9月，两名乘客因调整座椅引冲突致瑞士航班返航。当时班机已离开苏黎世机场3个多小时，机长担心机上打斗场面继续恶化危及飞行安全，决定返航苏黎世。

另据报道，在塞班飞上海的某航班上，两个乘客为了一个后排闲置座位打了起来，后来变成两拨人打架，飞机差点返航。

航空专家表示，一旦飞机上乘客发生激烈的肢体冲突，飞机的平衡姿态就会受到影响，严重时可能导致飞机失事。

（资料来源：腾讯新闻，http://news.qq.com/a/20141212/044877.htm? ADUIN=261773544）

美国：“空闹”触犯法律

美国国土辽阔，是世界上商业航空最发达的国家之一，拥有庞大的商业航空网络。每天仅国内航线就有超过1万架次航班起降。经过百余年的发展，美国商业航空在运营、管理、法规机制等方面都日趋成熟。不过，这并不能为航班准点率提供保障。相反，在美国乘坐飞机，遇到航班延误或取消的情况并不少见。美国航空数据网显示，仅在1月份的一周时间里，全美就发生了51 853次航班延误，5 672次航班取消。

出了事，怎么办？先来了解美国航空管理部门和航空公司相关法规与通常做法。在美国，由于天气、交通管制或机械问题造成的航班延误或取消，管理部门对航空公司怎样补偿旅客并不做硬性规定。不过如果航班取消，大多数航空公司都会帮助旅客免费预订下一趟时间最早的航班。

乘客“空闹”在美国并不罕见。从当地媒体的报道看，时有喝醉酒登机闹事的新闻。这些事件往往以闹事者被当场拘捕而告终。而普通旅客遇到航班延误或取消，通常都会理性对待。两年前，笔者的一位同事就经历了类似事件。当时，他从华盛顿乘坐全美航空公司的航班前往美国西部出差，途经休斯敦转机。由于天气原因，飞往休斯敦的航班晚点。抵达时，转机的航班已按原计划起飞。

当时天色已晚，航空公司通知旅客将在第二天早上为他们安排下一航班，并提供当晚的住宿和交通，但没有其他补偿。得知消息后，没有任何一个乘客向航空公司抱怨或理论，更没有人大吵大闹。大家都安静地住进了旅馆。

该同事问同行的一名妇女，为什么没人找他们讨个说法？这名妇女回答，在公众场合吵闹会被人觉得没有教养，是件很丢人的事。再说，飞机因为天气缘故延迟起飞是为了所有人的安全，还有什么比安全更重要呢？这件事令这位同事至今难忘。

（资料来源：新华网，http://news.xinhuanet.com/legal/2015-01/25/c_127417647.htm）

阅读上述两个案例后，思考以下问题：

1. 社会生活中，为什么有的人能守礼而有的人却失礼？

2. 为什么不同的人对礼仪的理解有着巨大的差别？

3. 礼仪与自身修养有着什么样的联系？

4. 如何拥有优雅得体的礼仪？

任务一 认识礼仪及相关概念

一、礼仪的起源

在当今时代，随着网络技术和信息技术的迅猛发展，人与人之间的交流范围被成万倍地放大，我们可以通过互联网与全世界范围的人进行交往和沟通。世界已经变成了一个“地球村”。在交流触角无限延伸的同时，我们也希望能拥有优雅风趣的语言谈吐、大方得体的行为规范、收放自如的待人接物以及良好的社会人际关系，这些都是我们成为一个成功人士必需的礼仪修养素质。那么，礼仪是怎样产生的呢？礼仪包含哪些内容？古代的礼仪和现代的礼仪是否是一致的呢？这就需要我们学习和了解礼仪的起源。

人们对于礼仪的产生有很多种说法，得到大多数学者认可的一般有以下几种：

1. 礼仪产生于人类对神灵的祭祀活动

大量考古证据表明，在原始社会人们便有了礼的概念。原始社会时期，人类对大自然充满了未知，对洪水、火灾、雷电、地震等自然现象怀有敬畏之心，认为这是触怒了天上的神灵所致。因此，为了取悦神灵，使其不要降下灾害，并且保佑众生，人们便开始了对神灵的祭祀。大量的祭祀活动逐渐演变出一套规范有序、程序烦琐的仪式、步骤、语言和动作。这就是古代礼仪的雏形。随着社会的发展和进步，这些规范的仪式、语言和动作慢慢在社会活动中表现出来，逐渐演变成人际交往中的礼仪。

知识链接

清明祭祖

清明节是中华民族纪念祖先的传统节日，其主要形式是祭祖扫墓。几千年来，人们在这个“气清景明”的节气中，进行“祭之以礼”的追远活动，为已逝的亲人、祖先，庄重地送上自己的思念与敬意。

这神圣的生命交流仪式，一年年轮回、一代代传承，构成了人们顽强生存和追求幸福的重要动力，是中华文明生生不息、续展开新的有机构成。因此中国将清明节等传统节日法定化，增进文化认同、民族认同、国家认同。

（资料来源：https://baike.sogou.com/v51206434.htm）

2. 礼仪产生于人类群体生活的需要

人类是社会化的群体，随着人类社会的发展和文明的进步，人与人之间的接触和交往日益频繁，每个人类个体的交际层面和范围也日益扩大。不同的家庭之间、不同的部落之间、不同的城镇之间，以及不同的国家之间，如何保证这些不同的群体能友好地交流？礼仪便顺应而生。人们在日常大量的群体生活过程中发现，某些语言、表情、声调、姿势、动作、服饰要求等交流的方式能使彼此舒适、自然，有助于消除戒心和误解，增进感情和友谊，因此这些语言、表情、声调、姿势、动作以及服饰要求就会逐渐保持和流传下来，最终形成有着特定含义的礼仪规范。

3. 中华民族对于传统礼仪的认识

中华民族素来被称为礼仪之邦，礼仪在中华文明的历史演进过程中，起着积极的推动作用。《春秋左传正义》中说道："中国有礼仪之大，故称夏；有服章之美，谓之华。"这句话的意思是，中国尊崇礼仪，文明道德繁盛，所以称为"夏"，有着美丽纹饰的衣服所以称为"华"。因此，中国也被称为华夏。在奴隶制社会国家的夏朝、殷朝和周朝时期，已经拥有了较为完备的礼法体系，被称为"夏礼""殷礼"和"周礼"。这些礼仪主要还是以国家层面进行祭祀为主要内容。另外也有一部分涉及人们日常生活当中的行为礼仪习惯，例如周公向民众教化"婚义七礼"的故事，即"周公之礼"。到了春秋时期，我国历史上首位重要的礼学大师——孔子诞生。孔子第一个把礼作为治理国家和处身立命的基本准则。他主张"为国以礼""克己复礼"，认为礼是国家的根本制度；礼的范围应该扩大到民间，突破了西周"礼不下庶人"的原则。儒家的另一名集大成者孟子也强调了礼的重要性，他提出了仁、义、礼、智，将其作为道德的基本规范，这四者构成了儒家学说关于礼的核心内容。在此之后，荀子也提出"人无礼则不生，事无礼则不成，国无礼则不宁"，进一步提升了礼的地位，明确了礼的作用。

纵观我国历史上各个时期对礼仪的记载，我们发现，礼仪的发展是和社会的发展及文明的进步紧密联系在一起的。从某种意义上说，人类社会的发展史，就是礼仪的发展史。礼仪是人类文明的象征，一个时期的礼仪集中体现了该时期文化的特点和内涵。深入了解中华民族礼仪的发展史，对于我们了解中华民族传统文化、掌握礼仪发展基本规律有着重要意义。

知识链接

周公之礼

相传西周初年，世风浇薄，婚俗混乱。辅佐天子执政的周公为整饬民风，亲自制礼教民。周公格外重视婚礼，从男女说亲到嫁娶成婚，共分纳采、问名、纳吉、纳征、请期、亲迎、敦伦七个环节，每个环节都有具体细致的规定，合称"婚义七礼""士婚义七礼"。为了"士"人理解如何执行"七礼"，周公遂与妻子一起演礼，现身说法。可演试到"敦伦"一节时，周公之妻就拒绝了。敦伦，即敦睦夫妇之伦，含有指导新婚夫妇依礼行事的用意。踌躇间，周公见到儿子伯禽摆弄的几个葫芦瓢，试合两片瓢能重新合为一个葫芦，便灵感顿生。次日，周公把“士”人子弟召到辟雍（学校），讲解“婚义七礼”，说到“敦伦”时，他拿出一对原配的葫芦瓢来，以此为喻：未分之前如混沌一体，剖开之后如男女有别，敦夫妇之伦，就如同把葫芦瓢重新合为一体。

（资料来源：好搜百科，http://baike.haosou.com/doc/1499558.html）

二、礼仪的含义

礼仪是指人们在相互交往中，为表示相互尊重、敬意、友好而约定俗成的、共同遵循的行为规范和交往程序。礼仪的表现方式多种多样，人们在面对面交往时，礼仪可通过服饰、表情、语言、音调、动作、姿势等元素表现出来。在书信交往时，礼仪又可通过书信的格式、称谓、敬语等的使用表现出来。而在现代，随着科技的发展，电话、语音视频、电子邮件等新型交流方式的出现也同样扩大了礼仪使用的范围，丰富了礼仪使用的方式。

礼仪的含义极其丰富，从内涵大小来划分，可以表现为礼、礼貌、礼节、礼仪四个层次。

礼：敬意、友好的通称。礼所涵盖的范围最大。

礼貌：人们在交往过程中表示敬意、友好的行为规范，是行礼时表现出来的精神风范。例如，公共场合不大声喧哗、不随地吐痰、自觉遵守公共秩序、公交车上给老人让座等行为就是有礼貌、有修养的表现。

礼节：人们在交往过程中约定成俗、共同认可的待人接物的形式，是礼貌的惯用表现。例如，国与国之间必须遵守外交礼节，人们在新年里要给长辈拜年，长辈要给晚辈包红包等行为，都是礼节的具体表现形式。

礼仪：对礼节共同认可的规范和程序，是行礼时必须遵守的行为准则。礼、礼貌、礼节都需要通过礼仪表现出来。例如，人们见面要握手寒暄，商务场合第一次见面要互换名片、商务宴请当中要遵循座次安排等。这些都是礼仪的具体表现，如果做好了就是守礼，做不好则是失礼。

礼、礼貌、礼节、礼仪都属于礼的范畴。这四者的关系逐层递进，其内涵逐层缩小。礼是通称，涵盖了所有的精神面貌和行为动作；礼貌是个人修养和素质的体现，是人们表现出来的精神风貌；礼节是礼貌的惯用表现形式。人们通过礼节来表现内在的素质和修养；礼仪则是人们行使礼节时共同认可的规范和标准。礼、礼貌、礼节、礼仪表现出一种金字塔关系。（见图 1-1）

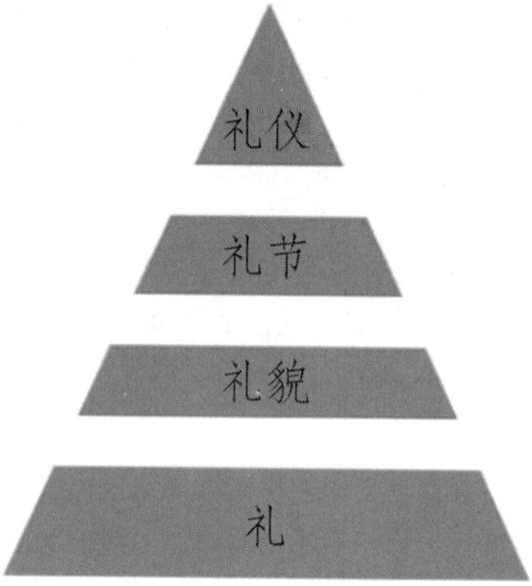

图 1-1　礼、礼貌、礼节、礼仪的金字塔关系

礼、礼貌、礼节、礼仪的内在联系要求我们要认真学习各种礼仪知识，真正了解其内在的实质含义。在社交场合中，如果对于礼节礼仪不求甚解，只是生搬硬套，就很容易闹出笑话。想表现出礼貌但不懂礼仪，就会失礼。例如，社交场合中的握手礼仪，谁先伸手谁后伸手就有很多讲究，要根据当时的具体环境进行综合的评判再决定该由谁先伸手。如果不懂得握手礼仪的内涵和准则规范，就很容易失礼。另外，行礼时一定要真诚。社交场合中的交往，人们是非常敏感的，一个人是否真诚友好，对方会立刻感受出来。因此，尽管这个人可能谙熟社交礼仪，细节方面一丝不苟、无可挑剔，但是缺乏真诚和热情，人们就会认为这个人很虚伪，这甚至是一种更严重的失礼。例如，在一些服务性窗口，办事人员的礼仪规范完全符合要求，礼貌用语也很标准，挑不出毛病，但是缺乏真诚和热情，流露出来的笑容是一种职业性的微笑，给人冷冰冰的感觉。人们在接受这种服务时感觉不到快乐，因此尽管礼仪做得很好，但仍然是一种失礼的行为。反之，以真诚之心待人，热情为他人办事，即便礼仪规范有所欠缺，也容易获得别人的谅解。所以说，真诚是社交礼仪当中的第一要素。

三、礼仪的功能

礼仪在人们的社会生活中扮演着重要的角色，具有许多重要的功能，概括来讲，主要包括沟通功能、协调功能、维护功能和教育功能。

1. 沟通功能

人类社会的交往内容极其复杂，不同种族、不同民族、不同国家、不同地域的人拥有不同的民族习惯和宗教信仰，对信息的表达和接收方式也各不相同，相同的语言、表情、姿势、动作表现出来的意思可能不同，甚至截然相反。例如，在英国，正“V”型手势（手心向外）是表示胜利的意思，但反“V”形手势（手心向内）则是在侮辱对方。因此，如何能保证人们在社会交往中正确理解这些信息并做出恰当的回应？这就需要用到礼仪的沟通功能。

礼仪是人们共同认可的规范和程序，是行礼时共同遵守的行为准则。人们要共同遵守礼仪的规范和要求，才能正确表达自己的尊敬、友谊和善意，人际交往才能顺利进行。尤其是在当今社会，人们的价值观日趋统一，对礼仪的规范和要求也基本趋同，在这种背景下，拥有良好的礼仪规范是开展各种社交活动必不可少的工具。真诚的眼神、善意的问候、热情的招待、亲切的微笑、风趣的谈吐，这些优秀的礼仪表现形式能很容易消除彼此的戒心，达到理想的沟通效果。相反，一个举止粗鲁，不修边幅，言谈傲慢无礼，在社交场合过分强调个性的人，则很难得到大家的认同。这样的人会被认为是缺乏礼仪修养，对他人不尊重，因此人们一般不愿意与之沟通交流。

2. 协调功能

人际交往具有复杂性，不但体现在交往的内容上，同样也体现在交往的角色上。交往的双方可能是陌生人、朋友、亲人、上级、下属、合作伙伴、竞争对手，甚至是仇敌。特别是双方处于不友好或者敌对的情况下进行交往，就必须遵守相应的礼仪。礼仪规范要求人们在社交场合中克制自己的情感和好恶，约束自己的言谈举止，使交往顺利进行。例如，处于交战的两个国家进行谈判，尽管气氛剑拔弩张，但是大家都能遵守基本的礼仪，克制自己的言行。无论谈判结果如何，但是场面上的礼仪必须做到，否则就会被认为是失礼，在舆论上处于劣势。我国古代有“两军交战，不斩来使”的说法，也是同样的道理。因此，礼仪体现出很强的协调功能，就如“润滑剂”一样，协调交往各方的关系和立场。大家共同遵守着相同的礼仪规范，以保证交往能够顺利进行。

3. 维护功能

礼仪在人们的社交活动中有很强的关系维护功能。良好的礼仪能帮助人们建立和增进友谊，培养和巩固情感，缓解双方矛盾和敌对关系。在商务活动中，一个优秀的商务人士会善用礼仪的维护功能来发展和巩固自己与客户之间的关系。日常生活当中的节日祝福、邮寄贺卡、赠送礼品、积极参与各种社交活动等，都是礼仪维护功能的体现。另外，礼仪通常和道德规范是紧密联系在一起的，对人们的行为具有较强的约束作用。礼仪修养的一个总体思想是“除恶扬善”，因此是对法律的一个重要补充。在法律无法涉及的区域，礼仪能够起到维护社会秩序的重要作用，使社会和谐发展。

4. 教育功能

礼仪是人类社会发展的产物，是人类文明进步的标志。不同时期的礼仪集中体现了当时人类社会文化的发展特征。因此，礼仪作为文化的重要组成部分，具有传承和教育功能。在我国古代，教育的重要内容就是对礼仪知识的传授。春秋以前的教育，基本上就是对礼仪的教授。古人认为，教化民众就是要教会老百姓知礼、守礼。礼仪能培养和提升一个人的道德修养。所谓“传道、授业、解惑”，第一个“传道”，就是向学生传授道德标准和礼仪修养。我们形容一个人有文化叫“知书达礼”，“知书”就是有知识、有文化，“达礼”就是有教养、守礼仪。另外，礼仪的遵守具有很强的示范功能，人们对于一个具有良好礼仪修养的人会心生羡慕，会不由自主地去模仿和学习，这也是礼仪教育功能的一种体现。

知识链接

学好“六艺”

在中国古代，谦谦君子要学好六门功课，称为“六艺”，要求学生掌握的六种基本才能：礼、乐、射、御、书、数。《五经述解》：“六艺数家或以诗代乐，缘古人诗以合乐者，实乐方正宗也。”

其中“礼”排在六艺之首，凸显了古人对“礼”的看重。事实上，儒家将“礼”作为治理国家的基本方针政策，因此有“以礼治国”“礼乐诗书传家”的说法。

礼者，不学“礼”无以立。《管子·牧民》所谓“仓廪实则知礼节，衣食足则知荣辱”。民间婚嫁、丧娶、入学、拜师、祭祀自古都有礼乐之官（司礼）。孔子上代屡为司礼之官，孔子少即习礼，“为儿嬉戏，常陈俎豆，设礼容”（《史记·孔子世家》）。在国家宗庙祭祀方面，古代官方常设太常寺、祠祭署等礼仪衙曹，设立读祝官、赞礼郎、祀丞等礼仪官。

五礼：吉礼、凶礼、军礼、宾礼、嘉礼。

（资料来源：https://baike.sogou.com/v81861.htm）

四、礼仪的内容

1. 礼仪的四大基本要素

礼仪是由礼仪的主体、礼仪的客体、礼仪的媒体、礼仪的环境四项基本要素构成的。

礼仪的主体，是指行礼的一方，是发起或者实施礼仪活动的个体或者团体。当行礼的内容是一个简单的礼仪活动时，那么礼仪的主体通常指个人。例如，挥手打招呼、鞠躬行礼、主动握手等礼仪动作，其实施的主体就是个人。当礼仪活动规模比较大、流程比较复杂时，其礼仪主体通常是指团体或组织。例如，举行一次剪彩活动、召开一次新闻发布会、举办一场签字仪式等。这些活动不可能由单个个体来完成，必须由某个团体组织共同完成，因此这个团体或组织就是礼仪活动的主体。没有礼仪主体，礼仪活动就不可能进行，礼仪也就无从谈起。

礼仪的客体，即礼仪的对象，是指受礼的一方，是礼仪活动主体行礼的目标。礼仪的客体可以是人，也可以是物；可以是有形的，也可以是无形的；可以是具体的，也可以是抽象的；可以是实质层面的，也可以是精神层面的。例如，挥手打招呼，礼仪的客体就是人；参加摩天大厦竣工观礼，人们向大厦行注目礼，礼仪的客体就是物；我们向烈士墓敬献花圈，受礼的客体既有烈士墓，是有形的、具体的，但我们祭奠的是烈士的忠魂，是一种无形的，又是精神层面的客体。礼仪客体与主体一样不可或缺，礼仪的客体无论其表现形式是什么，都必须存在。行礼一旦失去了对象，就不成其为礼仪了。另外，礼仪的主体与客体是一个相对的概念，如果行礼者和受礼者都是人的话，那么主客体是互相依存并互相转化的。例如，两个正在握手的人，他们每一方既是主体又是客体。

礼仪的媒体，是指进行礼仪活动所必须依托的媒介或载体。礼仪内容通过礼仪的媒体表现出来，任何礼仪都必须使用一种或多种礼仪媒体，不存在不使用礼仪媒体的礼仪。那么，礼仪的媒体包括哪些呢？一般而言，礼仪媒体是由人体礼仪媒体、物体礼仪媒体、事体礼仪媒体等构成的。例如，我们在行握手礼、鞠躬礼时，利用的就是人体礼仪媒体，这是使用得最普遍的礼仪媒体；情人之间赠送玫瑰表达爱慕之情，玫瑰就是物体礼仪媒体；在结婚典礼上，各种庆祝活动就是事体礼仪媒体。绝大多数礼仪活动中，各种礼仪媒体都会用到，这些礼仪媒体相互配合，使礼仪活动达到最佳效果。

礼仪的环境，是指在进行礼仪活动时必须依赖的时空条件。大体说来，它可以分为礼仪的自然环境与礼仪的社会环境。自然环境是天气、季节、光线等自然因素决定的外部环境，例如，露天举行的礼仪活动，我们就必须考虑活动时是否下雨、天气是否炎热或寒冷等，这些都是礼仪活动的自然环境因素。礼仪的社会环境一般是指举行礼仪活动所必须遵循的人为因素，如结婚庆典必须布置得喜庆欢快，追悼会现场则必须庄严肃穆等。另外，某些特定的礼仪活动还必须遵循时间上的要求，如春节、清明节、国庆节、“九一八”纪念日等举办的礼仪活动，必须在特定的日期内举行，时间错开了就会失去礼仪活动的意义。总之，礼仪活动的举办或实施会受到礼仪环境的制约和影响。人们根据礼仪环境的具体情况来选择是否实施礼仪活动，或者采取什么样的方式来实施礼仪活动。

2. 礼仪的分类

礼仪的分类方法有很多种，常用的分类方法一般有以下几种。

根据应用范围和应用对象来划分，礼仪可以被分为政务礼仪、商务礼仪、服务礼仪、社交礼仪、涉外礼仪五大类，这是最典型的一种分类方法。

（1）政务礼仪：亦称国家公务员礼仪，是国家公务员在行使国家权力和执行国家公务时所必须遵循的礼仪规范。例如，交警执法时必须敬礼，法官宣判时必须全体起立等都是政务礼仪的具体体现。

（2）商务礼仪：公司、企业、机构、组织、社会团体以及其他一切从事商务活动的人士，在商务往来中应当共同遵守的礼仪规范。商务礼仪是在商务活动中体现平等对话、相互尊重的行为准则，是保障各种商务活动得以顺利进行的基础。商务礼仪在人们的工作当中使用得最频繁，绝大多数的礼仪活动，只要涉及工作或经济关系就可以视作是商务礼仪。

（3）服务礼仪：各类服务行业的从业人员，在本职工作岗位上应当遵守的礼仪。它是服务行业的从业人员应具备的基本素质和应遵守的行为规范。例如，酒店服务生、餐厅服务员对客人行使的礼仪就属于服务礼仪。

（4）社交礼仪：人们在各种人际交往、社会应酬中所应当遵守的礼仪。社交礼仪体现了人们在人际交往过程中所具备的基本素质、交际能力等，因此，社交礼仪实际上是一种情商的表现。

（5）涉外礼仪：又称国际礼仪。它是指人们在国际交往中，与外国人进行商务或其他社会活动时所应当遵守的礼仪。涉外礼仪是在长期的国际交往中逐步形成的外事礼仪规范，即国际惯例。例如，外事活动中必须遵循对等原则，即双方出席外事活动的代表必须在职务上对等；他国国家元首访华，需要检阅三军仪仗队、鸣礼炮“21 响”等，这些都是涉外礼仪的表现。

另外，根据应用场合来划分，礼仪可以分为办公室礼仪、会议礼仪、家庭礼仪、校园礼仪、仪式礼仪等。根据礼仪主体的身份来划分，礼仪又可以分为推销员礼仪、服务员礼仪、教师礼仪、学生礼仪、主持人礼仪等。根据表现方式来划分，礼仪还可以分为拜访礼仪、接待礼仪、会谈礼仪、电话礼仪、用餐礼仪、名片礼仪、书信礼仪等。

3. 礼仪的表现形式

礼仪是通过礼仪媒体来进行表现的。在个体礼仪方面，我们主要通过人体礼仪媒体和物体礼仪媒体来表现礼仪，一个人的一举一动、一笑一颦，皆是礼仪的表现形式。它反映了人们的基本素养和受教育程度。个体礼仪可通过人们的站姿、坐姿、行姿、语言、表情、目光、手势以及待人接物等各个方面表现出来。在由群体进行的礼仪活动当中，礼仪既通过人体礼仪媒体和物体礼仪媒体来进行表现，又通过事体礼仪媒体来进行表现。例如，礼仪活动的仪式、仪轨、流程、步骤、人员、道具等，都是礼仪活动的表现形式。事实上，形形色色的各种礼仪活动本身就是礼仪的表现形式。

五、礼仪的特征

1. 普遍性

礼仪是人类社会活动的基本行为规范和标准。从古到今，一切人类社会都离不开各种各样的礼仪。尽管礼仪的形式和含义不同，但礼仪是所有人类社会普遍认同并共同遵守的行为准则。在现代社会中，礼仪已经渗透到人们工作、学习以及日常生活的方方面面。

2. 规范性

礼仪是人类社会道德准则的外在表现，行礼的目的在于表达敬意和友善，其宣扬的实质在于“扬善除恶”。因此，礼仪具有很强的规范性和约束力。礼仪对人们的言行举止和社会交往做出了各种具体的规定，该做什么，不该做什么。如果违反了这些规定，就会被视为失礼。而遵循这些礼仪规范，就会得到他人的赞扬和认可。

3. 实践性

礼仪不是高深的理论知识，也不是只有少数人才能掌握的技能，而是所有人共同遵循和操作的“行为艺术”。礼仪重在实践，并在实践中发展和完善。礼仪人人可学、人人可行、人人可用。人的一生其实就是不断学习和实践各种礼仪的过程。

4. 传承性

礼仪是人类历史发展的产物，是文明进步的标志。人类的礼仪文化源远流长，礼仪的发展是一个继承和抛弃的过程，是一个去伪存真的过程，是一个扬弃的过程。在这个过程中，传统礼仪的那些烦琐的、保守的内容不断被摒弃，只有那些体现了人类的精神文明和社会进步，代表着人类文化本质和主流的礼仪，才得以世代相传，并被不断完善和发扬。例如，延续了千年的新年贺岁、清明祭祖、端午赛龙舟、中秋赏月、重阳敬老等中华民族传统的风俗礼仪就被很好地传承至今。

5. 差异性

所谓“十里不同风，百里不同俗”。礼仪是人们在长期的社会实践当中产生的，而不同的种族、不同的民族、不同的国家、不同的地域有着各自的发展方式和特点，不同的文化背景，产生了不同的礼仪文化，因而在对礼仪的理解和表现形式上也千差万别。比如仅仅一个简单的见面问候，就分为握手、拥抱、脱帽、点头、碰额头、亲吻脸颊、双手合十、手抚胸口等。另外，同一个动作在不同的地区可能表现出截然相反的意思。例如，在我国点头是同意，而在印度则摇头才是肯定的意思。因此，不能说我们的就是好的，别人的就是不好的，必须互相尊重、加强了解、求同存异、相互借鉴、共同发展。

6. 时代性

礼仪来源于社会，有着强烈的时代性。礼仪一旦形成，则具有相对的稳定性，在一定时间、一定范围内世代相传。一个时期的礼仪规范是当时社会文化的集中体现，任何礼仪由于其时代的特性和内容，往往就决定了它的表现形式。例如，人类社会早期，由于人们对自然的认识不足，生产力水平低下，因而祭祀礼仪文化主导了很长时间。中国近代，由于缺衣少食，能吃一顿饱饭就是很了不起的事情，因此人们见面的问候语就变成了“您吃了吗？”这些礼仪都具有很强的时代烙印。可以说，礼仪文化就是一个时代的缩影和写照。

7. 发展性

人类社会的发展脚步永不停息，时代也总在进步。同样，礼仪文化也不是一成不变的，而是随着社会的进步而不断发展的。其一，随着人类生产力的发展和对大自然认识的不断加深，一些过时的甚至是错误的礼仪文化被不断改进和抛弃，取而代之的是更符合时代特色的礼仪文化。例如，古代的跪拜礼演变成如今的握手礼，传统的长袍马褂演变成现在的西装革履等。其二，随着全球民族文化的大融合，世界成为一个“地球村”，各个国家的思想、文化互相渗透、互相融合，各个国家和地区的礼仪文化也在不断渗透、不断融合。例如，现在的一些年轻人已经不满足于中华民族传统的节日，还喜欢过西方的情人节、圣诞节。而在美国，开始过中国春节的外国人也越来越多。其三，随着人类社会科技水平的提高，新的技术不断应用在人们的生活当中，也为礼仪的发展提供了肥沃的土壤。例如，在古代，人们只能通过书信来表达祝福和思念，而现在，人们可以通电话来拜年，通过短信来道歉，通过电子邮件来联络感情，通过电子贺卡来送上生日祝福，通过微信、微博来献爱心，等等。

礼仪的特征除了上面阐述的七点外，有人还归纳出操作性、可变性、审美性、等级性、自律性等特征。由于含义都大同小异，这里不再做详细介绍。

六、提高礼仪修养的途径

优雅的礼仪风范、成熟稳重的处事行为是大多数人追求的礼仪标准。但是，良好的礼仪修养不是与生俱来的，要靠我们认真地学习、不断地演练才能逐渐掌握。那么，怎样才能更好地学习礼仪呢？我们可以从以下几个方面着手。

1. 提升道德品质修养

礼仪是一种文明行为标准，是一个人社会公共道德品质的体现。因此，只有努力提升自身的道德品质修养，才能学好礼仪、用好礼仪。如果一个人没有德行，那么即使礼仪规范学得再好，也是“金玉其外，败絮其中”，人们很快会在与他的交往中认清他的“庐山真面目”。而一个具有高尚道德情操的人，他的一言一行都是内心修养的自然流露，不需要刻意去掩饰和装扮，这就是“言为心声”。这样的人，人们会觉得亲切，会不由自主被他吸引。

那么，怎样提高自身的道德品质和礼仪修养呢？首选，要学习法律、尊重法律、遵守法律。法律来源于道德，是对基本道德的一种强制约束。法律与道德的关系是相辅相成的。我们遵守法律，就是提升道德修养的根本方法。其次，要遵守社会公德、尊重他人，不能随心所欲，自我放纵。在做任何一件事时，要考虑是否会对他人造成不好的影响。例如，公共场合不大声喧哗、排队候车、帮扶弱小等。当这些行为成为习惯时，我们的道德品质自然就得到了提升。最后，要远离低级趣味的垃圾糟粕，远离黄、赌、毒，战胜自己的欲望，做到洁身自好，一身凛然正气，在校做一个模范学生，在企业做一个模范员工，在社会做一个模范公民。

2. 提高文化素质和艺术修养

人类文明灿若星河，上下五年前的社会文明给我们留下了无数的文化瑰宝等待我们去学习和挖掘。我们应该像海绵一样去学习和吸收各种各样的文化知识。古人说，“腹有诗书气自华”，意思是有知识有文化的人自然就会有好的气质、好的品行。努力提高文化水平，积极学习文化知识，做到别人懂的你懂，别人不懂的你也懂，这样才能成竹在胸，内心充满自信，关键时刻侃侃而谈，让别人刮目相看。再者，拥有深厚的文化底蕴，明白的事理多了，就能够做到宠辱不惊，淡定从容，让人肃然起敬。

除了努力提高文化素质，我们也要积极提升自己的艺术修养。艺术是美的结晶，能够陶冶人的情操。一幅好的画，能让人流连忘返、回味悠长；一首好的乐曲，能够让人“余音绕梁”“三月不知肉味”。我们在欣赏艺术作品的同时，能够受到美的熏陶、获得美的享受和情感的升华。提高艺术修养，能够提升我们的鉴赏力和艺术品位，这对提高我们的礼仪修养是非常有帮助的。

3. 学习礼仪知识，参加礼仪实践

礼仪修养不是与生俱来的，需要后天大量的学习和实践才能逐步掌握。首先，要认真学习各种礼仪知识，所谓“知书”才能“达礼”，只有学习了礼仪知识，才能知道什么行为是符合礼仪规范的，什么行为是不符合礼仪规范的。其次，在学习书本知识的同时，还要认真观察周边的人是如何实践的。吸取师长、前辈们在行礼时的规范和经验，做得好的地方在哪里？做得不好的地方在哪里？要加以总结和提高。再次，礼仪是一门实践知识，理论学得再好，不会运用和操作就没有用处，因此我们还要积极参加各种礼仪训练和实践操作。例如，我们提倡“八颗牙”微笑，要让我们的微笑自然、亲切而非生硬、僵化，这就需要我们对着镜子反复练习。在社交场合中，我们经常使用握手礼，怎样握手才是规范守礼呢？同样需要我们反复对照练习。总之，熟能生巧，我们只有通过反复的礼仪实践，把各种动作、流程固化成一种行为习惯。

任务二　商务礼仪的内涵、特征和功能

一、商务礼仪的内涵

商务礼仪是指公司、社会团体以及其他从事商务活动的人士，在商务往来中所应当共同遵守的礼仪规范。商务礼仪是人们在进行商务活动时的行为准则。体现了活动双方平等对话、相互尊重的关系，商务礼仪具有很强的约束性，在不同的商务场合中要求使用不同的商务礼仪，人们必须共同遵守，否则就是失礼的行为，会给正在进行的商务活动造成不利影响，因此，商务礼仪是保障各种商务活动得以顺利进行的基本条件。

二、商务礼仪的特征及原则

（一）商务礼仪的特征

商务礼仪是礼仪的一个分支，因此，礼仪所具备的特征同样也是商务礼仪的特征。除此之外，商务礼仪还有一些需要单独强调的特征。

1. 商务礼仪的规范性

商务礼仪对于规范性有着严格的要求。商务场合中，人们的一言一行、一举一动无不要求符合商务礼仪的规范和标准。例如，正式会议时，座次的安排、上台的先后、发言的顺序等都有着很强的技术性规范，弄错了就会闹笑话。再如，正式的商务社交晚会对参与者的着装要求有着严格的规范，必须穿正装或者晚礼服。如果穿了一身休闲牛仔服去参加正式的晚会，则会被视为对在场所有人的不尊重，甚至根本就不被允许进入会场。另外，这里所说的规范性属于道德层面的标准，商务礼仪对人们的行为构成约束，但并不具有强制性。

2. 商务礼仪的对象性

商务场合中，要根据不同的对象使用不同的商务礼仪，这就是商务礼仪的对象性。这实际上也是商务礼仪复杂性的体现。有时候，即使是同一个对象，因为环境的不同可能也要使用不同的礼仪。例如，人们行握手礼时，如果一方是长辈、上级或者女性，那么这一方应该先伸手。如果不伸手则意味着不愿意与对方握手，这时如果另一方主动伸出手来，就是失礼的行为，会让彼此甚至在场的人都感到尴尬。这就是商务礼仪的对象性。更进一步，如果握手的双方是男上司和女下属，那么应该谁先伸手呢？如果是按职务高低来区分，应该是上司先伸手；而如果按性别来区分，则应该是女士先伸手。那么到底应该如何操作呢？这就需要结合当时具体的环境来分析。如果握手时是很正式的公务场合，那么应该是男上司先伸手；如果握手的时候身处比较轻松休闲的聚会，那么应该是女下属先伸手。这就需要判断在当时的场合哪种身份更重要，更占优势。更占优势的一方应该采取主动，而相对弱势的一方则应该等待。

3. 商务礼仪的技巧性

商务礼仪在使用过程中还体现出很强的技巧性。技巧性是指在商务活动中，我们要尽可能运用最恰当的礼仪来达到最佳的效果。商务礼仪的技巧性有着一定的技术含量，能够有技巧地运用商务礼仪的，大多是职场中的礼仪高手。这里可以举两个案例来加以说明。

【案例 1】

“圆桌会议”的由来

以前，在正式的会议或宴会中，非常讲究主宾的席位座次 ，一般都是让主、尊、长者居中而坐，宾客则根据其身份、地位、辈分，一左一右，依次安排在主位的两面；但如果碰巧客人都是显贵尊长，就不好办了。公元 5 世纪时，英国的亚瑟王想出了一个办法，即他和他的骑士们举行会议时，不分上下席位，围着圆桌而坐，这样就避免了与会者席位上下而引起的纠纷。于是便形成了“圆桌会议”。圆桌会议不分上下尊卑，含有与会者“一律平等”和“协商”的意思。第一次世界大战后，国际会议便多采用圆桌会议的形式。“圆桌会议”一直沿用至今。

（资料来源：好搜问答，http://wenda.haosou.com/q/1371426565063233?src=140）

案例分析：

“圆桌会议”在商务礼仪当中体现了很好的技巧性，它巧妙地解决了举行会议时座次安排的难题，突出了会议各方与会者平等的地位。因此，“圆桌会议”在当今的国际会议当中被广泛应用。

【案例 2】

两个不同的外卖电话

以下是一家外卖店两位不同的服务员接听的电话外卖记录：

服务员甲：

——您好！这里是×××快餐店，请问有什么可以为你服务的吗？

——您好！我需要点一份外卖。

——好的，请问您要点什么呢？

——嗯，请来一份番茄酱比萨，要大份，上面还要撒满胡椒粉。

——抱歉，我们没有这种比萨。您重新点吧。

——那给我来一份意大利面，外加三个奶油蛋挞。

——抱歉，意大利面我们有，但是没有奶油蛋挞。

——那给我来一份鱼香肉丝炒饭。

——很抱歉，我们不卖中国菜。你还有什么需要的吗?

——那算了吧，我什么都不需要了，再见!

服务员乙：

——您好！这里是×××快餐店，请问有什么可以为你服务的吗?

——您好！我需要点一份外卖。

——好的，请问您要点什么风味的呢？法国套餐还是意大利套餐？我个人推荐法国套餐，因为我们的厨师最拿手的就是法国菜了。

——嗯，好吧，就来一份法国套餐吧。

——好的，我们的法国套餐有三种样式，有法式风味香料牛排、香煎法式小羊排配土豆泥，还有荔枝红酒法式黑椒烤翅，请问您选哪一种呢?

——给我来一份香煎法式小羊排配土豆泥。

——好的，香煎法式小羊排配土豆泥一份。请问要不要来一份法式香橙煎松饼，刚刚出炉的，味道棒极了。

——嗯，好的，来一份。

——好的，香煎法式小羊排配土豆泥一份，外加刚出炉的法式香橙煎松饼一份，请问要来点饮料吗?

——饮料就不必了。

——好的，真为您感到遗憾，我们店自己配制的啤酒可是非常受欢迎，而且一瓶只要1.5美元，比超市里要便宜一半呢！而且一次买三瓶的话还赠送一瓶。

——这样啊，那来三瓶好了。

——好的，以下是您点的套餐外卖：香煎法式小羊排配土豆泥一份，刚出炉的法式香橙煎松饼一份，啤酒三瓶赠送一瓶共四瓶。您看有问题吗?

——没有问题。

——好的，非常感谢您的致电，请您留下地址，我们的外卖员将在半小时之内送达贵府。

案例分析：

以上两个不同的外卖电话录音体现了两个服务员之间不同的礼仪技巧。第一个服务员使用的是开放式的提问，给顾客毫无限制的选择范围，而这种选择大多数是无法全部满足的，因此导致订餐失败。第二个服务员使用的是封闭式的提问，只让顾客在有限的范围内做出选择，这些范围是预先设定好的，无论顾客怎样选择都能够得到满足，因此订餐获得了成功。记住，优秀的服务是要让顾客尽量做“选择题”，而不是让顾客去做“填空题”，更不要让顾客去做“问答题”。服务员乙在整个服务期间表现出了高水准的礼仪技巧和推销能力，让客户满意度提升的同时给公司创造了更多的利益。这样的员工是每个老板都想雇佣的。

（二）商务礼仪的原则

我们在日常的商务活动交往当中，使用商务礼仪时应该遵循一些原则。这些原则能够帮助我们在不同的场合选用适宜的商务礼仪，也能够帮助我们在不知道该用何种礼仪时从容应对，少犯错误。首先我们来学习商务礼仪的两大基本原则。

1. 商务礼仪的基本原则

（1）“从众”原则。

商务礼仪是人们在商务场合中共同遵守的道德标准和行为规范，这实际上体现的是一种“从众”原则，个体应该依从群体共同的行为准则：大家都这样做了，那么你也必须这样做，否则就是失礼。商务职场中不应追求个性化，任何标新立异、哗众取宠的行为都是不受欢迎的失礼行为。例如，参加一次企业举办的年会，大家都是西装革履、正装出席，你为了要彰显个性，“不走寻常路”，穿一身休闲牛仔服就出席了，这就是严重的失礼行为，不但会招来人群的异样目光，自己也会觉得浑身不自在，难以融入社交圈子。往小了说，是个人的穿衣品味出了问题，往大了说，是一种态度问题，说明你不重视这次聚会，敷衍了事，不但让主人颜面无光，其他客人也不愿意与你交往。

（2）“焦点”原则。

“焦点”原则要求我们在商场中“有所为有所不为”。该我做的一定要做，而且要做好，不该我做的则坚决不做。也就是说，当需要我们站在“聚光灯”下，接受众人目光的关注，那么就要当仁不让，出色地完成自己的“演出”，这就是“获得焦点”；当“演出”结束后，就要迅速离开“舞台”，让众人的目光从自己身上移开，也就是“失去焦点”；当别人开始“表演”的时候，我们要当好观众，谨守本分，切忌“抢镜”。“抢镜”的结果就是获得了本不该属于你的“焦点”，这就是失礼了。例如，参加一次演讲活动，主持人邀请你发言，从上台开始，你就成了全场的“焦点”，这是属于你的时间，你就应该尽情发挥，用自己渊博的知识、儒雅的风度、谦逊的态度和幽默的谈吐来征服在场的每一个人，尽最大努力获得最高分。而当演讲结束，你就应该果断谢场下台，尽快失去“焦点”，因为属于你的时间已经结束了。如果演讲结束，主持人开始主持下一个环节，你还意犹未尽，拖拖拉拉不肯下场，这样做的后果反而会使前面取得的成功大打折扣，甚至前功尽弃。再例如，陪领导招待远方的客人时，自始至终你都不应该是“焦点人物”，应该甘做“绿叶”，陪衬好领导这朵“红花”，这样的结果自然是宾主尽欢。如果你在席间夸夸其谈，成为风头人物，处处表现自己，把不该属于你的焦点聚到自己身上，甚至反驳领导的观点来炫耀自己知识的渊博，这样的后果只能是令领导不快，而客人也会暗中摇头，不但没有表现自己的长处，反而自暴其丑。这些都是商务礼仪当中没有遵循“焦点”原则的例子。

“从众”原则和“焦点”原则是我们在商务交往当中应遵循的基本原则。基于这两条基本原则，我们又归纳出许多商务礼仪当中应用的具体原则，比如基于“从众”原则提出的公平对等原则、求同存异原则、守时守信原则、入乡随俗原则等，基于“焦点”原则提出的维护形象原则、尊重隐私原则、尊重女性原则、不宜为先原则等，下面来具体学习这些应用原则。

2. 商务礼仪的应用原则

（1）维护形象原则。

应用商务礼仪时，一个出发点便是要注意维护形象，既是我们审美的内在需要，更是对别人的尊重。例如，我们在正式场合要穿正装出席，这就是一种维护形象的表现。衣冠不整或者穿着不恰当的服饰都会让人大跌颜面、失去形象。再如，一些外企或者有实力的大公司，规定员工出差必须住四星级以上的酒店，这也是维护公司整体形象的表现，能够增强员工的优越感和自豪感，也能够给合作伙伴提振信心。再如，我们在举办开业庆典等庆祝活动时，都会把会场布置得热闹、喜庆，这也是出于维护整体活动形象的考虑。具体说来，由外而内，需要注意以下 6 个方面：

① 恰当的服饰。这里主要指的是在具体的场合选择与之相配的服装和配饰。

② 自然的表情。不自然的表情会有违和感，不仅是心里情绪的体现，也会让对方感到不妥或者不舒服。

③ 得体的谈吐。尽量使用礼貌且正面的措辞，而不要去使用别人忌讳的语言和内容。

④ 大方的举止。肢体动作不是僵硬独立的展示，而是配合表情自然而然水到渠成的发生。举止大方是可以通过练习获得的。

⑤ 挺拔的仪态。仪态，是指个人形体的整体外观和姿势。仪态是个人修养的体现，而挺拔的仪态给人以健康、蓬勃向上的形象。

⑥ 灵活的互动。要根据对方的具体情况，展示自己的性格特点，因此不论是开朗活泼型，还是细心慎言型，都可以用自己的内在魅力折服对方。

【案例 3】

小刘是一位刚刚毕业的大学生，在王总的电子设备公司做产品开发工作，他不是特别爱洗澡，周围的同事也没觉得有什么。中午小刘在食堂吃午饭，点了爱吃的韭菜盒子。刚过下午，王总带着外商参观工厂，让小李给外商介绍开发情况，小李对着外商滔滔不绝地介绍起来，他完全没注意到不远的外商皱着眉头，尽量离他远一些。因为总是有股怪怪的味道。

思考：你是否认为保持干净整洁，口气清新是一种基本礼仪？你是否愿意喷一些香水呢？

（2）公平对等原则。

在商务活动中，所有参与方都是平等的，这是我们在商务应酬的迎来送往时应该格外重视的原则。一个商务活动，各个公司的大小、规模、实力都不尽相同，但是这些公司的主体地位都是平等的。正如联合国大会那样，每个国家无论领土大小、实力强弱，其地位都是平等的，享有同等的话语权和投票权。从个人角度来说，人们的地位、职务、年龄、性别都显现出差别，但是每个人都是平等的，没有谁高人一等或低人一等。当然，这里所说的平等是指人格意义上的平等。一方可以因为另一方的职位、年龄、性别等因素表现出尊敬和礼貌，但双方在人格上是平等的，要不卑不亢，适度表现礼仪，这正是应用商务礼仪的精髓所在。同样，在两个公司谈判的时候，甲方占有优势而乙方处于劣势，但并不是说甲方就能盛气凌人、高高在上，而乙方也不应该委曲求全、唯唯诺诺。这些都是我们在应用商务礼仪时应该注意的问题。

（3）求同存异原则。

求同存异原则，即找出共同点，保留不同意见。商务职场中，公司与公司之间因为立场不同、利益诉求不同而存在分歧和异议。个人之间也会因为文化背景、环境因素等的差异而存在不同的观点和看法。因此，我们在商务活动中要求同存异，通过良好的沟通和交流来消除分歧、达成一致。要做到求同存异，除了对交往对象所在国的礼仪与习俗有所了解并予以尊重，更重要的是对于国际上所通行的礼仪惯例认真地加以遵守。

法国启蒙思想家伏尔泰说过："我不赞成你的观点，但我誓死捍卫你说话的权利。"在个人见解相左时，要能够宽容对待。那些在公众场合因为观点不一致而口舌交锋，甚至上升到人身攻击的行为是失礼的。另外，各个国家和地区的人们因为社会发展的轨迹、宗教信仰、民族习俗等的不同，从而产生了各种各样的礼仪习惯，这也要求我们在商务交往中要善于求同存异，要认真学习各个国家和地区的礼仪文化，尊重他人的风俗信仰；同时，如果对方因为不了解己方的礼仪习惯而做出失礼的举动，也要宽容以待、一笑了之，而不是大发雷霆，使事态更加严重。

（4）守时守信原则。

古人说，"人无信则不立，业无信则不兴"，诚信是立身之本，是做人和做事的基本准则。遵守时间、信守承诺，这是商务礼仪当中一条非常重要的原则。守时守信体现了一个公司的企业诚信和一个人的道德修养。约定好的时间就一定要遵守，答应下来的承诺就一定要做到，这是守时守信的基本含义。没有人愿意与不守时间、不守信誉的企业或人打交道。例如，约了人谈事情，约好的时间一定要准时到场，迟到了不仅仅是耽误了别人的时间，而且会给别人造成不好的印象，为后续的会谈蒙上阴影。如果失约的话，则更是缺乏对人的基本尊重，是严重失礼的表现。而试想一下，如果一名求职者在面试的时候迟到或爽约，那么他的面试结果可想而知。如果确实因为意外情况不能按时赴约，那么应该提前告知对方，说明情况并取得对方的谅解。

商务职场中，要像爱惜自己的眼睛一样爱惜自己的声誉和信用。公司签订的合同一定要认真履行，不能儿戏；公司向员工做出的承诺一定要兑现，否则就会动摇军心，影响员工对公司的信任；而业务员在向客户推销时，不能夸夸其谈，许下一堆空头支票，表面上看起来似乎拿下不少订单，但最终会失去客户，而这种由于信任危机引发的客户流失是很难再挽救回来的。

对于信守约定我们要注意以下三点：约定前要三思再三思，仔细衡量考虑各种风险和计划；约定以后要严格按照约定好的时间、内容或条件进行，不能只按照自己利益最大化的结果来改变约定；如果因为遇到某些不可抗因素导致不能履约，必须及时和相关方联系磋商，并致以诚挚的歉意。

【案例 4】

2014 年，某高校举办国际文化节，文化节中邀请了美国驻华领事馆的领事，原定时间在 5 月初，并得到美方的确认。3 月中旬开学后，学校的重点工作放在了原定 4 月份的专家组评估工作上。可是不巧的是，突然接到专家组 5 月初开始评估的通知。经过商议，决定如实向美方解释并磋商，美方最终同意领事到校演讲时间为 4 月中旬。事隔两日，专家组由于特殊原因又调整回至 4 月开始评估。这愁坏了学校领导，经过学校上下一致决定，不能再次修改美国驻华领事的来访时间，只能让全校师生更加辛苦努力，保证 4 月份的两件大事同时圆满完成。

思考：反复的修改会面时间会造成什么影响呢?

（5）尊重隐私原则。

个人隐私，就是一个人出于个人尊严和其他某些方面的考虑，不愿意公开，不希望外人了解或是打听的个人秘密、私人事宜。在国际交往中，将尊重个人隐私与否，视为一个人在待人接物方面有没有教养，能不能尊重和体谅交往对象的重要标志之一。

所谓“交浅言深”，意思是彼此的关系还没达到来谈论这些私密话题的程度，如果贸然谈及，会让对方难以回答，造成尴尬的局面，从而让人产生此人不知趣、不会为人处世的不良印象。在现实中，很多初出茅庐的“菜鸟”人士在与客人会谈时，为了活跃气氛、显示亲密，总喜欢谈论一些涉及个人隐私的话题，以为这样会迅速拉近彼此的关系，成为“自己人”。殊不知这样做的结果恰恰会适得其反，对方会迅速从你的言谈举止中做出对你的判断，从而修正或调整后续的会谈内容，更有甚者会导致会谈的失败。

由于文化差异和历史形成问题，中西方对于隐私的界定有所不同，这就要求我们在涉外商务活动明晰什么是该问的，什么是该沉默的，要根据当国的禁忌把握好度。一般而论，在国际交往中，下列八个方面的问题，往往是个人隐私容易出问题的地方：

① 收入支出。个人收入的多寡，一向被外国人看作自己的脸面，十分忌讳。

② 年龄大小。在国外，特别是外国女性，最不希望外人了解自己的实际年龄。

③ 恋爱婚姻。在一些国家，跟异性谈论此类问题，极有可能被对方视为无聊之至，甚至还会因为被对方控告为“性骚扰”。

④ 身体状况。在国外，人们闲聊时一般非常反感其他人过多关注自己的健康状况。

⑤ 家庭住址。将个人住址、住宅电话号码等个人信息“泄密”会引起一些人的反感。

⑥ 个人经历。尤其初次见面时，外国人不喜欢被问及个人经历。

⑦ 信仰政见。最为明智的做法，就是在涉外交往中对此避而不谈。

⑧ 所忙何事。

（6）尊重女性原则。

现代商务礼仪中一个重要的体现就是在商务活动和社交场合中尊重女性，提倡“女士优先”原则。例如，进出电梯和房间，男士要请女士先行，表现出男性对女性的尊重；就餐时男士要为女士扶椅子，等女士就座后才坐回自己的座位；用餐中途女士站起来要离开，男士也要跟着站起来，等女士离开后再就座；在西餐宴会中，处于主导地位的是女主人而非男主人；等等。这些方面都体现了商务礼仪中对女性的尊重。尊重女性原则还体现在任何时候不要打听女性的隐私，如女性的年龄、婚姻状况等。另外，无论关系如何，在正式商务场合中都不要与女性谈论敏感的两性话题，以免引起误会和不快。而作为女性，在得到男性尊重的同时，也要使自己的行为更符合商务礼仪的规范。例如，商务场合中着装要正式、规范，不能穿过于暴露的衣服；女士在正式的场合要化淡妆，这是对男士的尊重，同时也让自己美好的一面得以充分展示出来，但是不能浓妆艳抹、过分炫耀，那样只会适得其反。

（7）入乡随俗原则。

当我们前往一个地方从事各种商务活动时，要接受当地接待一方的安排，所谓“客随主便”，意思是做客人的要听从主人的安排，有意见或要求要向主人一方提出来，由主人来安排解决，尽量不要私自行事。这就是入乡随俗原则。例如，一方前往另一方所在地进行商务谈判，接待一方是“主场”，因此要安排好一切与谈判活动相关的事宜，包括为对方代订酒店、安排行程等。而“客场”一方出于礼貌，也要欣然接受这些安排，如有特殊要求要事先告知主人一方，而不是自己私底下自行安排。

入乡随俗原则还体现为要尊重当地的风俗特点和礼仪习惯。俗话说“十里不同风，百里不同俗”，各个国家、地区拥有自己的民俗风貌和传统礼仪，特别是有些民族还有着特殊的宗教习惯和礼仪习俗，到这些地方从事商务活动就更应该注意不要违反了当地的礼仪习惯。例如，要尊重回族同胞的宗教信仰和饮食特点，不安排让他们忌讳的食物；在日本拜访客人时，如果主人请你喝茶，体会日本茶道的“和、敬、清、寂”，这时绝对不要拒绝，因为这是日本人待客的最高规格，拒绝会被视为极大的失礼；在英国，给客人送礼时不要送太贵重的礼物，否则会被视为别有用心；在阿拉伯国家做客，不要主动打听女主人和小孩的情况，不随意夸奖主人的物品；等等。这些不同的风俗习惯都需要我们认真学习和领会。

（8）不宜为先原则。

商务场合中，讲究的是“不宜为先”，又称“不为先”原则。涉外活动中，当你无法判断发展的走向，或者犹豫不决把握不住方向时，不如把主动权交给对方，默默观察别人，认真思考。具体来说就是，“宜后不宜先”“宜缓不宜急”和“宜静不宜动”。

“宜后不宜先”：要求人们在商务活动中的行事标准是不要抢在前面，不要“出风头”，特别是对场合不熟悉或对礼仪不了解时更应如此，要等别人先行先做，暗中观察模仿，然后照章行事，这样就不至于出乖露丑，做出失礼的举动。例如，第一次接受别人的宴请吃西餐，对西餐的用餐礼仪很多地方不了解，对餐具的摆放、用餐的程序等都不甚明白，甚至是餐刀餐叉的握法都不知道，这时就应该遵循“宜后不宜先”原则，不要急着操作，而是暗中观察其他用餐人员，然后学习模仿别人的动作，不露声色地完成用餐。而如果一上桌就不管不顾地乱吃一气，只会让人为之侧目，完全破坏了美好的气氛，这是非常失礼的。

“宜缓不宜急”：要求我们在商务场合中行事前要仔细思考，做到成竹在胸，行事中要不慌不忙、沉稳有度。例如，我们国家重要部门的新闻发言人在举行新闻发布会时，语速都很慢，有时甚至是一个字、一个字往外蹦。缓慢的语速可以避免说错话，还可以给大脑足够的时间来组织后续的语言。

“宜静不宜动”：要求我们在商务场合中少做多看，可说可不说的话最好不说，可做可不做的事最好不做，要学会“藏拙”，让别人摸不清深浅。另外，遇到突发事件要处变不惊、从容应对，有“泰山崩于前而不形于色”的气度。

（9）热情有度原则。

热情有度，是涉外礼仪的基本原则之一。中国有句俗话叫作“过犹不及”。在涉外交往中，热情的接待，热情的询问，热情的客套是必需的，然而超过了一定的“度”，这种热情就会让对方感到极其不适，从而影响商务活动的正常进行。这主要从如下三个方面来把握：

把握好物理距离上的“度”：每个人都有自己身体的保护距离，一旦陌生人靠得过近，就会让人产生不舒服的感觉，自然而然地会让人产生抗拒心理，这不利于涉外商务活动的顺利开展。保持一个恰当的距离，是成功的商务人士必须掌握的技巧。

把握好善意关心上的“度”：人和人物理距离上要有度，同样心理上也要把握好恰当的距离。“不在其位，不谋其政。”明明是首次见面的异国陌生人，就算对方生病或者哪里感到不适，也尽量不应该用家人或者多年老友的角度去关心对方。在对方感觉里，这样亲密关心会触碰别人的内心防卫，也许会产生“无事献殷勤，非奸即盗”的想法。应该做到点到即止，进退有度，让对方感受到我们善意的关心即可。

把握好否定拒绝上的“度”：由于文化的不同，或者商务会谈的两方就某一议题发表不同的看法，否定和拒绝的表达会经常出现。我们要时刻把握住度，做到就事论事，对事不对人。

（10）不卑不亢原则。

不卑不亢，是涉外礼仪的一项基本原则。在国际交往中，个人的形象往往代表着他的国家和民族。中国普通大众和商人应该以何种形象出现在国际舞台上？周恩来曾对中国外交人员提出了“不卑不亢，落落大方”的要求。这也是对商务人士的具体要求。在涉外活动中，我们既不应骄傲自大、盛气凌人、自觉高人一等，也不要妄自菲薄、低三下四，做事畏畏缩缩。

（11）爱护环境原则。

作为涉外礼仪的主要原则之一，爱护环境的主要含义是：在日常生活里，每个人都有义务对人类所赖以生存的环境，自觉地加以爱惜和保护。随着改革的进一步深入，中国经济迅猛发展，全球经济一体化逐步实现，对外商务合作也日益增多和频繁，礼仪在对外交往中的作用愈显突出。长期以来，由于我们对于环境保护认识的不到位，养成了很多破坏自然环境的坏习惯，比方说垃圾分类处理的程度远远不够，排污的处理不是很让人满意，还有些人随便乱扔垃圾、随地吐口香糖，等等。如果一个人在日常生活、工作中，彬彬有礼，待人接物恰如其分，诚恳和善，就必定受到人们的尊重。在涉外商务活动中，遵守国际惯例和一定的礼节，不仅有利于我国对外商务活动的顺利开展，而且有利于展现中国礼仪之邦的风貌，还有利于自身事业的发展和成功。

【案例 5】

夜幕降临，一家西餐厅来了一群客人。点完菜，他们开始四处拍照，竞相和服务小姐合影，还不停地大声说笑，用餐时杯盘刀叉的撞击声，乃至嘴巴咀嚼食物的声音，不绝于耳。一会儿便搞得杯盘狼藉，桌子、地毯上到处都是油渍和污秽。旁边静静用餐的当地客人很不满，向店方提出抗议，要求立即停止喧闹。侍者把抗议转达给他们，他们立刻安静下来，非常尴尬。

思考：案例中有哪些不得体的地方？破坏“安静的”软环境算破坏环境吗？

三、商务礼仪的功能

我们在前文学习了礼仪的四大功能——沟通功能、协调功能、维护功能和教育功能，商务礼仪作为礼仪的重要内容，同样具有这些功能。除此之外，由于商务活动的普遍性和规范性，商务礼仪还具备其他一些重要的功能。

1. 塑造形象的功能

商务应酬中，人们对形象的塑造最为重视。良好的商务礼仪有助于公司和个人塑造完美的形象。俗话说“人要衣装，佛要金装”，任何团体和个人都需要通过外表、语言、行为、公关活动等一系列事务来进行包装，这就是塑造形象的过程。良好的公众形象就如一张“通行证”，能够帮助我们迅速得到他人的认同和肯定，从而为建立友谊、开展商务活动创造良好的条件。很多企业和公众人物害怕负面报道，就是因为这些负面新闻会摧毁他们在社会公众心中的正面形象。例如，“三鹿奶粉”事件的曝光彻底摧毁了这家企业数十年塑造起来的社会形象，直接导致企业关门倒闭。媒体界闹得沸沸扬扬的明星吸毒事件，使这些公众人物在人们心中的形象大打折扣。

那么怎样塑造正面的形象呢？从个人角度来说，良好的礼仪风范是必不可少的，真诚待人、谦逊礼貌、谈吐优雅、知识渊博、热情有度等，都有助于我们塑造良好的个人形象。从公司角度来说，信守承诺、遵纪守法、诚信经营、热心公益等，都是企业塑造良好的公众形象必不可少的品质。

2. 规范行为的功能

商务礼仪对于人们的行为具有很强的规范性和约束力。它虽然是一种道德和舆论层面的行为标准，没有强制力，但有时候对人们行为的约束力反而要强于法律，这就是“人言可畏”所包含的力量。例如，商务礼仪中要求我们要勤俭节约、爱惜资源、爱护环境。我国每年的商务宴请、人情往来中要浪费大量的食物和资源，没有哪条法律能对这些行为进行制裁，但是，一场声势浩大的反对“舌尖上的浪费”舆论运动极大地纠正了这种不良风气，人们在商务宴请中不再摆谱比阔、奢侈浪费，而是量入为出、量力而行，吃不完还提倡“打包”等。这就是商务礼仪对人们行为进行规范的具体表现。另外，商务礼仪的规范性还体现在为人们的商务活动设定了统一的行为准则和程序，规定了做什么和怎么做，规定了什么是对的、什么是错的。人们共同遵照这些规定行事，使各种商务活动能够顺利进行。

3. 维护情感的功能

商务礼仪本质上是一种社交礼仪，是处理人际关系的方法和规则。商务礼仪中的内容一部分是用来直接规范商务活动行为的礼仪，如商务谈判礼仪、电话礼仪、办公室礼仪、求职面试礼仪等。除此之外，还有很大一部分内容是用来增进友谊、维护情感的礼仪，如商务宴请礼仪、商务拜访礼仪、商务接待礼仪等。俗话说，“先交朋友，后做生意”“买卖不成仁义在”，就是强调商务礼仪对于商场中维护情感的重要性。人们通过良好的商务礼仪来构建自己的商务圈子，积累人脉，从而为进一步的商务合作打下基础。

职场当中，维护情感要从点滴的礼仪细节入手。例如，周期性地拜访合作伙伴、定期举办或参加各种聚会沙龙、朋友生日时不忘寄上一份礼物、节假日时为所有客户送上一条短信祝福，等等。日积月累，才能建立良好的人际关系。

4. 传递信息的功能

商务场合中，每个成员既是信息的发送者，又是信息的接收者。人们依据商务礼仪的规范向其他人发送信息，接收者依照商务礼仪的标准来理解和分析信息，同时做出反应。因此，商务礼仪具有传递信息的功能。同一信息，如果发送的礼仪方式不同，表达的意思可能就会相差十万八千里。例如，夸奖别人说“您这件衣服真漂亮”，如果面带微笑，态度诚恳，对方会认为你是真心赞美因而欣然接受。如果换作一副挖苦的表情、嘲讽的口气，对方就会认为你是在说反话，实际上是在说“这件衣服真丑”。同一句话，就因为说话的表情和语气不一样，会有截然相反的效果。美国传播学家艾伯特·梅拉比安曾提出一个公式：信息的全部表达=7%词语+38%语音+55%表情。可见，口头语言在信息传递的环节中所占比重是最小的，起决定作用的是说话时的表情、动作、语音、语调等身体语言。另外，同一信息，如果发送的环境不同，产生的效果也会截然不同。例如，就餐时间，我们在路上给人打招呼问一句“您吃了吗”，这是一种很常见的问候方式，对方一般也会回一句“吃过了，您呢？”两者皆大欢喜。但是如果在厕所里说同样的话，那就变成骂人的话了。再者，同一信息，如果接收的对象不同，产生的反应也会完全不同。例如，我们夸奖一位女士“您身材真好”，如果这位女士确实拥有苗条的身材，她会欣然接受，但如果这位女士很肥胖，这样的夸奖反而会被视为挖苦和讽刺，效果适得其反。所以，通过商务礼仪传递信息，一定要结合当时的环境、对象，采取正确的方式进行。这是我们学习商务礼仪知识的主要目的。

【项目小结】

本项目着重阐述了礼仪的起源、含义、功能、内容、特征以及提高礼仪修养的方法等知识，商务礼仪的内涵、特征、原则和功能。通过本项目的学习，读者应全面了解礼仪的产生和发展规律，理解礼仪的基本内容和特征，掌握商务礼仪的概念、特征和功能，掌握提高自身礼仪道德修养的方法，能够依照商务礼仪的原则在商务活动中正确使用商务礼仪。

【课后练习】

一、选择题

1. 礼仪产生于（　　）。

A. 人类对神灵的祭祀活动　　B. 统治阶级编造出来的

C. 人类群体生活的需要　　D. 人类对自然现象的模仿

2.（　　）是表示敬意、友好的通称。

（　　）是指人们在交往过程中表示敬意、友好的行为规范，是行礼时表现出来的精神风范。

（　　）是指人们在交往过程中约定成俗、共同认可的待人接物的形式。

（　　）是对礼节共同认可的规范和程序，是行礼时必须遵守的行为准则。

A. 礼貌　　B. 礼仪

C. 礼　　D. 礼节

3. 礼仪的功能包括（　　）。

A. 沟通功能　　　B. 协调功能

C. 维护功能　　　D. 教育功能

4. 某公司规定部门经理出差乘坐飞机必须坐公务舱，副总经理以上出差乘坐飞机必须坐头等舱，这体现了商务礼仪当中的（　　）原则。

A. 维护形象　　　B. 公平对等

C. 求同存异　　　D. 守时守信

5. 李经理与客户约好上午 10:00 登门拜访，不料路上堵车，10:00 无法按时赴约，因此李经理在 9:50 的时候给客户打电话道歉，告知情况，并征得客户的同意把拜访时间推迟到10:30，这体现了商务礼仪当中的（　　）原则。

A. 维护形象　　　B. 公平对等

C. 求同存异　　　D. 守时守信

6. 我国一家企业与日本一家企业签订贸易合同，双方约定合同文本的官方语言为英语，这体现了商务礼仪当中的（　　）原则。

A. 维护形象　　　B. 公平对等

C. 求同存异　　　D. 守时守信

7. 某次国际商务论坛会议，主办方在设置会场时采用了“圆桌会议”的形式，具体座位按照报到时间的先后顺序来安排，这体现了商务礼仪当中的（　　）原则。

A. 维护形象　　　B. 公平对等

C. 求同存异　　　D. 守时守信

8. 小张刚参加工作，第一次参加自助餐不知道如何表现才符合礼仪，因此她没有急着动手，而是悄悄观察同行的老王是如何操作的，并暗中模仿，这体现了商务礼仪当中的(　　)原则。

A. 尊重隐私　　　B. 尊重女性

C. 入乡随俗　　　D. 不宜为先

9. 陈某第一次拜会一位重要客户，为了显示自己的热情和建立长久的联系，陈某询问这位客人的家庭地址，说是要登门拜访，客人迟疑片刻后便婉言谢绝了。陈某的行为违反了商务礼仪当中的（　　）原则。

A. 尊重隐私　　　B. 尊重女性

C. 入乡随俗　　　D. 不宜为先

10. 小赵是公司的业务主管，有一次和一位女性客户洽谈业务，会谈很顺利，结束时小赵请这位女士共进晚餐，女士愉快地答应了。为了表示热情和亲近，小赵邀请女士把她的丈夫一起请来，在遭到女士婉拒后仍然盛情邀请。女士无奈之下才告知她最近刚刚离婚，并突然提出临时有事，匆匆离开了。小赵的做法违反了商务礼仪当中的（　　）原则。

A. 尊重隐私　　　B. 尊重女性

C. 入乡随俗　　　D. 不宜为先

11. 某外贸公司经理刘某接到了前往非洲某国家考察市场的任务。去之前，他上网查询了该国的具体资料，对当地的风俗习惯和宗教信仰做了充分的了解。到达之后，刘某换上了当地的民族服装，雇用了两位当地人作为向导和翻译，积极走访当地的企业和社团，还跟随他们参加了当地的宗教仪式。因此很快获得了当地人的友谊，市场考察任务获得圆满成功。刘某的做法体现了商务礼仪当中的（　　）原则。

A. 尊重隐私　　B. 尊重女性

C. 入乡随俗　　D. 不宜为先

二、填空题

1. _____是社交礼仪当中的第一要素。

2. 王某在情人节那天给女朋友徐某献上玫瑰花求婚。在这个礼仪当中，按照礼仪的四大要素，处于礼仪主体的是________，处于礼仪客体的是________，礼仪媒体是________，礼仪环境是________。

3. 根据应用范围和应用对象来划分，礼仪可以被分为________、________、________、________、________五大类。

4. 我国自古以来就有春节除夕长辈给晚辈“压岁钱”的习俗，这体现了礼仪特征中的________；古人有“父母在，不远游”的说法，但这种说法现在已基本消失了，这体现了礼仪特征中的________；人们在见面寒暄的时候，有握手礼、吻手礼、拥抱礼等，这体现了礼仪特征中的________；古人拜会客人时要递送拜帖，现代的商务交往中则演变成交换名片，这体现了礼仪特征中的________。

5. 商务礼仪的特征包括________、________、________。

6. 商务礼仪的功能包括________、________、________、________。

三、论述题

1. 阐述荀子提出的观点“人无礼则不生，事无礼则不成，国无礼则不宁”包含了什么含义。

2. 请从三个方面来论述提高礼仪修养的途径和方法。

【礼仪实训】

实训内容 1-1：准备一个案例来说明商务礼仪的基本原则。

实训目的：通过制作相关案例 PPT 并演讲，增强对商务场合基本原则的认识。

实训对象：全体上课学生。

实训步骤：

1. 准备一个案例来说明商务礼仪的基本原则，“从众原则”或者“焦点原则”任选其一。
2. 设计时间为五分钟左右的 PPT。
3. 上台演讲自己的 PPT。
4. 集体讨论。
5. 教师点评。

项目二 仪容：干净雅致

【知识结构图】

- 仪容：干净雅致
  - 概述：认识仪容礼仪
    - 第一印象
    - 个人印象塑造
    - 仪容概述
  - 头发的清洁与保养
    - 头发的长度
    - 发型的选择
    - 头发的颜色
    - 头发的清洁
    - 头发的修剪
  - 面部的清洁、保养和修饰
    - 面部清洁
    - 面部保养
    - 面部修饰
  - 化妆技巧
    - 化妆的基本功能
    - 化妆的基本原则
    - 女士化妆
    - 男士化妆
    - 化妆注意事项
  - 手部、颈部的清洁与保养
    - 手部的清洁与保养
    - 颈部的清洁与保养
  - 香水的使用
    - 香水的分类
    - 香水的使用原则
    - 香水的使用方法
    - 注意事项

【知识目标】

1. 掌握商务人员仪容修饰的基本要求。
2. 掌握男士、女士仪容礼仪。
3. 培养学生在不同场合梳理不同发型和化妆的技巧。

【能力目标】

1. 培养学生良好的仪容形象，提高学生个人的基本素质。
2. 掌握发型梳理的基本原则和要求。
3. 了解化妆的基本步骤和基本化妆技巧。

【素质目标】

1. 培养学生良好的仪容礼仪和观念，明确仪容修饰对于树立个人形象、养成良好卫生习惯、保持和促进自身生理及心理健康发展的重要意义。

2. 理解仅有美好的外表修饰是不行的，要提高自身素质还必须学好扎实的理论基础知识，从而做到内外兼修。

【案例导入】

小丽该怎么办呢？

小丽是一个毕业于某所名牌大学的24岁女孩，长长的头发顺肩而下，粉色蕾丝边的短裙刚刚过膝，显得十分可爱。她整整找了一年工作，但都没有音信，而且每每在第一关就被刷下来了，她一直搞不懂为什么！没有办法，她只好去请求职业规划师的帮助。

（资料来源：https://www.jinchutou.com/p-61307561.html）

小李业绩为什么上不去？

小李的口头表达能力不错，人既朴实又勤快，在业务人员中学历又高，领导对他抱有很大期望。可是他做销售代表半年多了，业绩总是没有得到提升。到底问题出在哪儿？ 原来，他是个不爱修边幅的人，喜欢留着长指甲，指甲里经常藏着很多“东西”。脖子上的白衣领常常有一圈黑色的痕迹。他喜欢吃大葱、大蒜之类的刺激性食物。

（资料来源：百度文库，
https://wenku.baidu.com/view/012edd202f3f5727a5e9856a561252d 380eb20d4.html）

阅读上述两个案例后，思考以下问题：

1. 如果你是职业规划师，应该如何帮助小丽呢？
2. 请从礼仪角度分析小李业绩为什么上不去。
3. 这两个案例给你的启示是什么？

任务一　概述：认识仪容礼仪

从礼仪角度来说，商务人员的仪容、仪表、仪态要注意些什么、有什么样的要求。《尚书·礼记》中“正仪容、齐颜色、修辞令”就是对“礼”的要求。正仪容、齐颜色讲的是仪容、仪表、仪态的问题。仪容是指一个人的脸部、面容，仪表是指一个人的服饰。仪容强调的是仪表中的一个重要环节，仪容仪表都是静态的；仪态是人的举止动作，是动态的。总的来说，仪容实际上是仪表中的一个主角。

从某种意义上说，商务人员的个人形象代表着为之服务的企业形象，企业的形象就是内部员工形象的集合。好形象才能使企业和个人不断发展，共同成长。

一、第一印象

第一印象是指人际认知、人际交往中形成的对他人的最初印象。初次相见时，人们都会不自觉地打量对方，时间大约 7 秒。

国外一位心理学家曾经做过这样一个搭车实验：分别让一位身着笔挺漂亮军服的海军军官，一位戴金丝边框眼镜、手拿文件夹的青年学者，一位打扮入时的漂亮女郎，一位挎着菜篮子、脸色疲惫的中年妇女，一位留着长发、穿着邋遢的男青年到马路边去搭顺风车。结果是：漂亮女郎、海军军官、青年学者的搭车率最高，中年妇女次之，搭车一次都没有成功的是那位穿着邋遢的男青年。

该实验结果证明：一个人的外表、形象在社会交往中起着十分重要的作用，人们常常以对他人的第一印象，来对此人的为人、社会地位、学识、涵养、性格等进行评价，并对此人以后的行为进行推测。

良好的第一印象是一张最好的通行证，是一封最权威的介绍信。也就是说，好形象是敲门砖，坏形象是绊脚石。因此，我们要善用第一印象为自己的事业铺路。

二、个人形象塑造

个人形象塑造是对人的形象进行整体设计和包装。个人形象是一个人仪容、表情、着装、举止和谈吐的综合体现，个人形象还反映了对他人的态度以及对自身价值的重视程度，甚至可以反映出个人的内在素质、创造能力和职业特征。

三、仪容概述

美国传播学家艾伯特·梅拉比安于 1971 年做了一个实验，实验结论是别人对你的第一印象取决于“55387 定律”，即人们在沟通中信息的全部表达=7%词语+38%语音+55%表情。

一般来讲，第一印象很难改变，而仪容是第一印象的重要组成部分，所以，掌握正确的仪容礼仪至关重要。

1. 仪容的概念

仪容一般指人的容貌，而且是经过修饰以后能给人以良好直觉的容貌。它包括发式、面容、脸色等状态。它反映了一个人的精神面貌、朝气与活力，是传达给接触对象感官的最直接、最生动的第一信息。

从礼仪学的角度说，仪容还包括头发、面部、手臂和手掌，即人体不着装的部位。仪容在礼仪学上的定义应该是经过后天的修饰能够给别人良好感觉的容貌，是一种自觉地后天性行为，是秀外慧中的体现。仪容之美体现了自然美和修饰美的和谐统一。俗话说“三分长相，七分打扮”，恰到好处的修饰能弥补自身的某些缺陷，展现一个人的仪容之美。

仪容礼仪是个人基本礼仪的重要组成部分，它的重要性不容忽视。我们每个人都应该对自己的仪容进行精心的修饰打扮，给人以良好的第一印象，以便于日后的商务交往。

2. 仪容的内容

仪容礼仪主要包括发型的选择、面部的清洁和保养、化妆技巧、手的清洁与保养、香水的使用五部分内容。

3. 仪容的要求

仪容礼仪有三个层次：一是仪容自然美；二是仪容修饰美；三是仪容内在美。

自然美：拥有美丽的外表自然让人赏心悦目，通过自我训练，也能获得美丽的外表。

修饰美：通过专业的修饰技巧对仪容进行适当的修饰、美化。设计塑造出美好的个人形象，在人际交往中显得自信，给他人留下良好的印象，同时也是对他人的尊重。

内在美：通过努力学习，不断提高个人的文化素养、艺术修养和思想道德水准，培养自己高雅的气质与美好的心灵，让自己有品位、有内涵。

关于内在美和外表美有这样的名言：列夫·托尔斯泰曾说“朴素是美的必要条件”；契诃夫曾说“人应当一切都美，外貌、衣裳、灵魂、思想”。

4. 仪容的标准

仪容修饰的原则是整洁、卫生和端庄。

（1）整洁原则：商务人员要保持整齐、洁净、清爽，要做到勤洗澡、勤换衣、勤洗脸，脖颈、手都要保持干干净净，身体无异味，并经常注意去除眼角、口角及鼻孔的分泌物。

（1）卫生原则：注意口腔卫生，早晚刷牙，饭后漱口，牙齿洁白，口无异味。在应酬前忌食蒜、葱、韭菜、腐乳等让口腔发出刺鼻气味的食物。

（3）端庄原则：仪容的修饰应保持简练、庄重、大方，给人以美感，赢得他人的信任。

男士的仪容应显示出刚毅与果敢、机智与稳重的个性风采，充分展示出男性的“阳刚之美”；女性应尽量展示其稳重、娴静、典雅、端庄，并充分体现东方女性的含蓄之美。

任务二 头发的清洁和保养

在人际交往中，看人一般是“远看头、近看脚，不远不近看中腰”。人们注视他人的第一眼首先是从头看起，头发是人的制高点，是交往对象无法忽视的重要部分。在职场中，头发既可以单纯地表现出人的性别，还可以全面地体现一个人的道德修养、审美情趣及行为规范等。通过头发（或者发型），人们可以大致准确地判断出对方的职业、身份、所受教育程度、卫生情况等，可以感受到对方对生活的态度以及身心是否健康。

因此，商务人士首先要认认真真整理自己的头发，仪容礼仪要“从头开始”。

一、头发的长度

头发最重要的一点就是长度。在商务场合中，男女头发的长度是有差别的。

1. 女士头发的长度

商务场合中，女士的头发长度没有具体的要求，但在工作岗位上要求不长于“肩部”。也就是说，商务场合中，如果女士头发太长，需要把头发束起来；如有刘海，刘海不要长过眉毛，挡住眼睛。金正昆老师在讲商务礼仪时曾说：“工作岗位上女士头发不长于肩部，换而言之，就是不能随意披散开来。”

2. 男士头发的长度

商务场合中，男士头发的长度要求是“十五字”，即前发不覆额、侧发不掩耳、后发不及领。总的来讲，男士的头发长度一般不超过 4 厘米。

二、发型的选择

（一）修饰原则

职业场合对发型的基本要求都是简洁大方，相对保守，不要留怪异的发型，因为怪异的发型往往会给别人一些不好的信息，如特立独行、做事掌握不好分寸、难于配合等。

（1）干干净净。要求勤洗发、勤理发，使头发保持清洁卫生的状态。如果要参加重要的社交活动，则应到理发店或美容店，请理发师进行精心修剪，能给交际对象“有备而来”的印象，能让交际对象感受到尊重。

（2）整整齐齐。要求把头发梳理“到位”，不蓬松凌乱。为了使头发保持既定发型，可以使用定发用品对之加以固定，更重要的是保持整齐，做到“一丝不苟”。

（3）长短适中。对商务人士而言，头发宜短不宜长。对男士而言尤其要注意这一点。

（二）发型选择

1. 女士发型

女士在职业场合可以选择多种发型，但不宜留披肩发，发型不能过于时尚，不能过于奇特。如留短直发，不能太短，要稍微长一点，不要显得太前卫，前面的刘海儿要注意整齐，切忌蓬乱；如留长直发，要注意保持长发的干净、光亮，否则会显得非常邋遢；如留卷发，要选择适合自己发质的产品，保持头发的整洁和形状；如留长卷发，要注意将头发修剪出层次，并保持蓬松感。留长发的女性在工作时最好将头发束起来或者盘于脑后。

有调查显示，长发披肩的女性在工作中为避免头发散下遮住视线，常常要梗着脖子，时间长了容易导致过度疲劳，患颈椎疾病的概率较高。有刘海的女士，注意不要遮住眼睛，避免妨碍与他人的眼神交流。

女士发型要注意与服饰、个人气质相符。女士在比较庄重的场合穿礼服时，可将头发挽在颈后，显得端庄、高雅；如果穿 V 领连衣裙，可将头发盘起。

知识链接

女士脸型与发型

（1）瓜子脸：东方女性的标准脸型，又被称为“美人脸”。这种脸型的女孩形象古典秀气，脸型是上宽下尖。瓜子脸的发型要注意头顶上不要蓬松、扩展，而扩展的应该是下部靠近面颊处，用扩展的两侧头发来拓展下巴。瓜子脸适合烫出波浪卷发，用圆润的曲线将脸庞修饰得更柔和；短发时注意头顶两侧的头发要有重量感，在下半部修剪出层次。

（2）四方脸：特征是面部下方较宽，显得比较刚毅、果断，但较缺乏柔美感。发型设计时要从视觉上拉长脸型，让脸型显瘦显长，所以最好以蓬松的卷发修饰脸型，再根据个人额头选择刘海，让刘海和发型两者互相配合。方形脸发型的重点在于减少棱角感，塑造圆润的外形轮廓，如将刘海梳向同一侧使前额变窄，修剪出长短错落有致的刘海让腮帮不再突出。

（3）圆形脸：这是一种可爱的脸型，面部轮廓较圆，下巴丰腴。这种脸型的人一般比实际年龄看起来年轻，但缺乏立体感。用中长发来修饰脸型，最重要的就是对脸边侧发的控制。中分的设计，让造型变得更简单。中长的秀发，自然地贴在脸颊上，把脸部的肉掩盖，拉长脸型，及肩的翘卷发和阳光的发色，让发型显得洋气浪漫。

（4）梨形脸：这种脸型显得随和，特征是额头偏窄，下颌较宽。较长的脸型和较宽的下颚，用长及眉毛的平刘海和贴面的弧度来掩盖修饰最好不过。蓬松的 C 卷发丝和齐眉刘海塑造不规则的脸型，立即变得圆润可爱。用稍长刘海让额头饱满，头发蓬松让脸部轮廓柔和。

（5）椭圆：又称鹅蛋脸，是一种比较标准的脸型，适合于各种发型。

（资料来源：百度文库，https://wenku.baidu.com/view/9bb2ccd7bc1e650e52ea551810a6f524cdbfcb19.html）

2. 男士发型

男士的发型要求比较简单：轮廓分明，样式保守整洁，修剪得体，两侧鬓发不得长于耳垂底部，后面不超过衬衣衣领底线，前面不遮盖眉部。即前不及眉、旁不遮耳、后不及衣领。同时，不能留长发、大鬓角，不留络腮胡子或小胡子。

男士发型风格要与自己的职业相协调。从事不同职业的人，可以有不同的风格。例如，从事 IT 行业的人，适合比较个性和时尚的发型；但如果是从事律师行业或在银行工作，最好选择保守一点的发型。男士发型的选择还要注意与场合、脸型等相协调。

知识链接

男士脸型与发型

（1）三角形：拥有倒三角形脸的人，容易让人产生不易亲近的感觉。该脸型适合的发型是：稍有刘海并将两侧头发打薄，避免头发蓬松；也可将脸的侧边弄得略有蓬松感，让脸的轮廓有修饰的感觉。

（2）方形：又称国字脸，视觉印象一般是脸盘较大，脸部轮廓也呈扁平感。该脸型适合的发型是：头顶弄蓬松、刘海侧分，尽量把在脸颊旁的头发弄蓬松，减少直线的感觉。

（3）圆脸：容易给人迟钝的感觉，在职场上可能因为这样的感觉而失去专业形象。该脸型适合的发型是：最佳的长度应该是中长度，并且在前额剪薄刘海，两侧的线条要向上修剪。

（4）长脸：脸型上下的落差较大，横向距离又小，且额头较宽。该脸型适合的发型是：将前面刘海留长，然后采旁分法并将刘海向两侧自然分开梳理。修饰的重点在于两侧的头发要弄蓬松。

（资料来源：https://www.baidu.com/link? url=68gkdRPy2kQvTN9x1PjfE4a-iPwNC5Dr29YnsotkPsEN-Y35DRwPPE--O-RLC7_60QSjidPHvQAZLDLhsrmwwBZvzJVf_084wVzltGYn8Aa&wd=&eqid=bc13db14000339060000003601b9157）

三、头发的颜色

目前染发盛行，有的人为了彰显个性或美丽，喜欢染发或挑染，但对于职场中人来说，染发不能随心所欲，要尽量使用与发色对比不十分明显的颜色，如栗色或绛紫色，或者稍微挑染一点暗色。

四、头发的清洁

头发要保证无异味，无异物。头发的异物主要是指头皮屑。如果头皮屑过多，应该立刻就医，以免头皮屑堵塞毛孔、妨碍毛发的生长，或破坏毛囊组织，甚至演变成皮肤病。头皮屑过多的人应注意以下几点：一是切忌过度用力梳头；二是切忌用手过度抓搔；三是避免摄入过量的糖、淀粉和脂肪，尽量多吃一些新鲜的蔬菜、水果、瘦肉、鱼等；四是要定期洗头，保持头皮与头发的清洁；五是保持心情舒畅，不焦躁不安。

1. 洗发水的选择

洗发水的选择一定要适合自己的发质，而人的发质一般分为干性、中性和油性三种。正常人的头皮呈弱酸性，pH 为 4.5 ~ 5.5，洗发水的 pH 在 5 左右最佳。

干性发质者建议选用 pH 为 4.5 ~ 5.5 呈弱酸性的洗发水，不能用 pH>8 的碱性洗发水，这会加速毛发老化，导致脱落；中性发质者建议选用 pH 在 7 左右的洗发水；油性发质者建议选用 pH>7 的中性洗发水，它可以适度地洗去头发上过多的油腻污垢，并保留毛发中应有的油脂。

2. 正确的洗发步骤

洗头发一般分为五步：清水冲洗头发、洗发水洗发、按摩头皮、巧用护发素、冲洗头发。

（1）清水冲洗头发。洗头前，先用梳子将头发梳开，再用清水将头发冲洗一遍，这样可以使头发上的灰尘、脏污甚至头皮屑减少，也可以减少洗发时洗发水的用量，降低对头皮的刺激。

（2）洗发水洗发。先倒适量洗发水在手心中，加适量的水轻轻地揉搓起泡，涂抹于发尾，再将泡沫带至整个头部揉搓，然后冲洗干净。如此重复两次，便可彻底清洁头皮与发丝。特别注意的一点是，不要将洗发水直接倒在头发上搓洗，这样容易造成头皮局部的洗发水浓度过高。长此以往，会导致脱发。

（3）按摩头皮。洗头发时用，双手指腹以画圆圈的方式按摩头皮，按照头皮血液自然流向心脏的方向，按前额、发际、两鬓、头颈、头后部发际的顺序进行。千万不要用指甲抓头皮，这容易使头皮受伤。油性头发按摩时用力轻些，着重清洗发根。干性头发可稍重些，不宜洗太久。经常按摩可防治脱发、头发干燥、枯黄等。

（4）巧用护发素。洗头后，待头发 5 分干时，涂上护发素，用一条很热的毛巾包裹，再罩上浴帽，等待 15 分钟后，冲洗干净。这个方法会使护发素中的成分充分地释放，对干燥和刚染烫的头发很有帮助。

（5）冲洗头发。用大量的清水冲洗头发，倘若冲洗不干净，残留的洗发水会造成头皮过敏现象。注意不要用过热的水冲洗头发，热水对头皮的伤害很大，可以用温水或者冷水冲洗多次，干净即可。

3. 洗发的频率

头发要经常洗，以保持头发的干净、蓬松。若是油性发质，则一般隔天清洗一次；若是干性发质，间隔时间可稍长一些，可两至三天清洗一次。在参加重要活动前，一定要清洗头发，以去除头上的异味、异物。如果是夏天，可以每天洗发，但要选择性质温和的洗发水，如蛋白质、氨基酸等活性剂的洗发水。

此外，洗发一般选用 40 °C 左右的温水洗涤头发。干发方法：可以用干毛巾包裹湿发，吸干水分；自然晾干或用吹风机吹干。

五、头发的修剪

商务人士的头发修剪主要包含修剪频率、修剪方式、修剪长度等。

修剪频率：每隔半个月修剪一次，不宜超过一个月。

修饰方式：剪、洗、染、塌、吹、烫等。商务人员一般不宜染彩发。

修剪长度：商务人员不宜剪成光头，也不易留过长的头发。

男士修剪头发应该做到“前发不覆额、侧发不掩耳、后发不及领”；女士修剪头发时应做到刘海勿遮脸、长发不过肩。

任务三　面部的清洁、保养和修饰

商务场合中，面部要求强调无异味、无异物。因此，不吃有味的食物，尤其是在工作场合，因为这是教养、是整洁的问题，是一个尊重自己、尊重别人的问题，我们提倡白领不要吃刺激性气味的食物。

另外，就是面部要求无异物。人有内分泌，动不动就会分泌东西，如说话多了，嘴上就易出现唾沫；有的时候眼角、鼻孔、耳朵也会有分泌物。

一、面部清洁

（一）女士面部清洁

1. 卸　妆

卸妆产品种类很多，质地各异，最常见的有卸妆摩丝（泡沫）、卸妆水、卸妆油、卸妆啫喱、卸妆乳（霜）、卸妆膏。这里以卸妆油为例。

卸妆油质地为油溶性，对于防水彩妆有很好的卸除效果，比较温和，适合肌肤偏敏感、干燥的女士。缺点是比较油腻，有引起闭合性粉刺的危险，偏油皮肤的人尤其要注意这一点。

卸妆油的用法如下：

眼部：用化妆棉蘸取眼球大小卸妆油，敷在眼皮上几秒，等待彩妆溶解后将化妆棉放置下眼皮处，用棉签沿睫毛根部向下仔细擦拭。眼影位置可将整张棉片覆于眼皮从上至下轻擦。

唇部：先用纸巾吸走表层的口红颜色。将化妆棉蘸取充分的卸妆油，从嘴角向内擦拭，将唇部左右微笑拉开，卸除积于唇纹中的残留口红。手法尽量轻。

脸部：倒一些卸妆油在掌心温热，把卸妆油均匀地涂满面部，并按从内向外、从下向上的原则，不断地用指腹打圈按摩，直到彩妆完全浮出。眉尖、下巴、鼻翼这些容易藏污纳垢的地方，特别要用指腹仔细揉搓。之后取一点点清水沾湿手，继续按摩面部。这是一个卸妆油乳化清洁的过程，此时的清洁效果才是最好的。

取适量的洁面产品揉搓到起泡，细腻的泡沫会深入毛孔使污垢剥离，提高清洁效果，而且充分的泡沫也能减轻肌肤的负担。用泡沫轻轻在脸上打圈按摩，千万不要用力搓，之后再用温水将全脸充分洗净。

卸妆的步骤如图 2-1 所示。

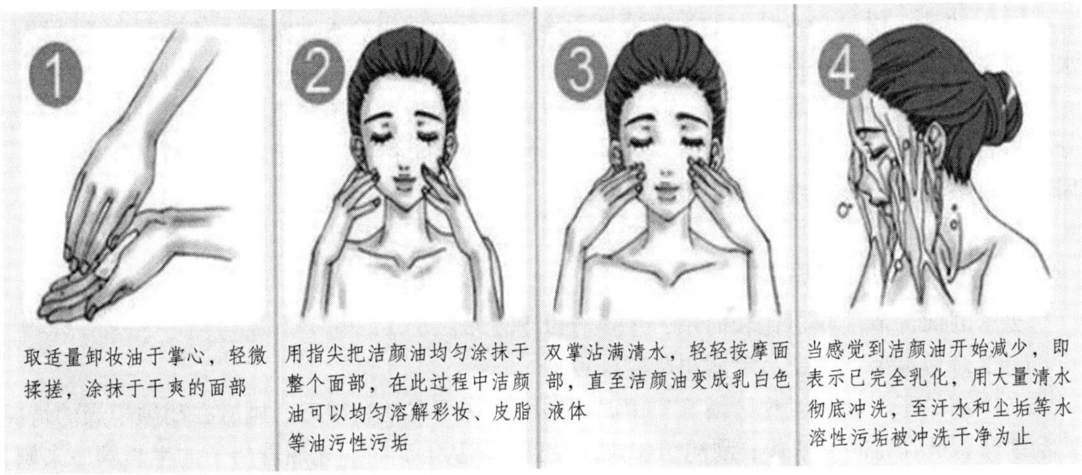

图 2-1　卸妆步骤

2. 洗　脸

清洁是相当重要的护肤步骤，早晚都要。洗脸的时间一般是早晚各一次。洗脸的过程主要分为四步：湿面、洁面、冲洗和擦干。

（1）湿面。一般可以先用温水，往脸上轻轻地拍两到三次，将脸湿润，让毛孔扩张。注意，湿润程度要能足够将洗面奶打出泡沫。

（2）洁面。挤少许洁面产品到掌心，双手揉搓产生泡沫。将打出的泡沫依次抹在整个脸上，顺序一般是额头、鼻部、下巴、左右脸颊，轻轻地抹开。额头可以用双手的中指和无名指由中间横向抹开，鼻头以及鼻翼两侧使用两手的无名指上下轻揉抹开；两颊则用左右手的无名指和中指以从下向上提的方式，由下巴中心开始向上提，环绕向下。眼皮和眼眶部分请用左右手的中指和无名指分开环绕轻揉。嘴唇部分的清洁采用同样动作。

洁面动作图解如图 2-2 所示。

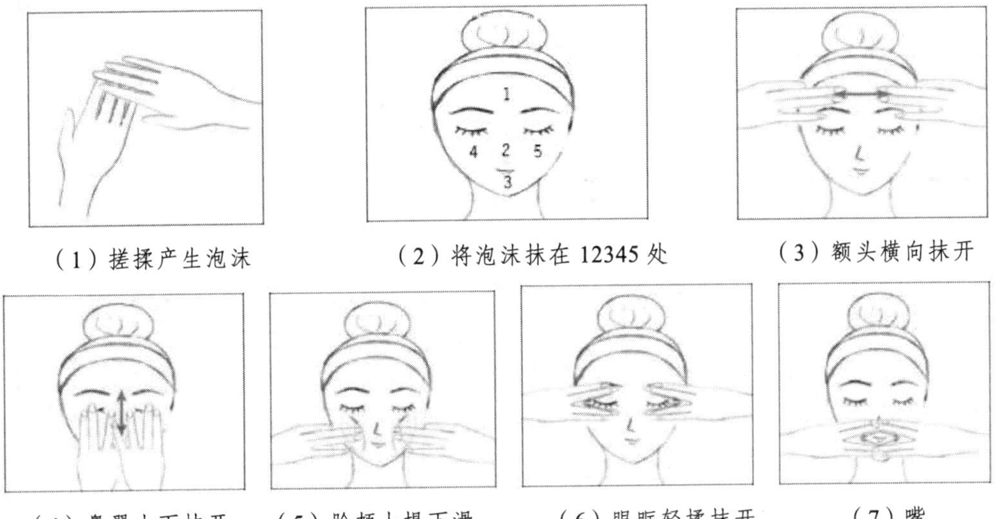

图 2-2　洁面步骤

（3）冲洗。用温水将脸上的泡沫冲洗干净，然后立即用冷水冲洗脸，使毛孔收缩，减少水分流失，并使皮肤保持弹性。

（4）擦干。一般使用竹纤维、超细纤维或者全棉的毛巾擦脸，直接盖在脸上吸取剩余水分，再将毛巾搓揉洗净，挂到风干之处晾干。别用湿毛巾擦脸，湿毛巾往往蕴含很多细菌，用湿毛巾擦脸等于又把细菌抹到脸上了。

（二）男士面部清洁

男士的面部清洁相对比较简单，主要有以下三步：

（1）修剪鼻毛。不让鼻毛露出鼻腔即可。

（2）刮胡子。如用刀片，最好先用温水洁面；如用电动剃须刀，则应在胡须干燥的情况下刮胡子，最佳时间是清晨；刮胡子建议从左到右，从上到下，先顺着胡子的生长顺序来剃，再逆着剃。

（3）温水洁面。洁面后可用热毛巾多敷一下脸，让受伤的胡子毛囊得到缓解。

（三）口腔清洁

保持口腔清洁，是讲究礼仪的先决条件。商务人士经常要近距离与人交往，应保持口腔气息清新无异味。

首先要坚持每日早晚刷牙。刷牙可以减少口腔细菌，清除牙缝里的积物，防止牙石沉着。常规的牙齿保洁应做到“三个三”：3 顿饭后都要刷牙；每次刷牙的时间不少于 3 分钟；每次刷牙的时间在饭后 3 分钟之内。

由于牙齿疾病、消化不良或食用辛辣食物，人们口中会产生异味，这对商务人士而言是不雅观的。除了应治好牙病，饭后漱口、刷牙，保持口腔清洁外，工作开始或参加社交活动前最好别食用辛辣、腥味的食物。如果吃了异味食物如葱、蒜、韭菜等（建议最好不吃），应及时刷牙，或用浓茶漱口或吃一些低糖的口香糖来补救。

此外，要保持鼻腔的清洁，经常清理鼻腔，修剪鼻毛。切忌在他人面前剜鼻孔，拔鼻毛，这样既不文雅，又不卫生。

二、面部保养

面部保养一般包含眼部、鼻部、唇部、脸部保养等内容。

（一）眼部保养

人们常说，“人美不如脸美，脸美不如眼美”，所以眼部肌肤的保养尤为重要。眼睛周围的皮肤特别柔细纤薄，并有许多皱褶，故眼周肌肤水分蒸发速度较快；眼周皮肤的汗腺和皮脂腺分布较少，特别容易干燥缺水，这些因素决定了眼睛是最容易老化并产生问题的地方。一般自 25 岁以后眼周肌肤就开始走下坡路，出现黑眼圈、鱼尾纹、眼袋、水肿等问题。

眼部保养建议使用眼霜。眼霜要注意使用一些容易吸收、分子小的。年轻女性需要采用清爽、凝胶、凝露质地的保湿眼部护肤品，不能采用滋润型眼霜，这样只会给眼部肌肤造成负担，长出脂肪粒。年长女性则适合采用偏滋润型的眼霜。而眼部的肌肤比普通肌肤要薄，所以眼部保养更需要防晒，因为紫外线同样会破坏肌肤弹性组织，使其受损断裂，长出皱纹。眼部保养防晒则需要在出门时戴上眼镜，或者采用一些含有防晒指数的眼部护理品。此外，日常要保持充足的睡眠和合理的营养，使眼睛有水分，显得有精神。

（二）鼻部保养

（1）鼻部清洁。除平时做好鼻部周围皮肤的深层清洁及去角质的工作，避免毛孔中油脂污垢的堆积外，还要适当用一些具有收敛作用的收缩水或爽肤水，以达到收敛毛孔、减少油脂分泌的效果。

（2）鼻头出现粉刺时不宜用不干净的手挤压，若要挑破此处的暗疮，一定要严格消毒，并在伤口处涂上消炎药膏。

（3）纠正一些不良习惯如乱擤鼻涕、揪鼻毛、用指抠鼻。鼻孔痒或不干净，应用棉签蘸水或用纸擦拭，不可用手指挖，以免损伤鼻黏膜引起炎症。

（三）唇部保养

唇部保养主要包括及时补水、不撕嘴唇死皮、常备滋润唇膏和睡前唇部护理。

（1）及时补水。很多人嘴唇经常干裂，造成这种现象的主要原因是缺水。所以补水对唇部保养很重要，建议每天饮用水的量为 1 500 ~ 2 000 mL。

（2）不撕嘴唇死皮。嘴唇出现死皮的时候不要去撕，这种做法会严重影响唇部的健康。建议出现干裂死皮的时候可以用热毛巾敷唇 3 ~ 5 分钟，再备一支软刷子轻轻地刷去嘴唇上的死皮。

（3）常备滋润唇膏。嘴唇干裂是季节变换的常见特征，所以在出现干裂的时候，尽量让唇部保持湿润。建议随身携带一支滋润唇膏，一天涂抹多次，尤其是在户外的时候，更要多次涂抹，以保唇部滋润。

（4）睡前唇部护理。晚间养分容易吸收，比白天好很多，所以临睡前建议涂抹润唇膏保护自己的唇部。如果唇部干燥得比较厉害，建议先涂抹润唇膏，然后在唇部敷上一层保鲜膜，用热毛巾敷一下，还可以适当做一些唇部按摩。

（四）脸部保养

面部护理最简单的步骤：洁面→爽肤水→乳液→面霜。

面部保养需要使用基础护肤品，一般包括爽肤水（柔肤水、紧肤水）和乳液。爽肤水的主要作用是平衡皮肤的酸碱度，而且还可使张开的毛孔收缩，以防止气孔增大而导致皮肤粗糙。一般将爽肤水倒在化妆棉或直接倒在手心，均匀地往脸上轻按并轻敲，以促进其吸收。乳液可以锁住水分，防止灰尘附着在皮肤上和免受紫外线的侵害，并为肌肤提供必需的养分，达到养颜目的。

1. 女士面部保养

（1）爽肤水。用水把皮肤打湿有助于吸收，还能调节皮肤的 pH，还有二次清洁或者刺激毛孔收敛、控油等功能，一些有特定功能的水（美白、排毒）比较适合用来敷纸膜。

（2）（基底液/霜）。有一些用在水之后精华之前的促吸收的产品，也能促进皮肤吸收，但是不能算是霜或者精华。（这一步不是必须使用的，只是用起来更好）

（3）精华液。精华液一般用在水之后。精华液的用量一般会少一些，蘸取黄豆颗粒般的大小，轻轻按摩涂抹在面部即可。

（4）眼霜。眼霜是一个比较容易忽略的步骤，眼霜在精华前精华后，乳液/面霜后都可以，但是有些精华可以用在眼周，所以把眼霜放在精华之后用好些。至于眼精华，由于眼皮本来就很薄，约为正常脸部皮肤的 1/3，不能用太深层的护肤品，所以跟眼霜的差别不大，只是叫法不同。

（5）乳液/面霜。乳液用在精华之后，会对皮肤有一层保湿锁水的功效，乳液的用量大约是精华的 2 倍，倒在手指前端，或者是虎口处，轻轻按摩直至吸收。

2. 男士面部保养

刮胡子和洁面在面部清洁中已经讲解，这里不再赘述。

（1）爽肤。洁面后拍上爽肤水，能瞬间收敛皮脂分泌、收细毛孔、平衡皮肤酸碱度。

（2）滋养。爽肤水收敛了毛孔，但皮肤可能还是处于比较干燥的状态。此时需要用专业的男面乳来起滋养的作用。

（3）使用眼霜。眼霜通常有高浓缩精华，能强化眼睛微循环和舒缓疲倦双眼。

三、面部修饰

美好的仪容既反映了个人爱美的意识，又体现了对他人的一种礼貌。良好的仪容是人的第一张名片，因此社交中不可忽视仪容。面部是人际交往中他人关注的焦点。在商务交往中，商务人员欲使自己从容而自信，就应注意面部修饰。面部修改内容将在任务四化妆技巧中详细讲解。

任务四　化妆技巧

商务人员（尤其是女性）要重视自己的外表修饰，美化自己的容貌，学会化妆技巧。化妆有晨妆、晚妆、上班妆、社交妆、舞会妆、少女妆、主妇妆、结婚妆等多种类型，它们在浓淡的程度和化妆品的选择使用方面，都存在一定的差异。商务人员在工作岗位上应当“淡妆上岗”，实际上是要求女性商务人员，在工作岗位上不仅要化妆，而且只宜选择工作妆。工作妆的主要特征是简约、清丽、素雅，具有鲜明的立体感，既不过分突出商务人员的性别特征，又不过分脂粉气。

一、化妆的基本功能

化妆既是自身之美、气质、修养的体现，又是尊重别人的表现。但是，如果不把握好化妆的礼仪，则可能起到相反的作用。

员工化妆上岗具有以下几方面作用：首先，有助于体现单位的令行禁止和统一性、纪律性，有助于使单位形象更为鲜明、更具特色，这样做乃是塑造单位形象之必需；其次，在商务交往中化妆与否，也是被交往对象判定商务人员对其尊重程度的一个尺度。在对外商务交往中，这一点更为重要。

二、化妆的基本原则

商务场合中，化妆的主要原则有扬长避短，美化自己；淡妆相宜，自然协调；整体配合，画出个性。

（1）扬长避短，美化自己。化妆的目的是要突出自己最美的部分，使自己显得更加美丽动人，并巧妙地弥补自身不足之处，达到最优效果。

（2）淡妆相宜，自然协调。化妆时，应努力使整个妆面协调，并根据 TPO（时间 Time，地点 Place，场合 Occasion）原则进行变化，与全身的装扮、所处的场合、当时的身份等相协调，以体现自己慧眼独具、品位不俗。生活淡妆可以给人以大方、悦目、清新的感觉。商务场合的淡妆更应注重自然端庄，不留痕迹。出席晚会、舞会等社交场合可以化浓妆。

（3）整体配合，画出个性。化妆的人要专门设计，强调个性特点，不要单纯模仿。要根据自身的脸部特征，进行具有个性化的整体设计。

三、女士化妆

大方得体的妆容可以展现女士的端庄和美丽，展示职业女性的独特魅力，还可以掩盖或校正缺陷或不足。化妆的基本步骤如下：

1. 打　底

洁面后用水和乳液做好基础护理，随后用 BB 霜或粉底以及蜜粉，进行脸部打底。打底可以均匀肤色，遮盖瑕疵，同时让脸部免受其他化妆品的伤害。

打底步骤如图 2-3 所示。

（1）从脸颊中部向外涂　（2）皮肤薄的部位涂薄　（3）眼部周围涂满

（4）调和颈部界限　　（5）局部高光　　（6）散粉定妆

图 2-3　打底步骤

2. 修眉描眉

眉毛需要定期修剪，脸型不同，眉型也不一样。眉毛分成眉头、眉尾和眉峰。从鼻翼出发到外眼角画一条线，长度比较合适的眉尾就在这条延长线上。眉峰一般在距离眉尾的 2/3 处（见图 2-4）。

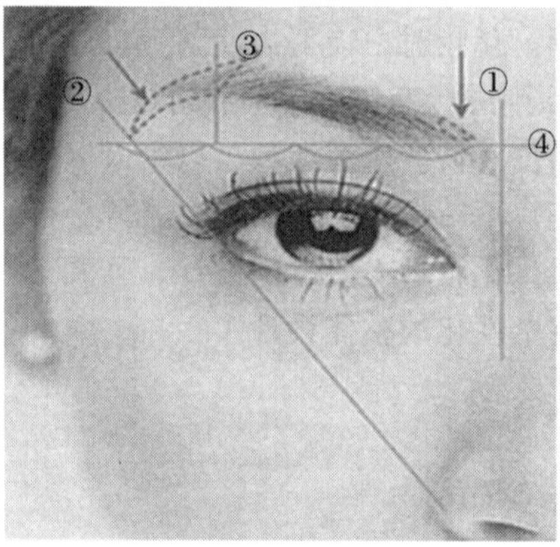

① 眉头；② 眉尾；③ 眉峰；④ 眉头眉尾基本水平线

图 2-4　标准眉型

眉毛的颜色和发色都很贴近，看起来柔、自然；眉型和脸型相呼应，线条清晰整齐却不会让人特别注意到。

画眉时要注意以下几点失格的礼仪表现：画眉毛时眉毛的上挑过于明显或是眉型角度太明显，随时都处在惊愕状的表情；喜欢染发却不在意眉毛的颜色，黑色眉色显得很突兀；习惯用眉笔画两条像毛毛虫的“眉毛”。

知识链接

根据脸型设计眉型

好看的眉型对于女生的整体面貌十分重要，但是不同的脸型需要找到各自合适的眉型才最好看。那么眉形与脸型的搭配是怎么样的？以下带大家看看各种脸型应该搭配什么眉型。

（1）椭圆脸：以标准眉型为首选，眉峰不宜过高，眉头可稍加强调，但不宜过浓。这样可使脸庞显得略宽而不失秀丽。

（2）长脸：应选择水平眉，画法是静止的横向，以达到截断长脸的效果，从而达到增加脸的宽度的效果。眉毛的圆弧弯度不要太明显，过弯会拉长眉与下颌线的距离，从而使脸显得更长。

（3）圆脸：适合上升眉，眉腰至眉峰逐渐上挑，接近眉尾处慢慢细窄，并略向下弯，眉尾应稍高于眉头的水平线。这种眉形有拉长脸颊的效果，使人看起来比较瘦削。

（4）瓜子脸：又称心形脸，特点是上宽下窄，显得秀气，但有些单薄。眉形应为自然的弧线形，眉峰宜略偏向内侧，特别注意粗细适中。因为过粗会使下颏显得更尖，过细会破坏面部整体的平衡。眉峰不可过高，眉尾不可过长，一切以适度为好。

（5）三角脸：又称梨形脸，特点是上窄下宽，给人以尖头尖脑的印象。眉型可选择有角度的弧形，两眉头间适当拉开，眉峰的位置向外移，眉尾向鬓角延长。眉毛可画得稍粗一些，以加强面部上半部的分量。这样的眉形可适当改善额部窄小，五官过于集中的观感。

椭圆脸与眉型

长脸与眉型

圆脸与眉型

瓜子脸与眉型

三角脸与眉型

（6）菱形脸：面颊瘦削，颧骨宽大突出，特点是两头尖，中间宽。此种脸型的眉型宜画成有特点的平圆形，宜加重眉头的分量。画眉头时在颜色和宽度上都应做适当的强调，将人们的视线吸引过来，而眉体应舒展柔和，这样有助于改善颧骨过于突出的印象。菱形脸的女生适合平直的长一点的眉型，菱形脸不适合弧度太大的眉型。

（资料来源：https://wenku.baidu.com/view/204cb120ccbff121dd3683eb.html）

3. 眼　妆

先画眼影，根据不同的服饰、场合确定眼影的颜色，画眼线，修饰睫毛。（见图 2-5）

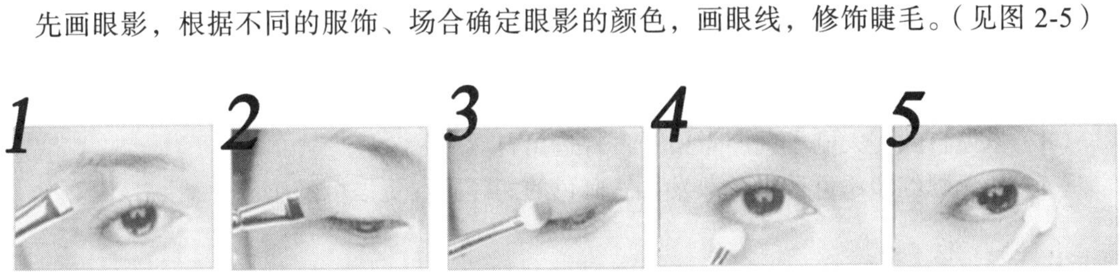

图 2-5　画眼影

注：越靠近睫毛处颜色越深，渐渐往上淡开，体现一定的层次，可给人干净自然的感觉。

画上眼线时，抬高下颚，并将眼睛往下看；画下眼线时，拉低下颚，眼睛往上看，比较容易描画。（见图 2-6）

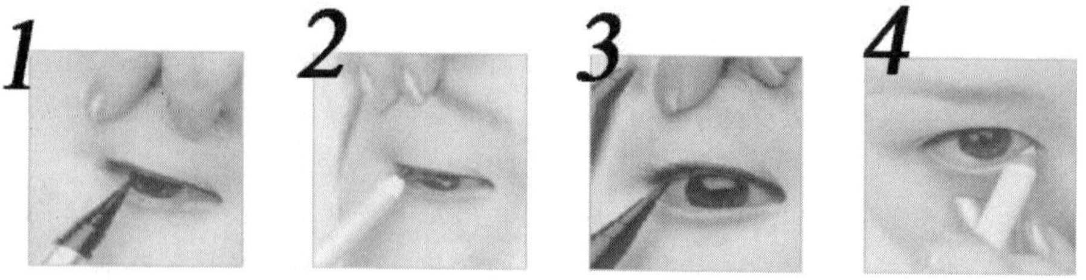

涂满睫毛根部　　画出轮廓　　眼睑边缘涂黑　　涂白色眼线

图 2-6　画眼线

刷上睫毛时，横拿睫毛刷；刷下睫毛时，则将睫毛刷直拿，利用前端，刷上睫毛膏。（见图 2-7）

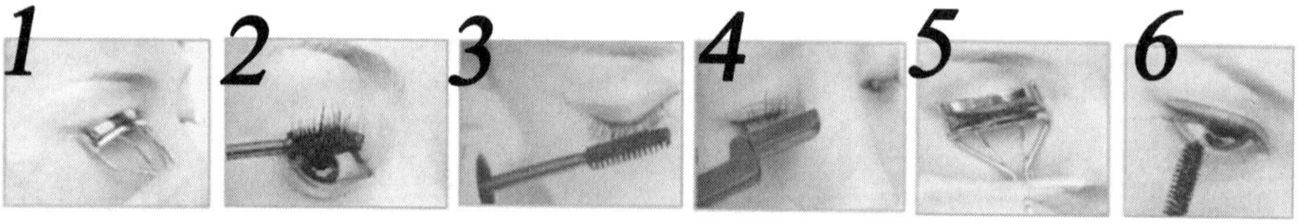

图 2-7　刷睫毛

画眼妆时符合礼仪规范的是：睫毛浓密且根根分明，包覆住整根睫毛，柔软自然；眼影浓淡适中，有渐层感，颜色协调性佳；眼线有适当的晕染，感觉像是睫毛根部的一部分；睫毛弯翘的弧度适中，无论是侧面还是说话眨眼时看起来都很自然；下眼线和下睫毛的处理很自然，眼睛放大不留痕。

画眼妆时要注意以下几点失格的礼仪表现：眼线的线条很僵硬，没有过渡和晕染，或是上扬的角度不对；经常故意将眼周画得又黑又浓；眼影色块很明显，没有层次感，或是颜色的搭配诡异；睫毛纠结很严重，或是块结明显；睫毛夹得角度很不自然；下眼妆处不当，如下眼线涂的太粗黑，看起来会很凶狠。

4. 腮　红

虽然画腮红并不难，但要画出完美的腮红，利用腮红来达到不同的妆容效果，的确是件很考验功力和技巧的事。刷腮红的简易步骤如下：

（1）找到笑肌位置：对着镜子微笑，准确找出笑肌的位置。

（2）压扫腮红：用刷子从上往下呈横长状压扫腮红。

（3）晕染自然：大刷子画圈晕染开，打造出自然红晕。

（4）润泽腮红增添可爱感：散发自然血色的润泽腮红更添可爱感。

5. 唇　妆

理想唇形要符合轮廓清晰，唇峰凸起，唇结节明显，下唇略厚于上唇，唇角微翘，唇型圆润等标准。唇型是可以通过化妆来修饰的：先用唇笔描出合适的唇形，然后填入色彩适宜的唇膏，使红唇声色，更加美丽。用遮盖霜掩盖原有唇型，用蜜粉固定。勾画上唇线时，描画出明显的唇峰，下唇画成船底形或圆润形，唇线的颜色要略深于唇膏色。（见图 2-8）

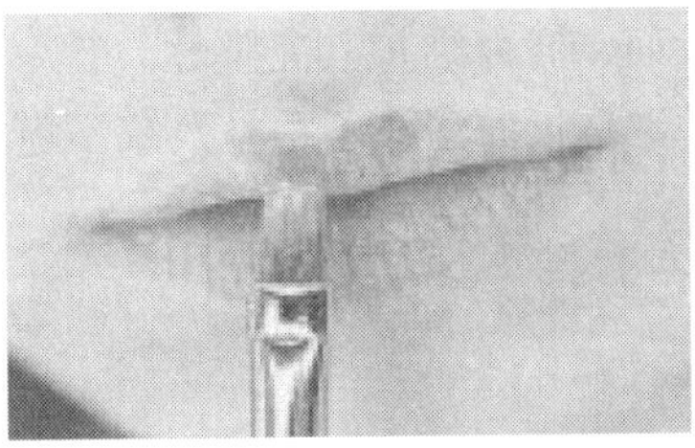

（1）上唇突起处描轮廓

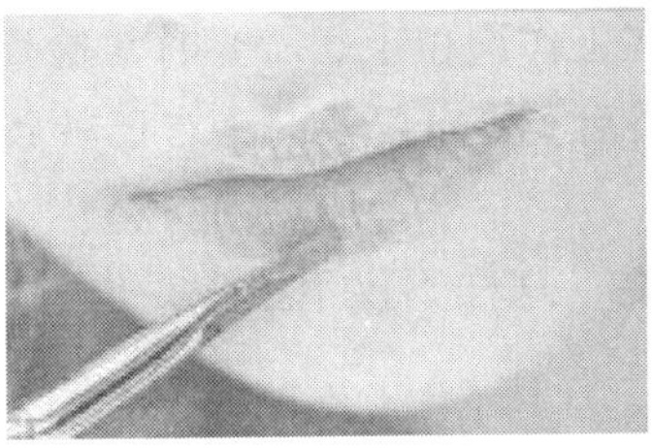

（2）下唇中央描轮廓

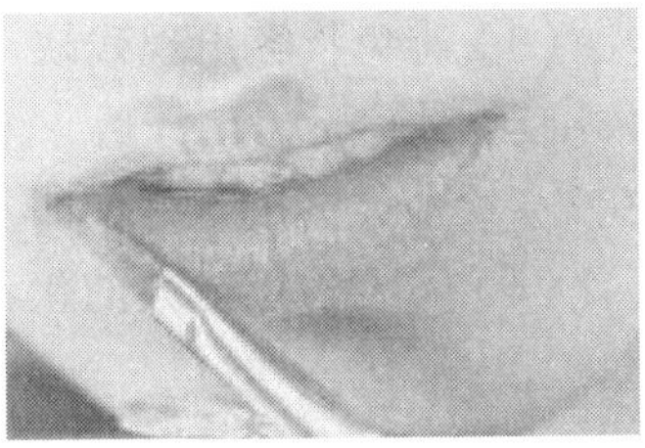

（3）上唇与嘴角轮廓融合

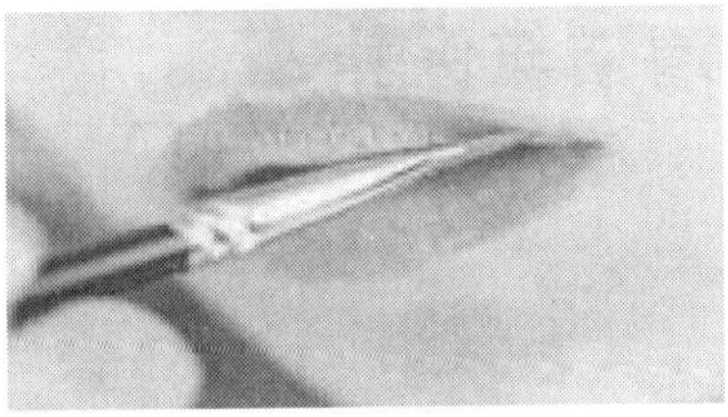

（4）嘴角轮廓与中央融合

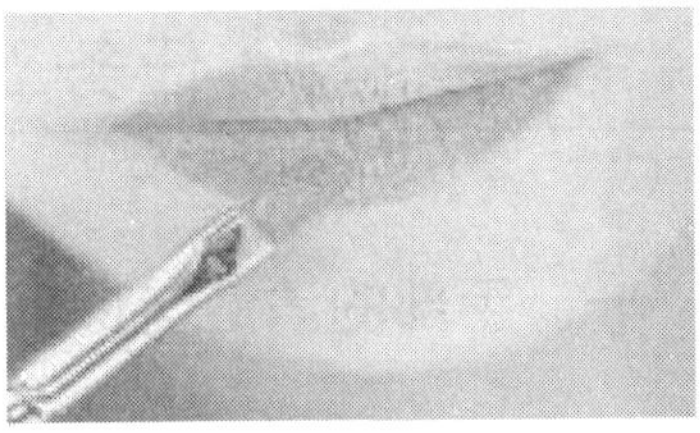

（5）涂满口红

图 2-8　唇妆

唇妆合格的礼仪表现：唇部水润平滑，保养良好，看不见唇纹；唇型明显，唇膏的范围清晰不越线，给人正式合宜、高尚优雅的感觉；唇色和腮红呼应。

唇妆失格的礼仪表现：唇部脱皮，没保养好就急着上唇膏，死皮和唇膏通通粘在一起；唇膏乱涂、涂抹不均或画出线，用餐后唇妆掉色不补妆；唇妆使用太多层，颜色混在一起像画家的调色盘；勾勒唇型的唇线过于明显，显得古板。

四、男士化妆

商务男士化妆内容，一般包括美发定型、清洁面部与手部、使用护肤品进行保养等，也可以使用无色唇膏或无色指甲油进行保养，适当情况下也可以使用清新淡雅的香水等。

总之，化妆一定要适当，要恰如其分，通过化妆来突出优点，遮掩缺陷，从而让人更美，更自信，更有魅力。

五、化妆注意事项

（1）避免过量使用芳香型化妆品。许多工作场所空气流通不畅，如写字间、会议室、 会客室、电梯间、轿车里等，此时浓郁的香味不仅会引起他人不适，也容易引起尴尬。通常认为，与他人相处时自己身上的香味在 1 米以内能被对方闻到，不算过量。如果在 3 米外香味依旧能被对方闻到，则肯定是过量使用香水了。

（2）避免在公共场合化妆或补妆。不是不允许女性商务人员在工作岗位上进行必要的化妆或补妆，只是不允许当众这样做。在公共场合化妆会让人觉得她们对待工作不用心，只把自己当成了一种“摆设”或是“花瓶”。在许多地方，一般都设有专门的化妆间，就是为有必要随时化妆或补妆的人准备的。

（3）避免妆容出现残缺。在工作岗位上，需要时常检查妆面，努力维护其完整性。餐后、饮水后、休息后、出汗后、沐浴后，一定要及时为自己补妆。要是妆面深浅不一、残缺不堪，必然会给他人造成不好的印象。

（4）不要借用他人的化妆品。这样不仅不卫生，也不礼貌。

任务五　手部、颈部的清洁与保养

一、手部的清洁与保养

手部是人的第二张“脸”，是仪容的重要部位，交往时的最低要求莫过于一双清洁的手。商务人士的双手应当以干净卫生、雅观为其“要旨”，要经常用洗手液和香皂洗手，杀菌和除污垢。手的清洁与修饰具体有四条要求：

（1）双手要勤洗。与洗脸相比，双手洗得要更勤些。七步洗手法包括“内、外、夹、弓、大、立、腕”七个步骤。（见图 2-9）

内：洗手掌，流水湿润双手，涂抹洗手液（或肥皂），掌心相对，手指并拢相互揉搓；

外：洗背侧指缝，手心对手背沿指缝相互揉搓，双手交换进行；

夹：洗掌侧指缝，掌心相对，双手交叉沿指缝相互揉搓；

弓：洗指背，弯曲各手指关节，半握拳把指背放在另一手掌心旋转揉搓，双手交换进行；

大：洗拇指，一手握另一手大拇指旋转揉搓，双手交换进行；

立：洗指尖，弯曲各手指关节，把指尖合拢在另一手掌心旋转揉搓，双手交换进行；

腕：洗手腕，手臂揉搓手腕、手臂，双手交换进行。

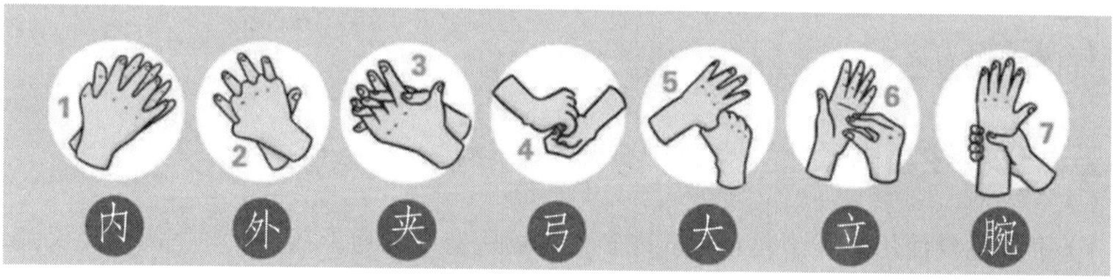

图 2-9　七步洗手法

（2）双手要保养。手部不只是要勤洗，而且需要精心照料。洗手后要及时涂抹护手霜，别让手部红肿、粗糙、长疮、生癣或“积劳成疾”。

（3）不留长指甲。商务人士应养成平日坚持定期修剪指甲及其周围死皮的良好习惯，一般要三天修剪一次。女性应格外注意，精心修饰的指甲或指甲过长，可能会分散他人的注意力，降低职业可信度。

（4）工作时指甲不宜涂抹彩色指甲油。这主要是针对女士来说的。若是十指涂满有色指甲油，甚至十指十色、一指多色，看起来鲜艳夺目，实则有失身份。无色指甲油可适量地使用，对保护手指甲是有益的。

二、颈部的清洁与保养

颈部是人的第三张“脸”。随着人类美容意识的提高，现在很多人都注重颈部保养，因为颈部也会泄露我们的年龄。颈部清洁、保养要注意保湿、温和。做颈部保养之前，首先要给颈部做清洁。其实颈部的清洁也和面部一样，得用温和的洗面奶，建议使用啫喱型或乳液型产品。手法以轻柔为主，要由下往上地清洁。清洁完后，不用擦得过干，最后抹上有滋润功效的爽肤水即可。

任务六　香水的使用

古埃及时代，在公共场合不涂香水被认为是违法的。时至今日，香水越来越成为国际交往中每个人的随身必备品，是否使用香水也成为礼仪素养的一种标志。恰当使用香水会透露出一个人的品位和修养。在恰当的时间，通过恰当的手法，使用恰当的香水是一个人具备高超礼仪修养的表现之一，也是拉近人与人交往距离的技巧之一。

一、香水的分类

香水可以根据香精油的浓度不同分成五大类：浓香水、香水、香露、古龙水、淡香水。

1. 浓香水

浓香水（Parfum），一般习惯称为香精，这个等级的香水的香精浓度为18%～25%，是香水的最高等级，香味持续可达8小时左右。常见的香精包装容量为：7.5 mL、10 mL、15 mL。大部分香精只适合女性使用，男性香水较少有香精等级。许多名牌香精为了显示其尊贵，常以名家设计的水晶玻璃瓶作为包装，售价也非常高。

2. 香　水

香水（Eau de Parfum，E.D.P.），一般习惯称淡香精，价位较浓香水低，其香精浓度不低，为12%～18%，香味持续时间可达6小时左右，容量以30 mL及50 mL居多。香水爱好者较多使用这一等级的香水。

3. 香　露

香露又称淡香水（Eau de Toilette，E.D.T.），香精浓度为7%～12%，香味持续时间为4～

6 小时，常见的容量为 30 mL、50 mL、75 mL 及 100 mL。因为这是使用最多的一个香水等级，所以国内一般习惯称其为香水而不叫香露。

4. 古龙水

古龙水（Eau de Cologne）：在欧洲，男性香水大多属于这个等级，而女性香水中属于这个等级的非常少，所以古龙水几乎成了男性香水的代名词。在国内许多人都以为古龙水是男性香水的意思，其实不然。古龙水的香精含量为 3%～7%，一般来说，这个等级的香水香味持续时间为 1～2 小时。但因男性香水的使用原料多半采用香味较浓郁或本身香味持久的原料，故一般来说，男性的古龙水还是能够维持在 3 小时左右。

5. 淡香水

淡香水也称清凉水（Eau Fraiche），在各香水等级中香精含量最低，为 1%～3%，香味持续时间只有 1 小时左右。刮须水和体香剂都属此等级。

如按香型来分，则可分为众多类型，如：果香型、草香型、辛香型、烟草香型、木香型、皮革香型、柑橘香型、芳香型、金属香型、甜香型、青草香型、土香型等。

香水的分类及适用场合如表 2-1 所示。

表 2-1　香水的分类及适用场合

类别	香精浓度	酒精含量	保持时间	适用场合
浓香水	18%～25%	30%	8 小时左右	晚宴舞会
香水	12%～18%	20%～30%	6 小时左右	白天宴会、外出
香露	7%～12%	10%～20%	4～6 小时	办公室、日常
古龙水	3%～7%	10%以下	1～2 小时	男性沐浴后或是运动前
淡香水	1%～3%	不含酒精	1 小时左右	体香剂

二、香水的使用原则

香水能够给我们以梦幻般的享受，它那迷人的芬芳使人倍添风采，充满自信。但是，香水的使用也有一定的原则，如果滥用香水，可能导致尴尬倍出，不仅起不到美化仪容、增添美的效果，反而让人感到俗不可耐。因此，使用香水需要遵循以下原则：

（1）部位正确。香水一般洒在耳后、颈部、手腕、脚踝等脉搏跳动处，用脉搏的微热帮助香水持续地散发。此外，香水还可以洒在衣领、口袋、裙摆内侧、西装上衣所用的插带巾的下端等不会污损面料又易扩散香味的服装上。

（2）男女有别。一名风度翩翩的男士，再配以和谐、淡雅的男用香水（如辛香型、烟香型、革香型、古龙型等），会倍增魅力。但如果满身飘着花香，则让人生厌，感到很不舒服，也将大大有失君子风度。相比之下，女士选用香水的范围较广，甚至选择男士用香水也无妨。

（3）昼夜有别。白天由于气温较高，香水易挥发，故宜用香味较淡的香水，晚上则相对使用香味相对较浓的香水。

（4）区别场所。例如上班居家宜用清淡香水，点到为止即可。参加休闲式的聚会、舞会，尤其是游乐性质的化装舞会，可适当选用较浓的香水。还有些场合不适合使用香水，如第一次会见大客户或招聘、应聘时；如果不了解对方的香味喜好，最好少用或不用香水。

（5）以清淡为主。在绝大多数情况下，使用清淡型的香水比较适宜，也比较符合我国的风俗习惯。

（6）避免使用廉价的劣质香水。

三、香水的使用方法

1. 喷　洒

香水还可以喷在衣服上，这时一般多喷于内衣或外衣内侧，裙下摆以及衣领后面；还可以把香水向空中轻轻喷几下，在头顶形成一片香雾，让香氛轻轻撒落在身上，散发出怡人的气息。

2. 涂　抹

将香水涂抹在手腕、颈部、耳后、臂弯里等有脉搏跳动的部位，这样香味随着脉搏跳动、肢体转动而飘溢散发；也可将香水喷洒于腰部、髋关节，这是为了让余香更持久；脚踝处也可涂擦香水，这样可使香味飘散更自然。

四、注意事项

使用香水时，需要注意以下事项：

1. TPO 原则

香水的使用要注意 TPO 原则（时间、地点、场合）。办公时应尽量使用清淡/中性香味的香水；郊游及运动时应使用清爽型香水；聚餐时使用淡香水，擦香部位于腰部以下较好；舞会时擦香部位于腰部以下及裙摆处较好；夏天使用柑橘香调、绿香调或甜度较为收敛的复合花香调香水；秋冬季使用柑苔香调、东方花香调香水。

2. 与化妆品香味相协调

香料科学发展到今天，除香水外，护肤、护发、洗涤用品都在大量使用各种香料。使用香水时，注意香味应与这些产品的香味协调。建议于护肤洗发、沐浴一个小时后喷香水。

3. 出门前 20 分钟使用

大多数香水调配分前调、中调、后调，前调持续时间为 10 分钟左右，中调持续时间约 2 小时，这时为香水的灵魂时段；后调持续时间为 2 小时左右或更长，与肌肤融合后的味道形成了此种香水的独特味道，称为后味，也就是余香或体味。鉴于香水的特性，建议出门前 20 分钟使用，以便留下完美形象。

4. 避免阳光直射

紫外线可以使香水中的有机成分发生化学反应，造成皮肤过敏。使用香水时，应注意涂抹部位须为阳光直射以外部位。

5. 敏感肌肤的使用技巧

在熨衣架上铺一条喷上香水的手帕，放上衣服，熨斗在衣服上面 1 ~ 2 厘米处移动。酒精遇热蒸发，香味也就会留在衣服上，或携带一块喷上香水的手帕，或试着使用酒精成分低的婴儿香水。

6. 勿直接接触金银首饰

香料为有机成分，易与金、银、珍珠反应使之褪色、损伤，因此香水不能直接喷于饰物上，可先喷香水，再戴首饰。

知识链接

香水礼仪

（1）探病或就诊：用淡香水比较好，以免影响医生和病人。

（2）参加严肃会议：千万不要用浓香水。

（3）工作时间：切忌个性强烈的香水。

（4）宴会：香水涂抹在腰部以下是基本的礼貌。过浓的香水会影响食物的味道，甚至可能降低食欲。

（5）婚礼：这种喜洋洋的场合，香氛可以倍增喜气。白天可以选择淡香水，晚上则可选择浓香水。

（6）约会：选用柑橘水果和苔类香草为原料的香水，内含有令人增添吸引力和荷尔蒙的成分。

（7）雨天：潮湿的空气会让香气在水区域内弥散，选用淡香水为宜。

（8）户外：运动和逛街都易流汗，汗水与香水味混合在一起总会让人敬而远之，这时要选用无酒精香水或运动型香水。

（9）睡眠：薰衣草或玫瑰香油有改善睡眠质量的功效，临睡前，在枕下少涂一点儿，一晚香梦随之而来。

（10）香水不能重叠使用，变味不说，还无法表现出香水本身的特质。

（11）流汗后要把汗水擦干净再重新喷上香水。

（12）香水不可喷在阳光直接照射的皮肤表面。

（13）当心直接喷在白衣服上的香水留下污渍。

（14）佩戴珠宝、金、银饰品，要先喷香水再佩戴，否则首饰会褪色、损伤，尤其是有生命的珍珠饰品，很容易受化学成分影响而改变品质。

（15）香水可以喷在干净、刚洗完的头发上。若头发上有尘垢或者油脂会导致香水变质。

（资料来源：https://wenku.baidu.com/view/11522089f12d2af90342e631.html）

【项目小结】

本项目主要介绍了商务人员仪容礼仪的相关内容，主要是头发的清洁与保养、面部的清洁和保养、化妆技巧，手/颈部的清洁与保养、香水的使用等。通过本项目的学习，学生会具备塑造良好的仪容形象的能力。

【课后练习】

一、选择题

1. A 女士在酒店的大厅内等朋友，她看到朋友还没有来，于是准备补妆，她应该去(　　)补妆。

A. 专门的化妆间　　B. 酒店大厅

C. 酒店大门　　D. 酒店大门外

2. 男士应养成（　　）修面剃须的好习惯。

A. 每半天　　B. 每天

C. 每三天　　D. 每两天

3. 下列化妆步骤符合上班妆的是（　　）。

① 快速眼影；② 自然腮红；③ 防晒乳液打底；④ 唇彩；⑤ 眉毛与睫毛

A. ①②③④⑤　　B. ①⑤③②④

C. ③①⑤④②　　D. ③①⑤②④

4. 香水不适合喷洒的部位包括（　　）。

A. 手腕　　B. 耳后

C. 颈部　　D. 腋下和胸前

5. 下列哪种脸型是最美的（　　）。

A. 菱形形脸　　B. 三角形脸

C. 长方形脸　　D. 鹅蛋脸

6. 商务男士的头发长度应前发不覆额，侧发不掩耳，后发（　　）。

A. 不过肩　　B. 不过领

C. 不超过发际　　D. 以上都不对

二、填空题

1. 工作岗位上女士头发不应长于______。

2. 对于职场中人来说，染发不能随心所欲，要尽量使用与发色对比不十分明显的颜色，比如______或______。

3. 洗头发一般分为四步：清水冲洗头发、洗发水洗发、______和冲洗头发。

4. 七步洗手法包括“内、外、夹、______、大、立、腕”七个步骤。

5. 香水可以根据香精油的浓度不同分成五大类：浓香水、香水、香露、__________、淡香水。

6. 香水的使用方法有喷洒和______。

三、论述题

1. 张女士是一个外贸公司的文秘。她有着一头乌黑亮丽的秀发，所以总是舍不得将它盘起，而是让头发垂直于腰际。由于头发太长，她总习惯性地用手撩起头发，以免挡着自己的眼睛和面庞；或者不时地用手整理头发，以确保仪容整齐。许多人也认为不时用手抚弄自己的头发会有一种说不出的风度和气质。

思考：如果你是张女士，你会怎样处理你心爱的头发呢?

2. 吴某是某高校文秘专业高才生，毕业后就职于一家公司做文员。为适应工作需要，上班时，她毅然放弃了“清纯少女妆”，化起了整洁、漂亮、端庄的“白领丽人妆”：不脱色粉底液，修饰自然、稍带棱角的眉毛，与服装色系搭配的灰度高偏浅色的眼影，紧贴上睫毛根部描画的灰棕色眼线，黑色自然型睫毛，再加上自然的唇型和略显浓艳的唇色。虽化了妆，却好似没有化妆，整个妆容清爽自然，尽显自信、成熟、干练的气质。但在公休日，她又给自己来了一个大变脸，化起了久违的“清纯少女妆”：粉蓝或粉绿、粉红、粉黄、粉白等颜色的眼影，彩色系列的睫毛膏和眼线，粉红或粉橘的腮红，自然系的唇彩或唇油，看上去鲜亮淡雅，整个身心都倍感轻松。心情好，自然工作效率就高。一年来，吴某以自己得体的外在形象、勤奋的工作态度和骄人的业绩，获得了公司同仁的好评。

思考：

（1）如何评价吴某的两种妆容?

（2）对“化妆不只是技术，还是一门艺术、一种生活”这句话，你是如何理解的?

【礼仪实训】

实训内容 2-1：商务女士头发的修饰。

实训目的：通过对商务发型的设计，增强对商务人士仪容礼仪的理解。

实训对象：全体上课学生。

实训步骤：

1. 选一名长发女生为模特，教师进行发型设计示范。
2. 各组同学选一到两位长发女生为模特，准备好发夹、橡皮筋等盘发工具。
3. 由组内其他同学为模特设计发型。
4. 各小组按照完成的先后顺序进行展示。
5. 各小组对自己的设计和其他小组的设计进行评价。
6. 教师点评。

实训内容 2-2：化妆技巧。

实训目的：通过化妆练习，增强对商务人士仪容礼仪的理解。

实训对象：全体上课学生。

实训步骤：

1. 教师通过播放视频或者亲身示范，让学生了解化妆的步骤和技巧。
2. 各组学生准备化妆用品。
3. 各小组学生各自或者相互进行职业淡妆化妆练习。
4. 教师对学生进行指导。
5. 教师选出化妆的正反面例子在全班展示、讲解。

项目三 仪表：端正大方

【知识结构图】

- 仪表：端正大方
  - 商务着装的意义和基本原则
    - 商务着装的意义
    - 商务着装的基本原则
  - 男士商务着装礼仪
    - 男士西装的挑选
    - 男士西装的穿着要领
    - 领带的几种系法
    - 男士西装的其他配饰
  - 女士商务着装礼仪
    - 女士套装的挑选
    - 女士套装的穿着

【知识目标】

1. 了解商务人士商务着装挑选的基本原则。
2. 掌握男士、女士在不同的商务场合，着装的挑选、搭配技巧。

【能力目标】

1. 树立良好的商务形象，提高学生的基本素质。
2. 提升学生的审美能力，能够根据场合，结合自己的气质、肤色、体型选择适合自己的商务着装。

【素质目标】

1. 提高学生在商务场合，或者其他场合与人沟通过程中的自信心。
2. 提升学生在商务场合与他人沟通的效率。
3. 使学生能够更好地适应现代商务交往的需求。

【案例导入】

失败的商务面谈

小黄刚参加工作不久，在一家公司做销售代理。一个月以来，他通过各种努力，终于找到一家对他所在公司感兴趣的大公司，这个大公司同意与小黄面谈合作事宜。小黄对这次的面谈十分重视，特意穿上新买的笔挺的浅色西装，打了一条花格领带，配上黑色的皮鞋与白色的尼龙袜，还整理了一下头发。因为昨天没洗澡，所以小黄给自己喷上了浓烈的香水。小黄把一些文件放入一个蓝色的公文包，准备带去面谈，公文包上还挂着女朋友送的玉坠。临行前为了给自己壮胆，还喝了点烈酒。一番准备后，小黄来到这家大公司。结果，这家大公司的代表看到小黄后，匆匆结束了面谈，并且告知不同意合作事宜。小黄一头雾水。

（资料来源：全细珍，黄颖. 职场礼仪实训教程[M]. 北京交通大学出版社，2009）

案例分析：

小黄非常重视这次面谈，但是由于缺乏对商务礼仪的认识，在仪容、仪态、仪表方面做得不符合自己的身份，由此导致这次商务合作不成功。你能意识到小黄在哪些方面做得不对吗？

莎士比亚说过："如果我们沉默不语，我们的衣裳与体态也会泄漏我们过去的经历。"仪表着装是人形体的外延，包括衣服、裤子、裙子、帽子、鞋子、包包等各类服饰。商务职场中，仪表着装不仅仅有御寒、美化自身的作用，还能帮助人们建立自信，将个人的气质、品位、个性、社会经济状况和企业形象等表露无遗，因此也就格外重要。

任务一　商务着装的意义和基本原则

一、商务着装的意义

1. 塑造个人形象，符合职业身份要求

得体的商务着装不仅仅体现出对自己的尊重，也体现出对他人、对社会的尊重，表现了个人的精神状态、文化修养等素质。因此，利用得体的着装，可以满足他人对自己职业形象的期望，有利于商务活动的开展。

在商务活动中，每个行业都有本行业的基本着装要求。着装还应适应自己的身份，医生、护士、厨师、公务员等由于所处的行业、岗位不同，对职业着装的要求也不同。总体上，人们对商务人员的形象要求是：整洁、端庄、干练、富有责任心。

2. 塑造企业形象，表现工作状态

服装的款式在表现个人和企业形象方面发挥着一定的作用，直接反映出一个企业的管理水平和服务水平。现在越来越多的组织、企业、机关、学校开始重视统一着装，是很有积极意义的一项举措，这不仅给着装者一分自豪，同时又多了一分自觉和约束，成为一个组织、一个单位的标志和象征。

3. 塑造民族形象，走向世界

作为一个国家的公民，我们的着装直接放映出这个国家或民族的文明程度、道德水平、经济发展程度、国民基本素质等。

二、商务着装的基本原则

（一）着装的 TPO 原则

着装的 TPO 原则是世界通行的着装打扮的最基本的原则，即着装要考虑到时间“Time”、地点“Place”、场合“Occasion”。根据这个原则，人们在选择服装、考虑其具体款式时，首先应当考虑穿衣服的时间、地点和场合，并力求使自己的着装及其具体款式与其协调一致，给人留下良好的印象。

1. 时间（Time）

（1）随白天晚上而变化。这个原则对女士尤为重要。白天工作时需要面对他人，应当穿套装或合身、严谨的较正统的衣服；晚上在家穿的衣服不为外人所见，应当以舒适为主；若晚上要出席鸡尾酒会等就应有一些变化，如换一双高跟鞋，戴上漂亮的佩饰，搭配一条漂亮的丝巾，再换一个适合晚宴的发型。

（2）随季节而变化。选择的服装还要适合季节气候的变化，冬天要穿能够保暖、御寒的冬装，夏天要穿凉爽的夏装，在自己感觉舒适的同时与场合相适应。

2. 地点（Placc）

从地点上讲，身处国内或国外，室内或室外，单位或家中，海边或山中，地点不同着装的款式也应有所不同，一定不能以不变应万变。

3. 场合（Occasion）

场合原则是指着装应与不同的场合、不同的环境相适应，要根据场合的变化而变化。我们一般把场合分成正式场合、半正式场合和非正式场合。

（1）正式场合。正式场合主要指晚间的宴会、正式会见、招待会、婚丧礼、酒会以及各种晚间社交活动（音乐会、看芭蕾舞等）。此时着装应庄重大方，不宜过于浮华。男士一般以穿深色两件套或三件套西服，配以白色衬衫，佩戴规则花纹或图案的领带，颜色对比不宜太强烈，应避免在西装内加穿毛背心或毛衣。女士应穿中国的传统旗袍或西方的长裙晚礼服。如果以便装出席正式宴会，不但是对宴会主人的不尊重，也会令自己尴尬。

（2）半正式场合。半正式场合主要指白天上班、午宴、高级会议、一般性访问会见，以及白天举行的较隆重活动等。男士可以穿浅色、中等色或较明亮深色的两件套或三件套西服套装，配以素净、与西服颜色相协调的衬衫，领带多为单色、条纹、规则花纹（方格、圆点等）图案。女性着装多以简单大方、干练为主，多以西装套裙配上高跟鞋。

（3）非正式场合。非正式场合主要指朋友聚会、上街购物、外出旅游、访友等，穿着可较为随意自由，西装可选择色调明朗轻快的款式，也可不穿衬衫，以T恤配西装，休闲而不乏职业人士的气质，给人平易近人的感觉。西装革履在非正式场合则显得过于拘谨，领带可以带有不规则、有个性的花纹。

（二）适己原则

着装除了要注意时间、地点和场合的TPO原则，还要注意适己原则，不过分照抄别人的搭配。主要表现在以下几个方面。

（1）着装应与自己的职业身份相适宜。行业不同，身份不同，着装也应不同。

（2）着装应与自己的性别年龄相适宜。比如男士不适合选择颜色过于鲜艳、有花朵图案的服装；中老年女士不适合穿短裙。

（3）着装应与自己的个性气质相适宜。每个人的气质都会不一样，搭配得好，服装会彰显我们的气质；搭配得不好，会适得其反。就比如一位气质端庄稳重的女士若穿着颜色艳丽、活泼可爱的裙装，就会让人感觉不协调。

（4）着装应与自己的肤色相适宜。穿着必须与肤色相协调，皮肤白皙者可以穿各色衣服；皮肤偏暗或发红者最好不要穿深色服装；皮肤发黄者，最好不要穿黄色系服装。

（5）着装应与自己当天的妆容、配饰相适宜。商务场合，衣着简单大方，应配合淡妆，配饰也不能太多，要彼此协调。

（6）着装应与自己的体形相适宜。着装在颜色、款式方面选得好，可以很好地发挥个人体形的优点或者遮盖体形的缺陷。比如脖子短的女士就不适合穿高领的礼服，肥胖者不适合穿收腰紧身衣。

任务二　男士商务着装礼仪

西装是男士在正式场合和半正式场合的最佳选择。男士的着装要表现出稳重、专业、令人信赖的感觉。服装的差异主要表现在服装的颜色、款式、搭配以及配件的选择上。

一、男士西装的挑选

（一）西装颜色的挑选

男士商务着装的颜色必须庄重、正统，不过能过于轻浮。藏青色、深灰色、蓝黑色等深色西装比较符合职场的礼节。黑色西装也比较正式，一般适合作为礼服在庄严、肃穆的晚会、宴会、婚礼、葬礼等活动中穿，日常生活中保镖、保安穿得也比较多。

（二）西装款式的挑选

1. 按西装纽扣的排列挑选

西装有单排扣和双排扣之分。目前比较流行的西服是单排扣，它穿着的场合更为广泛。双排扣西服比单排扣西装更为时尚，同时由于双排扣西装必须把扣子全部扣上，显得更为正规和拘谨。

2. 按西装件数挑选

同质同色的两件套西装非常适合正式场合和半正式场合，是商务人士的首选。两件套西装再配上同质同色的马甲就称为三件套西装，与马甲相配的西装上衣一般为单排扣。比起两件套西装，三件套西装更加正规、严肃一些，是最正宗、最经典的商务套装。所以，男士在参加高层次的商务活动时，以穿三件套的西装套装为好。

3. 按西装的版型挑选

（1）欧版西装洒脱大气。欧式西装上衣呈倒梯形，强调肩部和后摆，垫肩和袖笼较高，更突显出男性的肩和胸，显得更有男人味。欧式西装同英式西装相似，但比英式西装更为考究，腰身紧收，袖管窄瘦，多为双排两粒扣式或双排六粒扣式，纽扣的位置比较低，后摆不开衩或者开双叉。

（2）美版西装宽大舒适。受美国人开放性格和大幅度动作的影响，美式西装一般宽松、不贴身、腰部宽大或略收腰，上衣的外观呈现为“O”形。西装肩部不加或低垫衬，浅“V”形领，后摆中间开单衩或双衩，以单排扣式居多。最适合日常办公服装，舒适大方。瘦高型身材的男士往往能把美式西装的感觉发挥到极致。

（3）日版西装贴身庄重。日式西装上衣的外观呈现为“H”形，不过分强调肩部与腰部，垫肩不高，领子为浅“V”形，不过分收腰，后摆也不开衩，多是单排扣式。

（4）英版西装剪裁得体。英式西装非常注重西装的剪裁，不刻意强调肩宽，讲究穿在身上自然、贴身，最能体现男士的绅士气质。它多为单排扣式，衣领是深“V”形，并且比较窄。腰部略收，垫肩较薄，后摆两侧开衩。一般以深蓝色和黑色为主，配以白衬衫、蝴蝶结，许多上层人士在宴会、酒会等隆重的正式场合都喜欢选择英式西装，有庄严、高贵之感。

以上 4 种版型的西装，各有各的特点。一般欧版西装要求穿着者高大魁梧，美式西装穿起来比较舒适但宽衣大裤，稍显散漫。比较而言，英版西装和日版西装更适合绝大多数中国男士。

（三）西装尺寸的挑选

（1）上装的长度：西装上衣以里面能穿一件单衣和薄羊毛衫还稍宽松为准；上衣最好能盖住 1/2 到 4/5 臀部。体型比较矮小的男士选择上衣时不宜过长，否则会影响身体比例，显得人更矮。

（2）肩宽是否合适：肩膀是西装体现男性气质最重要的因素之一，是整个上衣的支撑点。当西装的肩宽小于实际肩宽时，就会在西装背部出现横向褶皱，影响穿着效果；反之，当肩宽远远超出实际肩宽时，整个着装会由于过于松垮而让人显得没有精神。比较适宜的西装肩宽应比实际肩宽 1.5 厘米左右。这样既能穿出衣服的效果，又能活动自如。

（3）西裤的尺寸：西裤长度以有微微下垂感，裤脚遮盖 2/3 鞋面，鞋跟露出 1.5 厘米左右为宜。合身的西裤在下蹲的时候不会产生紧迫感，当然也不要过于宽松。同时，为了保证整体形象，裤子的口袋应尽量避免装太多东西。

（四）衬衣的挑选

（1）衬衣的尺寸：西装穿好后，比较合适的衬衣袖长长度为放下来到虎口处，比西装上装衣袖长出 1 ~ 2 厘米。同时，衬衫领应高出西装领口 1 ~ 2 厘米，这样可以在更好地保护西装的同时衬托西装的颜色，显得活泼而又有生气。

（2）衬衣的颜色：在正式场合，多为深色西装，与其搭配的一般为棉质的白色衬衣。半正式场合，还可以选择浅蓝色、浅粉色等颜色。衬衣的颜色应与西装、领带的颜色相协调。一般有对比色搭配法、相似色搭配法以及同色系搭配法。

（3）衬衣的领子：配正装的一般为硬领式衬衣，要求整洁无皱褶，领围以扣后可以轻松地伸入一个手指头为宜。

知识链接

男士衬衣领有哪些样式？

衬衫是男士体现身份地位的表现，也最能体现自身的个性。大部分男士每天都穿衬衫，衬衫是其日常生活不可缺少的重要伙伴。男士在挑选衬衫时除了款式、颜色、面料之外，领子也是需要注意的一个重要环节。衬衣最有变化和显特色的就是领子。

（1）标准领：长度和敞开的角度走势平缓的领子，大体上领尖长（从领口到领尖的长度）为 85 ~ 95 mm，左右领尖的夹角为 75° ~ 90°，领座高为 35 ~ 40 mm。这种衬衣常见于商务活动中，色泽以素色为主，是最常见、最普通的衬衫款式，因而也最容易搭配。它不受年龄因素影响且适合任何脸型。

（2）敞角领：也叫宽角领，左右领子的敞开夹角比标准领大，一般为 120° ~ 160°。领座也略高于标准领，这种领形适合系温莎结的领带，而且一般与英国式的西服相搭配。

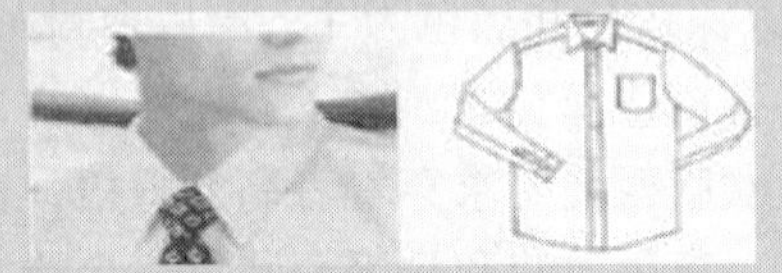

标准领

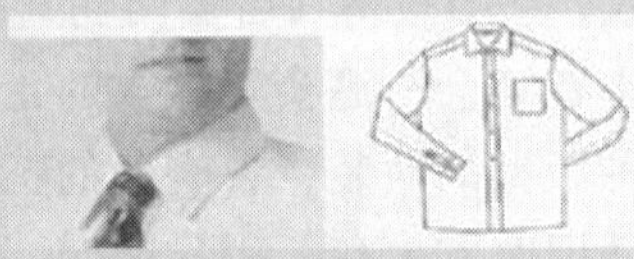

敞角领

（3）温莎领：也叫一字领，左右领子的角度为 170° ~ 180°。这是敞角领的一种极端发展状态。

（4）长尖领：同标准领的衬衫相比，领尖较长，多用作具有古典风格的礼服，通常为白色或素色，部分带简洁的线条。

温莎领

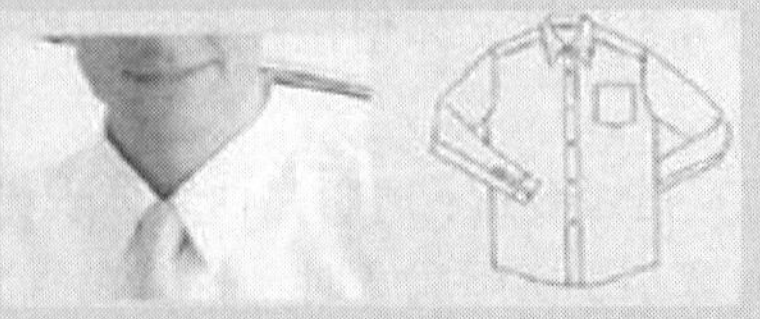

长尖领

（5）异色领：搭配一个白领子的素色或条纹衬衫，一般称之为“牧师衬衫”，这个名称来源于基督教的神父、牧师穿的黑色上衣加有白色领子的印象。这是较讲究的一种礼用衬衫，一般有白与蓝色、白与粉红色的组合，十分漂亮。领形有标准领、宽角领和圆角领，其领带的系法也是根据领形来选择的。有些衬衫袖口也做成相应的白色。

（6）暗扣领：也叫有襻领。左右领尖底部上缝有提钮——襻儿，领带从襻儿上穿过，领带结正好搁在这个襻儿上，领带略被挑起，这是进一步扣紧脖口的一种十分讲究的领形，因夹角较小，所以一般系普通结。

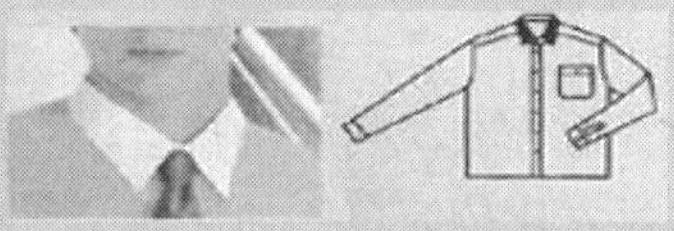
异色领

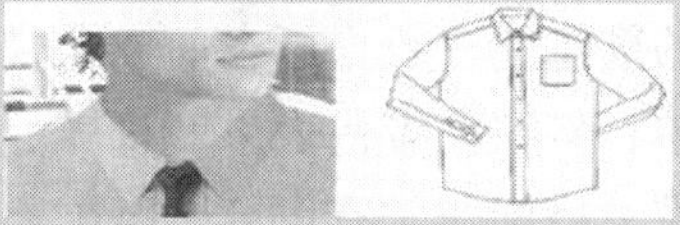
暗扣领

（7）立领：只有领座部分而没有领页，领座直接立起，形似带子，又称中式领。这种领子一般不系领带，多搭配轻松活泼的休闲味西服。

（8）纽扣领：领尖以纽扣固定于衣身的衬衫领，典型美国风格的衬衫，原是运动衬衫，现在也作为西服衬衫用。

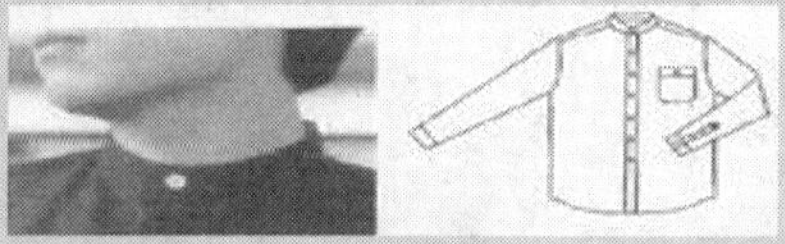
立领

纽扣领

（9）礼服领：又称单领，也叫翼形领，立领的前领尖处向外折翻小领页，形似鸟翼而得名，通常用于燕尾服、晨礼服、塔克西多等礼服配套，一般系蝴蝶结而不系普通领带。大部分衣身左右两边各有 12 道对称的 0.25cm 细褶。

（10）执法型领：标准领衬衫胸前有两个加袋盖的口袋，肩部有肩章带的衬衫，常用于执法人员、保安和专业性较强的衬衫中。

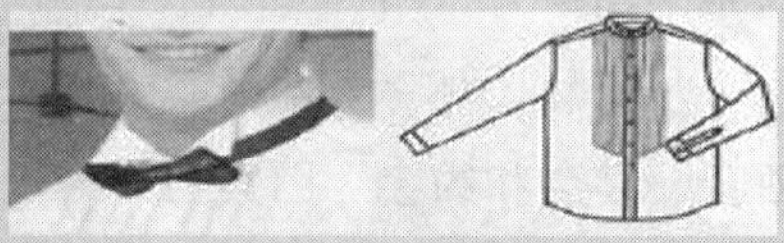
礼服领

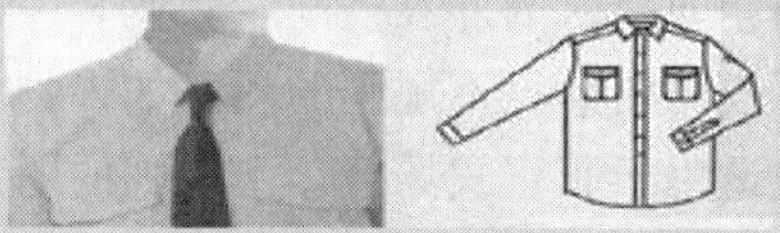
执法型领

除上述十大领型外，还有圆角领、小方领、针孔领等领型，但一般都不常见。

（资料来源：http://hi.baidu.com/ojjnkfagwqbhtzq/item/003166ca696c75bf0c0a7b22）

（五）领带的挑选

领带是男士品位的体现，对整体的着装效果也起着非常重要的装饰作用，有“西装的灵魂”之称。

1. 领带的花纹

用于正式场合的领带，其图案一般比较有规则，含蓄简单，色彩保守传统。商务场合最常见的有素色、斜纹、圆点、方格以及规则的碎花领带，一般来说这几款图案的领带能够与任何款式的西服或衬衫搭配。

纯色领带：通常是指单色的有纺织纹或无纺织纹的领带，适合所有衬衣，配素色或条纹的西装都可。纯色领带是从商务到派对都可以使用的万能装饰，越是简单的款式越经典。深色的丝质领带比较典雅，以深蓝色、暗红色、灰色、黑色、棕色和白色最受欢迎。除非太前卫、太亮丽的颜色，一般均可在商务场合中使用。

斜纹领带：斜纹领带代表果断权威、稳重理性，适合在谈判、主持会议、演讲等场合使用。斜纹领带的搭配非常有讲究，搭配素色西装和衬衣比较简单，如果西装、衬衣中有一件也是条纹的，则两种条纹必须在条纹方向、粗细、色系等方面搭配好，否则会显得凌乱。

知识链接

条纹领带与条纹西装、衬衣搭配技巧

1. 极细小的条纹可与条纹比较明显的搭配；宽度相同的条纹或是方向相同的条纹可搭配。

2. 两件服饰最好出自同一色系，否则看起来很乱。

3. 避免颜色反差大、宽窄不一、方向相反的两种条纹搭配。

4. 瘦小体型不适合选宽条纹领带，反之相反。

5. 颜色干净的西装配条纹清晰的领带，颜色比较柔和的西装配条纹柔和的领带。

圆点领带：代表中规中矩、按部就班，属于比较传统的一款领带，给人以果敢、干练之感，是商务人士的首选。适合见长辈、上司，初次见面和晚宴时使用。

方格领带：多与休闲服装相配。如果是羊毛、棉、麻原料制成的方格领带，一般与休闲装中的相同面料的外衣搭配。职业装中很少搭配这种花纹领带。

不规则图案：不规则的图案如人物、动物、植物、花卉等，代表有个性、有朝气，较随意，仅适用于非正式场合。不规则的图案领带适合酒会、宴会和约会。图案为广告、团体标识、家族徽记时，注意不要乱用。

选择带有花纹的领带时要注意：不同类型的图案不要搭配在一起，会给人眼花缭乱的感觉。

2. 领带的材质

制作领带最高档、最正宗的是真丝面料。除此之外，其他面料如羊毛、棉、麻、纤维、皮革等制作的领带，大多不适合在正式场合使用。

丝绸：大众面料，轻巧有光泽，给人高档感觉；

全毛：多为羊毛或者羊绒，高级的同时也感觉温暖；

全棉：有质感，缺点是容易起皱；

麻：多采用亚麻，容易起皱，有独特的清凉感，是夏季首选；

纤维：针织领带最常用的面料，轻巧且不易起皱，使用与携带都很方便。

二、男士西装的穿着要领

穿西装有“三大忌”：忌袖口商标；忌正规场合穿白袜；忌夹克配领带。除此之外，还要注意以下几点：

（1）少装东西：西装上衣左上侧的口袋是一个装饰性口袋，一般放手帕、装饰花。上衣两侧的口袋也尽量不放东西，容易使西装变形。上衣的内袋可以放钢笔和名片夹；西装裤子的两个侧袋可以放钥匙、手机；后面的口袋属于装饰性口袋，尽量不要放东西。

（2）扣好纽扣：西装上衣的纽扣系法非常有讲究。单排扣、双排扣的上衣纽扣系法各不相同。双排扣西装要求把扣子全部扣上。一粒扣的西装可扣可不扣，系上端庄，敞开潇洒。单排多粒扣的西装根据“扣上不扣下，扣中不扣全的原则”，或者扣除最下面一颗扣子之外“上”面所有的扣子，或者只扣“中”间的扣子，上下各一颗不扣。所以单排四粒扣的西装可以系上面三颗，也可以系中间两颗；三粒扣的西装可以系上面两颗，也可以系中间一颗。

通常，穿单排扣西装，站立时，应按上述要求系上扣子，表示正式、尊重；而坐下时应解开，表示轻松，也不会破坏西装穿着时的形态，站起时再系好。穿马甲往往不扣最下面一颗纽扣，同时应将领带放在马甲里面并注意不要露出领带尖。

（3）慎穿毛衫：在正式场合应避免加穿毛背心或毛衣。如果要穿的话一般应选择 V 领薄款，并且和衬衣颜色相近的单色毛衫。

（4）衬衣的穿法：在正式场合，不管是否与西装合穿，长袖衬衫的下摆必须塞在西裤里，袖口必须扣上，不可翻起。

三、领带的几种系法

1. 四手结（Four in Hand）

四手结又叫四在手，是所有领结中最容易上手的，适用于各种款式的浪漫系列衬衫及领带，是比较常用的领带打法，也是最经典的领带打法。这种打法早在 19 世纪 50 年代就被运用。这种领结是简洁的风格，虽然结型不太对称，一般呈一个斜三角形，但是因为是历史上记载得最早的领带打法，所以依然适用于多种场合，适用于大多数领型。如果把四手节打正了，反而少了一些品位。丝质领带打四手节的时候，会显得稍微细长，而且也可以在领结处打出一个酒窝的形状；用厚重的材料打四手节的时候则会显得稍微宽一些。

四手结打法如图 3-1 所示。

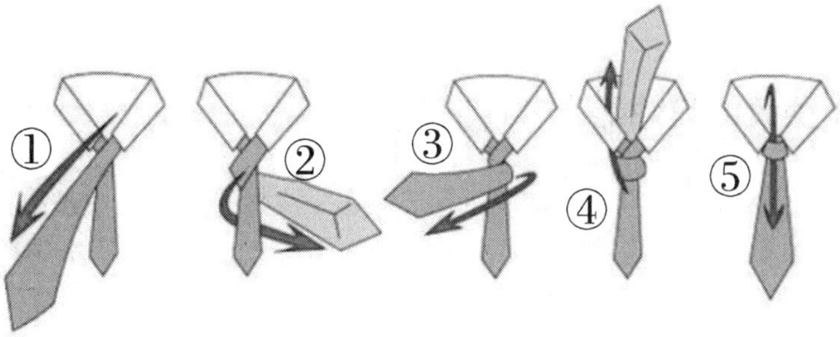

图 3-1　四手结

2. 半温莎（Half Windsor）

除了很多正式场合，当然还有许多随意的搭配需求，半温莎结就是这样的。近似正三角形的领型有些许浪漫的感觉，在休闲或者约会场合，不仅仅会有一丝浪漫的感觉，而且还能表现出随意中的时尚。在所有衬衫款式中，标准领旋转半温莎结最为合适。

半温莎打法如图 3-2 所示。

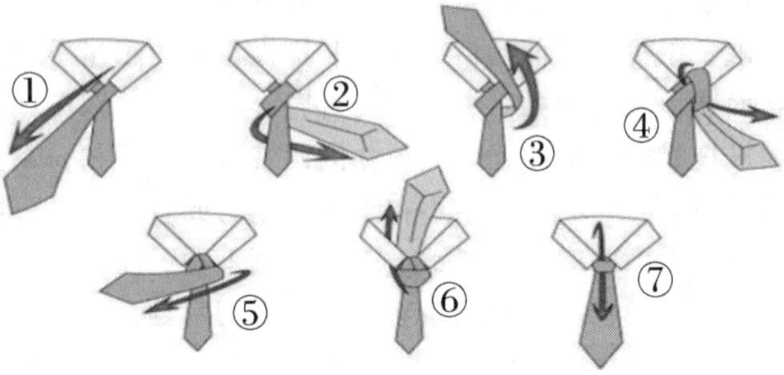

图 3-2　半温莎

3. 温莎结（Double Windsor）

温莎结是正式场合的最佳选择，如商务宴会、接待来宾等。温莎结的形状属于典型的英式风格，表面十分漂亮的同时，也蕴含十足的气质。

温莎结打法如图 3-3 所示。

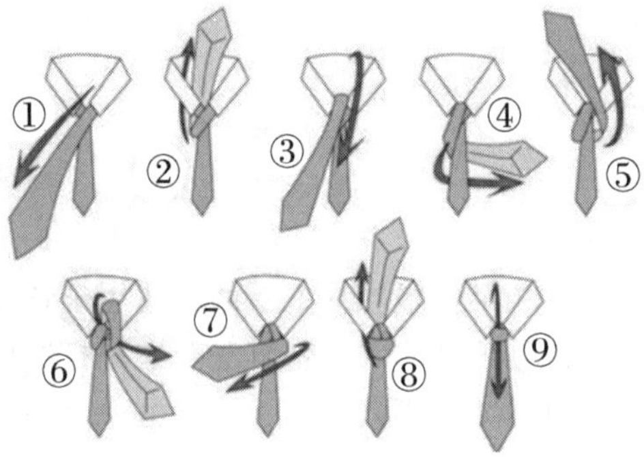

图 3-3　温莎结

领带的长度一般为 130 ~ 150 厘米，系好后，领带的大箭头正好垂到皮带扣上端处为标准。领带系好后与衬衣的领口要紧凑。系领带时衬衣领口扣子必须系好，不系领带时衬衣领口扣子应解开。

四、男士西装的其他配饰

鞋袜、皮带、公文包、钱包、手表、钢笔、眼镜、戒指等在英文中被称为“附件”或“修饰物”。在商务形象设计的原则中，成功男士的修饰物应该越少越好，饰物越少，越能够让人细心品味一个人的真实身份。细节体现品位，完美的成功形象更需要细节的打造，让配饰成为整体形象的点睛之笔，在稳重中更添加一笔个性的色彩。

1. 配饰：鞋

穿西装一定要穿皮鞋，即便是夏天也应如此。鞋应该使男士总体看来很优雅，而不应该成为本身不协调的因素。

（1）颜色：皮鞋选择以自然色、深色为主，如黑色和深棕色。浅色皮鞋不宜在商务场合穿着。黑色皮鞋是万能鞋，它能配任何一种深颜色的西装。皮鞋的颜色要与下装搭配协调。灰色的鞋子不宜配深色的西装，浅色的鞋也只可配浅色西装。

（2）材质：皮鞋以纯皮光面为首选，漆皮鞋只宜配礼服。皮鞋要上油擦亮，不留灰尘和污迹。

（3）款式：正式场合与西装搭配的皮鞋必须是黑色薄底素面的系带式皮鞋，正式场合若穿休闲西装可以搭配无带皮鞋。太复杂、装饰过多或有夸张造型的款式不适合在商务场合穿着；旅游鞋、轻便鞋、布鞋及露脚趾的凉鞋以及冬季厚重的皮靴均不宜在商务场合穿着；软皮面、牛津底、翻毛皮等鞋适合休闲时穿着，一般不与正装搭配。

2. 配饰：公文包

（1）颜色：公文包一般选择黑色或褐色的，最好与皮鞋和皮带的颜色一致。

（2）材质：公文包的面料以全皮为首选；目前手提电脑包也很专业化，如果需要在商务场合使用手提电脑，应使用专业包（如上班、参加会议等）。目前，帆布包和尼龙包也越来越流行，如果保养得好，也可以用来搭配某些休闲式商务服装，但是，不能与考究的商务礼服搭配。

（3）款式：公文包的款式要求简单、大方，一般为长方形而且扁的公文包。公文包上杜绝一切花纹、图案和文字；不要使用过于运动休闲的款式以及背肩式、夹式或箱式的皮包。

3. 配饰：皮带

皮带在固定裤子的同时，也有很强的装饰作用。选择皮带时注意以下几点：

（1）颜色：皮带的颜色取决于上衣和裤子的颜色，尤其是鞋子的颜色。根据“三一原则”，皮带的颜色应与皮鞋以及公文包的颜色相统一。与西服相匹配的皮带应该以深色、纯色为好。

（2）材质：商务场合的皮带应是光面的优质皮质面料配以简洁的金属扣。在腰带上不要别夹任何物品，包括钥匙、手机、打火机等。

（3）款式：商务场合，皮带扣应选择线条简单、颜色自然的；带有花纹、图案或装饰性皮带扣的皮带适合搭配休闲装。

（4）长度：腰带的合适长度是可以把腰围一圈，紧扣在第二个洞上。

4. 配饰：袜子

袜子有衔接裤子和皮鞋的作用。别以为袜子不起眼，引不起别人的注意，其实，袜子“露脸”的机会很多，如果选择不得体，的确会破坏整体形象，而这一点偏偏是许多男士容易忽视的细节。

（1）颜色：一般来说，男袜的颜色应该是基本的中性色，而且要比长裤的颜色深。所以穿西装时袜子的颜色应该与裤子、皮鞋是同类色或较深的颜色。深色袜子可以配深色的西装，也可以配浅色的西装。浅色的袜子能配浅色西装，但不宜配深色西装。特别强调的是，穿西装一定不能穿白色袜子，因为白袜子和浅颜色的纯棉袜子只适合运动休闲场合穿。同时，多图案、多颜色、夸张图案或宽大条纹等花袜子也不适合搭配正装。

（2）材质：袜子一般选棉和羊毛或者毛棉混纺的，不要选人造纤维、尼龙丝袜子。

（3）款式：袜子的长度也要注意。太长的袜子会显得土气，太短会露出腿上皮肤或腿上较深的腿毛，显得不够庄重，也不雅观。一般男士袜子的长度要在脚踝以上小腿以下的位置，并有一定弹性。

5. 配饰：钱包

（1）颜色：最好是黑色的或棕色的，最好与皮鞋和皮带的颜色一致。

（2）材质：穿西装时，钱包应该是用最优质的皮革制成的。

（3）款式：相对于传统的方形钱包，长方形的钱包会更实用，因为把它塞到衣服口袋里时，不会破坏西装的平整。不要把钱包塞进后兜里，这样看起来不雅观而且容易丢失。

6. 配饰：手表

手表是男士非常重要的配饰。着正式着装时，只能佩戴金属或者皮革表带的手表，不能佩戴电子表、塑料及牛仔布质地的手表。

（1）与西服相配的手表要选择造型简约、颜色比较保守、表身比较平薄的商务款式。如果商务人士要对珠宝投资的话，高档名牌手表是最好的选择，但是，在选择名牌手表时，也要注意佩戴场合。

（2）商务场合中应选择款式造型简单、没有过多装饰的手表。

（3）全金或装饰性很强的钻石手表适合在晚宴中佩戴，不适合与日常的商务着装搭配。

（4）商务场合不要佩戴看起来廉价的表、戴着很重的运动手表以及卡通图案或设计奇特的手表。

7. 配饰：戒指

（1）男士在职业场合的首饰要尽可能少，最多戴一枚婚戒。应保证一只手上最多佩戴一只戒指。

（2）木制的、金属的及其他夸张造型的首饰（如项链、手链、耳环）均留在休闲时佩戴，不能出现在商务场合中。

8. 配饰：眼镜

对于长时间戴眼镜的人士，挑选一副引人注目的镜架是很重要的，镜架的形状一定要符合自己的脸型和面部特征。一般选用无镜框，以及中性的黑色、灰色、棕色镜框。比较忌讳佩戴粗、厚、宽、过分花哨的塑料框架的眼镜以及太阳镜、有色镜片的眼镜。

9. 配饰：袖扣、领带夹

（1）袖扣要选择小的、保守的、质量好的。

（2）袖扣和领带夹的颜色最好选择金色或银色，造型要简单，没有过多修饰。

（3）领带夹。领带夹要夹在衬衫从上往下数的第四五粒纽扣之间，使领带与衬衣相对固定。

（4）领带针。别在衬衫从上往下数第三粒纽扣处的领带正中央，有图案的一面放在领带外面，另一端为细链，藏在衬衣内。

任务三　女士商务着装礼仪

中国的职业女性，应结合中国传统，塑造一个民族的、世界的、个性化的形象。

——央视首席化妆师、国家一级艺术形象设计师徐晶

一、女士套装的挑选

1. 职业套裙的挑选

（1）面料：正式的西服套裙，应汴重面料，一般选择不容易起皱、起球，手感好，质地好的纯毛面料。

（2）颜色：色彩应以黑色、灰色、棕色、米色等单一的冷色调为主，有端庄典雅的感觉。

（3）款式：套裙的款式要注意不同职业、年龄、体型、肤色、气质等特点，进行选择和搭配。在正式的商务场合中，无论什么季节，正式的商务套装都必须是长袖的。职业裙装的裙子应该长及膝盖。

（4）尺寸：女士套裙上衣或裙子的尺寸也要根据不同的职业、体型、气质、年龄等进行选择。一般上衣的袖子以垂手到手腕处为标准，上衣不宜太长或太短，最短也要齐腰。裙子要齐膝，最长可以长到小腿中部。

2. 女士衬衣的挑选

（1）颜色：与职业套裙搭配的衬衣颜色最好是白色、米色、粉红色等单色。色彩要求雅致而端庄，且不失女性的妩媚，颜色要适合自己的肤色，内深外浅、外浅内深都可以。衬衫色彩与套裙的色彩要协调，内深外浅或外浅内深，形成深浅对比，最好无图案。

（2）面料：衬衣的面料要求轻薄而柔软，最佳面料是棉、丝绸面料。丝绸最好，但价格比较贵；纯棉的容易起皱，需要熨烫平整。

（3）款式：衬衫的款式要裁剪简洁，不带花边和皱褶。

3. 女士商务着装款式的挑选

根据女性身体部位的围度和比例可以将女性体型分为：A 型、H 型、O 型、X 型、Y 型。（见图 3-4）

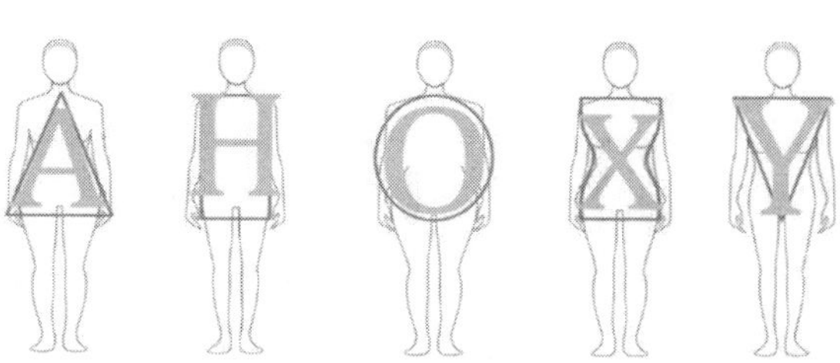

图 3-4　女士体型

而从服装的外轮廓来看，同样可以把服装分成：A 型、H 型、O 型、X 型、Y 型（见图 3-5）。只有充分了解自己的身材特点以及服装的廓形，才能在生活中更好地进行服装的挑选和搭配，凸显出自己身材上的优点并遮掩不足。

（1）A 型服装：主要指服装肩部窄小，裙摆或裤脚宽大的造型。20 世纪 50 年代后流行于欧美各国的连袖式服装即是这种类型。穿着 A 型服装给人以优雅、轻盈、飘逸之感，非常便于塑造身体曲线，可以遮盖宽大的臀部。

（2）H 型服装：主要指服装上下尺寸无明显变化，不收腰的服装，其形状如一个上下等粗的字母 H，如衬衫、直身连衣裙、直身大衣等。穿着此种服装，给人以轻松、洒脱、自由之感。H 型服装可以有效掩盖没有腰身的体型，是 H 型和 O 型体型人的最佳选择。

（3）O 型服装：主要指服装肩膀和袖子处呈现向内收紧的特点，肩膀和下摆没有明显的棱角，腰部非常宽松，带有圆形的轮廓，如同字母 O。大部分 O 型服装都是落肩或者插肩袖设计。O 型服装适合身高 160 cm 以上的人穿，由于是落肩款，太瘦的小个子会撑不起来，还会压低身高；同时 O 型服装还能巧妙地掩饰身材，非常适合偏胖的身材，无论是宽阔的肩膀，发达的大臂，还是丰满的胸部，都可以巧妙地遮挡。但是因为它很宽松，搭配时要注意避免显得偏胖。

（4）X 型服装：主要指服装整体肩宽、腰细、臀围大，如同字母 X。它符合人体的标准体型特征，穿着起来能够充分反映出人体的曲线美，给人以浪漫、活泼之感。X 型外轮廓的服装比较挑剔身材，适合比较瘦、腰细的人。

（5）Y 型服装：主要指服装肩部宽松，下装紧收，呈上宽下窄的形状，如同字母 Y。Y 型着装造型简练，穿着起来舒适。如上身穿蝙蝠衫，下身着紧身裤装，比较适合上身丰满，腿细长的女士。

此外，无袖连衣裙加外套也是非常经典的女士着装搭配方案，可以满足同一套衣服在不同场合的着穿要求。

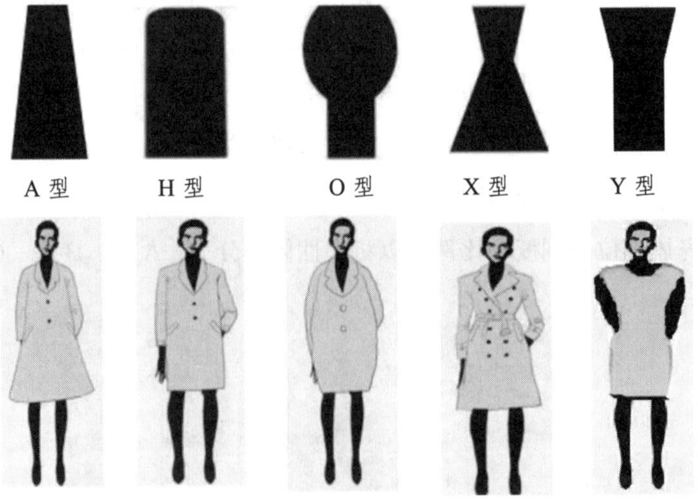

图 3-5　女士商务着装款式

二、女士套装的穿着

1. 女士商务着装原则

（1）女子坐立不开膝。

（2）女性着装三不露：鼻毛、腋毛、腿毛。

（3）工作场所不穿拖鞋（包括皮拖鞋）。

（4）搭配不当，杂乱无章：礼服、正装、休闲装、运动装穿在一身；质地不同的服装穿在一身；款式不同的服装穿在一身。

（5）每天都穿着同样的服装，不加变化。

2. 职业套裙穿着要领

（1）扣好纽扣：外套衣扣必须全部扣上，衬衣除最上端一粒纽扣按惯例允许不系外，其他纽扣不能随意解开。

（2）衬衣下摆：衬衫的下摆必须放在裙腰之内，或把衬衣的下摆在腰间打结。

（3）不可在外人面前脱下上衣，直接以衬衫面对对方，最好不穿透明而且紧身的衬衫。

（4）统一协调：女士的商务着装要与妆容、举止相协调。

3. 女士皮鞋穿着要领

除了主体衣服之外，鞋袜、手套等的搭配也有较多讲究。

（1）与套裙配套的鞋子，应该是前不露脚趾，后不露脚跟的高跟、半高跟的船式皮鞋。正式、庄重的场合不宜穿凉鞋或靴子。

（2）鞋子的颜色最好与手袋一致，并且要与衣服的颜色相协调。黑色皮鞋适用最广，可以与任何服装相配。

4. 女士袜子穿着要领

（1）长筒袜和连裤袜，是穿套裙的标准搭配。中筒袜、低筒袜，绝对不能与套裙搭配穿着。

（2）正式场合穿职业套裙时，要选择肉色长筒丝袜。袜子以透明近似肤色或与服装颜色协调为好，袜子的颜色不可比裙子和鞋子的颜色还深。

（3）穿长筒袜时，要防止袜口滑下来，也不可以当众整理袜子。

（4）丝袜容易划破，如果有破洞、跳丝，要立即更换，不能拿健美裤、打底裤等充当袜子。

5. 女士配饰

女士的配饰包括戒指、项链、围巾、提包等。一般要求所有配饰风格统一，不炫耀，不张扬，不妨碍工作。

（1）戒指：不同的手指佩戴戒指时有不同的含义，佩戴时不能随心所欲，以免引起误会。

知识链接

戒指戴在不同手指有不同的含义，戴在左手和右手相同的手指上的含义也不一样。婚戒一定要戴在左手的无名指上。

左手食指：未婚；左手中指：订婚；左手无名指：结婚；左手小指：不婚。

右手食指：单身；右手中指：名花有主；右手无名指：热恋中；右手小指：不恋爱。

（2）项链：项链不应该太夸张，颜色应当与戒指、耳环的颜色、风格保持一致。

（3）围巾：围巾的使用要与着装整体风格一致，同时兼顾个人爱好和场合，可选择典雅、大方的图案或者纯色围巾。

（4）提包：商务场合女士必须使用质地好、款式庄重的提包，不一定是皮包。提包的颜色和款式需要和服装相配，一般多使用黑色、米色、棕色、灰色、金色、暗红色，同时还需要根据不同场合更换不同风格的提包。

【项目小结】

本项目主要介绍商务人员仪表的西装选择、搭配技巧，着装的 TPO 原则，领带的几种打法，穿着注意事项，女士商务套裙、裤装的穿着要求、搭配技巧等。通过本项目的学习，学生应穿着得体、不亢不卑，养成符合职业要求的着装审美观。

【课后练习】

一、简答题

1. 商务着装的 TPO 原则有哪些？
2. “三一定律”是指什么？
3. 职业女性着装有什么要求？
4. 男士商务着装礼仪和女士商务着装礼仪在袜子方面各有什么要求？
5. 西装的穿着有哪些要点？

二、论述题

1. 一位应届毕业生平时生活大大咧咧，不太注重着装。一天接到通知去面试，便草草收拾了资料穿着校服就出门了。面试的时候，面试官发现他头发很油且很乱，校服衣领大大敞开，手指甲很长，且里面有黑色的污垢，鼻毛随意从鼻孔探出头来。面试官随意问了几个问题后，便再没有联系他。

思考：面对这次失败的面试，你知道原因吗？你对这位男生有什么建议吗？

2. 在一个阳光明媚的春天，到处鸟语花香，某公司计划在 CEO 的私人花园里举办一次盛大的商务酒会，时间定在下午 1:30—5:30。

思考：与会的男士、女士应该如何穿戴入场？

3. 陈某是某航空公司乘务中心美容形体科的首任科长和唯一的一任科长，她创立了公司乘务员的美容化妆和形体训练课，开始了中国空中小姐化妆美容与形体的正规训练。2001年4月，某民航学院航空运输专业的系领导驱车来到北京，请陈某前去授课。其实这一切的背后有着一个尴尬的数字：那一届100多名“准空姐”毕业生，只有10多人被各航空公司挑走，剩下的毕业生成了“嫁不出去的姑娘”。陈某去后的训练课是在阶梯教室进行的。年轻姑娘们质朴的装束告诉她，姑娘们还不懂化妆，衣服颜色的搭配、发型也不甚理想，神采气质更欠锤炼。但从她们的面容和形体看，她们是一块块还没有完全雕琢的“美玉”，青春靓丽的风采并没有充分展现出来。陈某围绕如何包装自己以及空中小姐应具有的气质进行了精心的传授。奇迹真的发生了，姑娘们在陈某的指导下一下子变得靓丽起来，很快大部分姑娘被航空公司选走了。

北京武警总医院请她对全院护士进行形象设计并训练。因为院领导在一段时间内发现，本院的护士虽然着装都很整齐，但没有清爽亲和的感觉，缺少那么一点“精气神”。经过陈某的培训，护士的形象变了样，院领导发自内心地笑了。

思考：陈某的故事告诉我们什么道理？

【礼仪实训】

实训内容3-1：商务着装搭配设计。

实训目的：通过动手操作，增强对不同商务场合着装搭配的认识。

实训对象：全体上课学生。

实训步骤：

1. 教师通过 PPT/纸质图片向学生展示各种不同颜色、不同风格的衣服、裤子、鞋子、包包、配饰（名片、手表、戒指、项链、眼镜等）。

2. 教师依次下达模拟场景任务（或挑选其中一个任务）：某男士/女士正要换衣服去参加公司商务宴会；某男士/女士和往常一样起床准备换衣服正常去上班；某男士/女士正准备换衣服去逛街……

3. 分小组讨论不同任务场景应该如何搭配。

4. 各小组分别介绍自己的搭配方法和理由。

5. 各小组互相打分，并阐述理由。

6. 每组派一个代表上台总结。

7. 教师点评。

实训内容3-2：领带的系法。

实训目的：掌握至少3种领带的基本系法，了解各种系法的适用情况。

实训对象：全体上课学生。

实训步骤：

1. 教师至少示范3种领带系法，并阐述要点。
2. 学生分小组模仿，进行操作、练习。
3. 各小组分别到讲台接受考核。
4. 其余小组对讲台上同学的表现进行点评、纠正。
5. 教师点评。

项目四 仪态：稳重得体

【知识结构图】

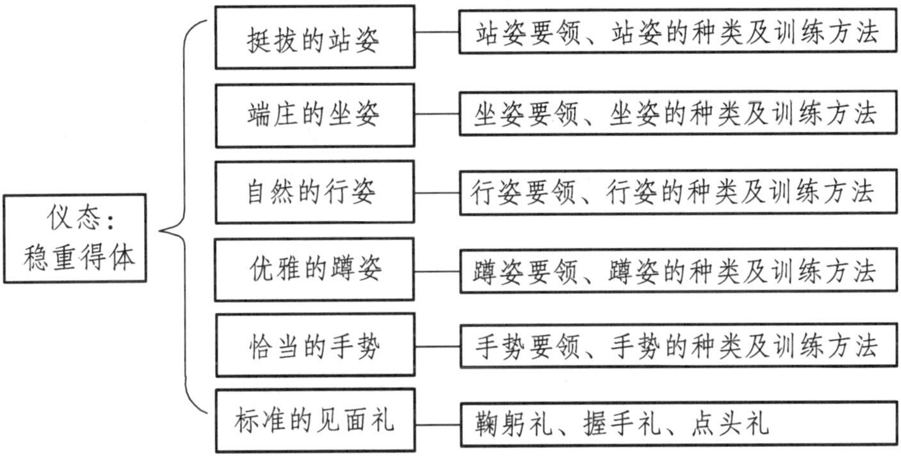

【知识目标】

1. 掌握商务场合不同站姿、坐姿、蹲姿、行姿的基本要求。
2. 了解在不同场合不同姿势的运用技巧。

【能力目标】

1. 能在各种场合正确运用站、坐、行、蹲姿。
2. 能够恰当地使用手势、运用目光和微笑塑造良好的个人形象。

【素质目标】

1. 培养良好的仪态素养，提高学生在商务活动沟通过程中的自信心。
2. 塑造大方、得体的个人形象。

【案例导入】

仪态：基本素质的体现

一位销售经理和他的客户正在餐厅共进晚餐，商讨合作事宜。在交谈过程中，这位销售经理的眼睛不时地转向从身边走过的一位漂亮服务员，直到她离开自己的视线。对此，这位客户感觉到对方不尊重自己，以及和他所谈论的项目。用餐过后，这位客户拒绝了此次合作。该客户的一位朋友一直很看好这个项目，问其不合作的原因，他说："作为销售人员，他在谈话时注意力不在我们的合作项目上，竟然在那位漂亮女服务员的腿上，这样低俗、没有素质的人，我能放心和他合作吗？"

思考：这位销售经理在仪态举止方面有什么不妥？

案例分析：

这位销售经理的主要问题在他对目光的使用上。他对漂亮女服务员的目光不仅表现了他对对方的不尊重，而且表现了他把漂亮异性看得比工作更重要，体现了他内心深处的庸俗。他不懂得尊重自己、尊重别人。每个商务人士都应该保持稳重得体的举止神态，从而赢得别人的尊重、信任和好感，促进工作的顺利进行。

仪态是指一个人的姿态，泛指人的身体所呈现出来的样子。商务人员需要拥有的仪态主要有：挺拔的站姿、端庄的坐姿、自然的走姿、优雅的蹲姿、恰当的手势、正确的见面礼等。良好的仪态往往可以表现出一个人的风度和气质，从而判断出他的身份、品格、学识、能力和其他方面的修养等，促使交往更顺利地进行。

任务一　挺拔的站姿

在美方面，相貌的美高于色泽的美，而优雅得体的动作的美又高于相貌的美。这是美的精华，是绘画所表现不出来的。

——培根（英国哲学家）

个人的仪态美往往是通过优雅得体的动作所体现出来的，而优雅得体的动作又是由正确的站姿延伸出来的。站姿是人们平时经常使用的一种静态的姿势，是发展其他姿势的基础。良好的站姿能够塑造个人良好的气质，同时对于健康也是非常重要的。正确的站姿可以让身体各个关节的受力均匀。抬头挺胸时，胸口会变得开阔，呼吸也会顺畅，身体得到足够的氧气，精神、注意力也会比较容易集中。

一、站姿要领

"站如松"，是对站姿要点最简单的概括，就是说站立的标准就应当如松柏一样挺拔，给人气宇轩昂、乐观向上、自信的感觉。站立时，需要收腹、提臀。"平"：头平正、双肩平、两眼平视；"直"：腰直、腿直，后脑勺、背、臀、后脚跟呈一条直线；"高"：重心上拔，人体有向上的感觉，两腿并拢，膝盖挺直，小腿向后发力，人体的重心在前脚掌。（见图 4-1）

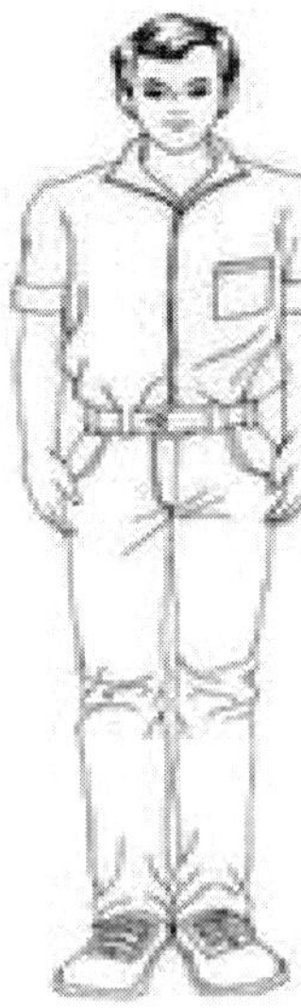

图 4-1　标准站姿

标准站姿的基本要领如下：

（1）头正，不偏不倚：微收下颌，两眼平视前方。下颌扬起会给人傲慢、张扬的感觉，下颌收的太厉害给人以害羞懦弱的感觉，这都不是一个商务人士应有的气质。只有微收下颌，才会显得优雅含蓄。

（2）肩平，双臂自然下垂：在庄严场合站立时双手下垂，手指自然并拢，中指位于裤缝，全身保持平衡。正式场合不应将手插在裤袋里或叉在胸前，不要有下意识的小动作。站立时，若手中不拿东西，男士可以双手轻搭在腹部或背在背后，右手握住左手手腕根部，左手自然伸开，双臂自然弯曲。女士可双手叠放，手指自然伸直，拇指向内，左手或右手四指轻轻搭握在另一只手的四指上。

（3）立腰，挺胸收腹：挺胸能使人显得英姿勃发，自信满满。收腹会使人显得更稳定，不要显得松松垮垮、萎靡不振，而且整体体型会更好看。

（4）双腿并拢直立：在庄严隆重的场合，男士、女士的双脚可呈“V”字步，脚跟相靠，脚尖分开 45°～60°。在其他场合站立时，男士两脚可以分开与肩同宽，重心在两脚中间；女士最好脚跟并拢，脚位应与服装相适应：穿紧身短裙时，脚跟靠近，脚尖分开呈“V”状或“Y”状；穿礼服或者旗袍时，可双脚微分。

（5）唇微闭，表情自然，稍带微笑。

二、站姿的种类

男士站姿要做到刚劲挺拔，气宇轩昂，体现男性刚健、英武的气质，给人一种壮美感。女士站姿则要做到亭亭玉立、优雅文静，体现出女性的优雅、娴静之美。根据站立时手的不同姿势，可以把商务场合经常使用的站姿分为以下几种：

（1）垂手站姿：最基本的手姿，一般在站立时采用，双脚并拢，挺胸收腹，双手自然下垂。（见图 4-2）

图 4-2　垂手站姿

（2）叉手站姿：双手在胸腹部交叉，不同场合，手的高低有所不同，可以表达自己的谦虚、内敛以及对对方的尊重。（见图 4-3）

图 4-3　叉手站姿

（3）背手站姿：挺胸立腰，两手在身后相搭，贴着臀部，可以显示出权威、镇定的态势。（见图 4-4）

图 4-4　背手站姿

（4）背垂手站姿：一只手背在后面，贴在臀部，另一只手自然下垂，手自然弯曲，中指对准裤缝，两脚可以并拢也可以分开，也可以呈小丁字步。左脚在前则左手臂下垂，呈右背手站姿；反之则右手臂下垂左手背后，呈左背手站姿。这种站姿显得大方自然、洒脱，多为男士所用。（见图 4-5）

图 4-5　背垂手站姿

（5）单臂前驱式站姿：丁字步，一只手弯曲手心向内放在胸腹部，另一只手自然下垂。左脚在前则左手臂下垂，呈右前手站姿；反之则右手臂下垂左手背后，呈左前手站姿。（见图 4-6）

图 4-6　单臂前驱式站姿

三、站姿训练方法

（1）五点靠墙：背靠墙站立，后脑勺、双肩、臀部、小腿和脚跟靠着墙壁，以此训练整个身体的控制能力。

（2）双腿夹纸：在大腿间夹一本薄的书或一张纸，保持纸或书不掉落、不松，以此训练腿部的控制能力。

（3）头上顶书：在头上顶一本书，保持书的平衡稳定，以训练头部的控制能力。

（4）效果检测：拿掉双腿间的纸或书，轻松地摆动身体后，瞬间以标准站姿站立。若姿势不够标准，则应加强练习，直至无误。

知识链接

站姿心理学

1. 双腿并立：给人感觉可靠，脚踏实地且忠厚老实，但有时可能显得有点冷漠。

2. 两腿分开，脚尖朝外偏：果断、任性、有进取心、不装腔作势。

3. 双腿并拢站立，一脚稍后，两足平置地面：有雄心，是个积极进取、富有冒险精神的人。

4. 一脚直立，一脚弯曲置于其后以脚尖触地：说明站立者情绪非常不稳定，变化多端，喜欢不断的刺激与挑战。

任务二　端庄的坐姿

坐姿是指人就座后身体所保持的一种静态的姿势。生活中无论是书写、会客交谈、参加会议、休息等都离不开坐姿。商务人士应该根据所处的场合、自身的着装以及椅子的高低等采用合适的坐姿。

一、坐姿要领

“坐如钟”，是指人的坐姿应该保持头正、腰背挺直，像一座钟那样端正。正确的坐姿往往给人端庄、大方的感觉。（见图 4-7）

图 4-7　标准坐姿

坐姿基本要领：

（1）入座：一般是左进左出，落座轻而缓，坐椅子的 2/3。女士入座时，若是裙装，应用手将裙摆稍稍拢一下，不要坐下后再站起来整理衣服。并膝或双腿交叉向后，保持上身端正，双手放在大腿或椅子扶手上。男士可以微分双腿，双手自然放在膝盖或椅子扶手上。

（2）身正：立腰、挺胸、上体自然挺直。面带笑容，双目平视，嘴唇微闭，微收下颌。

（3）腿的摆放：双膝自然并拢，双腿正放或侧放。谈话时，可以侧坐，此时上体与腿同时转向一侧。

（4）手的摆放：双肩平正放松，两臂自然弯曲放于膝上，也可放于身前的桌子、椅子或沙发扶手上。

（5）离座：起立时动作要轻缓，右脚后收半步轻缓起立，不要发出声响，站稳后从座位的左侧离开。离座时，应请身份高者先离开。

二、坐姿的种类

男士坐立时上身挺直坐正，双腿并拢或微微分开，两脚略向前伸，两手分别放在双膝上。女士坐立时上身挺直，两腿并拢，两脚同时向左或向右放，两手叠放在腿上。具体坐姿可以分为以下几种（见图 4-8）：

（1）正襟危坐式：男女均可使用。此种坐姿适用于最正规的场合，需双膝并拢，保证上身与大腿呈一直角，大腿与小腿呈一直角，小腿与地面呈一直角。此坐姿显诚恳、认真，适合于面试、与领导谈话。

（2）垂腿开膝式：男士专用。此种坐姿的基本要求与正襟危坐式基本一致，只是膝盖稍微分开，以不超过肩宽为准。

（3）双脚交叉式：男女均可使用。此种坐姿要求双脚在脚踝部交叉，双膝并拢。适合身前有一定遮挡物的坐姿（如坐于主席台、办公桌后）。

（4）双腿叠放式：女士专用。双腿上下交叠，脚尖朝向地面。比较适合穿短裙的女士。

（5）双腿斜放式：女士专用。双腿并拢，双脚同时向左或向右摆放，与地面呈 45°。此坐姿比较适合穿短裙的女士在较低座椅上就座。

正确的坐姿，除了需要遵循以上技巧摆放双腿外，还应时时保持上半身的挺直，也就是颈、胸、腰都要保持平直。

图 4-8　几种不同的坐姿

三、坐姿训练方法

入座动作分解：

（1）在椅子旁边站好，从椅子的左侧入座；

（2）右脚迈向椅子前方；

（3）左脚迈向椅子前方，双脚立正；

（4）一边用右手在身后梳理裙摆，左手放在左腿上，一边慢慢坐下；

（5）双手交叉放在大腿上，挺胸收腹坐好。

任务三　自然的行姿

行姿是人们在行走时所采用的一种姿势，是一种动态美。轻盈、平稳的行姿，反映出积极向上的精神状态。

一、行姿要领

“行如风”，主要形容走路的轻快、自然。行走时应上身正直，抬头挺胸，身体重心稍前倾，双肩放松，两臂自然前后摆动，双腿不要弯曲；脚不要蹭地面，脚步轻而稳。行姿的基本要求是：从容、平稳、直线。基本要领如下：

（1）头：两眼平视前方，收颌，表情自然平和。

（2）上身：上身挺直，收腹立腰，重心稍前倾。

（3）肩稳：两肩平稳，不要高低不平，前后晃动。

（4）双臂：双臂在身体两侧前后自然摆动，前后幅度在 30°左右；

（5）行走：起步时，身体微向前倾，脚尖微向外或向正前方伸出，跨步均匀，身体重心落于前脚掌。行走中身体的重心要随着移动的脚步不断向前过渡，而不要让重心停留在后脚，并注意在前脚着地和后脚离地时伸直膝部。

（6）步幅：步幅的大小应根据场合和着装的不同而进行调整。女性在正式半正式场合穿裙装、旗袍或高跟鞋时，步幅应小一些；在休闲运动场合穿休闲装、长裤时步伐可以大一些。

同时，行走时应遵守行路规则，行人之间互相礼让。遇到熟人应主动打招呼或问候，若需交谈，应靠路边站立，不要妨碍其他人。走路时还应避免吃东西或抽烟。

商务场合应当避免的不正确走姿如下：

（1）走路时身体前俯或后仰，内八字或外八字形走步，步子太大或太小，都给人一种不雅观的感觉。

（2）走路时双手背于身后，会给人傲慢的感觉。

（3）走路时身体乱晃乱摆，会让人觉得不稳重，缺乏教养。

二、行姿的种类

不同的行姿可以反映一个人的性格特点、基本素质、精神状态等。行姿主要有以下几种：

（1）前行行姿：迈出的脚应该脚跟先着地，再将身体的中心移至全脚，再由脚跟向脚尖方向提起。男士行走时，两脚沿平行线走，步幅在 50 厘米左右；女士两脚尽量在一条直线上，步幅在 30 厘米左右。

（2）后退时的行姿：用于告别、离开别人房间等。与别人说完再见扭头便走是不礼貌的，应该面向对方小幅度后退两三步，然后先转身再转头。

（3）引导时的行姿：尽可能走在宾客的左前方一米左右，身体转向宾客。遇到楼梯、拐弯或进门伸出左手示意，提醒对方“这边请”“有台阶，请小心”。

三、行姿训练方法

训练行姿时要注意男女有别。男士的步伐稍大，步伐应矫健、有力、豪迈，展示阳刚之气；女子行姿则步伐略小，干练、轻巧、飘逸，体现阴柔之美。

训练方法如下：

（1）直线前行：在地上画一条较长的直线，抬头挺胸，两臂自然前后摆动，步速均匀，步幅适当，每一步都要落在线上，如需张望应转动头部，而不能用眼睛斜视。

（2）引领：引领人员应走在客人的左前方一米左右。与客人步伐保持基本一致，偶尔后望，确认被引领人已经跟上。

（3）陪同：陪同人员应走在客人的左边，便于一边走一边交谈。

（4）上下楼梯：上下楼梯时要坚持走楼梯的右边，做到“右上右下”。同时注意上楼梯时让尊者走在前面，下楼梯时让尊者走在后面。如果尊者是穿短裙的女士，则可以在上楼时让其走在后面。

（5）后退步的训练：离开别人的房间时可以用后退步，面向对方小幅度后退两三步，然后先转身再转头。

（6）侧行步的训练：与人在较窄过道相遇时，要用侧行步，要正面对人，不可背对着别人。

（7）头顶书的训练：行走时头顶放一本书，练习整体的平衡。

任务四　优雅的蹲姿

蹲姿是人处于静态时的一种动作。在日常生活中，当人们要拾取掉在地上或者放在低处的东西时就需要用到蹲姿。优雅的蹲姿能体现一个人良好的教养，很多人因为蹲姿的不得体而破坏了自己的形象，同时也造成了旁观者的尴尬。

一、蹲姿要领

下蹲时应保持两腿靠近，臀部始终向下。蹲姿的基本要领如下：

（1）上体不弯：下蹲时不要低头弓背，在下蹲过程中要尽量保持上身的平稳和直立；下蹲忌讳翘起臀部，应该保持臀部向下，用后腿支撑身体。

（2）下蹲：下蹲过程要沉着缓慢，不要突然下蹲，一脚在前，一脚在后，使用腿部力量屈膝，前脚全着地，小腿基本垂直于地面，后脚脚跟提起，脚尖着地。女性应靠紧双腿，男性则可适度地将其分开。

同时，女士下蹲时要注意用手遮掩胸部和裙摆处，不要露出皮肤和内衣裤，以免因走光而失态。

二、蹲姿的种类

蹲姿主要分成以下两种：

（1）半蹲式：一条腿后退半步，屈膝蹲下，上体保持不变，臀部下沉，女士两腿尽量靠紧，男士两腿可适当分开。女士若穿裙装应该在下蹲时用双手拢一下裙摆，以免裙子起皱或因拖地而弄脏。（见图 4-9）

图 4-9　半蹲式蹲姿

（2）交叉式：一腿向前移半步，移至另一腿左前方，两腿交叉弯曲下蹲。上体保持不变，臀部下沉，上身稍微前倾。（见图 4-10）此蹲姿比较适合女性。

图 4-10　交叉式蹲姿

三、蹲姿训练方法

无论何种蹲姿训练，都应该保持身体平衡，把握好身体的重心，避免身体左摇右晃甚至摔跤。

男士：练习站立时和行走过程中的半蹲式蹲姿，并拾取地上的物品。拾取东西时注意保持上身的平稳，稍向前倾。

女士：练习站立时和行走过程中的半蹲式蹲姿以及交叉式蹲姿，并拾取地上的物品。拾取东西时女士要注意衣裙的遮掩，忌弓背撅臀。

任务五　恰当的手势

手势，又叫手姿，是利用手来表达各种含义时所使用的姿势。手势在人们日常交往中使用频繁，是非常有表现力的一种“肢体语言”，恰当优美的手势能够更好地展现个人良好的气质和涵养。

一、手势要领

商务场合中手势要规范、自然，动作幅度不宜过大，次数不宜过多，不宜频繁重复。做出手势时，要目视对方，面带微笑，体现出对客人的尊重，同时使手势更加协调大方。要避免不稳重的手势以及对他人失敬的手势。服务场合要注意多使用柔和曲线手势，少用生硬的直线条手势，这样可以更好地拉近彼此的心理距离。

二、手势的种类

手势语是人体语最重要的组成部分，是最重要的无声语言。它是人们交往中不可或缺的工具，每个手势都向外界传递了某种信息。商务场合主要手势包括指引、介绍、鼓掌等，具体要求如下：

（一）指　引

指引基本要领：指人、物或者方向时，应当掌心向上，四指并拢，拇指自然分开，手掌和手腕伸直，使手与小臂呈一直线，由身体一侧抬起，指向目标。同时配以“请”“您好”等语言以表达对对方的尊重。

（1）单臂横摆式指引：用于指引较近方向时使用，表示“请进”“请”，四指并拢，拇指自然分开，手掌伸直，手心向上，手肘弯曲，手腕稍低于手肘。做动作时手从腹前抬起，以肘关节为轴轻微向一旁摆出，到腰部并与身体正面呈45°角时停止。上身微微向伸出手的一侧倾斜，另一手自然下垂，放在腹部，或背在背后，保持微笑。（见图4-11）

图 4-11　单臂横摆式指引

（2）双臂横摆式指引：多用于向较多客人指引方向，表示“大家请”“请”“请起立”。做动作时两手从腹前抬起，双手上下重叠，手心向上，同时摆动到身体左右侧前方，上身稍微前倾；也可以双手从腹前抬起，两手心朝上，同时向一个方向摆出，两手臂保持一定距离。（见图 4-12 和图 4-13）

图 4-12　双臂横摆式“大家请”

图 4-13　双臂侧摆式“大家请”

（3）前摆式指引：在指引方向时大多使用前摆式指引礼，表示“请进”。五指并拢，手掌伸直，做动作时身体可以微向前倾，头略往手势方向倒，同时手由身体一侧由下向上抬起，以肩关节为轴，手臂稍曲，到腰的高度在身前另一侧摆去，摆到上臂和身体成 45°、前臂距身体 15 厘米左右，在不超过身体的位置停止。（见图 4-14）

图 4-14　前摆式（曲臂式）“请进”

（4）斜摆式指引：引领宾客就座时，手势可以使用斜摆式指向座位的地方，表示“请坐”“这是您的座位”。做动作时手首先从身体的一侧抬起，到高于腰部后，再向下摆去，使整个手臂成为一条斜线。请客人入座时，手应摆向座位的地方。（见图 4-15 和图 4-16）

图 4-15　斜摆式“请随我来”

图 4-16　斜摆式“请坐”

（5）直臂式指引：用于指示物品以及指示方向，表示“这是 × × ×”“里面请”“请跟我来”。掌伸直，四指并拢，拇指张开，手心朝上，手背朝下，做动作时弯曲手肘从身前抬起，向指示的方向摆去至肩的高度，肘关节基本伸直（见图 4-17）。注意不能用食指指，这样很不礼貌。

图 4-17　直臂式（高位式）“请往前走”

（二）介　绍

（1）介绍自己：右手五指并拢，用手掌轻按自己的左胸。

（2）介绍他人：掌心向上，五指并拢，手心向上与胸齐，以肘为轴向外转，手掌抬至肩的高度，并指向被介绍人的一方。介绍别人时不能用手指指指点点，这样很无礼。当别人介绍到你或对方向你做自我介绍时，应该向对方微笑，与其握手或点头。如果你正坐着，应该起立；如有些不便，则应稍起欠身，以示对对方的尊重。

（3）介绍的顺序：先介绍位卑者给位尊者；男士介绍给女士；年轻的介绍给年长的；自己公司的同事介绍给别家公司的同事。先将职位稍低者介绍给职位高者，将公司同事介绍给客户；非官方人士介绍给官方人士；本国同事介绍给外国同事。如果身边各有一人，先介绍右边的，再介绍左边的。

（三）鼓　掌

面带微笑，将左手手掌抬起到胸前位置，用右手除拇指外的其他四指轻拍左手中部。节奏要保持平稳、频率一致。

（四）其他手势

世界不同的国家或相异的民族，同一种手势语表达的意思可能大体相同或相近，也可能截然相反。

（1）“OK”的手势：拇指、食指形成环形，其余三指伸直，掌心向外。在世界很多地方这个手势表示数字“0”或“3”。在部分欧美国家表示英语中的“OK”“没有问题”，即赞同、了不起的意思；在荷兰，表示“正在顺利进行”“微妙”；在斯里兰卡，表示“完整”“圆满”和“别生气”；在日本、缅甸、韩国，表示“金钱”；在法国，表示“零”或者“毫无价值”；在菲律宾，表示“想得到钱”或“没有钱”；在印度尼西亚，表示“一无所有”“一事无成”、“啥也干不了”；在突尼斯，表示“无用”“傻瓜”；在希腊、独联体，这个手势被认为是很不礼貌的举止。另外，还有一些国家用这一手势来表示“圆”“洞”等。

（2）表示胜利的“V”字形手势：在欧洲绝大多数国家，在日常生活中经常伸开右手的食指和中指，其余手指并拢，掌心向外形成“V”形手势，用来表示“胜利”（Victory）或者“和平”。不过在表示胜利的时候，手掌一定要向外，如果手掌内向，就是贬低人、侮辱人的意思。在英国，如果你用这个手势且手掌向着自己的脸表示“走开”。在希腊，做这一手势的时候，即使手心向外，如手臂伸直，也有对人不恭之嫌。在中国，“V”形手势表示数字“2”“第二”或“剪刀”。

（3）向上伸小指：在中国，向上伸小指表示轻蔑之意，如“最差”“小”“微不足道”等；在日本，这一手势表示“女孩”“女人”和“恋人”；在韩国，表示“妻子”和“女朋友”；在菲律宾，表示“小个子”“年轻人”“小人物”；在美国，表示“懦弱的男人”或“打赌”；在尼日利亚这一手势也是“打赌”之意；在泰国和沙特阿拉伯，这一手势表示和对方是“朋友”，或者表示愿意和对方“交朋友”；在缅甸和印度这一手势比较特殊，表示“想去厕所”。

（4）向上伸中指：单独向上伸出中指的手势在世界绝大多数国家都意味着不好的事情，普遍用来表示“不赞同”“不满”或“诅咒”之意。

（5）向上伸食指：世界上绝大多数国家用这个手势表示数字“1”。但在日本、韩国、菲律宾、斯里兰卡、印度尼西亚、沙特阿拉伯、墨西哥等国，食指向上表示“只有 1 个（次）”；在澳大利亚，在酒吧、饭店向上伸出食指，表示“请来 1 杯啤酒”；在墨西哥、缅甸、日本、马来西亚，这一手势表示顺序上的第一；在美国，可以使用这个手势让对方稍等；在法国，用于请求提问；在新加坡，谈话时伸出食指，表示所谈的事最重要；在缅甸，请求别人帮忙或拜托某人某事时，都要使用这一手势；在中东，不能用食指指东西，否则被认为是不礼貌的行为。

（6）竖起大拇指：世界上绝大多数国家都认为竖起大拇指的手势表示“了不起”“好”“一切顺利”等赞赏之意。但在有些地区，这个手势有着完全不同的意义。美国和欧洲部分地区，在拦路搭车时横向伸出大拇指表示要搭车；在德国则代表数字“1”；在日本表示数字“5”“男人”“您的父亲”；在尼日利亚、希腊被认为是侮辱性手势；在澳大利亚则表示骂人；在伊朗以及伊拉克等很多中东国家，竖大拇指是一个挑衅的行为，几乎和西方国家常用的竖中指一样。

三、手势训练方法

在服务工作中，除了要注意手的姿势，还需要注意每个姿势的幅度。一般而言，手势的上界不超过对方的视线，下界不低于自己的腰的水平线，左右摆动的范围不要太宽，应在人的胸前或右方进行。

（1）模拟训练法：教师示范各种手势姿势并讲解，学生统一模仿练习。

（2）角色训练法：分组组织学生扮演客人进行不同场景的手势练习。

（3）个别训练法：对着镜子做各种手势练习，纠正手势的错误。

（4）分组竞赛训练法：分组进行各种手势练习，比赛哪一组做得更好、更规范。

任务六　标准的见面礼

由于各国文化、习惯不同，每个国家在不同的场合所使用的见面礼会也会有所不同。有些国家在见面时通过握手礼相互致意，有些国家喜欢行鞠躬礼，有些国家喜欢行合十礼，有些国家喜欢行拥抱礼、亲吻礼等。下面主要介绍在国际商务场合常用的一些见面礼。

一、鞠躬礼

鞠躬是对他人表示尊敬的一种礼节。行礼时要面对对方，伸直膝盖，并拢双腿，头、颈、脊背呈一条直线，男士双手放裤缝两边，女士放腹部，施礼后看着脚前 1 ~ 1.5 米的地面。

（一）鞠躬礼的分类

15°鞠躬礼：适合与同事、客户擦肩街而过时；与他人打招呼；对某人表示谢意等场合。

30°鞠躬礼：适合迎接或送别送客人、面对众人行礼、请求工作等场合。

45°鞠躬礼：适合初次见面、请求工作、感谢、道歉，以表示自己的诚意。

鞠躬礼的分类如图 4-18 所示。

图 4-18　鞠躬礼的分类

（二）鞠躬礼的要求

位卑者先鞠躬，鞠躬时先施礼，后问候；鞠躬的角度大，目光落于前 1.5 米处；问候完，应该稍微停顿一下，然后慢慢抬头，给人以真诚的印象，若话没说完就抬头，会显得毫无诚意。鞠躬礼前务必擦亮皮鞋，因为鞠躬的时候，双方都会看着彼此的鞋子。

二、握手礼

握手礼可以表示欢迎、感谢、道歉、惜别等各种感情，是人们在交往过程中使用得比较频繁的一种礼节。

（一）握手礼的标准姿势

面带微笑，大方伸出右手，手掌相向，虎口相对，握住对方的手掌并上下轻轻摇晃。（见图 4-19）年轻者对年长者，身份低者对身份高者则应稍稍欠身或趋前。可双手和对方握手，以示对对方的尊敬。男性与女性握手时，男性往往只握一下女性的手指部分。

图 4-19　标准握手姿势

（二）握手时的注意事项

伸手的顺序：基本规则为“位尊者先出手”，即握手双方由身份尊贵的一方决定是否要和对方握手。

握手礼的时间和力度：握手的时间通常为 3 ~ 5 秒。一般情况的握手，时间可再短些。握手时的力度要适度，不轻不重，恰到好处。

握手的禁忌：握手时应该专注、礼貌，保持手的洁净；不要跨门槛握手；多人时不要交叉握手；男性在握手前应先脱下手套、摘下帽子；军人戴军帽握手时必须先行军礼，再握手。

三、点头礼

在欧洲只有遇到不太熟识的人才会微微点头，但在东方点头已成为普遍使用的一种礼节。点头礼适合比较随意的场合，多用于平级和同辈之间表示对对方的礼貌，若是在路上遇到上级或长者，必须立正行鞠躬礼。上级对部下或长者对晚辈的答礼可以在行进中进行，或伸出右手示意。

规范的点头礼：面正、微笑、目平视，头快速上扬后下点。行点头礼时，男士点头时速度稍快些，力度稍大些，体现男性的阳刚洒脱；而女士的上扬和下点速度稍慢些，力度稍小些，体现女性的阴柔娴雅。

【项目小结】

本项目主要介绍商务场合的站姿、坐姿、蹲姿、行姿、手势、见面礼等基本仪态礼仪。通过本项目的学习，学生在日常生活、工作场合应正确使用仪态礼仪，既优雅得体，体现自己的素质，又表达自己对对方的尊重，而且还能在交流过程中增强语言效果。

【课后练习】

一、简答题

1. 商务人士个人礼仪修养的标准是什么？
2. 保持得体的坐姿应该注意哪些礼节？
3. 男性和女性行走时各应注意哪些问题？
4. 假如在学校遇见老师你会主动打招呼吗？应该如何打招呼？

二、论述题

1. 一次集体面试中，各应聘者陆续走进面试厅。其中一位应聘者进门后沉着地和面试官鞠躬致意，然后选择了最前排并且人较多的中间座位就座。他的臀部坐了椅子的 2/3 左右，并且上身挺直，两手自然地放在膝盖上，不左顾右盼，双眼注视着面试官们。这些表现在提问前已经给面试官们留下了非常好的印象。

思考：这位应聘者的行为说明了他具备哪些优点？

2. 请讨论在下列情况下，见面的双方应该由谁先伸出手来促成握手，并说明原因。

（1）甲单位的张小姐和乙公司的李先生；

（2）公司总经理和人事部主管；

（3）退休的老王和新员工小张；

（4）宴会主办方和嘉宾；

（5）有 6 年资历的公关经理和刚来的客户服务部副主任。

【礼仪实训】

实训内容 4-1：仪态礼仪：正确的站姿、坐姿、蹲姿、行姿、手势等。

实训目的：练习不同场合的正确站姿、坐姿、蹲姿、行姿、手势等。

实训对象：全体上课学生。

实训步骤：

1. 学生听教师口令列队，做好基本准备。
2. 教师示范，学生模仿。内容包括不同场合的站姿、坐姿、蹲姿、行姿、见面礼、微笑等。
3. 分小组进行训练，直到基本掌握。
4. 每个小组在 3 分钟内进行总结复习，然后分组进行考核。
5. 教师打分，各小组彼此互相打分并阐述理由。

6. 每组派一个代表上台总结。

7. 教师点评。

实训内容 4-2：仪态礼仪：手姿训练。

实训目的：练习接递物品。

实训对象：全体上课学生。

实训步骤：

1. 学生听教师口令列队，做好基本准备。

2. 教师示范，学生模仿。接递物品包括书本、鲜花、名片盒、小刀等（双手递交；若双方相距过远，递物者应该主动走向接物者；带有文字的物品递交给他人时，要使之正面面向对方。将尖利的物品递交给他人时，应使尖、刃朝向自己或别处，面带微笑，表情自然）。

3. 分小组进行训练，直到基本掌握。

4. 每个小组在 3 分钟内进行总结复习，然后分组进行考核。

5. 教师打分，各小组彼此互相打分并阐述理由。

6. 每组派一个代表上台总结。

7. 教师点评。

项目五 商务宴请：中餐

【知识结构图】

- 商务宴请：中餐
  - 商务宴请基本常识
    - 中式宴会的种类
    - 招待会的种类
  - 中餐礼仪
    - 中式宴请的尊位、桌次和座次
    - 中餐餐具及使用
    - 中餐点餐的思路与技巧
    - 中餐进餐礼仪

【知识目标】

1. 了解中餐宴会的种类。
2. 掌握中餐宴请的基本礼仪。
3. 培养学生在中式宴请中的宴请礼仪。

【能力目标】

1. 培养学生良好的形象，提高学生的基本素质。
2. 培养学生中式宴请接待的技巧，使其在商务宴请中应对自如。

【素质目标】

1. 提高学生在商务宴请中的自信心。
2. 促进学生在以后的商务活动中更有效地与他人进行沟通。
3. 使学生能够更好地适应现代商务交往的需求。

【案例导入】

粗茶淡饭宴请贵宾

1965 年 5 月，阿尔巴尼亚劳动党中央政治局委员、部长会议第一副主席斯皮罗·科列加访华，主要同中方商谈全面经济援助问题。

5 月 20 日上午，阿政府经济代表团在钓鱼台国宾馆与周总理会谈。阿方提出了一个数目庞大的要求中国政府给予援助的项目清单。面对这些难以承受的援助要求，周总理非常委婉地表示无法完全满足，双方会谈陷入僵局。

随后，周总理陪阿尔巴尼亚客人到山西大寨参观，让阿尔巴尼亚客人尝尝中国普通农民日常吃的粗粮，所以在当日的午餐时，桌上只有简朴的饭菜。中午，周总理陪同外宾入席就餐，看着桌上简朴的饭菜，周总理对阿尔巴尼亚客人说："今天大寨人为了招待你们增加了一两个菜，他们平时吃的比这简单多了。我们国家虽然比你们大，但也存在很多困难，我们取得的点滴成绩也是像大寨这样艰苦奋斗换来的。我们的农民生活很贫困，恐怕还比不上你们。我们给你们的援助是勒紧自己的裤腰带挤出来的。"

在大寨的参观和用餐深深地触动了阿尔巴尼亚客人。22 日，周总理和阿尔巴尼亚客人回到北京接着会谈。阿方表示，他们理解了周恩来拒绝他们的理由，并且当即表示愿意收回原先过分的援助要求。

（资料来源：王玉苓，徐春晖. 商务礼仪[M]. 人民邮电出版社，2014）

案例分析：

此次用粗茶淡饭宴请贵宾既不失礼，又达到了目的，这就是周总理的宴请艺术。商务宴请既能让客人满意，又能达到目的，还不失礼数，就是一种艺术。

古人云"民以食为天"，一语道出了"食"在人们日常生活中的地位和作用。随着社会的进步和人类文明的发展，人们的"食"不再只是吃饱喝足，还要进一步讲究"食"的修养礼貌，讲究吃的礼仪。

在现代社会，随着商务交往的频繁，"宴请"已成为商务交往中的重要事项，它不是一般的吃吃喝喝，而是人际交往的一种重要形式。在商务宴请中，宴请礼仪的重要性也为越来越多的人所认识，宴请礼仪在宴请过程的作用也日益凸显。本项目主要对商务宴请的中餐礼仪进行详细阐述。

任务一　商务宴请基本知识

商务宴请就是指因为商业需要而举办的活动，多为合作伙伴之间或公司之间为某项业务（如洽谈会、签合约、庆祝某项合作等）而举办的宴会或者招待会，也包括公司因为某项重大的业务获得成功答谢员工而举办的宴会。商务宴请是中国传统文化的重要组成部分。以宴请的形式款待宾客是人们进行交往的重要形式，也是国际国内社会交往中比较常见的礼仪活动形式之一。

依据宴请活动目的、邀请对象的不同，宴请也有多种不同的形式。国际上通用的方式一般有两大类，即宴会和招待会。不同宴请形式有不同的礼仪要求。因此，参加宴会的人员必须懂得其中的礼仪，才能表现得优雅得体。

一、中式宴会的种类

宴会是因习俗或社交礼仪需要而举行的宴饮聚会，是社交与饮食相结合的一种形式。宴会是指正规、庄重的宴请活动，一般都有较为隆重的正餐，可安排在早、中、晚举行，其中又以晚宴最为隆重。中式宴会一般可按等级分为国宴、正式宴会、便宴、家宴等。按举办宴会的用途又可分为婚宴（红宴）、丧宴（白宴）、寿宴、百日宴（周岁宴）、接风宴、饯别宴等。人们通过宴会，不仅能获得饮食艺术的享受，而且还可以增进人际交往。

1. 国　宴

国宴，是国家元首或政府首脑为国家庆典或来访的外国元首、政府首脑而举行的正式宴会。宴会厅内悬挂国旗，设乐队，奏国歌，席间致辞，菜单和席卡上印有国徽。宴会的规格最高，盛大隆重，礼仪严格。

2. 正式宴会

正式宴会是一种隆重而正式的宴请，这种宴会无论是规格和标准都稍低于国宴，不挂国旗，不演奏国歌。其安排与服务程序大体与国宴相同。正式宴会对赴宴者的着装、桌次、席位摆设、宾主致辞等都有较高的礼仪要求和讲究。

3. 便　宴

便宴即便餐宴会，用于非正式的宴请。一般规模较小，菜式有多有少，规格可高可低，不拘于严格的礼仪、程序，随便、亲切，多用于招待熟悉的亲朋好友或熟悉的客户。

4. 家　宴

家宴也是便宴的一种形式，是在家中以私人名义举行的宴请形式，是一种表示更加亲切友好的形式。一般人数较少，不讲求严格的礼仪，菜式多少不限，席间宾主随意交谈，轻松活泼、自由。

二、招待会的种类

招待会是指各种不备正餐，较为灵活、经济实惠的宴请形式。一般备有食品、酒水和饮料等。通常不安排固定的座位，可以自由活动。常见的招待会有自助餐、酒会、工作餐和茶会。

1. 自助餐

自助餐又称冷餐会，是最常见的招待会形式之一。它可在室内外举行，不排座位，参加者可自由活动。菜肴以冷食为主，以热菜、甜点和水果作为辅助供客人自行选取。自助餐的举办时间一般都安排在中午 12 点至下午 2 点，或者下午 5 点至 7 点。

2. 酒　会

酒会又称鸡尾酒会，是西方传统的集会交往的一种宴请形式，它盛行于欧美等国家和地区，适用于各种节日、庆典、仪式及招待性演出前后。鸡尾酒会规模不限，灵活、轻松、自由。一般不设主宾席和座位，绝大多数客人都站着进食。各界人士可互相倾谈、敬酒。鸡尾酒会有时与舞会同时举行。中式酒会则会加入中式的点心、小吃，一般不会提供主食。饮酒也以红酒、黄酒、清酒、啤酒等低度酒为主。酒会中除了与会者可以自由会谈外，一般还会安排主题发言、影片放映、文艺表演或互动游戏等，以达到举办酒会的目的。

3. 工作餐

工作餐是一种非正式的宴请形式。工作餐一般规模较小，按用餐时间分为工作早餐、工作午餐和工作晚餐。工作餐氛围轻松，意在以餐会友，营造出一种有利于双方进一步沟通的轻松愉快氛围，以借进餐的形式继续开展商务或工作活动。工作餐不用致辞，也不适合配偶或主题之外的人加入。

4. 茶　会

茶会又称茶话会，是一种更为简单的招待方式，一般是社会团体举行纪念和庆祝活动所采用的形式。席间一般只摆放茶点、水果和一些风味小吃。宾主共聚一堂，饮茶品尝点心，形式比较随便自由。有时席间还会安排一些小的文艺节目助兴，使气氛更加喜庆、热烈。

知识链接

商务宴请的基本原则

商务宴请的类型和原则其实都是为了更好地辅助商务宴会的顺利进行。不同类型的商务宴会有不同的风格和要求，但是所有的宴请都要遵循以下两条基本原则：

（1）“4M”原则：在世界各国广泛受到重视的一条礼仪原则，其中4M是指4个以M为字头的单词，分别是：菜单、环境、音乐、举止，这些都是人们在安排或参与宴请活动时应当注意的问题。“4M”原则的主要含义就是，要求在安排或者参加宴请活动时，必须优先对菜单、环境、音乐、举止等4个方面的问题加以高度重视，并应力求使自己在这些方面所作的行为符合律己、敬人的行为规范。

（2）“餐饮适量”原则：在宴请活动中，对于宴请的规模、参与的人数、用餐的档次以及宴请的具体数量都要量力而行。务必要从实际需要和实际能力出发，进行力所能及的安排，切忌虚荣好强、炫耀攀比，甚至铺张浪费、暴殄天物。

任务二　中式宴请的尊位、桌次和座次

与西餐多以自助取餐方式不同，中餐的饮食习惯是桌餐，宾主落座后，用碗筷在席桌的菜肴中取食，因此对于座次、宾主尊位、桌次等有较明确的讲究。如果掌握不当，不但容易

闹笑话，还会让宾主双方都觉得丢面子。

一、中式宴请尊位的确定

中国是一个礼仪之邦，自古就极为讲究以长者尊，以和为贵。因此在宴席上，也必须要确定席桌的尊位，以便宾主双方安排人员有序落座。中式宴请一般采用圆桌，视参加的人数设一桌或多桌。在中式宴请中一般通过以下两种方式来确定尊位。

1. 只宴请一桌

只宴请一桌时，如果房间是一般房间，且房间里没有特意布置背景墙时，我们可以根据房间的门来确定尊位，即圆桌面对门的中央位置就是尊位，这也称为“面门设座”；如果房间里设有背景墙，这种情况下，圆桌上的尊位就设在背景墙的中间位置，这种情况被称为“依景设座”。（见图 5-1）

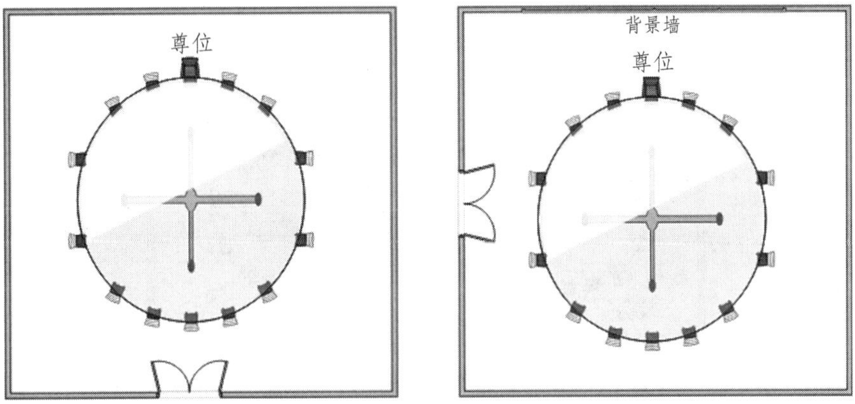

图 5-1　面门设座和依景设座

2. 宴请多桌

宴请多桌时，尊位位于主桌上，这时以能看到全场的中央位置或者是众星捧月的位置为尊位。（见图 5-2）

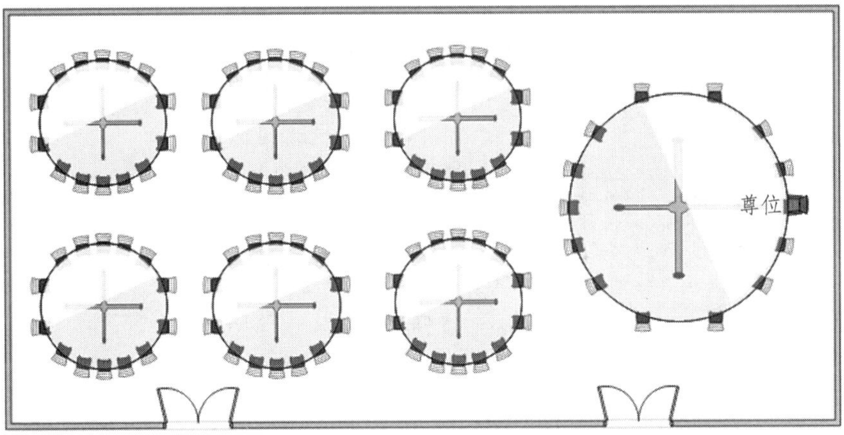

图 5-2　众星捧月

二、中式宴请的桌次排列

在中式宴请时，如果宾客较多，就要宴请多桌。这时就会出现一个圆桌摆放次序问题，即桌次。宴会的桌次安排有一定的礼仪规范，一般桌次高低以离主桌的远近位置而定。离主桌越近的桌次越高，离主桌越远的桌次越低。对于平行的桌次，右桌的规格高于左桌。当宴请的桌数较多时，应该在桌上摆桌次牌，以便区分。在同一桌时，根据离主人席位的远近来确定座次。

一般情况下，圆桌的桌次排列主要有两种情况：小型宴请桌次排序和多桌宴请桌次排序。

1. 小型宴请桌次排列

小型宴请桌次排列一般是指当宴请的宾客数量是两桌时，主桌和次桌的排列。根据宴请地方的具体位置，可以分为两桌横排和两桌竖排的形式。如果两桌横排时，面对正门右边的桌子是主桌，左边的为次桌，如图 5-3 所示。如果两桌是竖排时，这时距离门口位置远的为主桌，近的为次桌，如图 5-4 所示。

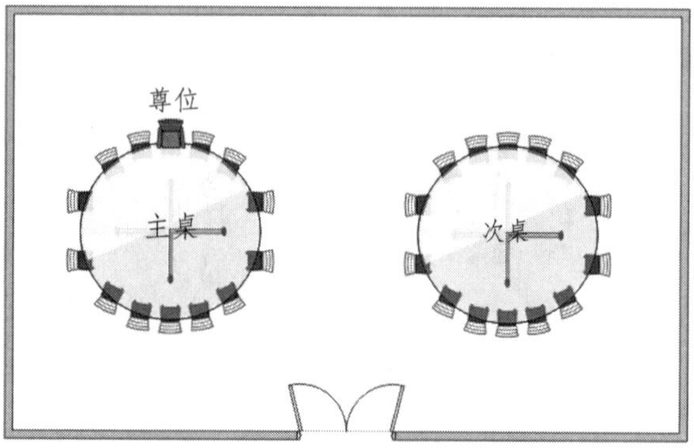

图 5-3　以右为尊

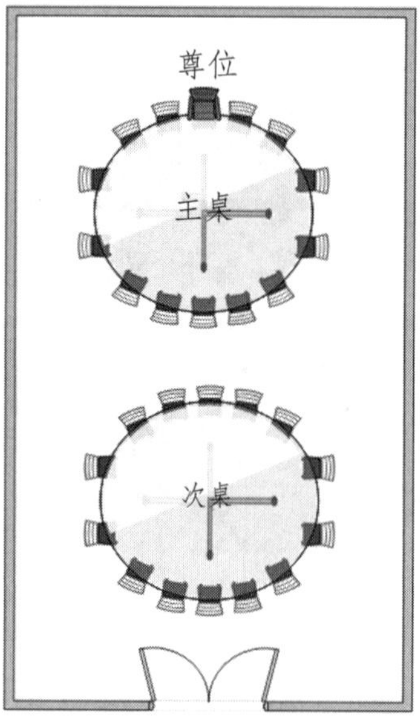

图 5-4　以远为尊

2. 多桌宴请桌次排列

多桌宴请指宴请宾客时桌次在 3 桌或 3 桌以上。在安排多桌宴请的桌次时，首先要确定主桌。主桌的确定除了依照“众星捧月”“依景设座”“视线最佳”“面门设座”“以右为尊”“面门设座”“以远为尊”等规则外，同时还要兼顾其他桌距离主桌的距离。一般情况下，离主桌越近，桌次越高，离主桌越远，桌次越低。桌次排序的各种形式如图 5-5 ~ 5-9 所示。

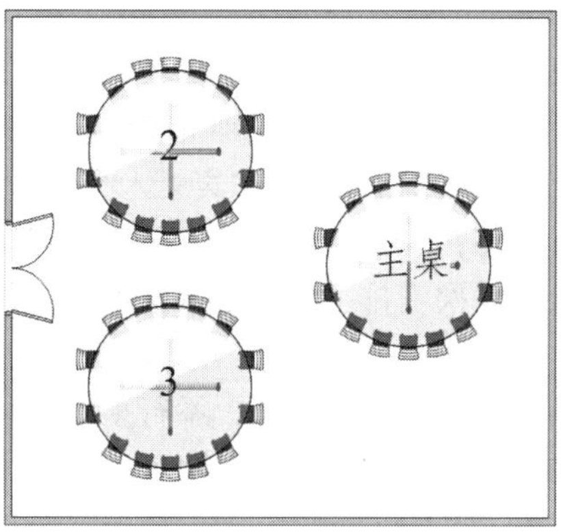

图 5-5 多桌设宴（1）

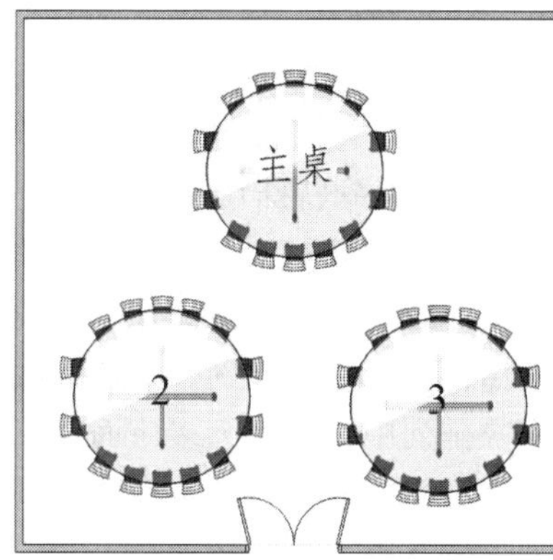

图 5-6 多桌设宴（2）

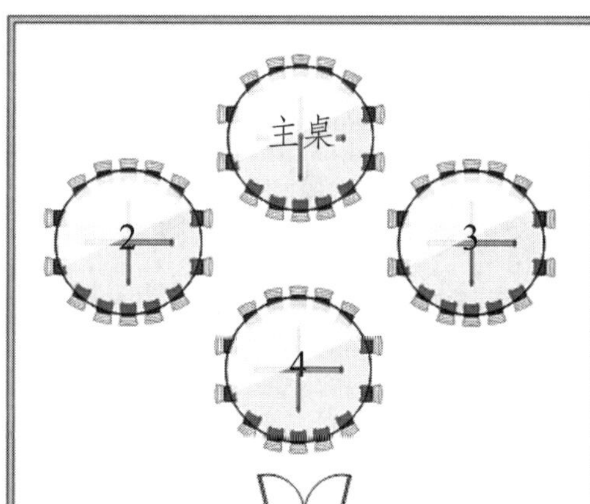

图 5-7 多桌设宴（3）

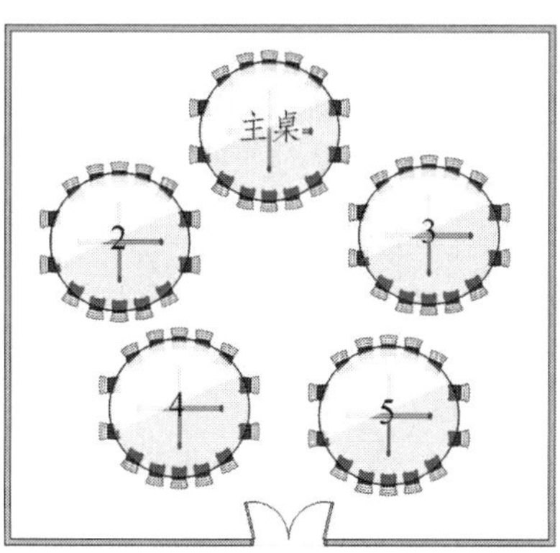

图 5-8 多桌设宴（4）

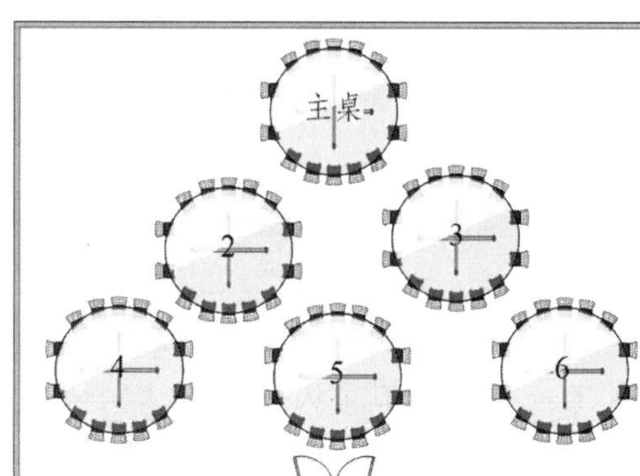

图 5-9 多桌设宴

每次宴请时，为了方便并确保赴宴者能快速准确找到自己所在的桌次，可以在请柬上标明客人就座的桌次，并在每张餐桌上摆放桌次牌。如果是比较大型的宴会还需现场安排引位员来引导嘉宾按桌次入席。

三、中式宴请的座次排列

中式宴请的座次排列与桌次排列原则基本相同，即同一桌上，席位高低以离主人远近而定，依然是右高左低。商务宴请中排序的依据主要是职务高低，安排双方的尊位时，一定是按照职位排列。如果遇到特殊情况则需根据礼宾次序特殊处理，如主宾个人身份高于主人时，这时为了表示对主宾的尊重，可以把主宾的位置安排在主人的位置上，而主人就在其右侧入座，即坐在主宾的位置上。除主宾外，其他人员的座次安排主要还是依据职位高低，另外还需兼顾业务、语言、性格、性别、兴趣等因素。

在宴请座次排列中，主人大多应面对正门而坐，并在主桌就座；举行多桌宴请时，每桌都要有一位主桌主人的代表在座，其位置一般和主桌主人同向，有时也可以面向主桌主人。宴请座次排列具体有以下两种情况：

1. 单主人宴请时的座次排列

在宴请宾客时，如果只有一位主人，这时的座次排列就以主人为中心，即把主人安排在尊位就座，其他主客人员相间就座并按“以右为贵”的原则排列，如图 5-10 所示。

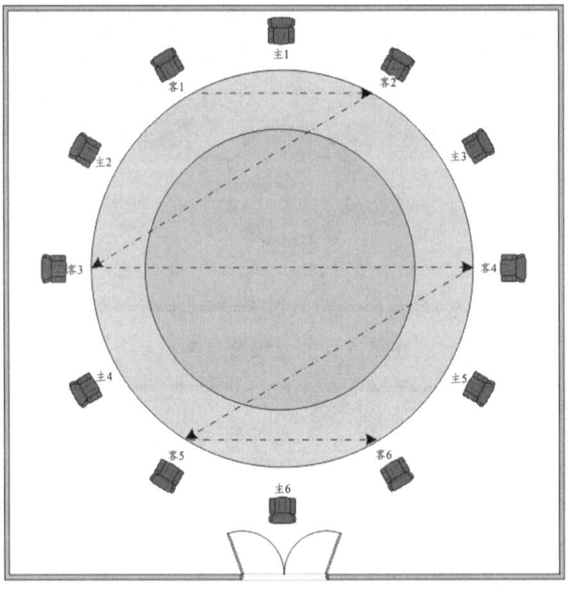

图 5-10　单主人宴请

2. 双主人宴请时的座次排列

（1）同性别双主人宴请时的座次排列。在宴请宾客时，如果有两位同性别的主人，则按照主副相对（1 号主人在尊位就座，2 号主人在一号主人对面就座）、主客相间、“以右为贵”的原则依次按顺时针顺序排列，如图 5-11 所示。

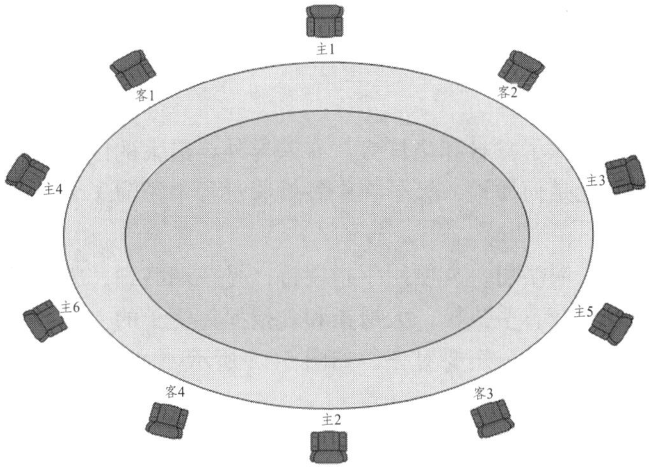

图 5-11　同性别双主人宴请

（2）男女主人共同宴请时的座次排列。男女主人共同宴请时的座次排列方法也遵循主副相对（男主人坐尊位，女主人坐在男主人对面）、主客相间、“以右为贵”的原则来进行排列，如图 5-12 所示。国际惯例是男主宾安排在女主人右侧，女主宾安排在男主人右侧。

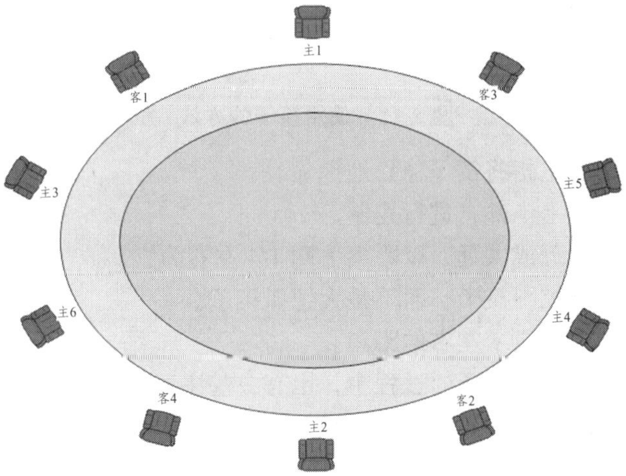

图 5-12　男女主人宴请

任务三　中餐餐具及使用

宴请时宴请餐具很重要，讲究的餐具不仅能体现一个国家的传统风格，同时也是对客人的尊重。中餐的餐具一般分为主餐具和辅餐具。其中，主餐具是指就餐时主要使用、必不可少的主要餐具，一般包括筷、匙、碗、碟、盘等；而辅餐具则是指就餐时辅助的餐具，其重要程度比主餐具低，仅在就餐时发挥辅助作用，如茶杯、毛巾、牙签等。

一、筷与匙的使用

1. 筷的使用

中餐与西餐的不同，除了食材和烹饪方法有差异外，最大的区别就在于西餐使用刀叉，而中餐则使用筷子。无论是何质地，筷子在中餐就餐过程中扮演了无可替代的重要角色，是中餐的灵魂。

筷子一般为两根，一端略粗，方便用手指握持，另一端略细，方便用餐时夹取食物。

使用筷子的一般方法：右手执筷，大拇指和食指捏住筷子的上端，另外 3 个手指自然弯曲扶住筷子，并且筷子的两端一定要对齐，如图 5-13 所示。

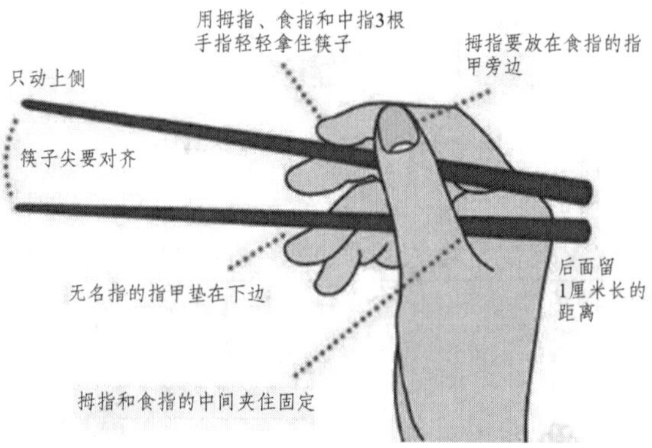

图 5-13　使用筷子的方法

（1）用拇指、食指和中指将筷子稳稳地握住。

（2）使用时筷子只动上半部，进行控制。

（3）筷子不可抓得太近或太远，以距离上端 1/4 左右为宜。

（4）手指要相互配合控制筷子，而不是大把抓筷子。

（5）筷子后方要留下 1 厘米左右的距离。

除了正确持筷外，在使用筷子的过程中，也有一些注意事项：用餐前筷子一定要整齐地放在碗的右侧，用餐后一定要整齐地竖放在饭碗的正中央；用餐时，应保持筷子的清洁，不在筷子上残留食物，如饭粒等。

中国人几乎每个人都从小使用筷子，能够熟练使用筷子吃饭是必备的技能。但在用餐中如何使用好筷子，避免一些用筷的不礼貌行为，其实是非常有讲究的。以下是在用餐中需要注意的“用筷十忌”：

（1）忌迷筷，即举筷不定，对着满桌丰盛的菜肴不知如何下手，在菜肴间徘徊不定，这一做法被称为“执箸巡城”，是目中无人、毫无教养的表现。

（2）忌翻筷，即用筷从碗底挑菜食。我们夹菜时应尽量选择盘中靠近自己一方的菜品，不可在菜品中挑挑拣拣，更不能从下往上地翻菜，这一做法被称为“迷箸刨坟”，也是缺乏教养的表现。

（3）忌刺筷，即用筷当叉，把筷子当作叉子，以一根筷子插入菜中，这是非常不礼貌的行为，会被认为是对同桌用餐人员的一种羞辱，这一做法被称为“定海神针”。

（4）忌拉筷，即持筷撕口中鱼肉。我们夹取鱼肉等大块食物后，应放置于自己面前的碗盘内，吃的时候用筷子夹起咬一口后放回碗盘内，如此直至吃完。

（5）忌泪筷，即用筷从汤中捞物，有用汤汁洗筷子之嫌，让每个人在喝汤的同时也吃你的口水，非常不礼貌。

（6）忌剔筷，即用筷子当牙签挑牙缝，是非常不礼貌的行为。

（7）忌吸筷，即将筷放入口中吮吸卤汁，这是非常不雅的行为。因为在吃饭时用嘴嘬筷子本身就是一种无礼的行为，再加上配以声音，更是令人生厌，被称为“品箸留声”。

（8）忌供筷，即将筷直插在饭碗中央，这是古代给先人祭祀上香时的做法，在餐桌上这样做会非常不吉利，因此这一做法被称为“当众上香”。

（9）忌敲䅶，即用筷击碗或桌，有乞讨之意。因为过去只有要饭的才用筷子击打要饭盆，其发出的声响配上嘴里的哀告，使行人注意并给予施舍。这一做法被称为“击盏敲盅”，是非常没有礼貌和缺乏教养的做法。

（10）忌指筷，即持筷说话点指他人。吃饭用筷子时用手指人，无异于指责别人，这同骂人是一样的。还有一种情况也是这个意思，那就是吃饭时同别人交谈并用筷子指人，这一做法被称为“仙人指路”。

除了上述十忌外，将筷子倒用、筷子不慎落地、筷子摆放或使用时长短不齐、用嘴或桌面对齐筷子、左右手各执一支筷子、将筷子交叉放于碗上等也都是不礼貌或不雅的动作，正式用餐时应避免这些行为。

2. 匙的使用

在中餐中，匙一般指汤匙，质地有陶瓷、金属、竹木、塑料等之分。在就餐中，尽量不要单用匙来取菜。用匙舀取食物时，不宜过满，以免食物散落在餐桌或衣物上。如食物中汤汁较多，可在舀取食物后，先在碗里静置待汤汁不再滴漏后，再取回食用。在就餐过程中，使用匙也有以下几点注意事项：

（1）用右手（如左撇子则用左手）用匙。但一手同时又执筷又执匙则最为忌讳。

（2）用匙取用食物后应尽快食用，无论何种情况下，都不能将匙中的食物又倒回去。

（3）当取用的食物过烫时，不能用匙将食物折来折去，也不能用嘴对着匙吹来吹去。

（4）用匙取用的食物，应放入碗里再食用，而不应直接将匙塞入嘴里。

3. 公筷公勺的使用

公筷一般指专门用来夹菜的筷子，一般为白色，每人配备一双，只可在夹菜时使用。筷子起源于中国，是华夏饮食文化的标志之一，而公筷亦起源于中国。

公筷公勺常常和分餐制、合餐制联系在一起。不管是分餐还是使用公筷，在中国都有着悠久的历史。早在夏商时期，中国就已经出现“分餐”而食。宋高宗赵构是使用公筷的代表人物之一，但是宋代以后，共餐制开始取代分餐制，及至明清时期，共餐制已经彻底取代了分餐制。

公筷，是专用于夹菜的筷子；公勺，是专用于盛汤的勺子，不用于吃饭喝汤。为了方便夹菜，有时，每人配一双公筷；每道汤菜配一公勺。很多人误以为使用公筷公勺，是防止别人把病传染给自己，其实这是一种误解。使用公筷公勺最大的作用，是防止可能的疾病从自己身上传染出去。所以，使用公筷公勺，并不是防范他人的表现，而是保护他人的表现。

在一些宴会上，主人为了表示尊重，用公筷给客人夹菜，用公勺取汤，将汤盛到自己碗里后，再用自己的勺子喝汤。

二、碗碟盘的使用

1. 碗的使用

在中餐中，碗是用来盛放食物、汤、羹的主要器物。在正式用餐过程中，对碗的使用应注意以下几点：

（1）避免端起碗来进食，尤其不要用双手端起碗来进食。

（2）在食用碗里的食物时，应使用筷或匙，而不能直接用手取食，也不能不用餐具而直接用嘴取食。

（3）不能用舌头舔食碗里的食物，也不能直接将碗里的剩余食物直接倒进嘴里。

（4）不能向暂时不用的碗里乱扔东西，或将碗当作烟灰缸、痰盂等。

2. 碟的使用

一般而言，碟是比碗平坦，又比盘小的餐具。在中餐中，碟是用来暂时盛放从菜碗等取来等待食用的菜肴的餐具，多摆放于每个就餐者面前。在正式用餐时，对碟的使用应注意以下几点：

（1）碟里盛放的菜肴宜少不宜多，多了不仅看起来繁杂，还让人感觉没有食欲。

（2）碟里盛放菜肴时，要避免将多种菜肴混在一起，以免食物串味，给人杂乱的感觉。

（3）就餐时，残渣、骨头、鱼刺等不要随意乱吐乱丢在地上或桌上，而应置于碟中，并由侍者适时进行更换。尤其需要注意的是，不要将残渣与菜肴在碟中交错。

3. 盘的使用

盘在中餐中主要用来盛放菜肴，有圆盘和椭圆盘。餐盘在就餐过程中，一般应保持在原位，不宜反复挪动，也不宜将多个餐盘叠放在一起。

三、辅餐具的使用

1. 水　杯

水杯不是酒杯，在中餐中主要用于盛放清水、果汁、饮料等软性饮料。在就餐过程中，需要注意以下几点：

（1）不要用水杯盛装酒水。

（2）不适用的水杯不能倒扣在桌面上。

（3）不能将饮料再吐回水杯里。

2. 毛　巾

一般在正式场合用餐前会为每位用餐者准备一张湿毛巾。湿毛巾可以用于擦手，但绝对不能擦脸、擦嘴或擦汗。擦手后，应将毛巾放回盛放毛巾的盘中，由侍者取回。有些宴会在结束前，还会给每位就餐者再上一张湿毛巾。这张毛巾只能用于擦嘴和手，不宜擦脸和抹汗。

3. 牙　签

牙签主要在餐后用来剔牙。需要注意的是，尽量不要在用餐过程中当众剔牙。如果确实需要，应用一手掩住嘴部，剔牙时切勿张大嘴巴。剔牙后，应将牙签丢入盛放垃圾的碟中，而不要长时间叼着牙签。此外，在就餐中，也不要用牙签来扎取食物。

4. 洗手盆

在某些情况下，就餐者需要用手取食物，为此，需要提供洗手盆给进餐者洗手。洗手盆中的水为清水，只能用于洗手，不能食用。洗手时，不能乱甩乱抖双手，应轮流沾湿指尖，然后将手指轻轻浸入水中进行刷洗。洗毕后，应在餐桌之下用纸巾将手擦干。

任务四　中餐点餐的思路与技巧

中餐与其说是吃饭，倒不如说是“吃菜”。请客吃饭，其实就是吃各种美味的菜肴，因此，合理地搭配出各式菜肴，对于中餐而言，具有十分重要的意义。合理地点餐，既是一门学问，又是一门艺术。一桌丰盛而又色香味俱全的菜肴，能为宾客提供视觉、味觉和嗅觉的完美享受，让接下来的用餐充满期待和赞叹。

那么，该如何点餐呢？

一、点餐的思路

1. 以宾客为主

每个人的口味和饮食中的禁忌都不一样，在点餐前，如果可能应尽量先了解宾客的饮食习惯、口味和禁忌。如南方人一般喜食甜、酸；闽粤人口味偏清淡；而北方人则一般喜食咸，偏好葱蒜；川湘云贵则喜食酸、辣味；江浙口味偏鲜甜，不一而足。此外，有些地方还有各种禁忌，如各地都极少吃的兔头在四川、山西则被视为美味。此外，不同的人对姜、葱、蒜、芫荽（香菜）、藿香、辣椒、芥末、花椒等调味品的好恶也各不相同，有人趋之若鹜，有人避之不及。因此，需考虑宾客的口味和喜好，而不能以我为主。

同时，宴请外地的客户时，还需考虑客人到了某地都有品尝当地特色菜肴的心理，因而点餐时，不妨给客人介绍一下本地的特色菜品，并根据客人的情况适当推荐。

2. 适度适量

点餐时，应根据所需宴请客人的规格，选择适当价位标准来进行菜肴的搭配组合，既不能为了排场、虚荣而超出规格和预算，也不能为了节约而显得寒酸和拮据。前者给人铺张浪费的感觉，而后者则让人觉得抠门，都会给宴请的宾客留下不好的印象。尤其是宴请外宾时更要注意点餐不能过量。

3. 点餐方法

（1）选择套餐或包桌。很多用餐场所都为商务宴席专门提供了不同价位和菜式组合的套餐或者包桌，为我们的选择提供了便利，只需要根据宴席的预算和档次选定对应的套餐或包桌即可，简便省事。

（2）用餐时现场点餐，可以根据宾客的个人喜好，进行推荐和选择，不仅灵活度高，可以照顾每个用餐者的口味，还能够兼顾预算费用。

（3）在套餐的基础上做一点修改。因为套餐中的组合通常而言是饭店给出的最佳搭配，兼顾了口味与价格，但不足之处是缺乏针对性，因此在套餐的基础上根据需要进行微调，提高菜品的针对性，无疑是两全其美的办法。可以在套餐中增加几个客人喜欢的菜肴，或者将不适合客人口味的菜肴更换为客人喜欢的，价格变动不大，但效果较自己点餐的搭配会好很多。

（4）除了正式的宴会外，一般在点餐的数量上，可以选择“N+1”的方法，即如果就餐人数为 N 的话，一般点餐的数量应比人数多 1。而且，还应考虑不同地区、不同档次饭店菜品量上的差异来灵活调整。通常东北菜的份量偏大，而粤菜、沪菜的份量则相对偏小。

二、点餐的技巧

1. 点菜技巧

中餐点餐时除了使用上述几种方法，还有以下技巧可以使用：

（1）中餐特色菜品：在接待外宾时，中餐的特色菜品，尤其是那些具有明显中国特色的菜品，包括著名的小吃，都很容易受到外宾的欢迎，如小笼包、饺子、春卷、元宵等。

（2）本地特色菜品：在接待外地客商时，可以选择一些知名度较高、受到大部分人喜爱的本地特色菜品，如水煮肉片、毛氏红烧肉、北京烤鸭、猪肉炖粉条等。这些菜品比起如出一辙的生猛海鲜，往往能带来更好的体验。

（3）饭店的特色菜品：一般来说，各个饭店都有自己的招牌菜品。这些招牌拿手菜，别具风味且色香味俱佳，往往能带给客户别样的感受。

（4）主人亲自下厨：如果是在家中宴请宾客，则主人亲自下厨小露一手则是必不可少的环节。主人的菜品不一定要求色香味俱佳，但只要是主人亲自动手，就足以让宾客感受到充分的尊重和友好。

2. 上菜的顺序

中餐的上菜顺序在不同的宴会类型上不一定完全相同，但一般而言，还是有其基本固定的顺序。顺序为：冷盘→热菜→炒菜→大菜→汤菜→炒饭→面点→水果。

3. 上菜的习惯和礼貌

（1）菜肴中如果有孔雀、凤凰图案的拼盘，应将其正面置于第一主人和主宾面前，以便于第一主人与主宾共同欣赏图案。

（2）上的第一道热菜应置于第一主人和主宾的面前，而第一主人和主宾面前还没吃完的菜肴则移向第二主人一侧。其后上的菜也应遵循同样的原则。

（3）中餐中有“鸡不献头，鸭不献掌，鱼不献脊”的传统习俗，即在有鸡、鸭、鱼的菜肴时，不能将鸡头、鸭头和鱼脊对着主宾。正确的做法是，将鸡头与鸭头朝向主宾的右方。在上整条烹制好的鱼时，因为鱼腹的刺相对较少且鱼肉鲜美腴嫩，因此应将鱼腹正对主宾而非鱼脊，以示对主宾的尊敬。

（4）上汤时需要注意，如果桌上有甜的点心，应上甜汤；反之，则应上咸汤。

任务五　中餐进餐礼仪

一、餐前的礼仪

1. 入座顺序

在中餐开席时，主人应邀请所有来宾入座，并按照位次的先后顺序进行。通常而言，待双方的主宾就座后，其余人员就可以自然落座。在没有特别的主宾区分时，应该先礼让长辈入席。

2. 入座方式

入座时，一般应从左侧进入座位，将座椅椅背轻轻拉开后，缓慢入座。入座后，坐姿应端正，男士保持自然即可，女士双腿要并拢。双手不要靠在桌面或邻座的椅背上。用餐时不能弯腰驼背，并应注意与餐桌保持一定的距离。

3. 私人物品的存放

手机、钥匙、打火机、香烟等私人物品不能随意放置在桌面上，而应放置在手提包内，并将手提包放于座椅上后背与靠椅之间。

4. 个人衣物的存放

在高档的餐厅或饭店就餐时，脱下的长外套不能直接置于椅背上，而应请侍者放置到衣帽间进行保管。用完餐后，再请侍者取回。在一般的餐厅或饭店就餐时，如需脱下外套，则可直接搭在座椅的靠背上。

5. 手机的存放与接听

现代人几乎时刻都离不开手机，但在正式用餐时，请将手机调至震动静音状态并放于手提包中。如确有紧急电话需要接听，应向主宾示意后，离席到适当的场所接听。

二、进餐时的礼仪

上菜后，一般应先等主人或长辈动筷后，再去取食。

如有使用公筷的菜肴，应先使用公筷将菜取至自己的菜碟后，再用自己的筷子取食。

用餐时，不能将碗、盘、碟等器皿拿在手上使用，而应用筷子夹取适宜分量的食物，送至嘴里，再细嚼慢咽，切不可一次将过多的食物塞入嘴里。

遇到有骨头、鱼刺或不能食用的残渣需要吐出时，应用右手遮住嘴部，隐秘地吐在左手或餐巾纸上，再轻放到盛废物的盘碟中，切不可直接弃于桌面或地上。

遇到有骨头或壳的食物，应避免直接用手去取拿或啃食，可用筷子或汤匙取食。如果食物较烫，不能直接用嘴对着食物猛吹后匆忙食用，而应静置于碗或碟中，待其稍凉后再取食。

如有外宾同桌用餐，应避免反复向外宾劝菜。美食上桌后，可热情地为其介绍此道美食的风味及来历，并善意地邀请其品尝。如果对方没有动筷时，不要直接给外宾夹菜。

三、餐后的礼仪

用餐完毕后，应等主宾离席后，其他人员方可离席。餐后结账时，应避免当着宾客的面结账，更不能与宾客拉扯争抢付账，而应在用餐时找适当时机悄悄离席结账。

餐后送客人离开时，应提醒宾客记得携带个人的全部物品，特别是有寄存物品时。

【项目小结】

本项目主要介绍商务中餐宴请的座位、桌次排序、中餐具的使用、点菜思路、进餐礼仪等。通过本项目的学习，学生应运用相关技巧，增强与各种人沟通的信心，具备良好的对外沟通能力和团队协作精神，以及从事商务活动应有的职业道德和基本素质。

【课后练习】

一、判断题

1. 与客户吃饭时用一只筷子去叉馒头。(　　)

2. 一般来说，中餐宴请外宾的桌次安排以右为上，当餐桌分左右时，以面门为尊，右桌为上。(　　)

3. 宴请用餐时，不自觉地将骨头、食物残渣等吐在餐桌上。(　　)

4. 中餐宴请的座次安排是主人面对正门，当有两位主人时，两人可相向而坐，一人对门，一人背门。(　　)

5. 宴请用餐时，遇到自己喜欢吃的菜会连夹 3 次以上，吃后还当众剔牙。(　　)

6. 与客户吃饭时，长时间与他人打电话。(　　)

二、简答题

1. 刚到公司上班的小张，接到李总的指示，准备在元旦前夕宴请有业务联系的部门领导。请问小张应做哪些准备？

2. 宴请有哪些形式？

3. 中餐宴会的上菜顺序是什么？

4. 中餐的餐前礼仪有哪些？

5. 中餐点餐时有什么技巧？

三、论述题

1. 李先生穿着一双拖鞋到某餐厅用餐，被餐厅经理以“衣冠不整”拒之门外。李先生将餐厅告上了法庭，要求餐厅向他赔礼道歉，并赔偿精神损失 2 000 元。法庭受理此案件后，驳回了李先生的诉讼请求。

思考：这个案例给予我们什么启示？

2. 张小姐去参加一个宴会，席间，主人担心冷落了她，不断地用自己的筷子给张小姐夹菜，弄得张小姐很尴尬。而且，张小姐发现，给她夹菜的主人在用餐时喜欢用嘴嘬筷子头，几乎每吃一口都嘬一下。张小姐食欲全无，又不好言明。

思考：该案例中主人的动作为什么让张小姐尴尬？

3. 大胖的朋友请他吃饭，落座之后，大胖为了显示自己很讲究，细心地用餐巾擦拭了一下自己前面的盘子。他的朋友一看，连忙叫过服务员，说：“给这位先生换套餐具！”大胖有点纳闷，换上新盘子后，他又拿起餐巾擦起来，他的朋友又叫服务员给换了一个新的。折腾了几次，服务员终于忍不住了：“先生，您以前是给盘子做专业抛光的吧。”

思考：这个案例中大胖有什么地方做得不对，为什么？

【礼仪实训】

实训内容 5-1：组织中餐宴会。

实训目的：通过动手操作，熟悉中餐宴会的组织安排、座位编排，练习进餐礼仪。

实训对象：全体上课学生。

实训步骤：

1. 让学生分组，以团队分工合作的方式展示中餐会场布置、餐桌摆放、座次牌摆放，并说明摆放的理由。

2. 各小组彼此互相打分，阐述理由。

3. 每组派一个代表上台总结。

4. 教师点评。

实训内容 5-2：中餐宴会场景模拟实训。

实训目的：通过动手操作，熟悉中餐宴请礼仪的知识。

实训对象：全体上课学生。

实训步骤：

1. 模拟场景：某公司需要组织一个公司的十周年庆典，庆典在酒店举行，庆典及宴会多功能厅在 3 楼，有电梯直达。要求嘉宾下午 6：30 到场。请各小组同学各自按照抽取的身份分工进行以下内容的模拟。

2. 人物：公司运营总监、总监秘书、行政经理、公司前台、嘉宾 A、嘉宾 B、嘉宾 C、嘉宾 D。

3. 地点：酒店 3 楼宴会厅。

4. 公司组织方：① 怎样对客户进行邀请（会务礼仪）？② 如何安排中餐宴会的细节（桌次、座次安排）？③ 如何接待（公务接待、电梯礼仪、名片礼仪、商务礼仪）？④ 如何着装（职场着装）？⑤ 如何送客？

5. 嘉宾方：① 怎样答复邀请（会务礼仪）？② 如何着装（职场着装）？③ 怎样就餐（就餐礼仪）？④ 怎样告别（公务接待）？

6. 各小组彼此互相打分，阐述理由。

7. 每组派一个代表上台总结。

8. 教师点评。

项目六 商务宴请：西餐礼仪

【知识结构图】

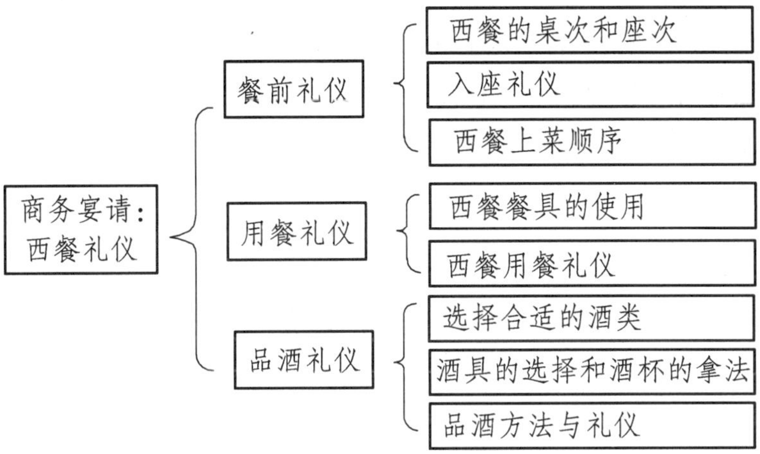

【知识目标】

1. 掌握西式宴请的餐桌礼仪。
2. 了解西餐文化。
3. 培养学生在正式西餐场合的礼仪风度。

【能力目标】

1. 培养学生良好的用餐礼仪，提高学生的基本素质。
2. 培养学生的风度，在正式宴请场合中谈吐得体、谦虚礼让。

【素质目标】

1. 提高学生在商务宴请过程中的自信度。
2. 促进学生在以后的商务活动中更得体地展示自身良好的素质风貌。
3. 使学生能够更好地适应现代商务交往的需求。

【案例导入】

老王大爷吃西餐

王大爷的儿子从英国留学回来了，还带回来个“洋媳妇”。王大爷非常高兴，特地在一家高档西餐厅请小两口吃饭。为了在洋媳妇面前显示自己很讲究，第一次进西餐厅的王大爷先用桌子上一块“精致的布”仔仔细细地擦了擦面前的餐具，还热情地要帮儿子媳妇擦。接着，他又学着儿子用汤匙一勺一勺地舀汤喝，舀到最后，汤盘底的一点汤实在舀不起来了。王大爷的儿子很自然地放下了汤匙，可勤俭节约了一辈子的王大爷却觉得这种行为太浪费了。于是他端起盘子就往嘴里倒，结果一不小心，汤没倒进嘴里，反而流到了领子。

案例分析：

王大爷很想在儿媳妇面前表现得彬彬有礼，但因为缺乏对西式宴请礼仪的了解，反而闹了笑话。你能看出王大爷闹了几个笑话吗？如果换作是你，你觉得应该如何吃西餐呢？

随着经济全球化和国际贸易的发展，国际商务活动越来越频繁，西餐宴请成为商务活动中不可避免的环节。在西方，特别是欧洲，用餐不仅仅是填饱肚子，更是一种美学的享受。而优雅得体的用餐礼仪除了是享受美的先决条件之外，也是保持商业信誉和个人形象的重要影响因素。因此，学习并掌握西餐礼仪非常必要。

任务一　餐前礼仪

【案例 1】

小李是一家公司的总经理秘书，今天有一个德国考察团来公司考察，总经理让小李安排在当地一家西餐厅宴请来宾。为了表示对客人的尊重，一定要严格遵守西餐礼仪规范。小李了解到，考察团一行 5 人，最高领导是团长史密斯先生。小李心里立刻做了如下安排：① 对方是公司的重要客人，我方应安排地位对等的总经理陪同；② 对方一行 5 人，故我方参加宴请的人数也应是 5 人；③ 西餐宴请一般使用长桌，应请总经理坐在正对门口的位置，史密斯先生坐在总经理右边。

思考：小李的安排合适吗？

一、西餐的桌次和座次

（一）西餐的桌次排序

与中式宴请多用圆桌不同，西餐一般以长桌为主。按照国际惯例，当西餐宴请涉及 3 桌或 3 桌以上的桌数时，桌次高低以距离主桌的远近而定，离主桌越近，桌次越高，并遵循“右高左低”的原则，如图 6-1 所示。

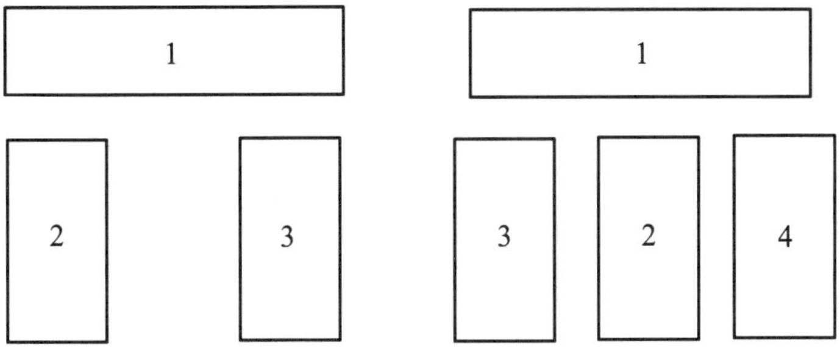

图 6-1　西餐宴请桌次排序

（二）西餐的座次排序

1. 西餐座次安排原则

女士优先：在西餐礼仪乃至整个西方礼仪中，“女士优先”往往是一种最基本的惯例。因此，在排定用餐席位时，宴请的第一主人一般都是女主人，在主位就位，而男主人是第二主人，坐在第二主人的位置上。

恭敬主宾：在西餐中，主宾极受尊重。即使宾客中有人在地位、身份、年纪方面高于主宾，主宾仍是主人关注的中心。在排定座次时，应安排男、女主宾分别紧挨着女主人和男主人就座，在显示其尊贵地位的同时也方便得到进一步照顾。

面门为上：又称迎门为上，是指面对餐厅正门的座位通常在序列上要高于背对餐厅正门的座位。在西餐座次排序中，女主人作为第一主人，其主座通常就是正对正门的位置，而男主人作为第二主人，应坐在女主人对面，即背对正门的位置。

以右为尊：与桌次排序一样，在排定座次时，“以右为尊”依旧是基本原则，即某一特定位置右侧座位的地位高于左侧座位。因此，在西餐中，通常应将男主宾的座位安排在女主人右侧，而女主宾的座位应安排在男主人右侧。

距离定位：一般来说，西餐桌上位次的尊卑，往往与其距离主位的远近密切相关。在通常情况下，离主位近的座位高于距主位远的座位。

交叉排列：用中餐时，用餐者经常有可能与熟人，尤其是与其恋人、配偶在一起就座，但在用西餐时，便不是这样。正式的西餐宴会在排列位次时，要遵守交叉排列的原则，即男女应当交叉排列，生人与熟人也应当交叉排列，以便让男士更好地为女士服务，同时也能拓展人际关系。

2. 西餐座次排序

基于上述原则，在安排座次时，要让陪同人员（如翻译）或男女主人坐在长桌的两端，尽量避免让客人坐在长桌两端的座位上。同时，排座时还应该考虑宾客的民族习惯、宗教信仰等差异，避免出现不协调局面。长桌的位置排法主要有以下两种方式：

英美式就座方式：长桌两端为男女主人，男主宾坐在女主人右边，女主宾坐在男主人右边，左边则是次客的位置，其他男女宾客穿插依次从两端向中间排列，如图 6-2（左）所示。

法式就座方式：主人位置在中间，男女主人对坐，女主人右边是男主宾，左边是男次宾，男主人右边是女主宾，左边是女次宾，陪客则男女穿插往两边依次排列，如图 6-2（右）所示。

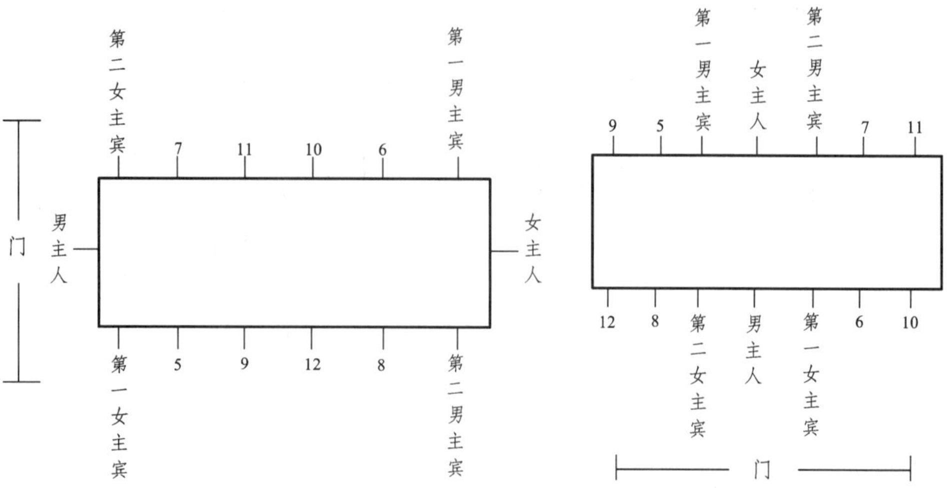

图 6-2 西餐长桌座次排列示意图

知识链接

西餐座次细节

西餐座次除了满足基本要求之外，还需要注意其他细节。例如，如果是一男一女用餐，男士应请女士坐在自己的右侧，并注意不让她坐在人来人往的过道旁。如果只有一个靠墙的座位，应请女士就座，男士坐在其对面。如果是两对夫妻就餐，夫人们应坐在靠墙的位置上，先生们则坐在各自夫人的对面。如果两位男士陪同一位女士进餐，女士应坐在两位男士中间。如果两位同性进餐，靠墙的位置应让给其中的年长者。

二、入座礼仪

（一）入座的规则

在正规的西餐厅里就餐，从入座开始就要遵循一系列礼仪规范。一般而言，有礼节的入座需要把握以下 3 点：

1. 等待带位

一般情况下，进入正规的西餐厅后，都会有服务生前来带位，此时要注意不要随意自行就座。服务生带位时应请女性或年长者走在前面。基于女士优先的原则，入座时男士或服务生可帮女士拉开椅子，协助其入座。

2. 左侧入座

正式的西餐中，最得体的入座方式是从左侧入座。当服务生将椅子拉开后，身体在几乎碰到桌子的距离站直，服务生会将椅子缓缓前推，当腿弯碰到椅子时就可以坐下来。在此过程中要尽量保持安静，不要随意拖拉椅子发出摩擦噪声。

3. 坐姿端正

入座后坐姿要端正，腹部和桌子保持约一拳的距离，不可用手托腮或将双臂肘放在桌上。脚应放在本人座位下，不可随意伸出影响别人，避免双脚交叉或跷二郎腿的坐姿。

（二）餐巾的使用

【案例 2】

“绅士”现形记

一家环境优美的西餐厅里，一位“绅士”正在独自享用美餐，他衣冠楚楚、举止优雅，其翩翩风度引得许多女士投来爱慕的目光。当侍者刚将主菜送上来不久之后，绅士的手机突然响了，他优雅地放下刀叉，将餐巾放在餐桌上，然后起身离开桌子去接电话。几分钟后，当“绅士”重新回到餐桌前时，发现桌子上非常干净——他的酒杯、牛排、刀叉、餐巾全都被侍者收走了。“绅士”目瞪口呆，叫来服务生大声责问：“为什么收掉我的牛排？”服务生说：“先生，因为您已经用完餐了啊。”

思考：服务生为什么认为这位“绅士”已经用餐完毕了？

餐巾是西餐必不可少的工具，除了使用功能之外，还富有寓意。在正式宴请中，女主人把餐巾铺在腿上是宴会开始的标志；女主人把餐巾放在桌子上，则意味着宴会结束；女主人没有打开餐巾时，客人不能自行取下餐巾使用。使用餐巾时需注意以下几点：

1. 点完餐后再打开

在西餐用餐中，一开始就将餐巾打开是违反餐桌礼仪的，通常是在点餐完毕后才将餐巾打开。打开餐巾时，不能用摇晃甩动的方式。

而在吃自助餐时，没有点餐的环节，可以在所有客人都坐下后就打开餐巾。

2. 餐巾对折后应放置于大腿上

对于正式宴会所使用的大餐巾，需将餐巾打开后对折（或折成三角形），并将开口朝外置于大腿上；如果是较小的餐巾，则可以全部展开后铺在大腿上，如图 6-2 所示。一般情况下，不要将餐巾围在脖子上或挂在胸前。

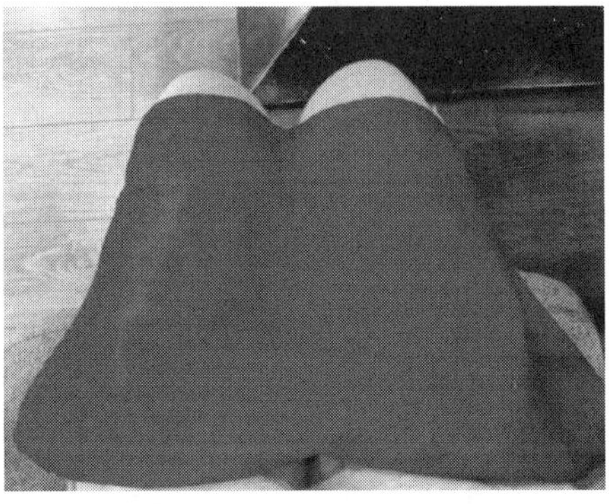

图 6-3　餐巾的放置方法

3. 餐巾的用途——擦嘴、擦手、遮挡

使用餐巾擦嘴时，应从对折的餐巾的开口处提起餐巾，用餐巾边缘或末端内侧轻沾嘴唇和嘴角，不可大力擦抹。擦完后将餐巾重新放回腿上，并将弄脏的部分向内侧卷起。擦嘴时应用双手拿餐巾，不要将餐巾整个抓起来擦嘴，也不要使用纸巾，如图 6-4 所示。

如餐巾不小心滑落，不要自己捡起来继续使用，而应请服务生代为捡起并更换新的餐巾。

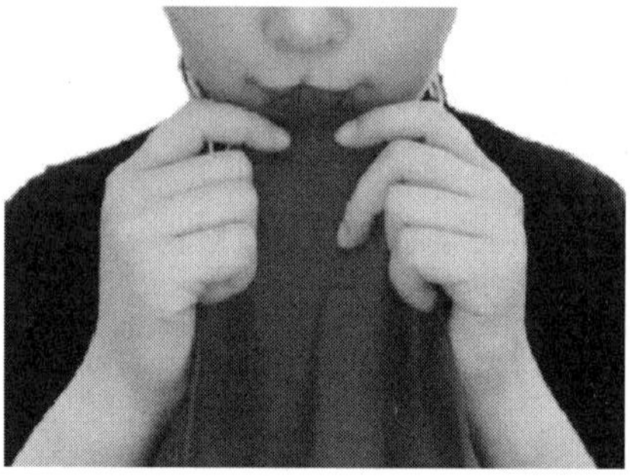

图 6-4　用餐巾擦嘴的方法

此外，需要从嘴里吐出鱼骨、果核等食物残渣时，应用餐巾遮住嘴巴，将残渣吐在手里或叉子上，再放入盘子里。不管吃什么，在需要吐残渣时，都不能直接往桌上或盘子里吐。

4. 餐巾可以弄脏

西餐中的餐巾就是用来擦嘴和防止衣服被弄脏的，怕弄脏餐巾而使用自己的手帕或纸巾，是本末倒置的行为，反而是违反用餐礼仪的表现。所以用餐时切记，餐巾是可以弄脏的。餐巾不能用来擦汗、擦鼻涕，更不能用来擦拭餐具。涂口红的人应在用餐前用纸巾擦去口红，不能将口红印在餐巾上。

5. 餐巾用毕需折叠，但无须折叠得非常整齐

用餐完毕起身前，首先要将腿上的餐巾拿起，随意叠好，再把餐巾放在餐桌的左侧，然后才起身离座，不要在起身后才甩动或折叠餐巾。餐巾用完后无须折叠得太过整齐，但也不能随便揉成一团。

6. 中途暂时离席时，可将餐巾放在椅子上

宴席中最好避免中途离席，需要暂时离席时，可以把餐巾弄脏的一面向内叠好放在椅子上。注意这时不要将餐巾摆放在桌上，否则容易被误会已经离席。

知识链接

餐巾的起源和发展

在中国，古代典籍中就有宴会中使用“餐巾”覆盖食物和擦手的记载。明清时期，宫廷和贵族宴会就出现了高档的锦缎绣花餐巾。可以说餐巾并非舶来品。

而在西方，餐巾也有其很深的历史渊源。最早希腊和罗马贵族一直保持用手指进食的习惯，所以在用餐完毕后用一条毛巾大小的餐巾来擦手。更讲究一点的则在擦完手之后捧出洗指钵来洗手，洗指钵里除了盛着水之外，还漂浮着点点玫瑰的花瓣；埃及人则在钵里放上杏

仁、肉桂等。餐巾发展到17世纪，除了实用意义之外，还更注意观赏。公元1680年，意大利已有26种餐巾的折法，如小鸡、鲤鱼、乌龟、公牛、熊、兔子等形状，美不胜收。

三、西餐上菜顺序

西餐大体可分为正餐和便餐两种类别，其中正餐的讲究较多。一套完整的正餐包括：头盘、汤、副菜和主菜、蔬菜类菜肴、甜品、饮料。通常是按顺序上菜，吃完一道再上下一道。而便餐一般比较简单，主要包括：沙拉、汤、主菜、甜品，有时也可不要甜品。虽然西餐是按顺序上菜的，但点餐时可以不必按照顺序点菜，而是先决定主菜，再决定与之相配的汤和头盘等。

1. 头　盘

西餐的第一道菜称为头盘，即开胃菜，味道以咸和酸为主，且数量较少、品质较高。头盘一般有冷头盘和热头盘之分，常见菜品有各类沙拉、鱼子酱、鹅肝、熏鲑鱼、焗蜗牛等。（见图6-5）

（a）凯撒沙拉

（b）法式煎鹅肝

（c）法式红酒焗蜗牛

图6-5　西餐头盘

2. 汤

西餐的第二道菜是汤，大致可分为清汤（如牛尾清汤）、奶油汤（如奶油蘑菇汤等）、蔬菜汤（如意式蔬菜汤、俄式罗宋汤等）和冷汤（如德式冷汤等）4类。（见图6-6）

（a）奶油蘑菇汤

（b）罗宋汤

图6-6　西餐中的汤

3. 副菜和主菜

西餐的第三道菜称为副菜，一般是鱼类菜肴，品种包括各种鱼类、贝类及软体动物类，有时也将蛋类、面包类、酥盒菜肴品归为副菜。

西餐的第四道菜叫主菜，即肉、禽类菜肴。肉类菜肴包括牛、羊、猪等各个部位的肉，如牛排、猪排等。禽类菜肴包括鸡、鸭、鹅，最多的是鸡肉，兔肉等也归入禽类菜肴。通常情况下，除非食量特别大，否则主菜和副菜没必要都点，选择一道即可。

4. 蔬菜类菜肴

蔬菜类菜肴可以作为头盘，也可以安排在肉类菜肴之后或同时，可以单独作为一道菜，也可以作为主菜的配菜。

最具代表性的蔬菜类菜肴就是生蔬菜沙拉，一般作为单独一道菜在头盘食用。

此外，还有一些蔬菜是熟食，如西兰花、煮菠菜、炸薯条等。熟食的蔬菜通常和主菜摆放在同一个餐盘中同时上桌，作为牛排等主菜的配菜。

5. 甜　品

西餐的甜品一般是主菜后食用，包括所有主菜后的食物，如布丁、冰激凌、奶酪、水果等。（见图 6-7）

图 6-7　西餐甜品焦糖冰激凌

6. 饮　料

西餐最后一道菜是饮料，主要是咖啡或茶。喝咖啡一般要加糖和淡奶油，茶可加香桃片和糖。

任务二　用餐礼仪

【案例 3】

相亲记

刘先生和徐女士相约在一家西餐厅里就餐。刘先生吃的是海鲜大餐，就餐过程中有一根鱼刺塞进了牙缝。刘先生看了看桌上，没有找到牙签，他觉得用手掏牙太不文雅了，于是就用舌头去舔，可半天也没舔出来，还发出“啧啧”的咂嘴声。于是刘先生就开始佯装进食，趁着用叉子把食物送进嘴里的机会用叉子剔牙，终于将鱼刺剔了下来，他赶紧低下头，“呸”一声将鱼刺吐进了盘子里。目睹了全过程的徐女士表示，她从没见过这么失礼的人。

思考：徐女士为什么会觉得刘先生失礼？

一、西餐餐具的使用

（一）西餐餐具的种类及摆放顺序

1. 餐具种类

西餐餐具有广义和狭义之分，广义的西餐餐具包括刀、叉、匙、盘、杯、餐巾等，狭义的西餐餐具则专指刀、叉、匙三大件。

餐刀：分为食用刀、鱼刀、肉刀、奶油刀和水果刀等，其中肉刀刀口有锯齿，用于切割牛排、猪排等，鱼刀一般是尖头扁平的形状，用于食用鱼类菜肴。不同用途的刀叉如图 6-8、图 6-9、图 6-10 所示。

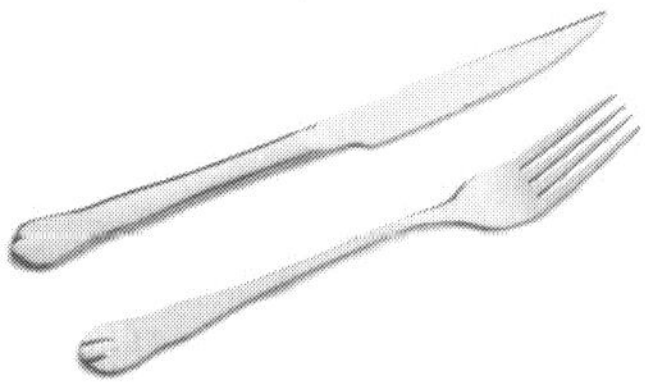

图 6-8　带锯齿的肉类刀叉

图 6-9　扁平的鱼类刀叉

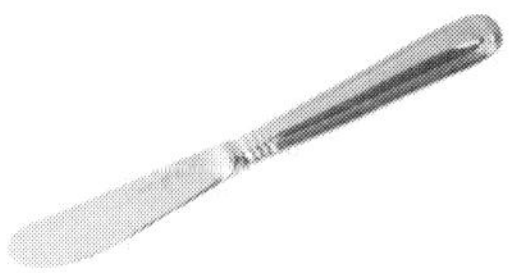

图 6-10　奶油刀

餐叉：分为食用叉、鱼叉、肉叉和虾叉等。一般情况下，餐叉和餐刀作为一副餐具成对出现。但是，也有不用餐刀而只用餐叉的情况。

餐匙：分为汤匙、甜食匙、茶匙等，其形状大小、摆放位置都各不相同，很容易区分。

其他餐具：西餐餐盘一般分为菜盘、布丁盘、奶盘、白脱盘等，酒杯种类更多，正式宴会上几乎每一种酒都要使用专用的酒杯。

2. 餐具摆放顺序

西餐餐具摆放顺序如图 6-11 所示。

通常情况下，摆在正中的盘子称为装饰盘或展示盘，餐巾放在装饰盘左侧或装饰盘上。盘子右边摆放餐刀和餐匙，左边摆放餐叉。刀叉的数目需和菜的数目相同，按照头盘、汤、鱼类、肉类的顺序从外到内依次摆放。

面包盘和奶油刀可放在装饰盘左上方或餐叉左方，奶油刀置于面包盘上，刀刃向内摆放。装饰盘正上方摆放咖啡匙、甜品叉（或甜品匙）、水果刀等。玻璃杯摆在右上角，按从内到外的顺序摆放，最大的是水杯，第二大的是红葡萄酒杯，细长的是白葡萄酒杯，或香槟酒杯等。

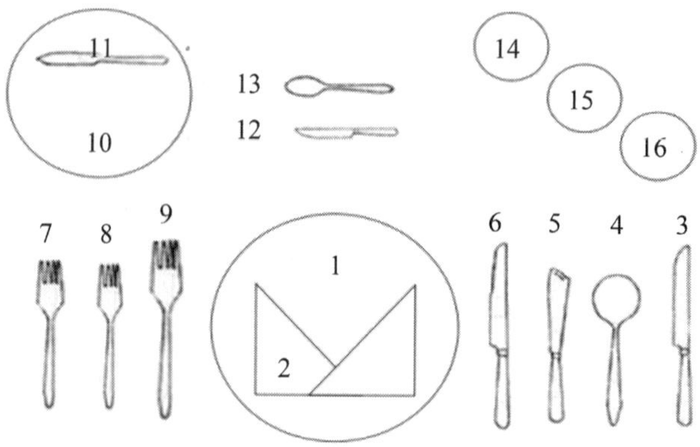

1—装饰盘；2—餐巾；3—头盘用刀；4—汤匙；5—鱼刀；6—肉刀；7—头盘用叉；
8—鱼叉；9—肉叉；10—面包盘；11—黄油刀；12—水果刀；13—甜品匙；
14—水杯；15—红葡萄酒杯；16—白葡萄酒杯

图 6-11　西餐餐具摆放

（二）刀叉的使用方法

西餐刀叉的使用方法应遵循一菜一换、由外向内的原则。在西餐用餐中，桌面上摆放的刀叉数量和菜品的数量是相同的，每吃一道菜就需要换一副刀叉。刀叉的取用按照由外到内的顺序，左手拿叉、右手拿刀。

1. 刀叉的拿法

握刀时，应将刀柄的尾端置于手掌之中，用拇指抵住刀柄一侧，食指按在刀柄上，中指、无名指和小指顺势弯曲，握住刀柄，使用时刀口不可向外。

持叉应尽可能握住叉柄的末端，叉柄靠在中指上，中间则以无名指和小指支撑。注意：持刀时食指按住的是刀柄，不能按在刀背上！

2. 刀叉的具体用法

切割食物时，应从左到右切割，先用叉子按住食物的最左侧，用刀沿着叉齿将食物切下一小块，即可顺势将切下的食物用叉子送入口中，切下来的食物大小以能一口吃完为准。切割食物的原则：从左往右，一口吃完。

用叉子将食物送进口中时需注意，牙齿只能碰食物，不能咬到叉子，也不要让刀叉在盘中或牙齿上碰撞发出响声。

当然，如果用餐过程中只谈话，而不做手势时，则不需要放下刀叉。

知识链接

欧美大不同

刀叉的使用分为欧式和美式两种。欧式用法比较严谨，左叉右刀，从左侧开始切，切下一块就马上吃一块；而美式用法更随意一些，一开始左刀右叉，从左侧开始切，将整份食物全部切割成小块之后，放下餐刀，用右手持叉进食。

刀叉使用“七戒”：

（1）舔刀子；（2）用刀戳食吃；（3）敲击发出响声；（4）挥舞刀叉；（5）将刀刃或刀尖冲着别人；（6）一手拿刀或叉，另一手拿餐巾擦嘴；（7）一手拿酒杯，另一只手拿叉取菜。

3. 刀叉摆放的含义

叉齿向下，刀口向内，左叉右刀呈八字形摆放在餐盘内：这种摆放方式表示这道菜还没有吃完，只是暂时放下刀叉，稍后还要继续吃。

叉齿向上，刀口向内，刀叉并排放在餐盘内：这种摆放方式表示这道菜已经吃完，服务生可以将餐盘和刀叉一并收走。其中，法式西餐通常将刀叉放在 4 点钟方向，而英式则通常放在 6 点钟方向。（见图 6-12）

图 6-12　刀叉摆放的含义

严格来讲，不管是用餐中暂时放下刀叉还是用餐完毕放下刀叉，都应保证刀叉不接触到桌子，不能将刀叉的一端放在盘上，另一端搭在桌上。

（二）餐匙的使用方法

在正式的西餐中，一般会至少出现两把餐匙，即汤匙和甜品匙。它们的形状不同，有各自的用途和既定的摆放位置。

1. 汤　匙

汤匙的个头较大，通常摆放在装饰盘的右侧，与餐刀并列纵放。持汤匙一般用右手，方法与持叉一样，但手指务必持在匙柄末端。汤匙只能用于喝汤，不能用于取食其他食物。

2. 甜品匙

甜品匙个头较小，一般在装饰盘上方横向摆放。甜品匙主要用于吃甜品，如冰激凌等，同样，不要用甜品匙喝汤或取食其他食物。

二、西餐用餐礼仪

吃西餐讲究的是：送往嘴里的东西，一定要一口吃完，不能咬一半放回去，等下接着咬。

因此，吃西餐时，往往需要先将大块的食物分割成小块，再送进嘴里。这一原则自头盘起，贯穿整个用餐过程始终。

（一）吃面包的礼仪

大多数时候，人们习惯在吃头盘或喝汤时食用面包。西餐中的面包是用来清除口腔中残余的前一道食物的味道的，所以面包从用餐前到吃完主菜或主菜后一直提供。

面包一定位于主菜的左侧，如果用餐一开始就有面包，则放在餐具左侧的面包才是属于自己的。

吃面包时不能整个拿起来咬，而应先用双手把面包撕成能一口吃完的小块，再用左手拿着撕好的面包块，用右手涂抹奶油或果酱食用。涂抹奶油时要使用个人的奶油刀。

吃硬面包时，手撕会很费力，这时可以用刀先把面包切成两半，再用手撕成块来吃。切割面包时，为了避免“锯”面包的情况，应先将刀刺入面包的中央部分，往面向自己的方向切下，再将面包转过来切割另半边。切时可用叉子或手将面包固定，避免发出声响。

知识链接

常见的西式面包

1. toast 吐司

2. baguette 法式长棍

3. soft roll 软面包

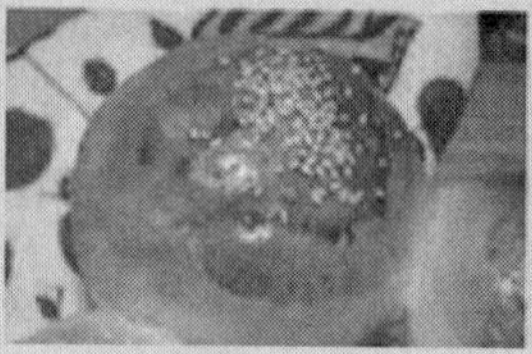

4. hard roll 硬面包

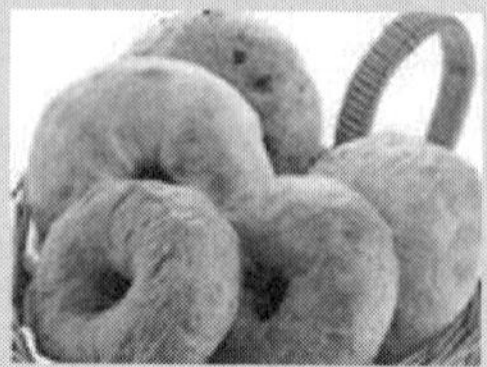

5. whole wheat bread 全麦面包

6. croissant 牛角包

（二）喝汤的礼仪

汤是西餐中的一道菜，与其说是“喝汤”，不如说是“吃汤”，因此喝汤时，不管盛汤的是汤盘还是汤碗，都不能端起来喝，而是要用汤匙将汤送到嘴边。

1. 喝汤的姿势

喝汤时首先要注意坐姿端正，背部挺直，身体上半部略微前倾。头部不要太接近汤盘，脸不可朝下。注意：喝汤是将汤匙送到嘴边，而不是用身体去就汤匙，如果汤太烫，可以稍等片刻，放凉后再喝，切不可用嘴吹。

汤匙要横拿，右手握汤匙，左手扶住汤盘边缘。不过，在英式礼仪中，喝汤时左手应放在腿上。（见图 6-13 和图 6-14）

图 6-13　正确的喝汤姿势

图 6-14　错误的喝汤姿势

2. 舀汤的方法

舀汤的方式分为英式和法式两种，英式是由内向外舀，法式是由外向内舀，大多数人采用英式舀汤法。舀汤时不能过满，以不超过汤匙八分满为准。同时，舀汤时不要来回搅拌，以免汤匙碰到汤盘发出声音。喝汤时要注意用汤匙的侧边对着嘴唇，而不是汤匙的前端，汤匙里的汤，是“倒”进嘴里的，不是“吸”进去的。

当盘中的汤只剩少量时，可用左手拿住盘子靠近自己一方的边缘，将盘子往外微微倾斜，再用汤匙舀汤。（见图 6-15 和图 6-16）

图 6-15　舀汤的方式

图 6-16　汤少时的处理方式

3. 喝汤的礼节

暂停喝汤或中途离席时，可将汤匙放在汤盘内，匙柄向右，凹面向上；喝汤完毕后，将汤匙放在靠外侧的垫盘内，不要放在桌布上，以免把桌布弄脏。

吃西餐时，切记不能发出声音，不管是喝汤还是吃菜，均要注意不要让餐具发出碰撞声，另外喝汤时也不能发出吸溜声。

喝完汤后，不要舔汤匙，也不要将汤匙含在嘴里或搭在汤盘上。

（三）吃牛排的礼仪

牛排一般作为西餐的主菜，吃牛排在西餐中十分讲究，需要注意以下几点：

1. 从左往右切

吃牛排必须使用刀叉，从牛排左边开始，用叉子从左侧将肉叉住，再用刀沿着叉子右侧将肉切开，切下刚好一口大小的肉，然后用叉子送入口中。用叉子进食时，叉子的背面要始终朝上。

2. 切割的技巧

为了轻松地将肉切开，首先要放松肩膀和手腕，并保证叉子已经把肉叉稳，刀身轻柔地前后移动切割，不要发出碰撞响声。注意：使用餐刀切割时是在刀伸出去的时候用力，而不是将刀拉回的时候用力。

3. 切一块吃一块

食用牛排时，一般不采用美国式吃法（即全部切好后再吃）。因为切下的肉块会使牛排肉汁流失，且与空气接触过久容易变冷，从而破坏肉的口感，所以，最好切一块吃一块。

4. 调味酱的使用

用调味酱时，应先将调味酱钵拿到盘子旁边，再用餐匙舀取适量酱料（一般两勺）放在盘子里，取酱料时要注意不要滴在桌布上。取完调味酱后，将餐匙放在酱钵侧边，并传给下一个人。注意不要直接端起酱钵往盘子里倒。调味酱不宜直接淋在牛排上，而应放在盘子里蘸着吃。

5. 点缀的蔬菜也要吃

前面说过，一般牛排之类的主菜都会搭配一些水煮蔬菜，如西兰花、玉米、南瓜等。这些蔬菜不是盘中的装饰，而是主菜的配菜，一来可以均衡营养，二来可以缓解口腔的油腻感，使进餐者感觉牛排更可口。因此，吃牛排时，也要将盘中的蔬菜搭配着吃完。

知识链接

常见的牛排种类

英文里的“steak”是对牛排的总称，其实，牛排的种类很多，通常是根据牛身上的不同部位来划分的。常见的牛排种类有下列 4 种：

1. 菲力牛排（filet steak）

菲力牛排是指牛身上运动量最少的一块肉，是牛里脊上最嫩的肉，几乎不含肥膘，深受喜食瘦肉食客的青睐。由于肉质嫩，煎成 3 成熟、5 成熟和 7 成熟皆可。

2. 肉眼牛排（rib-eye steak）

肉眼牛排一般取自牛身中间的无骨部分，是牛近肋骨末端的一少部分，“眼”是指肌肉的圆形横切面。由于这个部分的肌肉不会经常活动，所以肉质十分柔软、多汁，并且均匀地布满雪花纹脂肪。这种肉肥瘦相间，煎烤味道比较香，食用时不宜煎得过熟，3 成熟最好。

3. 沙朗牛排（sirloin steak）

沙朗牛排也叫西冷牛排，是指肉质鲜嫩又带油花嫩筋的牛外脊肉，基本取自牛背脊一带最柔嫩的牛肉。比较正宗的沙朗取自后腰脊肉，含一定肥油，尤其是外延有一圈呈白色的肉筋，上口比菲力牛排更有韧性、有嚼劲，适合年轻人和牙口好的人，不宜煎得过熟，5 成熟左右最佳。

4. T 骨牛排（t-bone steak）

T 骨牛排一般位于牛的上腰部，是一块由脊肉、脊骨和里脊肉等构成的大块牛排，因中间的脊骨呈 T 字形而得名。T 字形两侧一边量多一边量少，量多的是肉眼，量稍小的便是菲力。这种牛排量大粗糙，在美式餐厅中更为常见，讲究精致的法餐中一般很少使用。

（四）吃水果的礼仪

水果种类繁多，吃法各异，而且各国的习惯也不同。例如，美国人习惯用手拿着水果吃，欧洲人则习惯把水果切开，用叉子叉着吃。

（1）苹果、梨等：最正规的吃法是切成 4 块，去皮，剜去果核，用刀叉取食。

（2）柚子、橙子、橘子等：切成两半，用茶匙或尖柚子匙挖出食用。

（3）葡萄、樱桃等：从大串葡萄上切下或掰下一小串，放在甜食盘上，再一颗一颗摘下放进嘴里吃，不要从放水果的大盘上一颗一颗摘。

（五）喝咖啡的礼仪

1. 咖啡杯的拿法

一套完整的咖啡杯由杯子、托盘、咖啡匙组成，餐后咖啡的咖啡杯一般是袖珍型的。这种杯子的杯耳比较小，手指通常无法穿过。这种杯子的正确拿法是，用右手拇指和食指捏住杯耳，轻轻端起杯子。（见图 6-17）当然，这种持杯方式只针对袖珍型咖啡杯，如果用马克杯喝咖啡，不必按这种方式拿，因为沉重的马克杯用两根手指是拿不起来的。

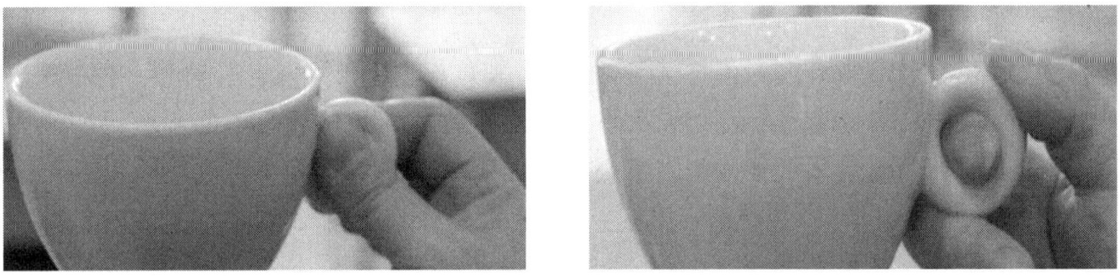

（a）正确的姿势　　（b）错误的姿势

图 6-17　拿咖啡杯的姿势

2. 配料的添加

因个人饮用习惯不同，咖啡配料一般自主添加。加砂糖时，用咖啡匙舀取，直接加入杯中；加方糖时，先用糖夹将方糖夹到自己的咖啡碟近身一侧，再用咖啡匙舀起放入杯中；加奶时，先用勺子在杯中搅出漩涡，再顺着漩涡倒入牛奶；添加配料时，咖啡杯耳一般朝向自己的左侧，如果不喜欢加糖和奶的，可以把杯耳转向自己的右侧以示意。未经他人许可，不要擅自替别人加配料。

3. 咖啡的冷却

如果咖啡太热，可以用咖啡匙在杯中轻轻搅拌使之冷却，或等待其自然冷却。搅拌时不要用力过猛，以免咖啡匙碰撞杯壁发出响声。要注意，用嘴把咖啡吹凉是不文雅的行为。同时，咖啡匙只能用来加糖和搅动咖啡，不要试图用咖啡匙舀咖啡喝。

4. 咖啡的饮用

一般而言，喝咖啡只需端起杯子，如果端起碟子或托住杯底喝咖啡，都是失礼的行为，除非是在没有桌子的情况下，才可以用左手端碟子，右手持杯，无声地慢慢饮用。

喝咖啡时可以吃点心，但是不能一手端咖啡杯，一手拿点心，边吃边喝。而是应该在饮用咖啡时放下点心，吃点心时放下咖啡杯。

同时，要注意不要满把握杯、大口吞咽；要将杯子拿到嘴边，不要低头就杯子；喝咖啡时咖啡匙不要放在杯子里，要放在托盘内侧；不要甩动或舔舐咖啡匙；添加咖啡时不要把杯从碟子里拿起来。

知识链接

西餐礼仪细节

在用西餐时，除了上述礼仪要求之外，还有很多细节需要注意，例如：

（1）在西餐中，无论是主人、宾客或陪同人员，都应乐于与同桌的人交谈，特别是左右邻座。不要只和熟人或一两个人说话。如果邻座相互不认识，可先进行自我介绍。交谈时声音不要过大，咀嚼东西时也不要说话。

（2）咀嚼时嘴唇合拢，不能吧嗒嘴，不要发出很大的声响。

（3）不要在餐桌前擤鼻涕或打嗝。如果打喷嚏或咳嗽，应背过身去并用餐巾遮挡，同时向周围的人说“抱歉”。

（4）不要在餐厅当众化妆，就餐时不要吸烟，不要在餐桌前使用手机。如有要事必须接电话，要站起来向主人和周围的人说“对不起”，离座后再使用手机。

（5）不要端起盘子进食，不要用嘴吹凉食物或将吃进嘴里的东西吐出来。

（6）吃面条时要先用叉子将面条卷成小团再送入口中，不要用嘴吸面条，也不要咬断让半截面条落回到盘子。

（7）自助餐时，取菜不要一次性盛得过多。盘中食物吃完后，如不够，可以再取。

（8）吃剩的菜，用过的餐具都应放在盘内，勿丢到桌上。

（9）当众剔牙是十分不雅的行为，所以西餐桌上一般不会配备牙签。因此，切记不要当众剔牙，更不能用刀叉代替牙签剔牙，实在需要剔牙时，请去洗手间处理。

（10）参加正式的西餐宴席，应穿着正式服装。男士穿着要整洁，如果指定穿正装的话，还须打上领带。女士要穿晚礼服或套装和有跟的鞋子。出席隆重晚宴时，不要戴帽子，也不要穿高筒靴。

（11）通常西餐厅内光线较暗，女士化妆可以稍重些，但不宜涂过浓的香水，要避免香水味盖过菜肴的味道。用餐前，女士应先将口红擦掉，以免在杯沿或餐巾等餐具上留下唇印。

任务三　品酒礼仪

一、选择合适的酒类

（一）西餐酒的分类

1. 餐前酒

餐前酒，又叫开胃酒，是指开始用菜之前饮用的酒，一般具有量小、味浓、开胃的特点。在西餐中，一般将鸡尾酒作为餐前酒，利用其香浓的口感，起到刺激胃口的作用。威士忌（whiskey）、杜松子酒（即琴酒，gin）、伏特加（vodka）、雪莉酒（sherry）、朗姆酒（rum）等系列都是调制餐前鸡尾酒的理想选择。

2. 佐餐酒

佐餐酒也叫餐中酒，是指在用餐同时饮用的酒。西餐中的佐餐酒大多选择葡萄酒，有时也可用香槟酒。葡萄酒有红白之分，这里需要说明的是，西餐中所说“白酒”指的是白葡萄酒，而不是琴酒、中国白酒之类的蒸馏酒。

3. 餐后酒

餐后酒是指在用餐之后用来帮助消化的酒，一般选择浓、香、烈的酒。最著名的餐后酒就是被称为“洋酒之王”的白兰地（brandy），如人头马、轩尼诗等。此外，也可以用香槟酒（champagne）、利口酒（liqueur）等作为餐后酒。

（二）菜品与酒的搭配

在西餐中，色、香、味淡雅的酒应与色调冷、香味淡雅、口味纯、较为清淡的菜肴搭配，香味浓郁的酒应与色调暖、香味浓、口味杂、较难消化的菜肴搭配，故西餐菜肴与酒水搭配的基本规律是：“红配红，白配白，桃红香槟皆可来。”也就是说，红肉配红酒，白肉配白酒，桃红葡萄酒和香槟酒可以和所有菜肴搭配。红肉，指的是牛肉、羊肉、猪肉等肉食，吃这类肉菜时，应配以红葡萄酒；白肉则指鱼肉、海鲜等，吃这类菜肴时就应饮用白葡萄酒。

除此之外，西餐中的酒除了与红白肉搭配有要求之外，通常还要按口味与菜肴搭配。一般情况下，咸食选用干酸型酒类，甜食选择甜型酒类，难以确定时则选择中性酒类。

酒品的选择和菜肴的搭配有很多讲究，如果不谙此道，不要勉强，可以委托侍酒师全权处理。

知识链接

食物与酒的具体搭配

生蚝等贝类——无甜味的白葡萄酒；

汤——颜色较深的雪莉酒或玛德拉酒；

鱼——任何白葡萄酒，但别过甜；
牛排等牛肉类——浓味干红葡萄酒；
羊排等羊肉类——淡味红葡萄酒；
火腿等猪肉类——香槟或甜白葡萄酒；
家禽类——红葡萄酒或甜白葡萄酒；
干酪——带甜味的红葡萄酒；
核桃等坚果——浓度较强的酒，如玛德拉酒。

二、酒具的选择和酒杯的拿法

（一）酒具的选择

在正式的餐厅里，一般都备有各种酒类适宜的酒具供客人使用，服务生会替客人斟酒，所以不必担心用错酒具的情况。当然，如果能事先就了解酒具种类，就能在饮酒时更加自如。

1. 鸡尾酒杯

鸡尾酒在餐前、酒会、酒吧中会经常出现，通常为了更好地观赏其独特的丰富色泽和层次。鸡尾酒最好使用高脚、广口、倒三角形的玻璃杯盛放。（见图 6-18）

2. 葡萄酒杯

为了更好地展示葡萄酒的色香味，葡萄酒杯虽然形状各异，但其基本形态都是为了留住酒的香气，让酒能在杯内转动并与空气充分结合。因此，标准的葡萄酒杯型是大腹小口的高脚杯，即“郁金香杯”，这种杯型有利于葡萄酒的香气聚集在杯子上方。图 6-19 依次展示了常见的勃艮第红酒杯、波尔多红酒杯和白酒杯。

图 6-18　鸡尾酒杯

勃艮第红酒杯　　波尔多红酒杯　　白酒杯

图 6-19　葡萄酒杯

3. 香槟酒杯

常见的香槟酒杯有两种器型：一是郁金香型香槟酒杯，这种杯子高脚、杯身细长、杯口微收，其细长的杯身可以让香槟中的气泡在金黄酒液中上升的过程更长，线条更美；二是做香槟塔时使用的广口浅底高脚杯。（见图 6-20）

4. 白兰地酒杯

白兰地的最佳饮用温度是 18°，通常应将白兰地盛放在专用的大肚、收口、矮脚的酒杯中。（见图 6-21）

细长的郁金香型香槟酒杯　广口浅底高脚香槟酒杯

图 6-20　香槟酒杯

图 6-21　白兰地酒杯

（二）酒杯的拿法

香槟和葡萄酒都是对温度非常敏感的饮料，饮酒时如果用手握住杯身，手的温度就会改变酒的味道，因此，在饮用葡萄酒和香槟酒时，手尽量不接触杯身，只需用拇指、食指和中指捏住杯脚，无名指和小指轻轻抵住杯底即可。这种持杯方式也便于在品酒时摇晃酒杯。（见图 6-22）

图 6-22　葡萄酒杯和香槟酒杯拿法

图 6-23　白兰地酒杯拿法

饮用白兰地时，应该用手掌握住或托住酒杯，这时手的温度会使白兰地的味道更香醇浓郁。（见图 6-23）

总的来说，拿酒杯的方式可简单记为：高脚杯拿杯脚、矮脚杯握杯身。

三、品酒方法与礼仪

（一）斟酒礼仪

1. 斟酒量

斟红葡萄酒时，斟入杯子 1/3 的量即可，白葡萄酒斟入杯子的 2/3 左右，这是因为品葡萄酒时要晃杯，所以不能斟满，以免酒液洒出；白兰地酒需斟入杯子的 1/2，即酒杯横放时，杯中酒液与杯口齐平；斟香槟酒时，应先斟倒杯子的 1/3，等待杯中泡沫消退后，再继续斟酒直到 7 分满。

2. 斟酒顺序

第一次上酒时，可由第一主人亲自为所有客人斟酒；客人喝完一杯后，可以请坐在对面的第二主人帮忙为其附近的人斟酒。

斟酒的顺序为：从第一主人右边的主宾起，逐个向左逆时针斟酒。斟酒时要站在客人右侧斟酒（左侧为上菜位置），且酒瓶上的商标应朝向客人。

3. 斟酒方式

每斟完一杯酒，应把酒瓶稍稍收回后顺手往右轻轻旋转一下，避免酒水顺着瓶口滴到桌面或客人身上。如果同时准备了红葡萄酒和白葡萄酒，应将两种酒瓶分别放在桌子两端，且不要让客人用同一个杯子喝两种酒。斟酒时，酒瓶不要碰到杯口。

客人一般不宜自行为他人斟酒，当主人或服务生斟酒时，客人只需安坐即可。

（二）品酒礼仪

1. 喝酒的顺序

吃西餐时，喝酒的基本顺序是：先白后红，先短后长，先清后浓，先干后甜。即一般先喝白葡萄酒，后喝红葡萄酒；先喝年份短的酒，后喝年份长的酒；先喝清淡的酒，后喝浓郁的酒；先喝干酒，后喝甜酒。

2. 品酒方法

选定餐酒后，服务生一般会先将酒呈上，请客人核对酒瓶上的标签，以确认酒的品牌。之后，服务生会先倒出少量酒给客人试饮，如果客人满意，则继续添酒。试酒时除非酒已经明显变质，否则一般不能要求换酒。

品酒，讲究的是用眼、鼻、口来鉴别酒的色、香、味，主要有三个步骤：一看，二闻，三品尝。

（1）观色。这时，客人需要用眼睛观赏酒的颜色，先要微微举起酒杯，轻轻打圈摇晃，欣赏酒液的“挂杯”情况，再于灯光下观赏其色泽，并要留意酒中是否清澈无杂质。

（2）闻香。观赏过酒的颜色后，就要用鼻子去感受酒香，同样先握紧杯脚，将酒杯轻轻打圈，让红酒在杯内晃动，跟大量空气接触，释放香气，然后将酒杯凑近鼻子，慢慢闻酒香。熟练的酒客可以通过酒香分辨出酒液中的果味、木味、花味、泥土味以及橡木味，甚至分辨出酒的级数。

（3）品尝。闻过酒香之后，就可以品尝了。这时应先含一小口酒在口中，让味蕾感受酒的味道，然后才慢慢吞下。饮酒时应小口慢饮，切勿大口吞咽。

需要注意的是，和中餐不同，西餐里的“敬酒”更偏向“祝酒”，因此吃西餐时不要劝酒，也不能离开座位去敬酒。当有人祝酒时，即使不喝，也应举杯在唇上蘸一下。

当不需要斟酒时，只需用一只手轻轻遮在杯上即可。一饮而尽、边喝边透过酒杯看人、拿着酒杯边说话边喝酒、吃东西的同时喝酒都是失礼行为。同时，喝酒时，应倾斜酒杯将酒液“倒”进嘴里，切勿用嘴吸。

【项目小结】

本项目主要介绍商务宴请中的西餐礼仪，包括西餐的桌次和座次排序、入座礼仪及餐巾的使用方式、西餐上菜顺序、西餐餐具使用方式、用餐礼仪、品酒礼仪等。通过本项目的学习，学生应得体有礼地安排、参与西式宴请，养成符合职业要求的用餐礼仪。

【课后练习】

一、选择题

1. 当女主人将餐巾放在桌上时，应（　　）。

A. 饮酒　　B. 开始用餐

C. 喝汤　　D. 停止用餐

2. 使用餐巾时，应（　　）。

A. 铺在大腿上　　B. 压在盘子下

C. 挂在胸前　　D. 围在脖子上

3. 餐巾可以用来（　　）。

A. 擤鼻涕　　B. 擦桌子

C. 擦餐具　　D. 擦嘴

4. 安排座位时，女性主宾应坐在（　　）。

A. 男主人左侧　　B. 男主人右侧

C. 女主人左侧　　D. 女主人右侧

5. 下图的餐具中，吃牛排时应使用的是（　　）。

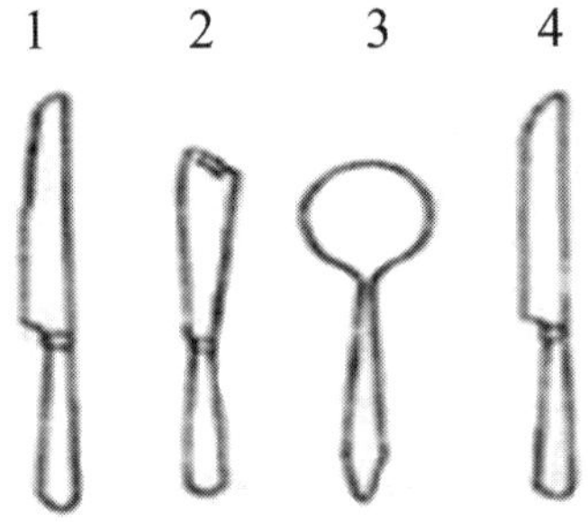

A. 1 号　　B. 2 号

C. 3 号　　D. 4 号

6. 用餐过程中暂停进食时，刀叉应摆放为（　　）。

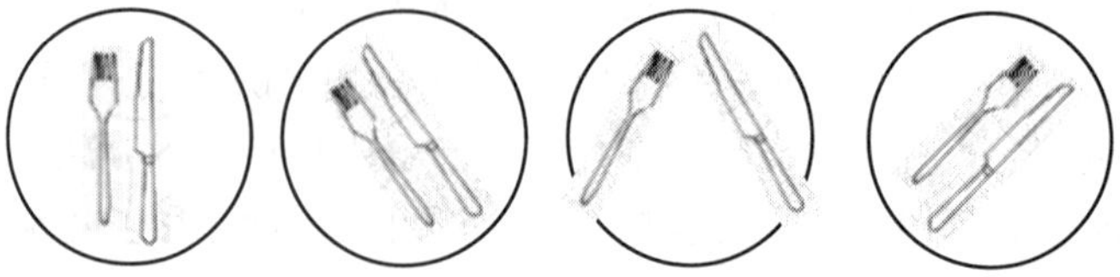

A　　B　　C　　D

7. 下列菜品中，用手拿着吃的是（　　）。

A. 面包　　B. 沙拉中的水果

C. T 骨牛排　　D. 餐后的苹果

8. 下列喝汤的行为，符合礼仪的是（　　）。

A. 用嘴吹凉　　B. 端起汤盘喝

C. 将汤盘向外倾斜舀汤　　D. 发出吸溜声

9. 下列吃牛排的行为，不合礼仪的是（　　）。

A. 使用牛排刀叉　　B. 从左往右切

C. 切一块一口吃完　　D. 用刀戳着吃

10. 饮酒时，应用手握住杯身的是（　　）。

A. 香槟　　B. 白兰地

C. 白葡萄酒　　D. 红葡萄酒

二、简答题

1. 吃西餐时应怎样使用餐巾？
2. 西餐的上菜顺序和餐具的使用有什么关系？
3. 使用刀叉有哪些注意事项？
4. 西餐菜品与酒的搭配原则是什么？

三、论述题

张先生和王小姐是一对情侣，一天，他们相约去一家高档西餐厅吃晚餐，做了如下行为：

（1）走进西餐厅，张先生不等服务生带位，就自己找了一个靠窗的位置坐下。

（2）入座时，张先生体贴地为王小姐拉开椅子，等王小姐从座位左侧入座后，自己才坐下。

（3）坐好后，两人打开桌上的餐巾。

（4）张先生将餐巾对折，铺在大腿上。

（5）王小姐今天穿了一条新裙子，为了怕弄脏前襟，王小姐将餐巾一角掖在领口，让餐巾像围兜一样挂在胸前。

（6）张先生不小心将桌上的汤匙碰落在地上，他立刻自己捡起来，顺手用餐巾擦了擦。

（7）服务生送上菜单，张先生和王小姐开始点餐，张先生要了法式煎鹅肝、罗宋汤、T 骨牛排、冰激凌和咖啡，王小姐点了凯撒沙拉、奶油蛤蜊汤、香煎鳕鱼排、菲力牛排、水果拼盘和咖啡。

（8）等待上菜的过程中，两人发现桌上摆放了面包，于是一人拿起一个大面包，伸进黄油碟子里蘸了蘸，一边聊天，一边咬着面包吃。

（9）第一道菜很快上来了，面对小小一块鹅肝，张先生顺手拿起左手边最靠近盘子的一把叉子将鹅肝整个叉起来送到嘴边，咬了一半来吃掉，又将剩下的一半放回盘中。

（10）王小姐则拿起最右侧的刀和最左侧的叉子，将大片的蔬菜切成小块吃。

（11）吃完了鹅肝，张先生用餐巾擦了擦嘴，并将弄脏的部分折在里面。

（12）王小姐看着干净精美的餐巾，舍不得弄脏它，于是拿出纸巾擦嘴。

（13）服务生端上了两人点的汤，张先生拿起右手边与餐刀并排的汤匙喝汤，用汤匙从内往外舀汤。

（14）汤快喝完时，王小姐将汤盘向外微微倾斜，以便舀到盘底的汤。

（15）张先生的牛排和王小姐的鳕鱼排都端上来了，张先生拿起盘子两边最内侧的一副刀叉开始切割牛排。

（16）王小姐也使用同样的刀叉吃鳕鱼排。

（17）张先生从牛排的最左边开始切，切下一小块放进嘴里，吃完之后再切一小块。

（18）王小姐对着鱼排左切一刀右切一刀，将鱼排全部切成小块，再一块一块吃。

（19）用餐过程中，两人不时交谈。张先生说到兴起，还手拿刀叉比画。

（20）这时，王小姐的手机响了，王小姐说声抱歉，将刀叉呈八字形放在盘子里，餐巾折起放在椅面上，起身离开座位到外面去接电话。

（21）张先生塞牙了，于是他找服务生要了牙签，坐在座位上剔牙。

（22）吃完了菜，两人将刀叉并排放在盘中，王小姐将刀叉放在 6 点钟方向，张先生将刀叉放在 4 点钟方向。

（23）两人开始享用甜品。王小姐的水果拼盘里有葡萄和西瓜，她一边吃，一边将西瓜籽和葡萄籽直接吐进盘子里。

（24）该喝咖啡了，张先生热情地帮王小姐加糖，他用镊子加起方糖，直接放进王小姐的杯子里。

（25）王小姐觉得咖啡比较烫，就端起来吹了吹。

（26）餐厅的咖啡杯很小巧，于是两人都用右手拇指和食指捏住杯把儿，端到嘴边喝。

（27）喝完咖啡，丰富的晚餐结束了。张先生和王小姐将餐巾简单地折叠，放在桌上，相携离开了餐厅。

请讨论分析：在这一顿饭中，张先生和王小姐这 27 项行为，哪些符合礼仪？哪些不符合礼仪？解释原因，对不符合礼仪的行为提出如何改进。

【礼仪实训】

实训内容 6-1：西餐餐具摆放。

实训目的：通过动手操作，增强对西餐餐具的认识。

实训对象：全体上课学生。

实训步骤：

1. 教师提供各种餐具的实物/模型。

2. 教师依次下达模拟场景任务（或挑选其中一个任务）：① 某男士用餐，主菜是牛排；② 某女士用餐，主菜是鱼；③ 某男士胃口很大，除了主菜牛排之外，还要了副菜熏鱼；④ 某男士和某女士共进晚餐，点了红酒。

3. 分小组讨论不同任务场景应该如何配置餐具。

4. 每组派一个代表上台摆放餐具。

5. 各小组彼此互相打分，并阐述理由。

6. 教师点评。

实训内容 6-2：西餐礼仪。

实训目的：通过角色扮演，增强对西餐用餐礼仪的认识。

实训对象：全体上课学生。

实训步骤：

1. 分小组选择扮演的角色（若干男女顾客、侍者），准备道具模型。

2. 在教师的指令下模拟吃西餐的全过程，包括：① 进入西餐厅；② 入座；③ 点餐；④ 用餐（面包、前菜、汤、主菜、甜点、饮料）；⑤ 中途上厕所；⑥ 电话响了；⑦ 塞牙了；⑧ 用餐完毕；⑨ 离席；

3. 演员自评，各小组彼此互相打分，打分依据如表 6-1 所示。

表 6-1 打分依据

<table>
<tr><th colspan="2">考核内容</th><th>分值</th><th>自评分</th><th>小组评</th><th>实得分</th></tr>
<tr><td colspan="2">入座</td><td>5</td><td></td><td></td><td></td></tr>
<tr><td rowspan="3">餐具的使用</td><td>使用顺序及方法</td><td>5</td><td></td><td></td><td></td></tr>
<tr><td>暂停用餐时摆放</td><td>5</td><td></td><td></td><td></td></tr>
<tr><td>用餐完毕时摆放</td><td>5</td><td></td><td></td><td></td></tr>
<tr><td rowspan="6">进食</td><td>喝汤的动作</td><td>10</td><td></td><td></td><td></td></tr>
<tr><td>切食物的动作</td><td>10</td><td></td><td></td><td></td></tr>
<tr><td>叉食物的动作</td><td>10</td><td></td><td></td><td></td></tr>
<tr><td>吃面包的动作</td><td>5</td><td></td><td></td><td></td></tr>
<tr><td>吃水果的动作</td><td>5</td><td></td><td></td><td></td></tr>
<tr><td>喝咖啡的动作</td><td>5</td><td></td><td></td><td></td></tr>
<tr><td rowspan="3">餐巾的使用</td><td>入座后</td><td>5</td><td></td><td></td><td></td></tr>
<tr><td>中途离开时</td><td>5</td><td></td><td></td><td></td></tr>
<tr><td>用餐结束</td><td>5</td><td></td><td></td><td></td></tr>
<tr><td colspan="2">仪态表现</td><td>20</td><td></td><td></td><td></td></tr>
</table>

4. 教师点评。

项目七 商务拜访与接待礼仪

【知识结构图】

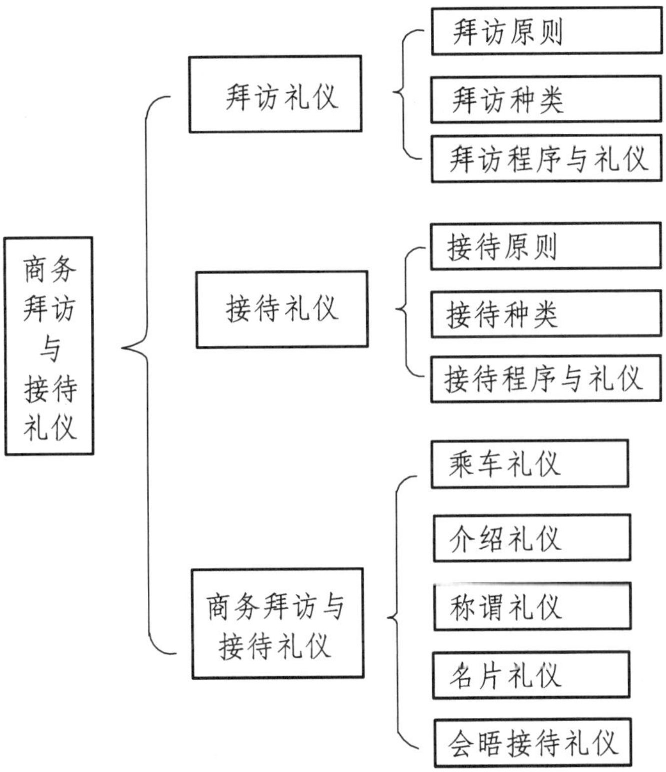

【知识目标】

熟悉商务拜访与接待工作的主要内容，包括拜访及接待流程、拜访及接待准备、介绍及称谓礼仪、名片递送及呈接、座次安排等礼仪知识。

【能力目标】

在拜访及接待过程中，能够针对不同人员的拜访、接待做出相应的安排，能够正确相互介绍，熟练使用及接受名片，正确安排座次。

【素质目标】

1. 养成良好的拜访、接待行为习惯，提高自身修养；
2. 通过标准、优美的礼仪展示良好的企业及个人形象。

【案例导入】

小胡的接待观

小胡是公司新到职不到两个月的员工。在这不到两个月的时间里，就数次接到顾客的投诉。

原来，小胡自以为是大学生，在业务接待中对顾客爱理不理，态度非常冷漠。他认为，我是大学生，搞业务如果还赔笑脸、低三下四地接待，那岂不成了侍候他们了！再说了，每天的工作都不清闲，哪还有那么多精力去赔笑脸。

甚至有一次一位白发苍苍的老人为了解业务，在小胡面前一直站着说话、半蹲着身子写材料，前后近半小时，而小胡则跷着二郎腿，更不用说起身请老人坐下说话、给老人倒水喝。

正好经理巡视路过，在月末的大会上严厉地点名批评了小胡。经理说这样的接待行为无疑严重影响了企业形象，绝不允许这样的行为再发生。

（资料来源：http://www.doc88.com/p-7364584156464.html）

思考：从职业道德角度（商务礼仪）分析小胡的接待观有什么问题？从中你受到了什么启发？

张某和李某的结局

A 公司新进两名业务人员张某和李某，两人均毕业于重点院校，在校成绩和表现都相差无几。公司对二人寄予厚望，希望通过对二人的锻炼，能够为公司培养出骨干力量。但是没想到半年后，二人的业绩和上司考评呈现出截然不同的结果，张某进入预备经理培养队伍，李某则因业绩低迷面临“另谋高就”的境地。下面是公司人力资源部培训主管整理出销售部经理对二人的日常记录：

张某每天上班都着正装，仪表整洁，每天都积极约见客户，每次拜访客户前都做详细准备，从名片到文件夹、文件、签字笔、宣传资料，在公文包里整齐摆放。拜访客户过程中，一直高度自觉，保持良好的精神面貌和职业素养，无慵懒、随意的表现。每次拜访客户后都会给客户电话和邮件表示感谢。

李某每天上班着正装，每天积极约见客户，但拜访客户较为随意，灵活性大，偶尔迟到。公文包凌乱，面容不整，总给人一种瞌睡状态，客户重复拜访率低，单笔业务量低。客户关系比较随意。

（资料来源： http://www.doc88.com/p-7364584156464.html）

思考：是什么导致了张某和李某的不同结局呢？

任务一　拜访礼仪

商务拜访往往具有一定的商业目的，哪怕没有直接的商业利益，加深商业伙伴之间的交往和感情也是必不可少的。正是这样的商业特点，所以商务拜访不像人与人之间的私下交往。私人之间的拜访充满临时性、随意性、熟悉性等特点，而商务拜访则具有约定性、正式性、规矩性、陌生与熟悉兼备等特点，所以切忌把私人交往的一些规则和习惯带到商务场合，以免造成麻烦和损失。凡事“预则立，不预则废”，为了尽可能地减少商务拜访失误，取得成功，需要在商务拜访前做好预约、心理、信息、物质、礼仪等方面的准备。

一、拜访原则

1. 提前预约

拜访活动的首要原则就是提前预约。提前预约指拜访要选择合适的时机，事先预约。一般而言，当你决定拜访他人时，应先通过电话、邮件或其他适当的方式，约定双方都认为比较合适的会面地点和时间，并把拜访的意图告诉对方。预约应该使用友好、请求和商量的语气，避免强求或命令。确实因事急或事先并无约定，但又必须前往时，应尽量避免在深夜打搅对方。如万不得已必须在休息时间约见对方，则应在见到对方后立即致歉，说声“对不起，打搅了”，并说明打搅的原因。

2. 准时到达

如期而至就是要准时正点地在双方预先约定的时间及拜会地点出现。万一因故不能准时到达，则务必及时通知拜访对象，以免对方久候。必要时，还可另行约定拜访时间。在这种情况下，一定要向对方郑重其事地道歉。无故迟到和失约都是极不礼貌的行为。在对外交往中，要严格遵守时间。在一些国家，拜访时间通常以分为计算单位。如果来访者迟到 10 分钟，对方将拒绝礼节性拜访。准时到达是拜访与交流的基本要求。

3. 明确目的

明确目的就是要事先确定拜访目的并做好相应的准备工作，应事先将相应的资料准备好，并确定本次的拜访目的。拜访时切忌仓促而去、主次不分、东拉西扯，这样既浪费了双方的时间，还会留下不好的印象。

4. 举止得当

举止得当就是拜访时要遵循礼节规范，行为举止落落大方。宾主见面，要主动问候与行礼，在先后顺序上必须合乎先尊后卑、由近而远的礼仪惯例。在拜会场所停留时，要注意仪表风度，并且时刻以礼待人。拜访时谈话要主题明确，态度要诚恳自然。拜访结束时要真诚感谢主人的款待，事后要电话致谢。

5. 适时告辞

适时告辞就是在拜访时要惜时如金，适时离开。一般情况下，礼节性的拜访，尤其是初次登门拜访，应控制在 15 ~ 30 分钟。一些重要的商务或政务拜访，通常也不宜超过 2 个小时，而且往往需由宾主双方提前议定拜访所需的时间。在这种情况下，务必严格遵守约定，不要单方面延长拜访时间。如果是临时性拜访，一般控制在 5 分钟内。拜访结束时，自己提出告辞，即使主人挽留，仍需按时离开，但要向主人表示感谢，并请主人留步，不必远送。

二、拜访种类

拜访的类别依其性质可分为 4 种。

（1）事务性拜访。事务性拜访是基于工作需要而做的拜访，又可分为商务洽谈性拜访和专题交涉性拜访。

（2）私人拜访。私人拜访多是亲友间的拜访，无论是问候、聊天、慰问还是联络感情，或是有事请托，均属此类。

（3）礼节性拜访。如担任新职后拜访有关人员，迁入新居后拜访等都属于礼节性拜访。

（4）辞行拜访。交卸职务时向有关机构辞行拜访，远行前向亲友肆行，均属此类。

三、拜访程序与礼仪

（一）准　备

1. 事先预约

拜访之前必须提前预约，这是最基本的礼仪，是商务拜访流程的第一个步骤。一般情况下，应提前 3 天给拜访者打电话，简单说明拜访的原因和目的、确定拜访时间，经过对方同意以后才能前往。

预约前要注意以下 3 点：

第一，打草稿。先打草稿，把要讲的话写下来，控制在几句话以内，并一定要将“你是谁？干什么的？为什么打电话过来等”这些都讲清楚，不要浪费自己和别人的时间。特别提醒，不要觉得自己口才好拿起电话张口就来。

第二，嗓音。尽量将自己的语音降一个调，避免尖锐的声音，同时保持明朗的语气，以传递出一种向上的能量，使听话者感觉舒适。

第三，做好拜访计划。预约成功后，及时做好日程安排计划。

2. 心理准备

（1）正确认识商务拜访。

商务拜访是指亲自或派人到有商务往来的客户单位或相应的场所去拜见、访问某人或某单位的活动，是业务推进到一定程度的一个必经阶段，是业务双方共同的诉求，所以这是一个互惠互利的商业活动，不存在“谁尊谁卑”的问题，也不存在“求客户办事”的问题。

通过商务拜访，业务得以开展，能够为双方都带来好处，对方对拜访也很期待，所以拜访前要做的就是制订好计划，尽可能地考虑拜访过程中的各种突发情况，让拜访在双方都可以接受的范围内顺利进行，这就是商务拜访前应有的一种心态。

商务拜访的目的性很强，所以很多商务拜访人员在拜访前患得患失的心态很严重，从而严重影响拜访前的准备，进而导致在拜访中失去主动，最终造成拜访失败，给业务的开展带来障碍甚至无法顺利进行。因此，正确的认识商务拜访很重要。

（2）真诚而灵活的态度。

商务拜访，无论客户规模大小，都要秉承“真诚”的态度。切忌“以大欺小，店大欺客”的思想，不因对方规模大、地位高而自卑，也不因对方规模小、地位低而自傲。要把每一位客户都当成最重要的客户以真诚的心态来对待，对公司和个人情况都能坦诚地描述，做到“不哄、不骗、不诈”；当然商务活动不是“有一说一，一成不变”的呆板思路，还需要为了推进业务的开展，灵活地运用各种法律、法规、政策做商务策划，既站在公司的立场，也能站在客户立场思考问题，真诚而友好地推进业务开展，从而为公司赢得业务，也能积累个人职业口碑，在行业内赢得广泛的影响力。

（3）合作的精神。

商务拜访从来都不是“独行侠”的行为，必须需要别人的配合才能进行，所以合作的精神就尤为重要。这种合作不单体现在客户一方的合作，还体现在公司内部各个部门、部门内部各位同事之间的合作。商务拜访既可以是“单枪匹马”，也可以是“八仙过海”。即使是“单枪匹马”的行动，也需要公司内部同事的配合，准备方案、安排行程、申请费用及礼品等，所以，合作才能取得拜访的成功。

3. 信息准备

商务拜访中，相互之间的沟通是必不可少的环节。优秀的商务人士从不打“无准备之仗”，为了达到满意的商务效果，进行充分的信息准备既是对自己业务负责任的态度，也是对客户最基本的尊重。只有准备充分，每次的拜访和交流才会更顺畅，效率也会更高。

（1）客户信息的准备。

商务活动，需要知己知彼。对每一位客户都进行 ABC 分类管理，针对每一位客户建立档案，对拜访过的、打算拜访的进行分门别类地登记。每一次拜访都有不同的目的和需求，所以每一次都要有针对性地对客户信息进行筛选和甄别，根据拜访的目的再次温习和完善。每次拜访前，需要掌握如下客户信息：

① 客户的背景信息：所在的行业及其规模、地位、擅长领域及发展方向，客户的组织结构，客户创始人及公司的成长经历、辉煌成就等。

② 客户的本次拜访信息：本次拜访客户期望达到的目标预测、客户接待及谈判的主要人员的背景信息、立场及期望、本次拜访在客户相关部门及工作中的重要性等。

（2）专业信息的准备。

优秀职场人士一个重要的特点就是“专业”，那么怎样展现一个“专业”的“职场人士”形象呢？商务拜访不仅仅是交流信息，还有对双方公司、人员及其他合作基础的考察。因此，需要在拜访前做好充分的专业知识的准备，如具体的产品及业务知识、相关法律知识、行业发展背景及趋势等。

（3）其他信息的准备。

为了保证整个拜访过程的愉快顺利进行而做的其他准备，如最近的新闻热点、冷场的应急话题等，包括拜访目的的明确、人员的分工、预约时间等。

4. 物质准备

（1）拜访计划。拜访前，根据拜访的目的和重要程度，制订详细程度不同的拜访计划。无论详略，拜访计划的主要内容都应该有拜访的目的、多层次的目标及预案、参与人员及分工、拜访时间及保障方案、物料明细等。

（2）公司及业务资料。公司形象手册、产品手册、价格表、合同等。

（3）自身的物质准备。通信工具、公文包、名片、笔记本、记录笔、录音笔、手表等。

（4）出行方式的准备。车、票、人员、路线、应急路线。

（5）馈赠礼品。礼物可以表达情感，表达对对方的祝福和心意。一般而言，在给客户送礼的过程中需要考虑客户的年龄、性别、兴趣爱好等特征，选一些实用、使用频率高、有特色的产品在恰当的时间送出。

5. 礼仪准备

在商务拜访中，需要提前了解着装，拜访时的站姿、坐姿、交谈等方面的礼仪。拜访礼仪根据拜访场合来划分，可以分为到办公室拜访的礼仪、到宾馆拜访的礼仪、到私人住所拜访的礼仪。不管是到哪种场合拜访，都需要注意拜访礼仪，总结起来就是“十六字”，即提前预约、准时赴约、礼貌进入、适时告退。

（二）等　待

商务拜访需要等待时，要具备一定的耐心。有时因拜访对象可能因为其他事情耽搁了，没能够准时赴约，这时候要保持良好的心态，切忌打电话催促或者表现出一副坐立不安、一脸不耐烦的样子。如果刚好被拜访对象看到，会影响后续的沟通。

（三）拜　会

1. 守时践约

拜访他人可早到却不能迟到，这是拜访活动中最基本的礼仪之一。值得注意的是，如果因故不能如期赴约，必须提前通知对方，以便被拜访者重新安排时间。通知时一定要说明失约的原因，态度诚恳地请对方原谅，必要时还需约定好下次拜访的日期、时间。

2. 要进行通报

进行拜访时，倘若抵达约定的地点之后，未与拜访对象直接见面，或是对方没有派人员在此迎候，则在进入对方的办公室或私人居所的正门之前，有必要先向对方进行一下通报。

3. 要登门有礼

拜访时，应先轻轻敲门或按门铃，当有人应声允许进入或出来迎接时方可入内。敲门不宜太重或太急，一般轻敲两三下即可。切不可不打招呼擅自闯入，即使门开着，也要敲门或以其他方式告知主人有客来访。

一般来说，在商务拜访中，最得体的敲门做法是用食指敲门，力度适中，先敲三下，隔一小会儿，再敲几下。敲门的响度要适中，太轻了别人听不见，太响了别人会反感。敲门时不能用拳捶、用脚踢，不要乱敲一气。按门铃时也要有礼貌，慢慢地按一下，隔一会儿再按一下。否则，若房间里面是老年人，会惊吓到他们。即使别人家的门虚掩着，也应当先敲门，得到主人的允许才能进入。进入别人的办公室也应该敲门。

4. 进门后的礼仪

进门后，拜访者随身带来的外套、雨具等物品应搁放到主人指定的地方，不可任意乱放。对室内的人，无论认识与否，都应主动打招呼。如果你带孩子或其他人来，要介绍给主人，并教孩子如何称呼。主人端上茶来，应从座位上欠身，双手捧接，并表示感谢。吸烟者应在主人敬烟或征得主人同意后，方可吸烟。与主人交谈时，应注意掌握时间。有要事必须与主人商量或向对方请教时，应尽快表明来意，不要东拉西扯，浪费时间。见面后，打招呼是必不可少的。如果双方是初次见面，拜访者必须主动向对方致意，简单地做自我介绍，然后热情大方地与被拜访者行握手之礼。如果双方已经不是初次见面，主动问好致意也是必要的，这样可显示出拜访者的诚意。

5. 时间控制

拜访他人时，一定要把握好在对方的办公室或私人居所停留的时间。从总体上讲，应当具有良好的时间观念。不要因为自己停留的时间过长，从而打乱对方既定的其他日程。一般情况下，礼节性的拜访，尤其是初次登门拜访，应控制在一刻钟至半小时之内。最长的拜访，通常也不宜超过 2 个小时。有些重要的拜访，往往需要由宾主双方提前议定拜访的时间和长度。在这种情况下，务必要严守约定，绝不单方面延长拜访时间。

（四）告　辞

拜访结束时，自己主动提出告辞，即使主人表示挽留，仍需执意离去，但要向对方道谢，并请主人留步，不必远送。

（1）在拜访期间，若遇到其他重要的客人来访，应知趣地告退。

（2）起身告辞时，要向客户表示打扰的歉意，向对方道谢，主动伸手与其握手告别。主人起身相送时应说“请回”“请您留步，不必远送”。待主人留步后，走几步，再回首挥手致意说“再见”。

任务二　接待礼仪

一、接待原则

商务接待时，必须遵循商务礼仪的惯例和规范。

（一）身份对等

身份对等是指接待方作为主人，在接待客户、客商时，要根据对方的身份，同时兼顾对方来访的性质以及双方之间的关系安排接待的规格，以便使来宾得到与其身份相称的礼遇，从而促进双方关系的稳定、融洽与发展。身份对等主要包含以下几方面的内容：

1. 迎送人员与来宾身份大体相当

根据身份对等的原则，接待方出面迎送来宾的主要人员应与来宾的身份大体相当。接待方与来宾身份对等的人员身体不适或忙于他事，难以脱身或不在本地，因而不能亲自出面迎送来宾时，应委派其副手或与其身份相近的人员出面接待，并在适当的时候向来宾做出令人信服的说明和解释，以表示接待方的诚意。

2. 到场人数基本相等

接待方人员在与来宾进行礼节性会晤或举行正式谈判时，也必须使接待方到场的人数与来宾的人数基本相等。

3. 宴请与住宿安排要与来宾身份相称

接待方在为来宾安排宴请活动或为其准备食宿时，应尽量在档次、规格等方面与来宾的身份相称，并符合客人的生活习惯，体现东道主对客人的关心与照顾。接待外商时，更应注意这一点。

在商务往来中贯彻身份对等的原则，是为了更好地确定宾主双方都能够接受并感到满意的接待标准，也是为了充分地表达东道主对来宾的尊重与敬意。当然，有的企业为强调自己对宾主双方特殊关系的重视和对于来宾的敬重，特意打破常规，提高对来宾的接待规格，也是可行的，但不宜多用。

（二）礼宾秩序

礼宾秩序所要解决的是多边商务活动中的位次和顺序的排列问题。在正式的商务活动中，礼宾秩序可参考下列 4 种方法：

1. 按照来宾身份与职务的高低顺序排列

如接待几个来自不同方面的代表团时，确定礼宾秩序的主要依据是各代表团团长职务的高低。

2. 按照来宾的姓氏笔画排列

在国内的商务活动中，如果双方或多方关系是对等的，可按参与者的姓名或所在单位名称的汉字笔画多少排列。其具体排法如下：

首先，按个人姓名或组织名称的第一个字的笔画多少，依次按由少到多的次序排列。比如，当参加者有王姓、李姓、赵姓时，其排列顺序就是王、李、赵。当两者第一个字笔画数相等时，则按第一笔的笔顺点、横、竖、撇、捺、弯钩的先后关系排列。当第一笔笔顺相同时，可依第二笔笔顺，以此类推。当两者的第一个字完全相同时，则用第二个字进行排列，以此类推。

3. 按照外文字母的先后顺序排列

在涉外活动中，一般应将参加者的组织或个人按英文或其他语言的字母顺序进行排列。具体方法如下：先按第一个字母进行排列；当第一个字母相同时，则依第二个字母的先后顺序排列；当第二个字母相同时，则依第三个字母的先后顺序排列，以此类推。但每次只能选相同语种的字母顺序排列。

4. 按其他先后顺序排列

按照有关各方正式通知东道主自己决定参加此项活动的先后顺序，或正式抵达活动地点时间的先后顺序排列。

（三）勤俭节约

接待中应勤俭节约，坚决反对大吃大喝，铺张浪费，讲排场，摆阔气，超标准，搞特殊，“一个客人九个陪”，来时接风，中间宴请，走时送行，几顿饭就把一年的“血汗”吃完了。热情不只表现在吃、住、玩上，更主要的是态度的诚恳和尊重。这样才既礼貌又节俭。

二、接待种类

（一）以接待对象为标准划分

（1）公务接待：为完成上下级之间、平行机关之间的公务活动而进行的接待。

（2）商务接待：针对一定的商务目的而进行的接待。

（3）上访接待：政府部门对上访群众的接待。

（4）消费接待：消费活动中进行的接待。

（5）朋友接待：朋友之间为增进友谊、加强联系而进行的接待。

（6）外宾接待：外事活动中的接待。

（二）以接待场所为标准划分

（1）室内接待：机关团体的工作人员在自己的办公室、接待室对各种来访者的接待。

（2）室外接待：对来访者到达时的迎接、逗留期间的陪访及送行时的接待。虽然接待的类型不同，但是其讲究的礼仪、遵循的原则应大致相同。

三、接待程序与礼仪

（一）准　备

商务接待一般建立在商业谈判或者商业合作上，它的礼仪规格比较高，是商务活动中的服务工作。商务接待前的准备工作主要包含心理、物质、业务知识能力、来宾、接待规格、接待方案等准备。（见图 7-1）

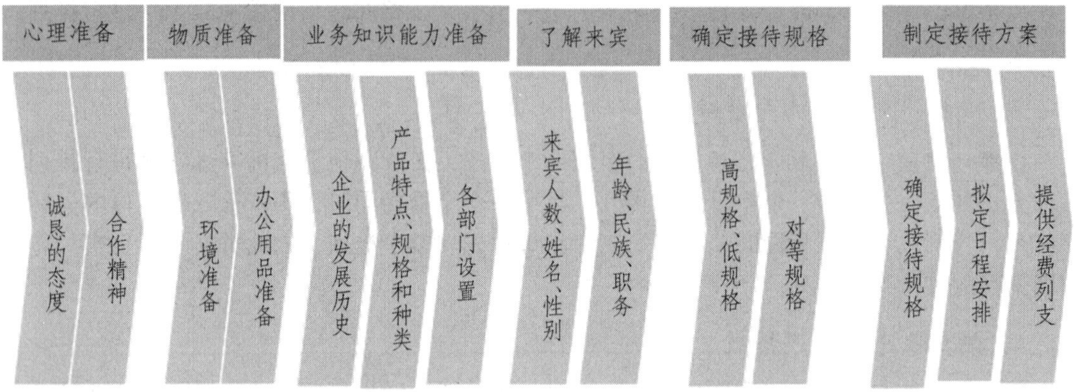

图 7-1　接待前的准备工作

1. 心理准备

心理准备是指耐心诚恳的积极心态和互帮互助的合作精神。接待礼仪的基本要素是“诚心”，只有站在对方立场，有一颗真诚的心，接待中将心比心，才能表现出优雅得体的礼仪。待人接物应该热情开朗、温存有礼、和蔼可亲、举止大方而灵活，这种良好的行为有助于赢得对方的好感。那种“门难进、脸难看、话难听、事难办”的现象，令人反感。

2. 物质准备

物质准备是指接待环境准备和办公用品准备。接待环境一般可划分为硬环境和软环境。硬环境包括室内空气、光线、颜色、办公设备及会客室的布置等外在客观条件。软环境包括会客室的工作气氛、接待人员的个人素养等社会环境。

制约接待环境如会客室的因素很多，有自然因素、经济因素，最主要的还是人的素质修养因素。会客室清洁、明亮、整齐、美观，让来访者一走进来就感到这里有条不紊，充满生气。如果没有专门的会客室，也应在办公室中腾出一个比较安静的角落，让来访者有一个座处，可以从容地讲话。

会客室环境准备主要从以下几个方面来着手：

（1）绿化环境。会客室（办公室）的绿化是不能忽视的。外部环境应力求做到芳草铺地，花木繁茂。室内绿化要合理地配置花木，给室内增光添彩。

（2）空气环境。空气环境的好坏，对人的行为和心理都有影响。室内通风与空气调节对提高接待工作效率有重要作用。

（3）光线环境。室内要有适当的照明。如长时期在采光、照度不足的场所工作，很容易引起视觉疲劳。

（4）声音环境。室内要保持肃静、安宁，才能聚精会神地从事接待工作。

此外，接待的物质准备还包括会客室内的办公用品、衣帽架等的准备。会客室应准备好座位、茶水，还应有一部电话，以便在谈及有关问题需要询问有关部门时，可以立即打电话。有条件的情况下还应有复印设备，当来客需要有关资料时，能立即复印。最好能在会客室的墙上挂一面镜子，它可以提醒接待人员随时修饰自己的仪容，始终表现出优雅的仪容和风度。为使会客室内显得生机盎然，可以在窗台、屋角摆些盆景或花卉。为了方便来访者进屋后有放衣物的地方，可准备衣帽架；要使来访者排解等待的时间，可准备报纸杂志、单位介绍材料等。

3. 业务知识能力准备

为了保障接待的圆满完成，在接待之前，需要从企业的发展历史、产品地点及规格种类、部门设置等方面做好业务知识能力准备。

4. 来宾信息准备

了解清楚来宾的基本情况，包括所在单位、姓名、性别、职务、级别、年龄、民族及一行人数，以及到达的日期、方式和地点。

5. 接待规格准备

一般来说，接待规格以“对口、对等”为原则。商务接待中主要迎送人员的身份和职务应与来访者相差不大。如若当事人因故不能出面或不能完全对等时要灵活变通，由职位相当人士或副职出面。

根据来宾身份，接待规格一般分高规格接待、低规格接待和对等接待。

高规格接待也就是本单位陪客比来客职务要高的接待，一般都要求领导出面作陪。以下情况需要采取高规格接待：

（1）上级领导派一般工作人员向下级领导口授意见，兄弟单位领导派工作人员到本单位商谈重要事宜。

（2）下级单位人员来访，要办重要事宜等。

低规格接待通常在基层单位中比较多见。以下情况需要采取低规格接待：

（1）上级领导部门或主管部门领导来本地、本单位视察。

（2）老干部故地重游，老干部和上级领导路过本地，短暂休息。

（3）外地参观团来本地参观等。

对等接待规格是陪客与客人职务、级别大体一样的接待。一般来的客人是什么级别，本单位也派什么级别的人员陪同，职称或职务相同则更好，或按预约由具体经办部门领导对等接待，较高层次的领导只需在事前看望一下即可。

总的来说，接待规格必须事先确定，提前安排适当的人负责迎接、宴请、陪同、送别等接待事宜，并根据接待规格安排客人的食宿。一定要避免客人到来后无人接待或接待不当的尴尬局面发生，以免对双方的合作产生负面影响。

6. 接待方案准备

确定接待计划包括确定接待规格、参与接待人员、拟定日程安排、提供经费列支、接待过程中的场所设计与准备等内容。

知识链接

商务接待方案

一、接待时间：20××年×月×—×日

二、接待地点

接机地点：××机场；

接待酒店：××度假酒店；

地址：××路××号；

参观地点：××有限公司生产基地。

三、接待对象

××公司谈判代表以及陪同人员。

四、接待负责人员

总负责：××（负责整个行程的指挥和协调工作）；

接待组：××（翻译人员、礼仪小姐、解说员、接待员）；

秘书组：××（负责接待和谈判会议的相关文件起草文件资料）；

后勤组：××（负责行程和会议谈判的酒店安排，会场布置和保安等相关工作）；

谈判组：××（主谈、决策人、销售顾问、法律顾问、技术顾问、公关经理）；

合计人员：×人。

五、接待前期准备工作

1. 来回机票预订；

2. 食宿安排；

3. 迎接车辆安排；

4. 会场接待；

5. 会场整理及布置。

六、后期工作

1. 谈判会议资料整理；

2. 经费报销；

3. 总结及信息反馈。

七、经费预算

双程飞机票+酒店住宿费+餐费+租车费用+观光费用+会议杂务费+后备费用总计：××元（人民币）。

八、注意事项

1. 接待外宾的礼仪注意事项；

2. 应急方案的准备；

3. 控制经费预算；

4. 做好整个行程以及谈判会议的记录工作。

（资料来源：https://www.liuxue86.com/a/4063322.html）

（二）接　待

有拜访就有接待。拜访是客场作战，主动出击；接待是主场作战，是组织与外界业务联系的直接途径。接待工作的好坏直接影响组织的形象以及组织与公众的关系，组织在一定程度上就是在拜访与接待中逐步发展起来的。所以需要学习如何在接待的过程中让每一位来访的客人都“如沐春风”，在举手投足间展示组织形象、提高商业会晤效率，进而达成商业目的。

知识链接

接待工作的类型

根据不同的标准，可将接待划分为不同的类型。

常见的标准是按来访者的国别分类，可分为：内宾接待和外宾接待。

1. 内宾接待

内宾接待是指接待国内的来访者，包括本系统内外的所有个人或集体来访者。内宾接待工作一般由秘书人员或专职接待人员负责，如果有重要的来访者，应由本单位领导出面接待。

2. 外宾接待

外宾接待是指接待境外来访者，包括海外侨胞和港澳台同胞的接待。接待对象可能是政府官员、代表团，也有可能是商人、专家或学者。外宾接待，事先应有计划并报上级主管部门批准。接待工作一般由领导负责，秘书人员协助。在接待过程中，秘书人员要注意礼仪，生活安排也要顾及外宾的民族或地区的风俗和饮食习惯。

按来访者事先是否预约分类，接待可分为：有约接待和无约接待。

1. 有约接待

有约接待是指对事先与本单位有约定的来访者的接待。这种接待比较正规，在程序上周密布置，在人力、财力、物力上有充分准备，不应该遗忘或出现差错。

2. 无约接待

无约接待是指对事先与本单位无约定的来访者的接待。在无约接待中，秘书要随机应变，灵活处理，既不失礼貌风度，又不能让无约来访者耽误领导和自己的正常工作。

1. 总体要求

商务接待是企业对外展示形象，对内提升凝聚力的重要日常工作，其工作的好坏、质量的高低决定业务的开展和公共关系的氛围。企业的每一个员工，与外界的每一个接触点都是展示企业形象的良好机会。所以做好充分的准备，争取从跟客户的电话或网络联系开始，到迎客、待客、送客的全过程都给客户留下深刻的印象。接待工作总体要求需要注意四个问题：熟悉详情、确定“时空”、关注细节、熟知程序。

（1）熟悉详情。

从事迎送来宾的接待人员，要本着“知己知彼”的原则，有必要对有关信息掌握得详尽具体、细致入微。（见表 7-1）

表 7-1　接待信息表

掌握来宾信息	来宾的总体情况	具体人数、性别概况、组团情况、负责人、工作分配等信息
	关键人物信息	姓名、性别、年龄、籍贯、民族、单位、职务、文化程度、生活习惯、家庭状况、政治倾向、业务能力、社会评价、个人喜好等
	来宾的整体计划	来访目的、指导方针、大致安排等
	来宾的具体要求	住宿要求、食物禁忌、接待规格等
	来宾的抵达时间	具体日期、具体时间、具体航班、车次、地点等
了解己方要求	己方的接待方针	
	己方的礼宾规格	
	己方的操作重点	
	己方的有关预案	

（2）确定“时空”。

在正式的接待过程中，宾主双方对迎送来宾的具体时间和空间十分重视。“时空”不仅限定了接待活动的具体范围，而且还会在一定程度上直接影响接待活动的效果。具体而言，接待中的“时空”规范主要包括活动的时间和活动的地点。

活动的时间规范：在任何情况下，接待活动的时间须双方商定，均应有宾主双方事先商定，达成一致，方可实施；对于约定的时间一定要详尽且精确，每次接待的具体时间均应明确年、月、日，采用 24 小时制计时，精确到以分钟为计时单位，每次活动既要规定起始时间，也要规定终止时间；在具体操办接待活动的过程中，应养成在必要时再度与对方确认相关时间规定的良好习惯。

在下面几种情况下，更要不厌其烦地再度与对方确认：来宾正式出发前，来宾即将抵达前及迎送时间略有变动之后。

活动的地点规范：迎送活动的具体地点，通常都是“主方专断”，即由东道主一方自行确定，向被接待方通报即可；接待活动的地点一定要充分考虑环境的好坏。环境好坏不仅包含活动现场具体环境的好坏，还包括活动现场周边环境的好坏。

（3）关注细节。

接待工作既要大处着眼、小处着手。做好一件事情，讲究“天时、地利、人和”。接待过程中的“天时、地利、人和”体现为天气、交通、安全三大细节。

① 天气状况。天气条件的变化会对人类活动产生一定程度的影响，所以在接待过程中主要注意两点：一是掌握当地的天气变化规律，在任何时候都不应该使迎送活动“逆风而动”或草率行事；二是制定天气突变的应对措施。

② 交通状况。接待活动中，交通的安排通常都由接待方负责。需要适量的交通工具，防止活动因为交通工具而中断或暂停；如有必要，接待活动的交通行驶路线得向交管部门通报，

既表示对交管部门的尊重，也可以取得交管部门的支持与配合。

③ 安全状况。接待活动中，商务目的的达成固然好，如果不能达成，也应该给客人留下良好的印象，为以后的合作奠定基础。而在接待活动的全过程中，安全的保证就是良好印象的基础。除了基本的交通安全外，还要注意食品安全、信息安全、住宿安全等。

（4）熟知程序。

接待活动作为一种正式的对外交往，关系到公司的形象，所以按照一定的程序进行操作很有必要。

① 制定程序。在商务接待中，一般都会事先制定活动程序，以保证接待活动的循序而行、井井有条。接待活动的程序主要指接待活动的主要环节和操作流程，接待程序应当力求详细、具体、全面。

② 规范程序。从标准化、正规化的角度来讲，迎送活动不仅需要制定必要的程序，而且还需要对有关程序进行必要的规范。大致可分为正式程序和非正式程序。正式程序一般适用于举行正规的迎送仪式，多用于外事接待中，特别是迎送国宾。非正式程序主要指非仪式性的迎送活动的具体程序。一般程序下，迎送来宾的活动应由邀请单位的负责人或者正式代表出面组织，具体包括：迎送、陪车、会见、合影、宴请等。群众队伍则一般不予以安排。这些具体的程序，亦应由有关单位按照惯例与来宾要求，进行必要的规范。

③ 简化程序。程序从简，是目前我国来宾迎送的一大趋势。接待方在不失礼、不影响接待效果的前提下，对其进行必要的简化，适度控制接待的规模。

④ 执行程序。在执行接待程序的过程中，既要认真执行既定的程序，又要灵活机动地执行程序；既坚持原则，又善于机动灵活、随机应变，具有较强的应对突发事件的能力。

2. 亲切迎客

迎客、待客、送客是接待工作中的基本环节。在商务往来中，对如约而来的客人特别是贵客或远道而来的客人，表示热情、友好的最佳方法就是指派专人出面，提前到达双方约定的地点，恭候客人的到来。接待人员看到来访的客人进来时，应马上做出如下动作表情：即放下手中的工作站立，面带微笑，有礼貌地问候来访者，简称“3S”（see，stand up，smile）。

（1）迎客规范。

迎客的总体规范如下：

① 迎接来宾前，首先要了解来宾的背景资料。充分掌握迎宾对象的基本情况，尤其是主宾的个人简况，如姓名、性别、年龄、单位和职务等。

② 根据迎送规格，准备好必要的车辆和食、宿接待。

③ 掌握抵达的时间，提前到达迎宾地点。若迎宾时间有变化应及时掌握。

④ 迎接未见面的客人，要在车站、码头、机场准备一块接站牌。

⑤ 见到来宾后，应马上向其问候、致意并做自我介绍。

⑥ 应主动向客人表示帮助他拿行李的意思，不过对于来宾手中的外套、提包或密码箱，则没有必要为之“代劳”。

⑦ 如有车来接，应为客人打开车门。上车后应将活动日程表送到客人手上，行车中可

向其介绍沿途建筑、风光、民俗、气候和特产等情况，并询问客人有何私人活动需要帮助安排。在力所能及的前提下，应当在迎宾活动中兼顾来宾一方的特殊要求，尽可能地对对方多加照顾。

⑧ 商务接待住宿安排要根据客人的身份、人数和工作需要来酌情考虑。抵达住所后，接待人员不要久留，以免影响客人休息。分手前，要将自己的联系方式告知客人，并约好下次见面的时间和地点。

⑨ 对应邀前来参加本单位活动的重要客人，应在单位大门口迎接。

（2）迎客三点。

总的来讲，迎客时需要注意以下 3 点：

① 基本的迎客语言。

“您好，欢迎您!”

“您好，我能为您做些什么？”

“您好，希望我能帮助您。”

对于来访的客人，无论是事先预约的，还是未预约的，都应该亲切欢迎，给客人一个良好的印象。

② 不同状态下的迎客方式。

如果客人进门时正在接打电话或正在与其他客人交谈，也应用眼神、点头、伸手等表示请进的肢体语言表达自己已看到对方，请对方先就座稍候，而不应不闻不问或面无表情。

如果手头正在处理紧急事情，可以先告诉对方：“对不起，我手头有紧急事情必须马上处理，请稍候”，以免对方觉得受到冷遇。

遇有重要客人来访，接待人员需要到单位大门口或车站、机场、码头迎接，且应提前到达。

当客人到来时，接待人员应主动迎上前，有礼貌地询问和确认对方的身份，如：“请问先生（小姐），您是从××公司来的吗？”对方认可后，接待人员应做自我介绍，如“您好，我是××公司的秘书，我叫××”或“您好，我叫××，在××单位工作，请问您怎样称呼”。介绍时，还可以互换名片。如果客人有较重的行李，还要给予帮助。要给客人指明座位，请其落座，迎接以客人落座而告终。

③ 迎客中的礼节。

握手：我国在接待来客时的礼节一般是握手。宾主之间，主人有向客人先伸手的义务，主人主动、热情、适时地握手会增加亲切感。

问候：如果是第一次来访的客人，接待人员可以说：“您好!见到您很高兴。我是××办公室的秘书，请问您有什么事情需要我帮忙吗？”对于曾经来过的客人，相别甚久，见面则说：“您好吗？很久未见了。”

称呼：接待客人时的称呼，应视具体环境、场合，并按约定俗成的规矩而定。目前，在国内，政府机关多通称“同志”；在企业界和社交场合多称男性为“先生”，称女性为“小姐”或“女士”；知道其职务时，在一定场合也可称职务，如“×处长”“×经理”“×厂长”等。用恰如其分的称谓来称呼客人，是礼仪素养的一种表现，也是与客人交谈的良好开端。

接递名片：接受名片时，也要注意礼节。客人递来名片时，应用双手接住。接过名片后，要认真仔细地看一看，并小声重复一遍名片上的名字及职务，以示确认。同时，还要向对方表示感谢。然后，很郑重地把名片放入名片夹内，或放进上衣上部的口袋里。不要不看也不装入口袋，顺手往桌上一扔，更不要往名片上压东西，这样会让对方感受到被轻视。

如需要交换名片时，可以掏出自己的名片与对方交换。递送名片时，要用双手的食指和拇指分别夹住名片的左右端递过去，名片上字的正面应朝向对方，便于对方立即阅读。

接待人员不要生硬地向客人索要名片，而应以请求的口气说："假如您方便的话，是否可留下名片，以便今后加强联系。"也可以含蓄地向对方询问单位、通信处、电话号码等，如果对方带有名片，就会较自然地送上。

3. 热忱待客

（1）交谈。

人们都是通过语言进行情感和信息交流的，所以接待人员与来访客之间的语言交流必不可少。接待人员在交谈时，必须精神饱满，表情自然大方，语气和蔼亲切。与客人交谈时要保持适当距离，不要用手指指人或拉拉扯扯。要善于聆听来访客人的话语，目视对方以示专心。谈话中要使用礼貌语言和注意内容，一般不询问女士年龄、婚否；不直接询问对方的个人私生活以及宗教信仰、政治主张等问题；不宜谈论自己不甚熟悉的话题。

（2）引见。

接待人员在问清来访者的身份、来意后，需要领导出面会见或其他部门人员出面会见的，秘书要在请示领导并得到领导同意后，为其引见。

① 接待人员在引领来访者时，要配合对方的步幅，在客人左侧前一米处引导。引路时，上身稍向右转体，左肩稍前，侧身向着来客，保持两三步距离，可边走边向来宾介绍相关情况。

② 转弯或上楼梯时，应先做指示性动作，让对方明白所往何处。如要乘电梯，则应先告诉客人楼层，然后在电梯侧面按住按钮，请客人先入电梯，自己进去后再按楼层键；下电梯时也应请客人先行。

③ 到达会客室或领导办公室前要指明"这是会客室"或先说声"这里就是……"，进门前应先敲门表示礼貌。得到允许后，把门打开，左手扶门，右手示意"请进"。如果门是向外开的，接待人员推开门后，侧身在门旁，用手扶住门，让客人先进入；如果门是向内开的，接待人员推开门后，自己先进入，扶住门后再请客人进入（一般右手开门，再转到左手扶住门，面对客人），请客人进入后再关上门，通常是"外开门客先入，内开门己先入"。

④ 到会客室或领导办公室后，要引导客人就座。就座时，要遵守"右为上，左为下"的礼节，用手势示意客人，请客人坐在上座。一般离门较远的座为上座。长沙发和单人沙发中，长沙发为上座。

⑤ 客人落座后，接待人员要主动用消过毒的干净杯子为客人倒茶水并双手递上，手指不能触及杯口，并有礼貌地说："请用茶"。

（3）介绍。

接待人员引领来访者进入会客室或领导的办公室后，当领导与来访者双方见面时，如果是第一次来访的客人，应由接待人员简洁地将双方的职务、姓名、来访者的单位和来访的主要目的做介绍。如果双方已是熟人，多次见面打过交道，则可免去这一过程。介绍时，手势动作应文雅、礼貌。手臂向被介绍者微伸，手心向上，四指并拢，拇指张开，切不可伸出一只手指指指点点地介绍。

4. 礼貌送客

当接待人员与来访者交谈完毕或领导与来访客人会见结束，接待人员应有礼貌地送别客人。“出迎三步，身送七步”是迎送宾客最基本的礼仪。

（1）当客人起身告辞时，应马上站起来相送。一般的客人送到楼梯口或电梯口即可，重要的客人则应送到办公楼外或单位门口。

（2）主动帮助宾客确认并拿取所携带的行李物品，安放好行李后，向宾客做一下交代，并帮助宾客将行李小心地提送到车上。

（3）接待人员和上司一起送客时，要比上司稍后一步。

（4）要施礼表示感谢光临并致告别语，如“祝您路途愉快，欢迎下次再来”“请对我们的工作提出宝贵的意见”“祝您一路平安，同时希望我们合作愉快”等。

（5）帮助客人关好车门后，不能立即转身就走，而应等客人的车辆稍启动时，面带微笑，挥手告别，目送车子离开后才能离开。如果用小轿车送客，还要注意乘车的座次。

任务三　商务拜访与接待具体礼仪

商务拜访与接待时，在乘车、介绍、称谓、名片、会晤接待等方面有规定的礼仪需要遵守，具体如下：

一、乘车礼仪

商务拜访与接待礼仪中确定乘车座次的尊卑，因谁在开车、开的什么车、安全与否以及嘉宾本人的意愿会有不同的座位安排。

1. 谁在开车

（1）由专职司机驾驶时，轿车座次的后排位次高，前排位次低。

（2）若主人亲自开车，前排的副驾驶座为上座。车上只有一名客人时，则客人务必就座于前排。如果客人偏要坐到后排去，则表示客人对主人极度地不友好、不尊重。车上若有其他人在座，至少应当推举一人为代表，坐在副驾驶座上作陪。通常应推举其中地位、身份最高者，在副驾驶座上就座。如果他在中途下车，则应立即依次类推“替补”上去，总之，始终不能让该座位“空空如也”。

（3）如果主人夫妇开车接送客人夫妇，则男女主人的座次应如前面一样，客人夫妇应当坐在后排。

（4）若主人一人开车接送一对夫妇，则男宾应就座于副驾驶座上，其夫人坐在后排。若前排可同时坐 3 人，则应请女宾在中间就座。

2. 开的什么车

车的类型不同，其座次的尊卑也不一样。

（1）若乘坐双排座轿车，驾驶座居左，专职司机开车时，座次的尊卑应当是：后排上，前排下，右为尊，左为卑。具体而言，除驾驶座外，车上其余 4 个座位的顺序，由尊而卑依次应为：后排右座，后排左座，后排中座，前排副驾驶座，如图 7-2 所示。应当特别说明的是，按照国际惯例，乘坐由专职司机驾驶的轿车时，通常不应当让女士在副驾驶座上就座。

由主人亲自驾驶双排座轿车时，车上其余 4 个座位的顺序，由尊而卑依次为：副驾驶座，后排右座，后排中座，后排左座，如图 7-3 所示。

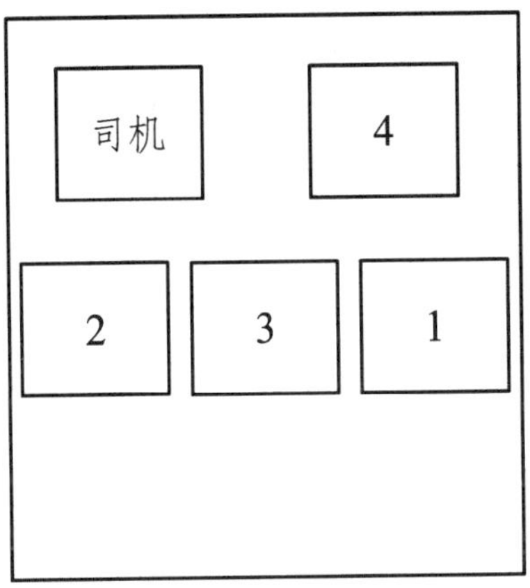

图 7-2　专职司机驾驶双排座轿车

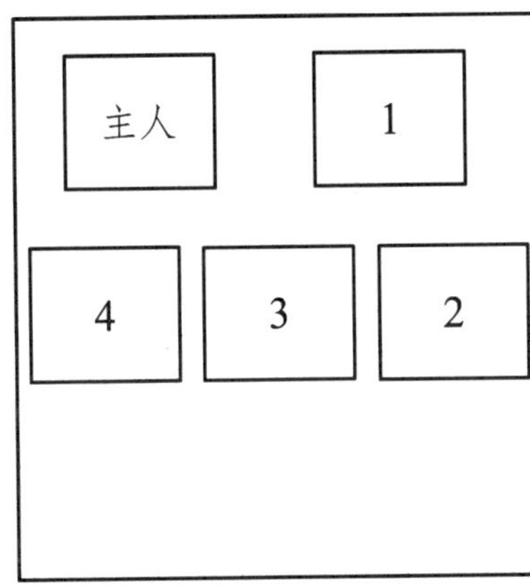

图 7-3　主人驾驶双排座轿车

（2）由专职司机驾驶三排七人座轿车时，车上其余 6 个座位（加上中间一排折叠椅的两个座位）的顺序，由尊而卑依次应为：后排右座，后排左座，后排中座，中排右座，中排左座，副驾驶座，如图 7-4 所示。

由主人亲自驾驶三排七人座轿时，车上其余 6 个座位的顺序，由尊而卑依次应为：副驾驶座，后排右座，后排左座，后排中座，中排右座，中排左座，如图 7-5 所示。

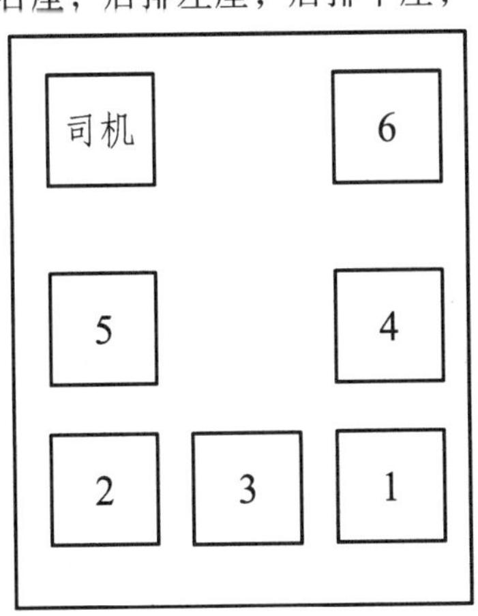

图 7-4　专职司机驾驶三排七座轿车

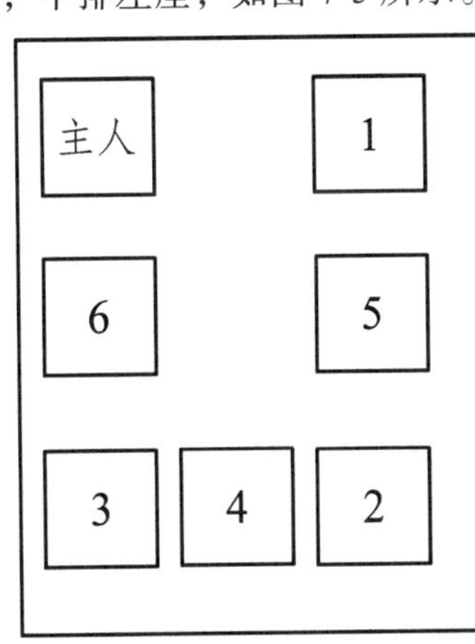

图 7-5　主人驾驶三排七座轿车

（3）由专职司机驾驶三排九人座轿车时，车上其余 8 个座位的顺序，由尊而卑依次应为：中排右座，中排中座，中排左座，后排右座，后排中座，后排左座，前排右座（假定驾驶座居左），前排中座，如图 7-6 所示。

由主人亲自驾驶三排九人座轿车上时，车上其余 8 个座位的顺序，由尊而卑依次应为：前排右座（假定驾驶座居左），前排中座，中排右座，中排中座，中排左座，后排右座，后排中座，后排左座，如图 7-7 所示。

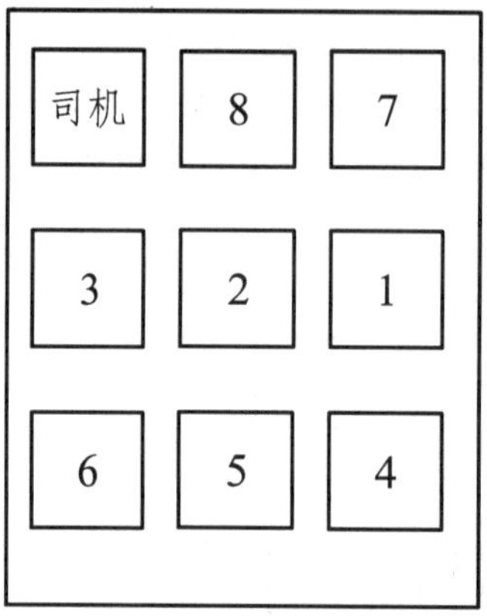

图 7-6　专职司机驾驶三排九座轿车

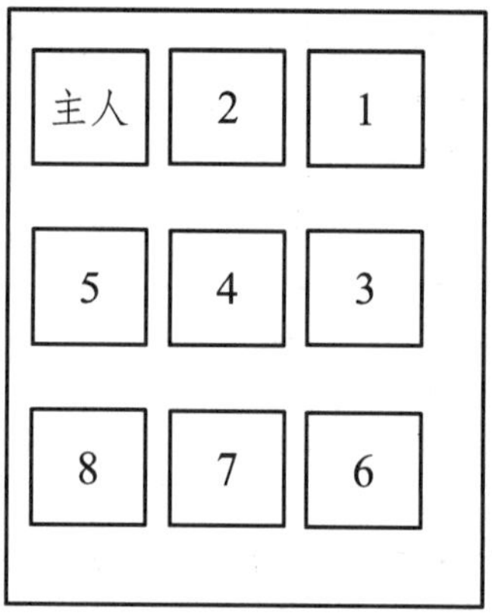

图 7-7　主人驾驶三排九座轿车

（4）在吉普车上，副驾驶座总是上座，其后排座位，注意右高左低即可，如图 7-8 所示。在大中型轿车上，通常的座次排序应当是由前而后，由右而左。

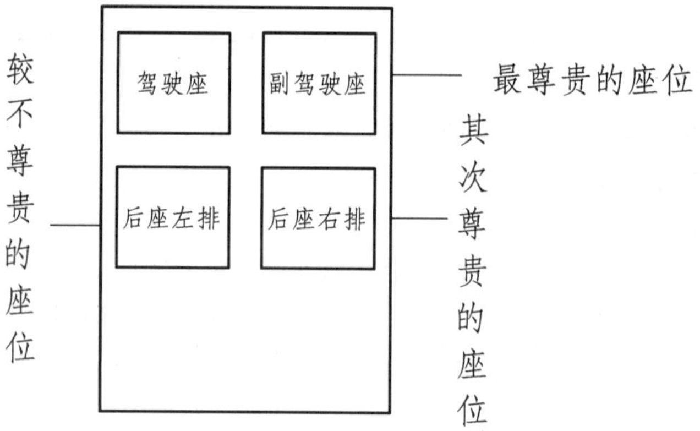

图 7-8　吉普车上的座次

对于这种礼仪上的座次尊卑，需要在掌握基本原则的基础上灵活运用。例如，当职员与上司乘坐同一辆由专职司机驾驶的双排座轿车外出办公事时，虽然后排上坐得下职员，但是职员还是应当自觉地去前排副驾驶座上就座，而不要在后排与上司“平起平坐”。

3. 安全与否

乘坐轿车外出，除了迅速、舒适之外，安全问题也是不容忽视的，应当将安全作为头等大事来对待。在轿车上，后排座比前排座要安全得多。最不安全的座位，当数前排右座；最安全的座位，则当推后排左座（驾驶座之后），或是后排中座。

4. 嘉宾本人的意愿

如果不是出席一些重大的礼仪性场合，对于轿车上座次的尊卑，不宜过分地墨守成规，只要乘车者自己的表现合乎礼仪，就完全可以了。

在正式场合乘坐轿车时，应请尊长、女士、来宾就座于上座，这是给予对方的一种礼遇。当然，不要忘了尊重客人本人的意愿和选择，并要将这一条放在最重要的位置。客人坐在哪里，即应认定哪里是上座。即便客人不明白座次，坐错了地方，也不要轻易指出或纠正。

应当说明的是：若宾主不乘坐同一辆轿车，依照礼仪规范，主人乘坐的车辆应行驶在前，目的是开道和带路。若宾主双方乘坐的车辆不止一辆时，仍应当是主人乘坐的车辆在前，客人乘坐的车辆居后。它们各自的先后顺序，亦应由尊而卑地由前往后排列，只不过主方要派一辆车压后，以防止客方的车辆掉队。

以上四条因素往往相互交错，具体运用时，可根据实际情况而定。

此外，乘车时还需要注意上下车顺序。上下车顺序的基本要求：倘若条件允许，须请尊长、女士、来宾先上车，后下车。

如果是主人亲自驾车，要后上车，先下车，以便照顾客人上下车。乘坐由专职司机驾驶的轿车时，坐于前排者，要后上车，先下车，以便照顾坐于后排者。

如果乘坐由专职司机驾驶的轿车，并与其他人同坐于后排时，应请尊长、女士、来宾从右侧车门先上车，自己再从车后绕到左侧车门上车。下车时，则应自己先从左侧下车，再从车后绕过来帮助对方。若左侧车门不宜开启，于右门上车时，要里座先上，外座后上。下车时，要外座先下，里座后下。总之，以方便易行为宜。乘坐多排座轿车，通常应以距离车门的远近为序。上车时，距车门最远者先上，其他人随后由远而近依次上车。下车时，距车门最近者先下，其他随后由近而远依次下车。

二、介绍礼仪

在日常工作中，商务人士往往需要会见各式各样的客人。在会见他人时，介绍、称谓、名片、见面礼是见面交往中几个相互联系的环节，每一个环节都有其基本的礼仪规范。合乎礼仪的会面，能给对方留下良好的第一印象，进而为其进一步的交往打下良好基础。

介绍是见面交往活动中相互了解的基本方式，它是初次见面的陌生双方开始交往的起点。在商务交往中，两个素不相识的人要想彼此认识，最简单快捷的方法就是进行自我介绍。如果你想介绍两个与你都熟悉，但他们之间彼此不认识的人交往，首先也要进行介绍。所以，介绍是商务交往中不可缺少的重要环节。日常交往中的介绍主要有自我介绍、他人介绍和集体介绍 3 种方式。

（一）自我介绍

自我介绍就是在必要的社交或商务场合，把自己介绍给他人，以使对方认识自己。恰当的自我介绍，不但能增进他人对自己的了解，而且还能创造出意料之外的商机。自我介绍的基本程序是：先向对方点头致意，得到回应后再向对方介绍自己的姓名、身份和单位，同时递上事先准备好的名片。自我介绍总的原则是简明扼要，一般以半分钟为宜，情况特殊也不宜超过 3 分钟。

1. 自我介绍的场合

自我介绍的场合主要有以下几种：

（1）应聘求职、应试求学、会议场合可以做自我介绍。

（2）因为业务关系需要相关人士接洽时可以做自我介绍。

（3）当遇到一位你知晓或久仰的人士，而他不认识你时，可以做自我介绍。

（4）出差、旅游、办事与别人不期而遇时，为了增加了解和信赖，可以做自我介绍。

（5）初次前往他人居所、办公室，登门拜访时要做自我介绍，或事先打电话约见，在电话里应做自我介绍。

（6）参加聚会时，主人不可能一一做细致的介绍，与会者可以与同席或身边的人相互自我介绍。

2. 自我介绍的方法

在社交场合，正确合礼的自我介绍，不仅可以扩大自己的交际圈，广交朋友，而且有助于自我展示、自我宣传，在交往中消除误会，减少麻烦。

自我介绍时应先向对方点头致意，得到回应后再向对方介绍自己的姓名、身份、单位等。自我介绍的方法主要有 5 种，如图 7-9 所示。

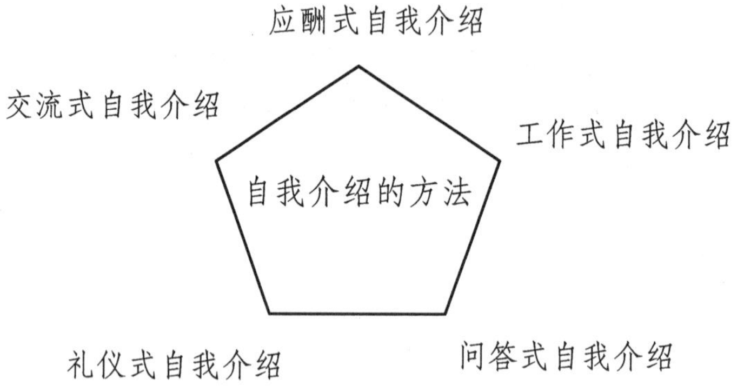

图 7-9　自我介绍的方法

（1）应酬式自我介绍：适用于公共场合和一般性的社交场合，如途中邂逅、宴会现场、舞会、通电话时。这种自我介绍最为简洁，往往只介绍姓名即可。例如："你好，我叫刘 ×""您好，我是 × ×"。

（2）交流式自我介绍：适用于社交活动中，希望与交往对象进一步交流与沟通。大体应包括介绍者的姓名、工作、单位、学历、兴趣与交往对象某个熟人的关系等。例如："我的名字叫王 ×，是 × × 公司的副总裁。10 年前，我和您先生是大学同学。"

（3）礼仪式自我介绍：适用于讲座、报告、演出、庆典、仪式等一些正规而隆重的场合。介绍内容包括姓名、单位、职务等，同时还应加入一些适当的谦辞、敬辞。例如："各位来宾，大家好!我叫李 ×，是 × × 电脑公司的销售经理。我代表本公司热烈欢迎大家光临我们的展览会，希望大家……"

（4）问答式自我介绍：适用于应试、应聘和公务交往。问答式的自我介绍应当是有问必答，问什么就答什么。例如，对方发问："这位先生贵姓？" 回答："免贵姓李，木子李。"

（5）工作式自我介绍：适用于工作场合。这种介绍包括本人姓名、供职单位以及部门、职务或从事的具体工作等。例如："你好，我叫李×，是××电脑公司的销售经理。"

3. 自我介绍的顺序

自我介绍的顺序主要有以下 5 种：

（1）职位高者与职位低者相识，职位低者应该先做自我介绍。

（2）男士与女士相识，男士应该先做自我介绍。

（3）年长者与年少者相识，年少者应该先做自我介绍。

（4）资历深的人士与资历浅的人士相识，资历浅者应该先做自我介绍。

（5）已婚者与未婚者相识，未婚者应该先做自我介绍。

（二）他人介绍

他人介绍又称第三者介绍，是经第三者为彼此不相识的双方引荐、介绍的一种交际方式。他人介绍通常是双方的，即对被介绍的双方分别做一番介绍。为他人做介绍时，不仅要熟悉双方的情况，还要懂得介绍的礼仪规范。

1. 他人介绍的顺序

介绍两人相互认识时，总的要求是：位尊者优先了解对方的情况，即先把被介绍人介绍给你所尊敬、身份和地位较高的一方，以表示对尊者的敬重。而在口头表达上，则是先称呼尊者，然后再做介绍，如图 7-10 所示。

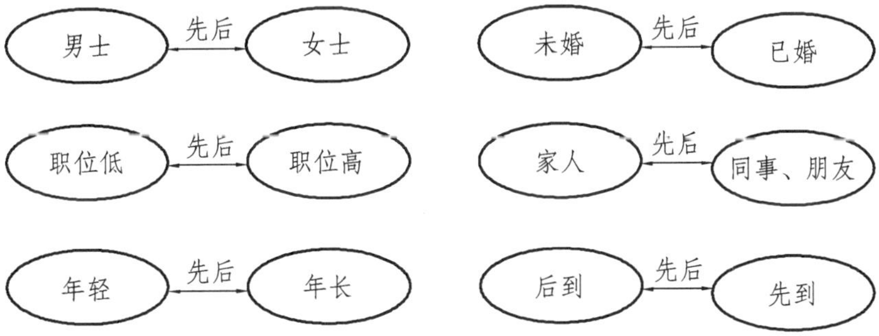

图 7-10　介绍顺序

（1）介绍女士与男士认识时，先介绍男士，后介绍女士。例如，介绍王先生与李小姐认识，介绍人应先引导王先生到李小姐面前，然后说："李小姐，我来给你介绍一下，这位是××公司的王先生。"

注意：在介绍的过程中，被介绍者的名字总是被后提。

（2）介绍职位高者与职位低者认识时，先介绍职位低者，后介绍职位高者。例如："王总，这位是××公司的总经理助理刘女士。"

（3）介绍年长者与年轻者认识时，先介绍年轻者，后介绍年长者。例如："王教授，让我来介绍一下，这位是我的同学张×。"

（4）介绍已婚者与未婚者认识时，先介绍未婚者，后介绍已婚者。例如："张太太，让我来介绍一下，这位是李小姐。"

注意：当无法辨别被介绍者是已婚还是未婚时，则不存在先介绍谁的问题，可以随意介绍。例如："张女士，让我来介绍一下，这位是我的朋友李小姐。"

（5）介绍同事、朋友与家人认识时，先介绍家人，后介绍同事、朋友。例如："张先生，我想请你认识一下我的女儿小芳。"

注意：介绍家人时，一般要说出你与家人的关系以及家人的姓名。因为如果不介绍家人的姓名，对方可能不知道该如何称呼你的家人。

此外，通常把与自己关系较近的一方先介绍给关系较疏的一方。例如，通常应先把同事介绍给客户；带朋友去做客或参加某个聚会时，通常应先把朋友介绍给主人。

（6）在聚会上介绍先到者与后到者认识时，应先介绍后到者（晚到者），后介绍先到者（早到者）。

2. 他人介绍的方式

掌握介绍的顺序后，就可以正式为他人做介绍了。由于实际情况不同，为他人做介绍的方式也不尽相同，一般有以下几种：

（1）一般式。一般式又称标准式，以介绍双方的姓名、单位、职务等为主，适用于正式场合。例如："请允许我为两位引荐一下。这位是××公司营销部主任殷×小姐，这位是××化妆品公司副总朝×女士。"

（2）简单式。只介绍双方姓名一项，甚至只提到双方姓氏而已，适用于一般的社交场合。例如："我来为大家介绍一下，这位是谢总，这位是徐总。希望大家合作愉快。"

（3）引见式。介绍者所要做的是将被介绍的双方引到一起，适用于普通场合。例如："两位认识一下吧。大家其实都曾经在一个公司共事，只是不在一个部门。接下来请自己说说吧。"

（4）推荐式。介绍者经过精心准备再将某人举荐给另一人。介绍时通常会对前者的优点加以重点介绍，通常适合比较正规的场合。例如："这位是李×先生，这位是××公司的总经理程×。李×先生是经济学博士。程总，我想您一定有兴趣和他聊聊吧。"

（5）礼仪式。礼仪式是一种最为正规的经人介绍方式，适用于正式场合。其语气、表达、称呼上都更为规范和谦恭。例如，"孙小姐，您好！请允许我把××公司的公关部经理赵×先生介绍给您。赵先生，这位是××公司人力资源部经理孙×小姐。"

3. 他人介绍的注意事项

（1）为他人做介绍，应该运用正确的手势，一般是手指伸直并拢，手掌与前臂呈一条直线，肘关节自然弯曲，掌心向上，手掌自然平伸，左手、右手都可以。

（2）主人应该把主宾介绍给所有其他宾客，否则是失礼的表现。把应该介绍的宾客遗漏则是失礼的行为。

（3）切勿随便把一个一般交情的人介绍为"我的朋友"，除非你们的亲密友谊众所周知。否则，言外之意就是说另一方不是你的朋友。

（4）他人介绍时，介绍人和被介绍人都应该起立，以示尊重和礼貌。待介绍人介绍完毕后，被介绍双方应微笑点头示意或握手示意。

（5）在宴会或会议桌、谈判桌上，一般情况下，介绍人和被介绍人可不必起立，被介绍双方可点头微笑示意。如果被介绍双方相隔很远，可举起右手致意或点头微笑致意。

（6）介绍完毕后，被介绍的双方应依照合乎礼仪的顺序握手，并彼此问候对方。问候语有“你好，很高兴认识你，久仰大名，幸会幸会”等，必要时还可以做进一步的自我介绍。

（三）集体介绍

1. 单向介绍

在演讲、报告、会议、会见时，往往只需要将主角介绍给所有参加者，即通常由主持人向与会者介绍报告人或演讲人的情况，而没有必要一一介绍所有参加者。

2. 少数服从多数

少数服从多数是指当被介绍双方地位、身份大致相似，或者难以确定时，应当使人数较少的一方礼让人数较多的一方，一个人礼让多数人，先介绍人数较少的一方或个人，后介绍人数较多的一方或多数人。例如，当新加入集体的成员初次与集体其他成员见面时，负责人要先将他介绍给集体，然后再向他介绍集体的主要成员。

3. 强调地位、身份

若被介绍者双方地位、身份之间存在明显差异，特别是当这些差异表现为年龄、性别、婚否、师生以及职务等的区别时，即使地位与身份为尊的一方人数较少，甚至只有一个，仍然置于尊贵的位置，也要后加以介绍，而先介绍身份地位低的人员。

4. 多方的介绍

当被介绍的人有两方以上时，需要对被介绍的各方进行位次排列。排列的具体方法如下：

（1）以其负责人身份高低为准。

（2）以其单位规模为准。

（3）以单位名称的英文字母顺序为准。

（4）以抵达时间的先后顺序为准。

（5）以座次顺序为准。

（6）以距离介绍者的远近为准。

进行多方介绍，应由尊而卑。若时间允许，应在介绍各方时，以“尊卑”的顺序，逐一介绍其各个成员，若时间不允许，则不必介绍具体成员。

三、称谓礼仪

人们在日常生活和社会交往中，与人碰面打招呼、登门拜访、为别人做介绍时，首先遇到的问题就是如何称呼对方。在比较正式的场合，对别人称呼不得当，就会显得有失礼貌，有时甚至给自己与他人的相处带来不利影响。恰当合理的称呼往往是成功交往的开始。目前运用得比较广的称谓方式主要有以下 6 种。

（一）职务性称谓

职务性称谓是指以交往对象的职务相称，以示身份有别，敬意有加，这是一种最常见的称谓。以职务相称，一般有 3 种情况：称职务、在职务前加上姓氏、在职务前加上姓名（适用于极其正式的场合）。

在称呼总统、主席等职务时，有时还可与“先生”或“女士”连用，例如，总统先生（Mr. President）。汉语中职务性称谓分得较细，部长、局长、处长、科长等各级别称谓不同，而英、美机构虽然庞杂，但职务性称谓并不多，Chief、Director 和 President 是使用最为广泛的称谓语，且多用于正式场合。

（二）职称性称谓

以职称相称，一般也有 3 种情况：只称职称、在职称前加上姓氏、在职称前加上姓名（适用于十分正式的场合）。对于具有职称者，尤其是具有高级、中级职称者，在工作中直接以其职称相称。称呼时只称职称，如教授、律师、工程师；在职称前加上姓氏，如“冯教授”“陈工程师”或简称“陈工”等；如果在职称前加上姓名，如“冯 × 教授”、“杜 × 主任”可以适用于十分正式的场合。

汉语中的职称性称呼要多于英语。英语中最常用的职称性称呼是“教授”，而汉语中除“教授”外，“工程师”“研究员”“编辑”“医师”等职称也常被用作称呼用语。

（三）学衔性称谓

以学衔作为称谓，可增加被称谓者的权威性，有助于增强现场的学术氛围。以学衔相称，一般有 3 种情况：可以仅称学衔，如博士；可以在学衔前加上姓氏，如张博士；也可以在学衔前加上姓名，如方 × 博士。但称呼其他学位（如学士、硕士）不能作为称谓来用。如果将学衔具体化，则说明其所属学科，并在其后加上姓名，如工学博士方 ×。

（四）行业性称谓

在工作中，有时可以按行业和称谓对象所从事的职业进行称谓。称呼职业，如将医护人员称为医生或大夫，将教师称为老师，也可以采用职业加上姓氏或姓名的称呼（适用于极其正式的场合）。

汉语中，大众心目中有地位的职业（多为白领）可用作称谓语，如老师、医生、工程师、律师等；而一些技术性较强的体力劳动职业（多为蓝领），如车工、电工等则一般不用作称谓语。

中英文教师称谓差异。采用职业加上姓氏称呼教师时，中英文之间的称谓存在着一定的差异。汉语中时常是在“老师”“教授”前加上教师的姓；而英语中只有在称呼“教授”时才能用“Professor + Surname”的形式，对于一般的男教师需用“Mr. +Surname”或 Sir 来称呼。在英国，不管女教师是否结婚，都用“Miss +Surname”或 Miss 来称呼。其历史要追溯到维多利亚女王时代，当时只有未婚女子才能做教师，在美国，已婚女教师用“Mrs./Ms. +Surname”来称呼，未婚女教师则用“Miss/Ms.+Surname”来称呼，不能确定女教师的婚姻状况时则用后者。

（五）性别性称谓

在商务交往中（尤其是国际商务交往）以及其他一些社交场合和公文、公函中，一般约定俗成地按性别的不同分别称呼“小姐”“女士”或“先生”。其中，用“小姐”称未婚女性，用“夫人”称已婚女性，“女士”是对女性的一种尊称。有时性别前面还可以冠以职务、姓名、头衔等，如总经理先生、怀特夫人、市长先生。

在汉语中，除了上述与英语相同的性别称谓外，还可用“同志”“师傅”等中性称谓语，在非正式场合还可使用一些拟亲属称谓的性别性称谓，例如，对于与父母同辈的男性可称“叔叔”或“大伯”，女性则可称“阿姨”。不同年龄的人，此类称呼不同。拟亲属称谓法是我国的传统习俗，体现了我们民族的文化内涵，能使被称呼者感到尊重和亲近，拉近交往双方的心理距离，从而收到良好的交际效果。

（六）姓名性称谓

在工作岗位上称呼姓名，一般限于同事、熟人之间。其具体方法有 3 种：一是直呼姓名；二是只呼其姓，不称其名，但要在其前面加上“老”“大”“小”等，如“小李”“老王”等；三是只称其名，不呼其姓，通常限于上级称呼下级、长辈称呼晚辈时，在亲友、同事、邻里之间，也可以使用这种称谓。

在人际交往中，选择正确、适当的称谓，不仅反映了自身的修养和对对方尊敬的程度，甚至还体现着双方关系发展所达到的程度和社会风尚。因此，选择称谓要合乎常规，要照顾被称呼者的个人习惯，入乡随俗。当不能确定哪种称谓比较适宜时可使用正式的称谓，也可直接问对方该怎样称呼为好。世界各国的姓名排序与用法主要如下：

1. 姓前名后

姓前名后的形式多在朝鲜、越南、日本、蒙古、阿富汗、匈牙利及我国通行。朝鲜、越南人的姓名习惯与我国相同；日本最常见的是四字组成的姓名，前二字为姓，后二字为名。一般口头称呼姓，正式场合称呼全名。

2. 名前姓后

名前姓后的形式多在欧美国家通行。口头称呼一般称姓，正式场合则用全称。大多数欧美人的姓是一个词，而名则由 2 个或更多的词组成。

法国人往往把自己尊重的知名人士或家中某一个人的名字加进自己的名字中以示敬重或纪念，但别人称呼或书写时则只用其为首的本名。例如，前总统戴高乐的全名是夏尔・安德烈・约瑟夫・玛丽・戴高乐，但一般人都称他为夏尔・戴高乐。

俄罗斯人的姓名一般由“名-父名-姓”3 节组成。他们一般口头称姓或只称名，当表示客气和尊敬时，称“名-父名”。为了特别表示对长者的尊敬，也有只称父名的。例如，列宁的全名是弗拉基米尔・伊里奇・乌里扬诺夫・列宁，而人们常称列宁为伊里奇。

阿拉伯人的姓名一般由 3 或 4 节组成，即本人名-父名-祖父名-姓。正式场合用全名，简称时只称本人名。例如，费萨尔・阿卜杜拉・阿齐兹・阿・杜拉・拉赫曼・沙特，简称为费萨尔。

3. 有名无姓

有名无姓的形式在缅甸、印度尼西亚最常见。

缅甸人有名无姓，但通常在名字前面加个称呼，表示此人的长幼、性别和社会地位。对年纪较大的人名前加“吴”，意为“先生”和“伯叔”；对平辈或青年人称“郭”，即“大哥”的意思；对幼辈或少年称“貌”，即“小弟”的意思；对年轻的姑娘，一般称“玛”，为“姑娘、姐妹”的意思；对年纪较大或有地位的妇女称“杜”，意为“姑、姨、婶”。

四、名片礼仪

名片是商务交往中经常用到的工具，一般用来表示名片持有人的身份，记载其联系方式，方便初次见面时相互认识与将来再次联络。名片已经成为现代交际中重要的沟通媒介，有人甚至把名片称为另一种形式的身份证。

（一）名片的用途

在现代社会中，名片不仅有自我介绍和保持联络的作用，而且还有其他多种用途。

1. 名片可以替代便函

常常有人在名片左下角处用小字简单寄言，用来对友人表示祝贺、感谢、介绍、辞行、慰问、馈赠以及吊唁等多种礼节。把名片当作这种用途使用时，如果是本人亲自递交，要用铅笔写；投寄时，用钢笔书写。书写部位没有特殊规定，但通常是在姓名的左下方，可以写上国际通用的法文缩写，也可以写上几个字，或简短的一句话，如“谨致谢意”。以名片代替便函，往往显得比较郑重。

2. 名片可以替代礼单

当向友人寄送或托送礼物或鲜花时，可在礼品或花束中附上名片并写上祝福短语。例如，收到友人的礼品，可立即回复一张名片，左下角用铅笔写上“P. r”以表示感谢。

3. 名片可用作介绍信

在名片上方写上“兹介绍 × × 先生”之类的话，或是在名片的左下角用铅笔写上“p .p.”，名片就具有了介绍信的作用。在这种情况下，介绍人比较礼貌的做法是先用电话等方式告知对方：有人将拿我的写有 × × 字样的名片前去见您。否则，对方会因突然见此名片而摸不着头脑，持名片的被介绍者也会因对方没接到任何通知而感到尴尬。

4. 名片可用作通报和留言

拜访生人或长辈时，可在名片姓名的下方写上“求见”“拜见”字样，转行顶格写上对方的姓名称谓。先请人递上这样一张名片，作为通报之用，让对方考虑一下是否见你。若被访者不在，可留下一张名片，上面写一句“很遗憾，未能一见”或“很遗憾，来访未晤”等，也是友善的表现。

5. 名片可用于业务宣传

在进行业务往来时，名片是公司的招牌，具有广告宣传的作用，可使对方了解你所从事的业务。

6. 名片可用于通知变更

一旦调任、迁居或更换电话号码，送给至亲好友一张注明上述变动的名片，等于及时而礼貌地打了招呼。

知识链接

名片上字母的含义

在20世纪中叶或更早以前，外交人员中流行在名片上标注缩写字母以表达相关意义的做法，这些字母应该用铅笔写在名片左下角。其中最具有代表性的有如下几种；

介绍（p.p.）：向对方介绍某人时使用。邮寄时，要连同被介绍人的名片一并寄去。

祝贺（p.f.）：庆祝各种节日时使用。

谨唁（p.c.）：凭吊、追悼时使用。

谨谢（p.r.）：接受礼物、款待、祝词之后表示感谢时使用。另外，收到别人祝贺、吊唁之类的名片后，应赠送自己的名片作为回礼。

辞行（p.p.c.）：调离、离任等场合，向同事告别时使用。

恭贺新年（p.f.n.a.）：新年之际互问安好时使用。

备忘（p.m.）：就某件事情提示对方注意时使用。

慰问（p.p.n.）：问候病人身体状况等时使用。

（二）名片的种类

1. 按照人们交往的方式分

（1）商业名片。

商业名片是指公司或企业在业务活动中所使用的名片。名片的使用大多以营利为目的。商业名片的主要特点：名片常使用标志和注册商标，印有企业业务范围；大公司有统一的名片印刷格式，使用较高档纸张；商业名片没有私人家庭信息，主要用于商业活动。

（2）公用名片。

公用名片是指政府或社会团体在对外交往中所使用的名片。公用名片的主要特点：没有统一的名片印刷格式，名片印刷力求简单实用；注重个人头衔和职称；名片内没有私人家庭信息，主要用于对外交往与服务。

（3）个人名片。

个人名片是指朋友间交流感情，结识新朋友所使用的名片。个人名片的主要特点：名片不使用标志；名片设计个性化，可自由发挥，常印有个人照片、爱好、头衔和职业；名片纸张根据个人喜好选用；名片中含有私人家庭信息，主要用于朋友交往。

2. 按排版方式分

（1）横式名片。

横式名片是指以宽边为底、窄边为高的名片印刷方式。横式名片因其设计方便、排版便宜，是目前使用得最普遍的一种名片印刷方式。采用横式排版的名片，行序由上而下，字序从左到右。第一行顶格书写持有人的单位名称；第二行是持有人的姓名，用较大号字写在片中，有职务、职称或学衔的，通常用小字标在姓名右侧下；第三行是持有人的详细地址及电话号码、邮政编码、E-mail 地址或网址等。

（2）竖式名片。

竖式名片是指以窄边为底、宽边为高的名片印刷方式。竖式名片因其排版复杂，可参考的设计资料不多，适于个性化的名片设计。竖式名片示例如图 7-11 所示。

图 7-11　竖式名片

图 7-12　折卡名片

（3）折卡名片。

折卡名片是指可折叠的名片，比正常名片多出一半的信息记录面积。折卡名片因其排版特殊、制作较复杂，因此，在交往中较少使用，示例如图 7-12 所示。

（三）名片的内容

名片直接承载着个人及企业的信息，担负着保持联络的重任。要使名片发挥的作用更大，名片内容就要包括姓名、职务、学位和职称、公司名称、地址、联系方式、商标或服务标志等信息。

1. 姓　名

姓名是名片中最重要的部分，一般而言都使用本名。在名字的设计上可以做一些特殊的处理，以便让人印象深刻。如利用手写签名后拍成照片再印上去就很有特色，对于生僻字或者多音字，最好能在下面印上拼音或英文名字，以免对方读错。

2. 职　务

应标明最重要或最主要的一至两项职务，其他名誉或其他次要职务无须一一列出，不然会给人华而不实的感觉。由于各类社会团体较多，加入社团又可增加无数商机，因此，持片人可能有多种头衔，如××理事、××委员、××顾问等，如果有必要可以为每一种职务分别制作名片，以便不同场合使用。

3. 学位和职称

学位和职称一般都是学历、资历的象征和证明，一旦获得就可以终生享用。高学位和高职称一般都可以在名片上标明。到目前为止，最值得搬上名片的学位是博士，最值得搬上名片的职称是教授和高级工程师。

4. 公司名称

一般而言，除国家公务员的名片印上所服务的机构或由于特殊情况不印公司名称外，一般名片都必须印有公司名称。应注明公司或企业的全名，而不能只写简称或缩写代码。如果一个人从事两种以上的行业，可以都印在名片上。

5. 地　址

一般而言，公司的地址是名片中的必备内容，一般应该标注公司或企业的办公地址，有时还可加印分公司的地址，以显示公司的庞大。现在电子资讯发达，很多公司将自己的网站也印于名片上。

6. 联系方式

在名片中，应标注最主要的办公联系电话、传真号码和移动电话号码，电子邮件地址也可作为联系方式印到名片上。

7. 商标或服务标志

现代企业十分注重品牌形象，大多在名片中印上自己专属的商标或服务标志，以增加对方对本企业的印象。

8. 业务项目或产品

此项因行业的不同而千差万别，但均要达到业务上或产品上的宣传或促销目的，以增加对名片持有者的印象，创造商机。

9. 企业口号

通常印在名片上的企业口号与企业形象、工资名称或广告词相呼应，主要是借口号的联想力或不断重复，加深客户印象，提高企业知名度。

10. 照片、祝福语或格言

在名片上印上个人的照片，通常在服务业或保险业中比较常见，以便让客户有更深刻的印象。另外，制作一些比较前卫的个性名片，也可以将个人写真照片印到名片上，以体现自我。

祝福语或格言多用于个人名片，具有增加对方印象的作用，和企业口号有着异曲同工的作用。

（四）使用名片的礼仪规范

使用名片的礼节涉及递送、接受、交换、存放和管理4个环节，递接双方都应注意其中的礼仪规范。

1. 递送名片

递送名片一般宜在与人初识时，自我介绍或他人介绍之后进行。递送名片应注意以下几个方面的礼仪：

（1）一般是地位低者先向地位高者递送名片，男性先向女性递送名片，年少者先向年长者递送名片。出于公务和商务的需要，女性也可主动向男性递送名片。

（2）当对方不止一人时，应先将名片递给职位较高者或年龄较大者，如分不清职位高低和年龄大小时，可依照座次递送名片，应给对方在场的人每人一张，以免厚此薄彼，产生矛盾。

（3）与上司一同到别处拜访时，需经上司介绍后再递出名片。

（4）若对方先递名片，要马上接过，再递出自己的名片。

（5）递送名片时，应面带微笑，正视对方，用双手或左手拿住名片右上角并使名片上的姓名正对着对方，递给对方。（见图7-13）

（6）如果是坐着，应起身或欠身递送，递送时应说“这是我的名片，请多关照”等。

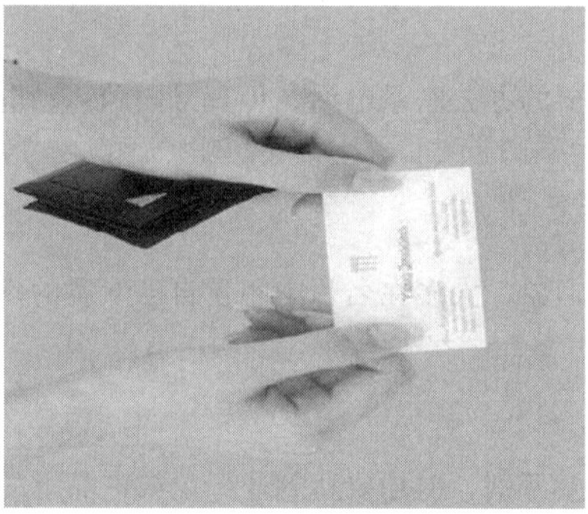

图7-13　递送名片

2. 接受名片

接受名片应注意以下几个方面的礼仪：

（1）接受他人名片时应起身或欠身，面带微笑，双手或右手接过，不要只用左手接过。

（2）接过名片后，要从头至尾将名片认真默读一遍，表示重视对方，不能确认的生僻字应主动向对方请教。根据需要可以将名片上重要的内容读出来，一般需要重读的是对方的职务、头衔、职称。

（3）接受他人名片时，应使用谦辞敬语，如“能得到您的名片十分荣幸”，如果对方地位较高或有一定知名度，则可道一句“久仰大名”。

（4）看完后应郑重地将名片放入名片夹中，并表示谢意。不宜将名片随手放在桌上，或在名片上书写文字图案，切忌在名片上放其他物品。

（5）接受他人名片后，一眼不看或是漫不经心地随手放入口袋，或是将名片拿在手中揉搓，都是对人失敬的表现。

3. 交换名片

交换名片时应注意以下几个方面的礼仪：

（1）当对方递送名片后，如果自己没有名片或恰好没带名片或名片已用完，应向对方表示歉意，并说明原因。

（2）倘若一次同许多人交换名片，而且都是初次交换，那么最好依照座次来交换，并及时核对对方的姓名，以防混淆。

（3）如果在公共场合索取他人名片时，可以委婉地说："以后怎样同您联系？"向尊长索取名片可以这样说："今后如何向您请教？"当他人索取本人名片，而自己无意送人名片时，可委婉地说"对不起，我忘了带名片"或者"抱歉，我的名片用完了"之类的话语。若本人没有名片，又不想说明时，也可以用这种方法表述。

4. 发送名片的正确时机

若想适时地发送名片，让对方接受并收到最好的效果，必须注意下列事项：

（1）除非对方要求，否则不要在年长的主管面前主动出示名片。

（2）对于陌生人或巧遇的人，不要在谈话中过早发送名片。因为这种热情一方面会打扰到别人，另一方面有推销自己之嫌。

（3）不要在一群陌生人中到处传发自己的名片，这会让人误以为你想推销产品，反而不受重视。在商业社交活动中，尤其要有选择地发送名片，才不致使人以为你在替公司搞宣传、拉业务。

（4）处在一群彼此不认识的人当中，最好让别人先发送名片。名片的发送可在刚见面或告别时，但如果自己即将发表意见，则应在说话之前将名片发给周围的人，这样可帮助他们认识自己。

（5）出席重大的社交活动，一定要记住带名片。

五、会晤接待礼仪

会晤，又称会面或会见，一般是指在较为正式的场合，与他人郑重其事地见面。在接待活动中，凡正式会晤多属礼节性活动，通常不会安排主客双方就实质性的问题进行深入磋商，但可以直接反映出主客双方关系的现实发展程度。

（一）会晤座次

我国民间接待来宾时，有一条古老的规矩，叫作"坐，请坐，请上座"，由此可见，座位问题在接待工作中至关重要。会晤座次安排时，一方面，要注意把"上座"让给来宾就座；另一方面，在就座之时，为了表示对客人的敬意，主人应请客人先行入座。所谓"上座"，通常是指主客并排就座时的右座；距离房门较远的座位；宾主面对面就座时面对正门的座位；以进门者面向为准，位于其左侧的座位；较高的座位与较为舒适的座位，往往也被视为"上座"。

在正常情况下，适用于会晤场合的座次排序主要有相对式、并列式、居中式、主席式、自由式 5 种。

1. 相对式

相对式座次是指宾主双方面对面就座。此种方式主次分明，往往易于宾主双方公事公办，保持适当距离。它多用于公务性会晤，具体又分为以下两种情况：

第一种情况，双方就座后，一方面对正门，另一方则背对正门。此时讲究“面门为上”，即面对正门之座为上座，应来宾就座；背对正门之座为下座，宜主人就座，如图 7-14 所示。

第二种情况，双方就座于室内两侧，并且面对面地就座。此时讲究进门后“以右为尊”，即进门时以右侧之座为上座，应来宾就座；左侧之座为下座，宜主人就座，如图 7-15 所示。

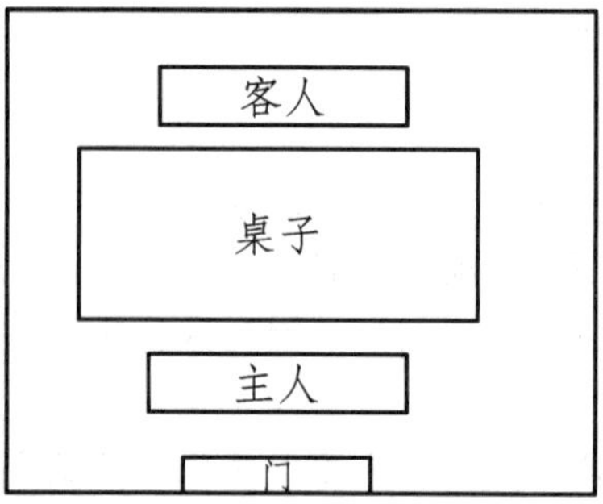

图 7-14　面门为上

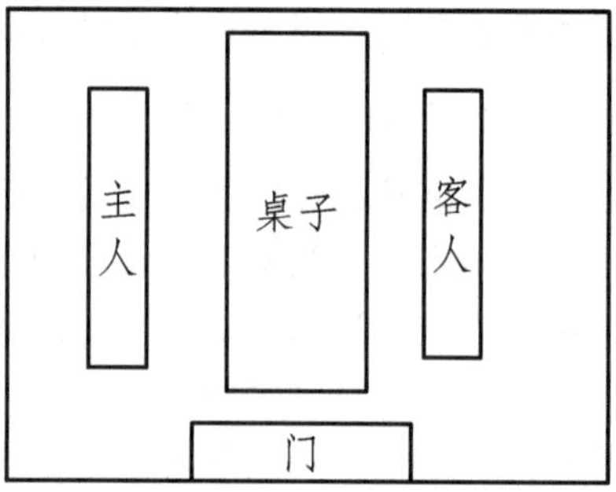

图 7-15　以右为尊

2. 并列式

并列式座次是指主客双方并排就座，以暗示双方彼此“平起平坐”，地位相仿，关系密切。它多适用于礼节性会晤，也分为以下两种情况：

第一种情况，双方一同面门而坐。此时讲究就座后静态的“以右为上”，即主人宜请来宾就座于自己的右侧，如图 7-16 所示。若双方人员不止一名时，其他人员可各自分别在主人或主宾一侧按其地位、身份的高低，依次就座。

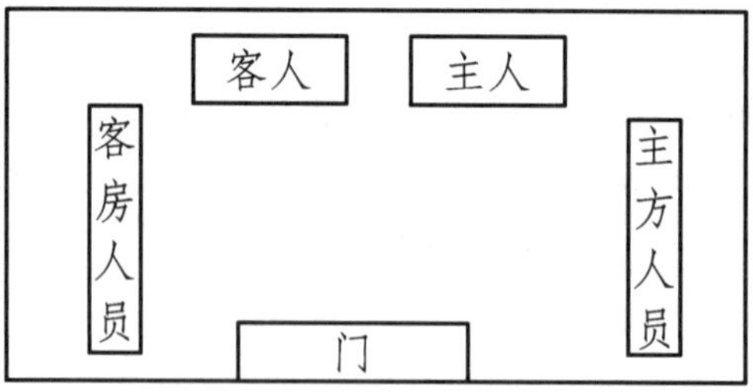

图 7-16　以右为上

第二种情况，双方一同在室内的右侧或左侧就座。此时讲究“以远为上”或“内侧高于外侧”，即应以距门较远之座为上座，将其留给来宾；以距门较近之座为下座，将其留给主人。若双方人员较多时，则按其地位、身位的高低分别依次就座于主人或主宾的一侧，如图 7-17 和图 7-18 所示。

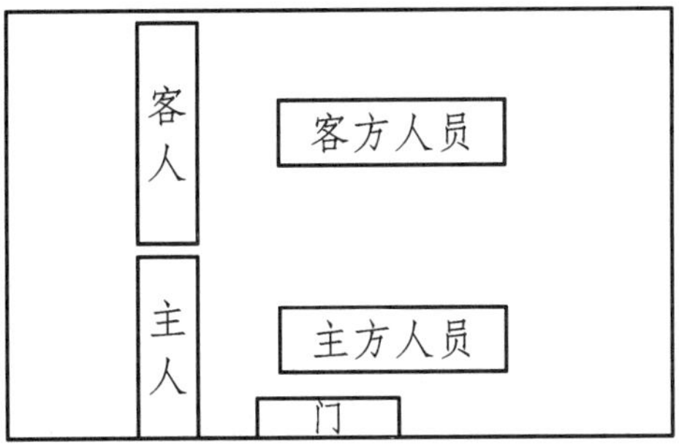

图 7-17　以远为上

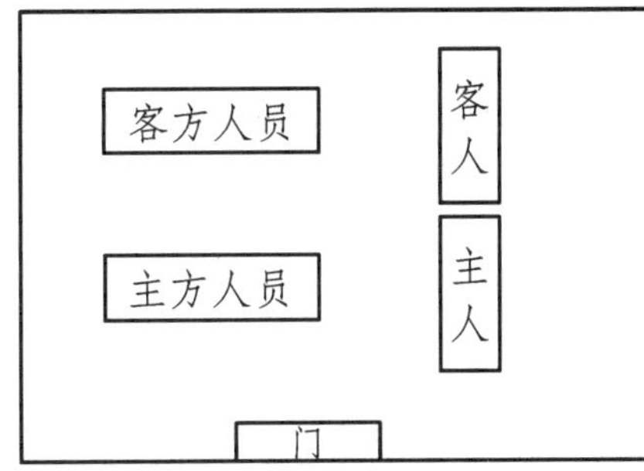

图 7-18　内侧高于外侧

3. 居中式

居中式座次是指并列式排座的一种特例，也就是当多人一起并排就座时，讲究“居中为上”，即以中央的位置为上座，请来宾就座；以其两侧的位置为下座，由主方人员就座，如图 7-19 所示。

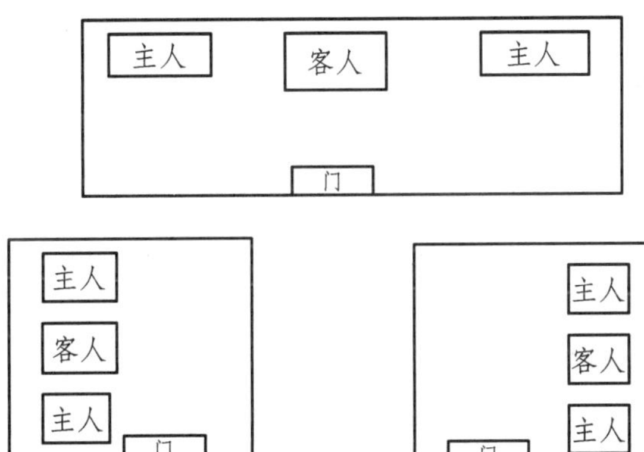

图 7-19　居中为上

4. 主席式

主席式座次是指一般应由主方面对正门而坐，其他各方来宾在其对面背门而坐，通常适用于主方在同一时间、同一地点正式会见两方或两方以上来宾的情况。此时这种座次方式好像主方正在以主席的身份主持会议，因此又称主席式，如图 7-20（a）所示。有时，主人亦可以坐在长桌或椭圆桌的尽头，而请其他来宾就座于其两侧，如图 7-20（b）所示。

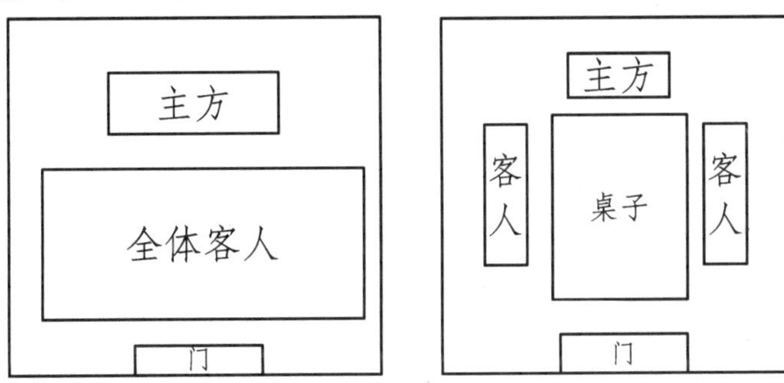

（a）　（b）

图 7-20　主席式

5. 自由式

自由式座次是指进行具体会晤之时不进行正式的座次排序，而是由宾主各方的全体人员自由择座，多适用于各类非正式会晤或者非正式举行的多边性会晤。

（二）合影位次

较为正式的会面，主客双方往往需要合影留念。在涉外交往之中，对此尤为讲究。正式的合影，既可以排列座次，也可以不排列座次。需要排列座次时，应首先考虑方便拍摄与否、场地的大小、人数的多少、身材的高矮、内宾或外宾等情况。正式合影的人数，一般宜少不宜多。合影时，主客双方一般均应站立。必要时，可安排前排人员就座，后排人员呈梯级站立。但是，通常不宜要求合影者蹲着拍照。

合影时，若安排其参加者就座，应先在座位上贴上便于辨认的名签。对于合影的位次排序问题，国内外有所不同。

1. 国内合影的位次安排

国内合影时的位次安排，一般讲究居前为上、居中为上和居左为上。通常，合影时主方人员居右，客方人员居左，如图 7-21 所示。

主5	主4	主3	主2	主1	客1	客2	客3	客4	客5

图 7-21 国内合影位次安排

2. 涉外合影的位次安排

在涉外场合合影时，应遵守国际惯例，主人居中，主宾居右。简言之，就是讲究以右为上，主客双方间隔排列。为了表示对客人的尊重，两侧最靠边的位置尽量安排我方人员站立，如图 7-22 所示。

主方	来宾	主2	客1	主1	客2	主3	来宾	主方

图 7-22 涉外合影位次安排

商务拜访和接待，有成功有失败，不因成功而阿谀奉承，也不因失败而恶语相向。本着“礼多人不怪”“以和为贵”的思路处理拜访和接待中的相关事宜，才能广交朋友，种下善缘，商务之路才会越走越宽。

【项目小结】

本项目围绕商务拜访和商务接待过程中的礼仪要求，重点介绍了拜访前和接待前的准备，见面接待实施中的迎送，拜访和接待过程中的乘车礼仪、座次安排、介绍礼仪、称谓礼仪、名片礼仪等具体的礼仪规范；训练学生在拜访及接待过程中，能够针对不同的人员拜访、接待做出相应的安排，能够正确相互介绍，熟练使用及接受名片，正确安排座次，促使学生养成良好的拜访、接待行为习惯，提高自身修养，通过标准、优美的礼仪展示良好的个人及企业形象。

【课后练习】

一、选择题

1. 引客人到会议室，入座的惯例是（　　）。

A. 不拘形式，客人随意就座

B. 离门近为“上座”，请客人靠左边就座

C. 若与门等距离，左边相对于右边为“上座”，请客人靠左边就座

D. 先远后近，先右后左

2. 公关接待人员迎接客人上下楼梯时应注意（　　）。

A. 上楼时公关人员在前引路，下楼时客人先下

B. 下楼时公关人员先下，上楼时公关人在前引路

C. 上楼时客人先上，下楼时公关人员先下

D. 上楼时客人先上，下楼时客人先下

3. 引领客人应走在客人（　　）方。

A. 左前方　　B. 右前方

C. 正前方　　D. 后方

4. 如果是专职司机驾驶的轿车，最尊贵的座位应该是（　　）。

A. 副驾驶　　B. 驾驶员正后面

C. 后排右边座　　D. 后排正中间

二、论述题

1. SX 贸易有限公司的秘书美 × 在机场顺利接到了前来签约的客户张经理（男）和业务员小李（女）。美 × 在做完自我介绍以后主动伸出右手和他们分别握手，表示对对方的热烈欢迎。然后在征询对方的同意后帮助客户提大件行李，并靠左引导客人到乘车的地方。上车时，美 × 打开前门，指示张经理坐在副驾驶位上，说“请您坐这个座位吧，这儿视野比较开阔”。然后又打开车左后门，对小李说：“请您和我一道坐在后排座位好嘛，来，请您先进。”小李听后上车。司机开着车载着大家一起回公司，一路上大家无话。

思考：在整个接待过程中，美 × 有哪些地方做得不好？并说明理由。

2. 小赵和小关是大学同学。大学毕业后，各奔东西。如今，小赵在甲公司当业务员，小关在乙公司当经理。甲公司正好准备和乙公司做一笔生意（第一次），而小赵得知此事后，便自告奋勇，一来想去探望一下十多年没见的朋友，二来也想提升一下自己在公司的地位。这天下午，小赵便去了乙公司的经理室，结果在门口便被秘书拦下了。经过一番解释，秘书告诉他关经理有事不在，并将公司的电话留给他。

隔了几天，小赵打电话给乙公司，预约成功，定于星期三下午 3∶30 见面。结果由于堵车，小赵晚去了 1 个小时。到了以后，经打听，经理还在，就推门进去。朋友相见，十分欢喜。小赵马上冒出一句：“小关，这几年过得不错啊!”关经理感到有些尴尬。接着两人寒暄了几句。小赵便往沙发上一坐，跷起二郎腿，掏出一支烟递给小关。关经理不抽，他自己便大口大口地抽了起来，整个经理室顿时烟雾笼罩。关经理实在觉得不适，就打开窗户，说：“我这几天咽喉发炎，闻不得烟味。请原谅!”小赵也就不抽了。

接着两人聊起了大学生活，临走之际，小赵说明来意，并将一块名表送给关经理。关经理死活不接，并解释公司有规定：对 500 元以上的礼品概不接受。

思考：从商务拜访礼仪角度分析，小赵存在哪些失礼之处？

项目八 办公室礼仪

【知识结构图】

- 办公室礼仪
  - 办公环境的布置
    - 办公室布置的共性要求
    - 办公室布置的个性要求
  - 人际交往礼仪
    - 人际交往礼仪的重要性
    - 人际交往的原则
    - 人际交往的语言礼仪
  - 电话礼仪
    - 打电话的礼仪规范
    - 接电话的礼仪规范
  - 商务信函礼仪
    - 商务信函的书写规范
    - 商务信函的写作特点
    - 商务信函的结构
    - 常见的商务信函
  - 手机使用礼仪
    - 手机通话礼仪
    - 手机使用的其他礼仪

【知识目标】

1. 掌握办公室的布置要求。
2. 掌握人际交往的基本原则。
3. 掌握接打电话的礼仪规范、商务信函的书写规范和手机的使用礼仪。

【能力目标】

1. 培养学生良好的形象，提高学生的基本素质。
2. 通过办公室礼仪的学习，培养学生与人和谐相处、为自己建立融洽交际圈的能力。

【素质目标】

1. 培养学生具备办公室人员的道德修养和基本素质。
2. 提高学生在办公室交际中的沟通能力。
3. 提高学生在商务交流沟通及人际交往中的自信。

【案例导入】

一次失败的商务通话

LD 公司销售部文员刘小姐要结婚了，为了不影响公司的工作，在征得上司的同意后，她请自己的好朋友陈小姐暂时代理她的工作，时间为一个月。陈小姐大专刚毕业，比较单纯，刘小姐把工作交代给她，并鼓励她努力干，准备在蜜月回来后推荐陈小姐顶替自己。某一天，经理外出了，陈小姐正在公司打字，电话铃响了，陈小姐与来电者的对话如下：

来电者：“是 LD 公司吗？”

陈小姐：“是。”

来电者：“你们经理在吗？”

陈小姐：“不在。”

来电者：“你们是生产塑胶手套的吗？”

陈小姐：“是。”

来电者：“你们的塑胶手套多少钱一打？”

陈小姐：“1.8 美元。”

来电者：“1.6 美元一打行不行？”

陈小姐：“对不起，不行。”

说完，“啪”挂了电话。上司回来后，陈小姐也没有把来电的事告知上司。过了一星期，上司提起他刚谈成一笔大生意，以 1.4 美元一打卖出了 100 万打。陈小姐脱口而出：“啊呀，上星期有人问 1.6 美元一打行不行，我知道你的定价是 1.8 美元，就说不行。”上司当即脸色一变说：“你被解雇了。”陈小姐哭丧着脸说：“为什么？”上司说：“你犯了 5 个错。”

（资料来源：https://www.asklib.com/view/f0b31a513a29.html）

阅读上述案例后，思考以下问题：

1. 陈小姐被解雇是因为上司说她犯了 5 个错，分别是什么？
2. 她在电话礼仪方面还犯了哪些错？

任务一　办公环境的布置

办公室既是工作的地方，也是社交的场所，是一个单位对外联络沟通与联系的纽带和桥梁。在商务礼仪中，对办公室的基本要求是整洁、有序和安全。办公室的办公环境既要使办公人员感到舒适，又要展示企业文化，给来访者留下良好印象。办公区域主要分为公用工作区域和个人工作区域。不同办公区域办公室布置的要求既有共性要求也有个性要求。

【案例 1】

有意思的办公室

美国一家家具公司，利用先进的灯光技术制造了虚拟加州海滩氛围的工作环境，工作人员可以穿着海滩短裤、T 恤上班，享受 100%的新鲜空气和自然光。

有趣的是，根据美国《商业周刊》报道，这家公司的生产率因此提高了 15%。其中，有 8 位被挖角跳槽的员工，在离职两星期后自动回来报到，原因是他们“无法忍受其他单位晦暗的工作环境”。

思考：你心中理想的办公室是什么样的？（你对办公室的布置有哪些要求？）

一、办公室布置的共性要求

1. 保持室内空气清新，光线充足

室内通风不好、光线昏暗容易给处于此种工作环境中的人员带来不佳的体验，易产生疲劳感。因此，办公室内应经常通风换气，尽量将办公桌放在光线好的地方，为大家提供良好的办公环境，提高工作效率。

2. 适当装饰美化

办公室可将符合企业文化与企业理念的徽标、有特殊意义的照片或者名人字画等作为装饰，亦可摆放花草、盆景等，既可以美化办公环境，又可以展现出企业的文化气息，使大家能够在办公环境中愉悦地交流与工作。

3. 注意环境卫生

整洁的环境让人身心愉悦，杂乱无章的环境则容易让人烦躁。因而办公环境应及时处理好纸屑、烟灰等垃圾，保证办公室地面、墙面、天花板及桌面和办公设备的清洁。这就要求办公室人员能够自觉做好垃圾分类及处理、不随意堆放丢弃垃圾，同时配备专业清洁人员定期对办公室进行清洁打扫。

二、办公室布置的个性要求

1. 公用工作区域的办公室布置要求

（1）有醒目的标识：办公室的房门应该挂上醒目、美观的标牌及指示牌，方便来访者顺利找到对应的办公室，办理相关业务。

（2）合理摆放办公设备：办公桌应摆放在采光良好的位置，能和窗户保持一定的距离为佳，避免让阳光直射眼睛；文件柜、打印复印机等设备则应在安全的前提下，摆放在方便大家使用的地方；有条件的单位还可以单独安排出员工休憩区域，并根据大家的习惯摆放上饮水机、微波炉、电冰箱等设备。

2. 个人工作区域的办公室布置要求

（1）保持桌面整洁：办公桌面上一般只摆放必要的办公用品，不要将杂志、报纸、餐具、公文包等堆放在桌面上，也不应该摆放私人照片等物品。保持办公桌的清洁是一种礼貌。他人如果看到凌乱的办公桌，会对桌子主人的印象大打折扣。

（2）各类资料正确及时地归档：各类办公文件、资料应当及时按类按月归档，装订整理好后按顺序放入文件柜中。

任务二　人际交往礼仪

考核一个员工并不一定只看其个人的技术水平与工作积极性，一个踏踏实实做好本职工作、忠于自己职位的员工并不见得在单位就能够出类拔萃，因而与人沟通、协调、协作能力的强弱也是考核个人综合能力的重要指标之一。

办公室同事之间的关系是日常工作及商务交流沟通中最基础的人际交往关系。办公室基本的礼节包括见到同事要打招呼；记住同事的名字及基本资料；发表意见时要顾虑他人；不要忘记说“请”“谢谢”“对不起”等。工作中无论成功还是失意都需要注重个人的人际交往能力。

一、人际交往礼仪的重要性

办公室人际关系是否融洽体现出一个人的人际交往素质。因为工作的关系，我们每天不可避免地都要和办公室的同事或其他有业务往来的人员接触。一个人在职业生涯中不仅需要具备专业的知识和技术，还应该注重自身的办公室礼仪，这既是个人涵养的体现，也是企业形象文明的重要表现。

办公室人际关系融洽体现出一个团队良好的精神面貌。在日常办公过程中，只有处理好同上下级、同事之间各种复杂的人际关系，才能充分展示出个人的才华与素养，为团队发展、社会进步贡献自己的一份力量。哈佛大学、卡耐基基金会和斯坦福研究所提供的调查报告显示，要想保住自己的工作或者在工作岗位上得到晋升，85%取决于人际关系，仅有15%取决于技术、知识和技能。因此，只有确保办公室内部的人际关系协调，才能做好内求团结，外求发展。

二、人际交往的原则

人际交往讲究的是如何与别人和谐相处，这是一门艺术。但处理好人际交往的关系又是一道门槛，尤其对于初涉职场的人来说，先学会与同事和谐相处比学习业务与技能更为重要。

1. 尊重他人

马斯洛的需求层次理论中就提到，在人们的5种需求中，尊重需求是除了自我实现需求以外的最高需求，一个人的尊重需求如果得不到满足，则可能在沟通交流中出现障碍，甚至成为工作中的阻碍。因此，在与上下级、同事交流沟通的时候，应保持对对方的尊重，不能过分随意。交往时以对方为中心，尊重自己又尊重别人，恰到好处地表现出对他人的尊重，方能妥善处理好人际关系，为工作的顺利进行奠定基础。

2. 有效沟通

在工作中，要注意和同事保持相互配合、互通有无。一个团队的成员进行有效沟通，可以从以下几个方面着手：一是要明确沟通的目的，知道本次沟通需要说什么；二是掌握好沟通的时间，即必须知道什么时候说；三是明确沟通的对象，即明白此次沟通对谁说；四是要掌握沟通的方法，也就是知道自己在此次沟通中该怎么说。

3. 态度认真

工作态度认真是对一个人工作的最基本要求。态度认真可以减少工作中的失误，尽量避免由于自己的失误给单位、给他人带来的损失；同时工作态度认真也是一个人责任心的体现。有着高度认真负责态度的人，在工作中往往更容易获得团队其他成员的信任。

4. 担当责任

在工作中难免会出现一些失误，如果失误是自己导致的，应该主动承认错误，并积极改正。如果失误不是自己导致的，也不要去指责，而是及时与整个团队交流沟通，避免和解决失误所带来的影响。在工作中要用于担当责任，而不能互相推诿、逃避责任。

5. 遵时守约

一个不遵守时间和约定的人，一般很难在工作中取得别人的信任。因此，需要养成遵时守约的良好习惯，提高他人对自己的信任。

6. 公私分明

在工作中，做到公私分明是基本要求之一，在上班时间不要拨打私人电话谈论与工作无关的事，也不能将公共财产据为己有，或带回家里使用。在处理工作中的人际关系时，不能因为个人对团队不同成员的喜恶而差别对待，要做到公私分明、不偏不倚。

7. 换位思考

在工作中，如果能换一个角度，站在对方的立场上去思考问题，最终的结果是多了宽容和理解。做到换位思考能够改善和拉近人与人之间的关系，增强团队的凝聚力。对于管理者来说，换位思考的能力是进行有效管理的一个重要因素。

8. 摆正位置

在人际交往中，同事要像同事，客户要像客户，下级要像下级，上级要像上级。在办公室的人际交往中，切忌轻易“越位”。例如，若你的客户非常善于表达，你可以称赞他说话生动形象、幽默，或者夸对方既有理论又有实践，但不能说“你真贫，我们都被你忽悠了”。又如，当你请同事吃饭的时候，不能凭自己的喜好，主观地为同事订餐，而应该先征求同事的意见，这就叫摆正位置。

三、人际交往的语言礼仪

1. 人际交往的语言规范

办公室内的交流沟通提倡使用普通话。在交谈中，要注意使用礼貌用语，遇到领导和同事的时候要注意主动打招呼。在人际交往中，用语要礼貌、热情，不能粗暴、无礼，切忌大声喧哗。

常用的礼貌语有“您好”“谢谢”“请”“对不起”“拜托了”“麻烦您了”“可以吗”等。在人际交往的过程中，需要根据语境及礼貌用语表达语意的不同，选择不同的礼貌语，具体如下：

（1）问候语。问候语只表示一种礼貌，一般不强调具体的内容。通常情况下，问候语在使用上要求简洁、明了，不受场合的约束。在任何场合，与人见面都不应省略问候语。同时，无论谁以什么方式向自己问候，都应给予相应的回复，不能置之不理。常用的问候语主要有“您好”“上午好”“下午好”“晚上好”等。

（2）欢迎语。欢迎语是接待来访客人时必不可少的礼貌用语，如“欢迎各位光临”“欢迎您”“很高兴见到您”等。

（3）赞美语。赞美语是指向他人表示称赞时的用语。在人际交往中，应善于发现并欣赏他人的优点，并能适时给予对方真挚的赞美。适当的赞美不仅能够缩短双方的心理距离，更重要的是能够体现出个人宽容与善良的品质。常用的赞美语有“真了不起”“真厉害”“太棒了”“真漂亮”等。在面对他人的赞美时，也应做出积极、恰当的回应，如“谢谢您的鼓励”“您过奖了”“多谢谬赞”“您也很厉害”等。

（4）请托语。请托语是指向他人提出某种要求或请求时使用的必要用语。当你向他人提出某种要求或请求时，一定要先说“请”字，且态度要诚恳，但注意不要低声下气，更不要趾高气扬。常用的请托语有“有劳您”“劳驾”“让您费心了”“请多关照”“拜托您了”等。

（5）征询语。征询语是指在人际交往中，尤其是在接待过程中应使用的征询性的语言。在征询他人时，应经常地、恰当地使用诸如“我能为您做些什么”“我可以进来吗”“您有什么需要帮忙的吗”“您还有什么事吗”“您看这样做行吗”等，这样的用语会使他人或被接待者感觉受到尊重。

（6）拒绝语。拒绝语是指当不便或不好直接说明本意的时候，可采用婉转的语言加以暗示，使对方意会的用语。在人际交往中，当对方提出问题或要求而又不好直接给予对方肯定或否定的回答时，可以使用推脱的语言来拒绝。例如，对于经理交代暂时不见的来访者或不速之客，可以委婉地说：“不好意思，请您与经理约定以后再联系好吗？”“对不起，我们经理正在开一个重要的会议，您能否改日再来？”如果婉转表达后来访者依然坚持，则可以微笑着说：“实在对不起，我帮不了您。”

（7）致歉语。在同事之间的日常沟通交往中，人们有时难免会因为某种原因影响或打扰别人，尤其当自己失礼、失约、失陪、失误时，应主动、及时、真心地向对方表示歉意。常用的致歉语有“很抱歉”“失礼了”“对不起”“请原谅”“不好意思”等。

2. 人际交往的语言禁忌

（1）忌打断：双方交谈中上级可以打断下级，长辈可以打断晚辈，但是平等身份的人是没有权力打断对方谈话的。所以，在人际交往中切忌打断对方讲话，若恰好与对方同时开口说话，应礼让对方先说。

（2）忌质疑：对别人说的话不随便表示怀疑，更不能直截了当地质疑。虽然“防人之心不可无”，并非不能质疑对方，但是质疑不能写在脸上，这点很重要。如果处理不好就容易给自己或工作带来麻烦与阻碍。

（3）忌补充：在人际交往中如果谈话双方身份平等、彼此熟悉，有时候适当补充对方的谈话并无大碍，但是在谈判桌上切忌互相补充。

（4）忌纠正：人际交往中的一般性问题不要随便与对方争论是非，不要随便去判断，因为对或错是相对的，有些问题很难说清谁对谁错。除了大是大非的问题必须明确回答外，切忌试图按照自己的主观意愿去纠正对方的想法，尊重别人就要尊重对方的选择。

知识链接

人际交往中的礼仪禁忌

1. 不做自我介绍。无论何种场合，相互认识是进一步交流的前提。遇到人，主动自我介绍是避免尴尬的关键之一。

2. 接电话时不回避。在公共场合，大声打电话会特别显眼，甚至招人厌，最好先道歉并把音量放小声，这是避免他人反感的不二法宝。

3. 夸夸其谈、自吹自擂。聊天过程中有意无意地把话题往自己身上引，往往给人以自恋、爱显摆的印象，会给人留下不好的印象。

4. 对待服务员态度粗暴。态度是良好沟通的前提，无论他人是什么身份，粗暴的态度、自以为是的神情，只会让人觉得你这个人不可理喻。

5. 总是迟到。每个人都希望被尊重，迟到虽然能找借口蒙混过关，但会让对方觉得你不重视这段关系。次数一多，感情也会大打折扣。

6.不让座。让座给更需要的人，是最基本的人性表现。如果光想着让自己舒服一点，会在不知不觉中，给人留下自私、冷漠的印象。

7. 争账单。出手大方会让人觉得你很热情，但没必要死磕。有人建议 AA 制时，不要你争我抢，争得面红耳赤，否则下一次大家可能不敢在一起娱乐了。

8. 占用公共设施。如果“没事占茅坑”，如在公园占着健身器械当椅子坐、随处放东西、擦抹汗渍等，这些小动作，只会惹人反感。

9. 双手抱胸前。说话时双手抱于胸前，会让人感觉你对他是有防备的、想拒绝他，让人觉得不被信任。

10. 小动作太多。交流时总敲手指、挖耳朵、玩指甲等会让人感觉你心不在焉。

（资料来源：http://www.oh100.com/peixun/liyi/193631.html）

任务三　电话礼仪

一、打电话的礼仪规范

在商务人际交往的过程中，商务人员经常需要拨打电话。掌握好拨打电话的商务礼仪，能够使拨打的电话既能正确无误地传递信息、联络感情，又能塑造自身的良好形象。

1. 做出正确的时间选择

（1）拨打电话应当选择适当的时间。按照惯例，拨打电话的时间原则有两个：一是双方预先约定电话通话的时间；二是对方便利的时间。除非万不得已，尽量不要在他人休息时间拨打电话。一般情况下，每天上午 7 点之前、晚上 10 点之后、午休、用餐时间以及法定节假日都不宜打电话。在工作时间拨打电话谈公事，应尽量在对方上班 10 分钟以后或下班 10 分钟之前拨打。这时对方能较从容应答。

（2）要清楚地区时差和工作时间的地区性差异。尽量不要在工作时段之外的时间打电话，以免影响对方休息。即使对方已将家中的电话号码告诉你，也尽量不要往家中打电话。

（3）尽量不要在对方上班时间拨打与工作无关的私人电话。

2. 做好充分的通话准备

在打电话之前，应做好充分准备，将对方的姓名、电话号码、通话要点等内容列出一张清单，并准备好相关资料，避免在打电话时缺少条理、现说现想、有所遗漏。对于内容简单的通话，可先打好腹稿，想清楚后再拨打电话。这样能够保证电话沟通的顺畅，也能给对方留下良好的印象。

3. 把控好通话内容及时长

电话接通后，首先应有礼貌地问候，然后自报单位、职务和姓名。请人转接电话，要向对方致谢，寒暄后，应直奔主题，简明扼要地将意思表达清楚。少讲空话，不说废话，切勿内容繁杂、主旨含糊不清、通话冗长拖沓。沟通目的实现后，就应果断终止通话，不要反复陈述、絮叨，给对方留下做事拖拉、缺少职业素养的印象。

商务人员拨打电话时对要讲的事需要从结论说起，这样才能将要点清楚明白地告诉对方。遇到数字和专有词汇，应进行复述，注意不要出现差错。

自觉控制通话时间，遵守通话的“3 分钟原则”，即把通话时间控制在 3 分钟以内。这样既节省对方时间，也反映了自己的干练。如果通话时间较长，超过 3 分钟，应先征求对方意见，并在结束时略表歉意。

4. 通话中要体谅对方

通话时需要体谅对方，主要表现为以下几点：通话之初，应询问一下对方现在通话是否方便，如果不便，可再约时间拨打。在万不得已的情况下，如确实有紧急事宜需要在节假日、对方用餐、睡觉时拨打电话影响了对方，不仅要讲清楚原因，还需要向对方道歉，诚挚地说一句“对不起”。

5. 保持良好的通话举止

（1）保持面带微笑：拨打语音电话虽然看不到表情，但商务人员在拨打电话时仍然需要面带微笑，微笑时人的声音和面无表情时声音传递的信息是完全不一样的，对方通过声音也能感受到。微笑的声音富有感染力和亲和力的声音，是令人愉快的，易让对方产生共鸣。

（2）注意文明用语：在电话通话时，不能使用“脏、乱、差”的语言，此外还需要掌握3句电话基本文明用语，是非讲不可的，即“您好”“我是……”“再见”。关于“我是……”这一电话基本文明用语，常见的有4种模式可借鉴：一是说出本人的全名；二是说出本人所在单位名称；三是说出本人所在单位和本人全名；四是说出本人所在单位、本人全名及职务，便于对方了解和对话。

通话时，讲话态度要谦和，用语要文明，即使对方是下级态度也不能粗暴；如果对方是领导，也不要阿谀奉承；如果是总机话务员，则应加上“谢谢”之类的致谢语；如果要找的人不在，请对方代为转告，要更加客气。另外，应恰当使用“请”“麻烦”“劳驾”之类的词，如遇到通话时电话忽然中断，发话人应立即再拨，并说明原因，不能就此不了了之，或者等待对方回拨电话。如果是拨错电话，则务必要向对方道歉，说一声“对不起”。

（3）保持举止文明：在电话通话中，不要把电话夹在脖子上，也不要趴着、仰着、坐在桌子上，或者双腿架在桌子上通话。这些不雅的姿态代表着傲慢、轻视和缺乏教养，虽然对方看不见，但也可能会随着通话的进程或多或少地被对方感知。因为在语音、语调、语气的传递中会载有这样的气息，正如我们经常会感知对方没睡醒、吸烟、刚生过气等不雅的举止那样。因此，在通话过程中，要时刻提醒自己保持举止文明。

有些人会用笔拨号，可能因为方便、省力或是习惯使然，但电话的按键应该用手指来按，这样会保证按键准确，以免出错，同时能保护话机，也表现出做事遵守规矩。挂电话时应轻放话筒，不要将话筒胡乱抛下，这是对接听电话一方的极大不敬。电话被挂断之前，对方一直都把听筒贴在耳朵上听着，“咔哒”一声巨响，会使对方心情不悦，所以放下话筒时，务必注意轻放。

（4）注意挂机顺序：如果与长辈、晚辈通电话，应该由长辈先挂机；与上司、下属通电话，则由上司先挂机；男士、女士通电话，则由女士先挂机；若是打电话请人帮忙，则求人者后挂机。

6. 其他注意事项

（1）切忌过度询问对方情况：过度询问或多或少带有盘问的意味，这在商务交往过程中是相当无礼的。无论是什么身份，在接听电话时如果过度询问对方情况，会让人觉得你是在“查户口”，从而让对方心生反感。

（2）切忌有头无尾：如果拨打电话没有找到要找的人，想请对方回电话，切记要留下自己的电话号码，这点非常重要，即使是老朋友也要避免对方为了回复再次查号的麻烦，同时最好将回电话的最佳时间阐明，如果是稍后自己再次拨打，则需要将自己何时再打电话明确告知，以便对方知晓。

（3）切忌目中无人：不事先预约或没征得对方同意而突然拨打对方电话或开始谈事情，这些均为不速之客的不文明做法，拨打电话时应首先询问对方目前是否方便接听。拨打工作相关电话，称呼对方时要加头衔，如“××律师”“××经理”等，不可乱用“亲”“宝宝”

之类的网络用语或“亲爱的”“宝贝儿”等轻浮的语言。若通话中感觉对方稍有迟疑，则需要将这个电话的主要目的及大概通话时间说明，对方会斟酌，如果对方不方便通话，那就约定再次拨打电话的时间。

（4）切忌“心到佛知”：如果已经拨过电话但没有联络上，不能就此结束，默认“心到佛知”。这样做可能会延误工作，而应该再次拨打电话直到完成通话。

（5）切忌不做准备：如果电话沟通的事项涉及大量文档或资料，最好在拨打电话之前就把有关资料寄去或者传去，让对方有所准备，通话时就方便商讨了。切忌临时东翻西找，既耽误对方时间，又影响电话效果。拨打电话前先得确定对方和自己的时间，若通话中因为临时出现突发情况不得不暂时中断通话，应向对方道歉，说“对不起，请稍等一会”，但时间要短。结束通话时，要把电话通话中谈过的问题进行简要总结，强调要点，以帮助对方加深印象。

拨打电话时，建议事先准备一份电话礼仪自我检查表，以帮助自己在通话中保持良好的电话礼仪。电话礼仪自我检查表见知识链接。

知识链接

电话礼仪自我检查表

1. 电话机旁是否准备了记录用纸笔？ □
2. 是否在电话铃响三声之内接起电话？ □
3. 是否在接听电话时做记录？ □
4. 接起电话是否说“您好”？ □
5. 客户来电时，是否表示谢意？ □
6. 对客户有无使用专业术语、简略语言？ □
7. 对外部电话是否使用敬语？ □
8. 是否让客户等候了30秒以上？ □
9. 打电话时是否让对方猜测你是何人？ □
10. 是否正确地听取了对方打电话的意图？ □
11. 是否重复了电话中的重要事项？ □
12. 要转达或留言时，是否告知对方自己的姓名？ □
13. 接到投诉电话时，是否表示歉意？ □
14. 接到打错电话时，是否礼貌回绝？ □
15. 拨打电话时，是否选择对方不忙的时间？ □
16. 拨打电话时，是否准备好手头所需要的资料？ □
17. 拨打电话时，是否事先告知对方结果、原委？ □
18. 说话是否清晰、有条理？ □
19. 是否拨打私人电话？ □

（资料来源：徐建华，罗阿玲. 现代商务礼仪教程[M]. 科学出版社，2016）

二、接电话的礼仪规范

（1）迅速接听：接电话首先应做到迅速接听，一般情况下在铃响三声内接，若是在第一声响后接，显得仓促，精神上准备不充分，影响话音质量，最好第二声后提起话筒，这样可以避免给打电话的人留下不良印象。在预约时间、接回传呼等情况下，在第一声响后接也可以。若是在五六声响后接，一般需向对方致歉、说明。若未能及时接听到对方的来电，如发现有未接来电时，应回拨电话并向对方致歉并说明情况。

（2）积极反馈、注意表达方式：拿起话筒首先应以礼貌用语通报自己的单位名称。在通话过程中要仔细聆听对方的讲话并及时作答，给对方以积极的反馈。如果通话中出现听不清楚或意思不明白时，则需要马上告知对方。在电话中接到对方邀请或会议通知时，应热情致谢。

（3）热情代转：如果接通电话后对方请你代转电话，首先应问清楚对方是谁，要找什么人，告知对方“稍等片刻”，并迅速找人。

（4）做好记录：“好记性不如烂笔头”，接听电话时，应做好通话主要内容的记录，避免出现理解偏差或遗漏。

（5）轻放话筒：接听电话结束时，挂断电话的时候无论是对方还是已方先挂断，都要保持良好的商务礼仪素养，务必轻放话筒，以示对对方的尊重。

【案例 2】

不必要的误会

陈×是某校办公室的干事，下午，校长交代让她今天必须通知张科长明早 7 点在学校小会议室开会。陈×忙这忙那，到了晚上 10 点以后，突然记起了此事，害怕误事，于是她赶紧拨通了张科长所在公寓的电话，张科长正在玩手机，听到电话声响了好长时间，才慢腾腾地接起了电话，说道：“喂，你找谁？”对方说找老张，他随机将话筒递给在电信公司上班的室友老张，说：“老张，你的电话。”老张接到电话说：“你好，请讲什么事”。陈×说：“喂，老张，明早 7 点准时开会！”说完，就匆匆挂断了电话。老张想把事问清楚点儿，但只听到了“嘟嘟嘟……”挂掉电话的回音。他心想：“反正明天早点到单位就行”，所以没再仔细问。

第二天，早早起来去单位开会的老张和按时上班的张科长心情都很差，中午回到公寓彼此还互相埋怨。

（资料来源：https://www.renrendoc.com/p-28085791.html）

思考：接打电话过程中出现了哪些不规范之处？

案例分析：

案例中，打电话的陈干事在工作时间之外的休息时间，晚上 10 点以后才拨打电话，在商务礼仪中是一种不礼貌的行为，且电话接通后对于要找的人并未表达清楚，仅用了“老张”这一称呼导致出现误解，而通知会议相关事宜的时候他又只说了时间，并未明确告知地点等详细信息，也未等对方确认就挂断了电话。

电话铃声响起时，不论是张科长还是电信的老张都没有立刻接听，而是在铃声响了很长时间后由张科长接起，这一行为不符合接听电话的礼仪规范。

接到电话后，张科长一听找老张，没有核实清楚就将电话转交给另一位姓张的室友，导致自己错过了会议；而电信的老张接到电话后，即使对会议的信息有疑问，也没有回拨进行核实，导致自己早起去单位却没有会议，而室友张科长却错过了会议。

接打电话时，双方都需要遵守电话礼仪规范，同时表述清楚电话主题，对于不明白或者不清晰的事项，应立即反馈并向对方核实确认。

任务四　商务信函礼仪

在现代商务活动中，人与人之间的沟通与联络越来越倾向电子化。虽然电话、传真、电子邮件、即时通信软件等更加快速便捷，但商务文书仍然具有不可替代的作用。在商务往来与正式的商务交际中，信函更正式和慎重，也更真实。因此，对重要事务的处理，仍然需要通过商务文书、信函的往来才能做出最终决定。

一、商务信函的书写规范

商务信函是指在日常的商务往来中用以传递信息、处理商务事宜及联络和沟通关系的信函、电讯文书。常用的商务信函主要包括联系函、商洽函、请求函、告知函、询问函和答复函等。商务信函的写作需要注意以下几点要求：

1. 准　确

商务信函的内容大多与双方的权利义务有着直接的利害关系，因此务必要精确、完整地表达意思，用语乃至标点符号都要做到准确无误，以免造成麻烦与误解。

2. 简　洁

商务信函的内容在做到准确、周到的前提下，还应该用最少的文字表达真实的意思，不能拖沓冗长。

3. 具　体

商务信函所要交代的事项须明确、具体，尤其注意需要对方答复或会对双方关系产生影响的内容，绝不能语焉不详或存在歧义。

4. 礼　貌

商务信函的写作要掌握礼貌、得体的文字表达方式，以有利于双方保持良好的关系。

5. 体　谅

写作商务信函时，要学会换位思考，能够站在对方的立场上思考问题，体谅对方的处境。这样容易获得对方的认可，有利于双方达成有效的沟通。

二、商务信函的写作特点

1. 语气的口语性

商务信函的往来是不同的企业之间或者企业领导者之间的一种情感交流方式。人大多是感性的，商务信函更多地体现了人们感性的一面，而不是大家想象的特殊“生意腔”式表达的商务信函。一封好的商务信函应让人感到热情、友好，就像朋友之间的谈话那样自然、简单和人性化。无论是歉意的道歉函，还是善意的劝说函，又或者是购买函，完全可以通过信函中的语气、语调来表现。

2. 内容的直接性

企业商务人员每日都要阅读大量的信函文件。商务信函不需要用华丽的词句堆砌，应简明扼要，切中要点，短小精悍。用简洁朴实的语言来写商务信函，使其读起来更加简单、清楚、容易理解。当信函内容涉及数据或者具体的信息时，如货号、价格、时间、地点等，则应用语精确，使交流的内容更加清楚，从而有助于加快商务活动的进程。

3. 态度的真诚性

商务信函要能够充分体现己方的真诚与礼貌。不论怎样，都要带着诚意去写。把写好的商务信函读一遍，确保语言能够让对方感受到你的自然、真诚和礼貌。这里所说的礼貌，并不是简单地使用礼貌用语，而是体现了为他人考虑、多体谅对方心情和处境的态度。

4. 主旨的单一性

商务信函具有纯粹的业务性，一般要求专文专事，内容集中单一，围绕公务，突出主旨。

5. 格式的规范性

商务信函的结构类似于一般的书信，由称呼、正文和署名等部分组成。外贸商务函、电的写作则必须依照国际惯例，用英语或对方国家所使用的语言书写，在文法和书写格式上也要符合对方的语言规范和习惯。

6. 地位的平等性

商务信函是两个平等法人之间的往来文书，反映了双方平等、互惠互利的关系，应相互尊重、以礼相待。

7. 要求的时限性

商务信函是在商务活动的环节中形成的，每封信函都是一定时限内的双方意愿的明确表达。因此，接收到对方的信函后应及时回复。目前，信函越来越多地使用图文传真、电子邮件等快速传递形式，以适应时限性这一特点的需要。

三、商务信函的结构

商务信函一般由三部分组成：信头、正文和信尾。

（一）信　头

信头即信函的开头，一般由发信人名称及地址、标题、函号、称谓、收信人地址和单位等信息组成。

（1）发信人名称及地址：一般商务信函需写明发信人企业单位名称及详细地址，同时也需要包括电话号码、电子邮箱、电报挂号、专用电码、电传、传真、网址等商务联系信息。

（2）标题：商务信函与一般的普通信件不同，只要不是企业单位个人与个人之间的交流，一般需要有标题。商务信函的标题位于信文首页上方，居中书写，其内容主要是表明事由。事由需概括出函件的中心和主旨，这样收信人通过标题就能对信函的主要内容有大致的了解。常见的商务信函标题有以下两种形式：一种由事由加文种名称“函”构成，如“会议邀请函”“推销函”“订购函”等；另一种则先写“事由”两字，加冒号提示，然后直接标写该信函的内容，如“事由：DC202011号产品订购”。

（3）函号：即商务信函的编号，分为对方编号和己方编号。在商务信函的信头上注明编号，可便于管理和查阅信函。函号一般位于标题右下方或信头的左上方。常见的有两种形式：一是效仿行政公文发文字号的格式，采用“×函（××××）×号”或“（××××）函第×号”的形式；二是采用直接编号的形式，如“第×号”。

（4）称谓：商务信函中对收信人或收信单位的称呼，一般写对方的尊称，这是商务信函必需的一项。其位置一般在标题或函号的左下方，单独占行，顶格书写，后面用冒号。书写时有以下两种称谓：

① 泛指尊称：“尊敬的”后面加称谓并加冒号，如“尊敬的先生：”“尊敬的女士：”等。尊称中可以使用职务，如“尊敬的财务总监：”“尊敬的销售总监：”等。

② 具体称谓：指名道姓的具体尊称。在姓名后面加称谓语并加冒号。这类称谓一般用于写信人与收信人彼此认识或者非常熟悉的情况。因为这种称谓能够体现出写信人和收信人之间的情感与密切关系。称谓可用泛称中的“先生”“女士”等，也可以使用职务，如“尊敬的张女士：”“尊敬的财务部李部长：”“尊敬的综合办王主任：”等。

（5）收信人地址和单位：商务信函还需要写明收信人企业单位名称及详细地址。

（二）正　文

正文是商务信函的主体，主要用来表述商务往来联系的实质问题。正文写作要求文字简明、内容单纯、一文一事、事实有据、行文礼貌。具体内容如下：

1. 问候语

问候语即客气语或应酬语。开头的问候语即发信人对收信人打招呼的礼貌问候语，是商务信函必不可少的内容。一般用一两句尊敬的客气话表示，如“您好”等。如果是初次联系，亦可使用“久仰大名，未亲雅教”等词语。如果是回函，则可使用“惠书敬悉，不胜感激”等词语表示感谢对方来函。

2. 主　体

主体是商务信函正文的核心内容，是发信人要说明的主要事项。不同的商务信函内容不尽相同，一般包括以下几个方面的内容：

（1）说明发函缘由：正文主体需简明扼要、直截了当地说明发函的目的、根据、原因等内容；复函则要引叙对方来函要点，以示复函的针对性。

（2）说明发函事项：正文主体表达信函的中心内容，一般是根据发函缘由详细地陈述具体事项，或是针对所要商洽的问题及联系事项，阐明自己的意见。因此，要求问题明确、事实清楚、表达明白、语气平和。

商洽函的正文主体包括商洽缘由、商洽内容、意愿要求三部分；询问函的正文主体包括询问缘由、询问事项两部分；商品报价函的正文主体包括产品的价格、结算方式、发货期、产品规格、可供数量、产品包装、运输方式等；答复函的正文主体包括答复缘由、答复内容两部分。如果正文主体内容简单，逻辑上可采用篇、段合一式结构；如果正文主体内容较多，逻辑上可采用分段式结构。

3. 结尾语

正文结束以后，一般用精练的语言将主体所叙之事加以简单概括，并提出本信函的有关要求，强调发函的目的。例如，请求函的结尾语是“拜托之事，承望协助解决为盼”，希望回函的结尾语是“不吝赐函”“静候佳音”等。结尾语则是根据发信人与收信人的关系及信函的内容而定，要求做到恰当得体。

（三）信　尾

信尾部分包括四个部分的内容，具体如下：

1. 祝颂语

所有的商务信函都需要写明祝颂语，祝颂语分为祝者自身的请候语和收信人的安好语两部分。请候语在正文结束后空两格书写，常用的有“恭祝”“敬祝”“顺颂”等。安好语则需另起一行顶格书写，以表示对对方的尊重。常用的安好语有“生意兴隆”“商祺”“金安”等。

2. 签　署

签署即发信人的署名或签名、用印。商务信函的署名可根据企业的要求或发信人的意见而定。有的企业署名以单位名称加盖印章的方式；有的企业要求发信人直接签名，以示对信函内容负责，注意个人签名一定要由发信人亲手签。

3. 日　期

日期一般是指商务信函发信的具体时间。商务信函因为涉及商务业务往来，务必写明发信日期。一般采用以下 3 种形式：

（1）公文日期形式：即在信函签署下方用汉字小写来写明发信的日期，如二〇二〇年三月十六日。

（2）阿拉伯数字形式：即在信函签署的下方用阿拉伯数字写明发信的日期，如 2020 年 3 月 16 日。

（3）国际标准简写法形式：即在信函签署下方用阿拉伯数字标记年、月、日，在一位数的月、日前加“0”，如2020年03月16日。

无论采用哪种写法，务必写全日期，以便存档备查。例如，“2012年12月12日”不能写成“12年12月12日”。

4. 附　件

附件是随商务信函附发的有关材料，如发票、确认书、报价单等。如果需要标注附件，则在信函签署下方标注。如果附件为两个以上，还需要为附件编号，分别标注附件一、附件二等。

【范文1】

商务信函（一）

××进出口有限责任公司：

作为四川省最大的蜀绣出口商，我公司非常希望能与贵公司建立贸易关系。

随信附上我公司最新产品目录与报价，若有符合贵公司需求的产品，请随时与我们联系，我们将给予贵公司最大的优惠。

此致

敬礼！

××蜀绣有限公司

2020年8月10日

商务信函（二）

尊敬的李经理：

非常抱歉地告知您，鉴于当前新冠疫情的影响，我们原定于2月12日的交货期需要延期，具体交货期限还需要视疫情发展情况而定。

现特发此函，望贵公司能与我方协商签订延期交货的补充协议，不胜感激！若对我方此项提议有异议，请速与我方联系。

望贵公司知悉，特此函告。

此致

敬礼！

××外贸有限公司

刘××

2020年1月23日

四、常见的商务信函

（一）邀　请

在比较正规的商务往来之中，按照商务礼仪的规范，须以正式的邀请作为邀约的主要形式，其中档次最高、商界人士最为常用的当属请柬邀约。请柬是邀请他人参加某种会议、宴席或聚会活动的书面邀请函。采用请柬方式邀请能够显示出主办方或主人对受邀方的重视。凡是精心组织与安排的大型活动与仪式，如宴会、舞会、纪念会、庆祝会、发布会、开业仪式等，只有采用请柬邀请嘉宾，才会被人视为与其档次相称。

1. 请柬的内容

请柬的内容通常包括：活动的名称、形式、时间和地点、要求、联络方式、邀请人等方面。这些关键信息需要在请柬中清晰表达，且不能缺失。

2. 书写请柬应注意的事项

需要将活动安排的细节及注意事项告诉对方，诸如时间、地点、参加人员、人数、做的准备及要求穿戴的服饰等。内容一定要写得明确、完整，不可留下任何疑问，让收信人琢磨。要写明场合、地点、（年）月、日及钟点。例如，“我公司诚挚邀请您及夫人参加我公司下星期二举办的晚宴”，究竟是哪一个星期二呢？这样写就不够明确，需要加上具体的日期，如“我公司诚挚邀请您及夫人参加我公司 5 月 18 日星期二举办的晚宴”。

为了方便活动的安排，如有必要可注明请对方予以回复，了解其能否应邀及要求等。邀请外方人士时，希望被邀请人收到请柬后给予回复的，则须在请柬上注明 R.S.V.P 或 r.s.v.p. 字样，意为“请回复”。有时为了方便联系，还可留下自己的电话号码或地址。请柬上的英文解释如下：P.M.——备忘；R.S.V.P.——不论出席与否，均望回复；regretsonly——不能出席时，请予以回复。

对受邀参加活动之人的具体要求可简单地在请柬上注明，如对服饰的要求，要求穿礼服时，须在请柬的右下角注明“dress: formal”，较随意时可用“dress: informal”。

【范文 2】

请柬（一）

××公司：

谨定于 2021 年 5 月 18 日 18 时整于本市××大酒店宴会厅举行××集团××成立十周年庆祝酒会，敬请届时光临。联系电话：138××××1186。

××集团敬约

2021 年 5 月 6 日

请柬（二）

谨定于 2021 年 5 月 18 日 18 时整于本市××大酒店宴会厅举行××集团××成立十周年庆祝酒会，欢迎××公司总裁××先生。敬请届时光临。联系电话：138××××1186。

××集团总裁××先生

2021 年 5 月 6 日

（二）应　邀

任何书面形式的邀约，都需邀请者经过慎重考虑，认为确有必要之后才会发出。因此，在商务交往中，商界人士接到来自任何单位、任何个人的书面邀约，不论是否接受，都必须按照商务礼仪的规范，及时、正确地进行处理。如果收到的是邀请信或请柬，最好的回复方式是用信函回复。切不可不打招呼，又不参加，这是非常不礼貌的。

1. 应邀需核实与注意的事项

核实时间、地点；核实邀请范围，明确活动对服饰的要求；决定是否携带伴侣；明确活动目的，决定是否携带礼物；明确自己的地位和位置，不要随便坐在主宾席上；活动结束时不能不辞而别，要同主人及周围的人告别。

2. 书写应邀回函的注意事项

（1）回信最好不要使用打字机打。回信要像请柬一样简明，如果以妻子代表夫妻两人写给女主人，在信的正文中应该提及男女主人。

（2）应该给予及时的、有礼貌的回复。如有可能，应该在收到请柬或邀请函 24 小时之内回复，并在复信时明确地说明是否接受。

（3）在写表示应邀的短笺时，要表达对收到邀请表示高兴；在写表示谢绝的短笺时，应该写出自己的失望和遗憾之情，并具体说明不能践约的原因。

（4）接受邀请时，在回信中要重复写上邀请信中的某些内容，如几月几日、星期几、几点等。不应该写“我非常荣幸地接受贵公司的邀请参加贵公司举办的晚宴”，而应该写“我非常荣幸地接受贵公司的邀请参加贵公司 5 月 18 日星期二举办的晚宴”。这样写，可以纠正可能会弄错的日期和时间。

【范文 3】

接受邀约的回函示例

××集团：

××公司董事长××先生非常荣幸地接受××集团总裁××先生的邀请，将于 2021 年 5 月 18 日 18 时整准时出席于本市××大酒店宴会厅举办的××集团成立十周年庆祝酒会。谨祝周年志喜，并顺致敬意。

××公司

2021 年 5 月 8 日

【范文 4】

拒绝接受邀约的回函示例

尊敬的××先生：

非常抱歉，由于本人 2021 年 5 月 17—20 日将于成都与客户洽谈生意，故无法接受您的邀请，于2021年5月18日18时出席本市××大酒店宴会厅举行的××集团成立十周年庆祝酒会，恭请见谅。谨祝周年志喜，并顺致敬意。

此致

敬礼！

××敬上

2021年5月8日

（三）迎来送往

在商务活动中，遇到来宾的参观、访问或有新员工加入等场合，在见面时，发表热情洋溢的欢迎词必不可少；而每当有朋友或客人离开、同事离职，送上一篇欢送辞，表达出对友情的珍惜、对客人的尊重，也会令商务活动更为圆满。若是贵宾光临、新同事加入，商务人员时常要介绍他人；而在新产品与新技术的发布会或展示会上，商务人员又要面对来宾介绍产品，解说其功能与作用等。以上这些商务文书，都是日常商务活动中必不可少的。在迎来送往的商务活动中，最常见的商务信函主要有欢迎词、欢送词、介绍词和祝贺词。

1. 欢迎词

欢迎词的主要内容包括以下几个部分：称谓；向出席者表示欢迎、感谢和问候；概括以往取得的成就及变化和发展；放眼全局，展望未来；结尾再一次表示欢迎及感谢。

【范文5】

欢迎词示例

各位小姐、先生，大家好！

我是××公司董事长××，在各位新员工加入本公司的第一天，很高兴能和大家在这里相识。首先，让我代表公司，向各位表示诚挚而热烈的欢迎！

众所周知，我们公司一直以来在业界有着良好的信誉与一定的影响力，但在竞争日益激烈的今天，我们依旧需要不断进取，不能有一丝懈怠。今天，见到各位朝气蓬勃的新同事加入本公司，让我看到公司未来的希望，令我感到非常高兴与欣慰。

相信各位都是有志之士，都希望来这里干一番事业。那么，让我们一起紧密合作，同舟共济，奋发图强吧！

再一次向各位表示欢迎！谢谢大家！

2. 欢送词

欢送词的内容主要包括：称谓；向出席者表示感谢、欢送；概括被欢送者以往取得的成就及变化和发展；放眼全局，展望未来；结尾再一次表示欢送及祝愿。

【范文 6】

欢送词示例

各位同事：

今天，是一个既让我们高兴又让我们伤感的日子。我们高兴，是因为我们的同事××将要荣升为我公司成都分公司经理，让我们向他表示热烈祝贺！我们感到伤感，是因为××这样一位优秀的人才和亲密的同事就要与我们分开了，我们都感到依依不舍。

我们都十分清楚地意识到，在过去的几年里，××的能力与才华对于我们是多么的重要。××的离去，是我们公司的巨大遗憾。不过想到他能到更为重要的位置上去发挥他的才干，我们都为他感到欣慰，并且都为他感到高兴。

“苟富贵，勿相忘”，我们相信××一定不会忘记在这里与我们共同奋斗的日日夜夜。我们都会想念他，希望他也能记着我们大家。

最后，祝愿××前程似锦、万事如意！

3. 介绍词

介绍词的内容包括：称谓；被介绍人的姓名、职衔、学位、单位等个人资料；介绍的原因、目的；被介绍人的特殊专长、突出成绩；表示欢迎和感谢。

【范文 7】

介绍词示例

女士们！先生们！

下面，我十分荣幸地把××先生介绍给大家。

××先生是国内知名的企业管理专家。现在，他担任中国××集团 CEO 一职，是××学会副会长、××大学特聘教授。××先生在中国××集团任职期间，成功带领集团进入世界五百强之列。

今天，中国××集团先生不辞万里，应邀为我们公司管理人员进行培训指导，我们对他表示热烈的欢迎！相信我们一定会从本次培训中收益良多，管理工作一定会更上一层楼！

让我们大家一起认真地对中国××集团先生的指教洗耳恭听，再次对中国××集团先生的光临表示衷心的欢迎与感谢！

4. 祝贺词

祝贺词是指在某些仪式上向有关人员祝贺的讲话文稿。祝贺词可用于某人的任职、寿诞，某项重大工程的开工典礼，某展览会的剪彩仪式等，也可以用于重大节日、活动日、纪念日的庆祝活动等。

祝贺词在某些场合要对“祝”和“贺”有所区分。“祝”一般表示祝愿和希望，其祝贺的事情往往刚开始，还没有结果，人们以祝词表达自己良好的愿望；“贺”一般指事情有了结果、取得了成功之后，人们以贺词来庆贺道喜。

祝贺词的内容：称谓；祝贺的原因、目的；概括被祝贺者的成就及变化和发展；放眼全局，展望未来；再一次表示祝贺。

【范文 8】

祝贺词示例

尊敬的各位领导、各位嘉宾，女士们、先生们：

今日春意融融、艳阳高照，常州中国××集团医院带着对常州人民的人文关怀，在大家的热情关注与期盼中隆重开业。在这美好的时刻，我谨代表常州医疗卫生界全体同仁，向创建常州中国××集团医院的全体同仁，表示热烈的祝贺！

关爱生命，预防疾病，倡导积极健康的生活方式，向人们提供先进的现代化的医疗设施与技术，已成为当今社会医疗卫生事业的主旋律。现代医疗卫生事业的终极目标是保障健康，让人们永远飞扬青春般的活力，去充分享受生命、享受生活、享受自然。这一理念与价值观，在当今这个高压力、高节奏、高速度运转的时代，显得尤为珍贵与重要。常州中国××集团医院作为一家新型民营医院，为这一理念的张扬，将扮演越来越重要的角色。常州中国××集团医院的诞生，必将为常州医疗卫生事业注入新的生命与活力，为医疗卫生市场带来新一轮的竞争和挑战。我们坚信，常州中国××集团医院以自身雄厚的实力为依托，有大家的支持与扶助，一定会完美地实现自己的光荣使命与梦想。

再一次热烈地祝贺常州中国××集团医院隆重开业！

谢谢！

任务五　手机使用礼仪

随着智能手机的普及，手机使用时既有电话礼仪的共性要求，又有其特殊的规范。手机的基本特点在于移动性，可能会把噪声带到任何场所，而智能手机则具备了语音通话之外的更多功能，因此，手机使用者要特别注意顾及他人，掌握手机使用的基本礼仪。

一、手机通话礼仪

（一）注意手机开机与关机的时间

开机为通话之本，关机则为礼仪之本。既然配有手机，就不要让急于想同你联系的人着急。因此，在一般的情况下，如工作时间等，要使手机处于开机状态。当然在某些特殊场合，如搭乘飞机、开车、加油站加油、动手术等，为了自己以及别人的安全着想，需要关闭手机或者静音，这也是基本礼仪之一。

（二）特定场合注意调整为振动或静音

在某些场合，如会场、机场、医院、餐厅、课堂、影剧院、音乐厅、图书馆、葬礼上、公交车上等，不能旁若无人地打电话，最好把手机调到振动或静音状态，不要让手机发出噪声。

（三）及时接听和回电

相较于普通电话，手机的优点之一是随身携带、通信便捷。因此，除了特定办公场所不允许携带手机外，在日常办公时需要随身携带手机，或放在容易拿到的地方，以便及时接听电话，不要让对方焦急等待；同时需要注意不要让手机的铃声影响他人。在不便及时接听的情况下，一有机会，应及时回电说明原因并向对方致以歉意。

（四）言简意赅，顾及他人

拨打手机进行通话时，应特别注意说话言简意赅、简洁明了，以便节约通话时间。如果对方正在路上或在办事或处在不宜多说话的场合，就更要长话短说。使用手机通话时，最好通报一下自己所在的方位，以便对方判断各自所处的环境是否方便接听电话。

（五）要选择合适的电话、信息提示铃声及彩铃声

铃声及彩铃业务给我们的生活带来更多的个性化选择，但使用时需要注意根据不同的场合选择合适的彩铃声。

1. 个性化铃声应注意使用场合

时下个性化的铃声正迅速走俏，这些个性化铃声为生活增添了色彩，但是，过于个性化的铃声应注意具体的使用场合。这就跟一个人的穿衣打扮一样，分为居家和商务工作场合。现在很多人都喜欢选用“爸爸，来电话了”、“妈妈，来电话了”、狗叫声、搞笑铃声。在办公室和严肃的场合，若不断响起这种铃声，对周围的人是一种干扰。若是使用此种彩铃，对于拨打手机的对方来说也是一种不尊重。如果确实喜欢使用个性化铃声，就应当在特定场合适时将铃声调到振动状态。彩铃则需要针对通讯录中不同身份的人分开设定，如可以将朋友拨打手机听到的彩铃设置为搞笑彩铃，但对于工作中的交流沟通对象则应该设置与工作相关的商务性彩铃或者不设置彩铃，让对方拨打手机后听到的是传统的电话“嘟嘟”音。

2. 铃声中不能有不文明的内容

铃声中若有不文明的内容，会显得不雅，不仅会给彼此带来不必要的尴尬，也可能会给对方留下不好的印象。

3. 铃声不能给公众传导错误信息

试想，在公共场所“抓贼呀，抓贼呀，抓抢手机的贼”“救命呀”诸如此类的铃声此起彼伏，不仅可能导致好心人拨打报警或急救电话而浪费公共资源，也可能导致真正需要救

助的人的呼声被误以为是铃声而失去了被救助的机会。可想而知，这样的铃声会扰乱公众秩序。

4. 铃声要和身份相匹配

相对来说，过于个性化的铃声与年轻人的身份比较匹配，长者或有一定身份的人如果选择与自己身份不太匹配的铃声，可能会导致自己形象受损。例如，一位女士参加一个级别很高的宴会。席间，坐在她旁边的一位部长出去处理问题，手机就放在餐桌上，就在这时手机响了，铃声是《月亮代表我的心》。偏偏部长半天未归，拨打手机者又很执着，《月亮代表我的心》就一遍一遍地唱着。为了打破这个尴尬的局面，大家只好拿全桌唯一的一位女士开玩笑："你看，部长特意出去，就是为了让你听这段音乐。"这让这位女士很不高兴。

5. 铃声音量不能太大

铃声音量不能调得过大，以离开座位 2 米可以听见为宜。有些人的铃声像是"凶铃"，在大家埋头干活时突然刺耳地响起，会使人心跳加快。如在医院、幼儿园等场所，过大的铃声也会成为一种公害。

二、手机使用的其他礼仪

1. 不要用手机偷拍、偷录

随着手机功能越来越多，照相、摄像、录音也是手机的基本功能，但不能因为手机拍照、摄像方便就随意拍照或摄像。在用手机拍照或摄像时，应该征得对方的同意，不要在车厢、剧院、餐馆等公共场所用手机对着行人拍照或摄像。而在交流沟通的过程中，也不能为了方便自己避免遗漏随意对手机通话或者双方交流内容进行录音，如果确实需要录音则需要事先征得对方的同意。

2. 使用即时通信软件公私要分开

随着互联网的发展，越来越多的人更愿意使用微信、QQ、钉钉等即时通信软件进行交流沟通。这些软件除了具备留言、语音通话、视频通话等功能外，还具备朋友圈分享、群红包等诸多其他功能。这就要求在使用这些及时通信软件时，要做好分组，在发布朋友圈等与工作无关的信息时可选择只让亲朋好友群组可见，以免频繁发布与工作无关的内容打扰到工作与合作伙伴。

3. 尽量不要在工作时间外使用即时通信软件沟通工作

使用即时通信软件进行工作交流时，除了前边提到的公私分开外，因工作需要在联系对方进行交流沟通的时候，大部分礼仪规范与电话及手机通话类似，如使用礼貌用语，且注意尽量不要在工作时间外使用即时通信软件沟通工作，如紧急情况确实需要在对方休息时间联系则需要说明原因，同时向对方致歉。

知识链接

手机短信小常识

1. 发短信一定要署名

短信署名既是对对方的尊重，也是达到目的的必要手段。例如，元旦前一天工作关系繁多的秦先生收到70多条祝福短信。其中60条没有署名的，很多内容相同。秦先生也不清楚这些人是谁。这种祝福短信发了等于没发，如果是正事，不署名更会耽误事。

2. 短信祝福一来一往足矣

每逢节日，人们都会发短信祝福。“来而不往非礼也”，所以别人发来短信，自己就要回一条短信。接到对方短信回复后，一般就不要再发致谢之类的短信。就祝福短信来说，一来一往足矣，二来二往就多了，三来三往就成了繁文缛节。

3. 有些重要电话可以先用短信预约

给身份高或重要的人打电话，知道对方很忙，可以先发短信：“我有事找您，是否方便给您打电话？”如果对方没有回短信，一定是不方便，可以在较长的时间以后再拨打电话。

4. 及时删除自己不希望别人看到的短信

一些人经常把手机放在桌上，如果本人不在，也许有好奇之人就会顺手翻看短信。一旦上面有一些不便让别人看到的短信，可能就会引起麻烦。如果不幸被对方传播出去，后果就更严重。因此，不便让别人看到的短信应及时删除。

（资料来源：徐建华，罗阿玲. 现代商务礼仪教程[M]. 科学出版社，2016年）

【项目小结】

本项目着重阐述了办公室布置的主要要求，人际交往的重要性、原则和语言礼仪，接打电话的礼仪规范，商务信函的写作规范、特点、结构以及常见的商务信函，手机通话礼仪及手机使用的其他礼仪。通过本项目的学习，学生应全面了解办公室布置的礼仪规范要求，理解人际交往的基本原则，掌握接打电话的礼仪规范，掌握常见商务信函的书写，掌握手机的使用礼仪。

【课后练习】

一、选择题

1. 有醒目的标识属于（　　　）办公室布置要求。

A. 公共区域　　　　B. 个人办公区域

C. 下属办公区域　　　　D. 领导办公区域

2. 下列不属于人际交往原则的是（　　　）。

A. 尊重他人　　　　B. 有效沟通

C. 公私分明　　　　D. 着装得体

3. 常用的礼貌语中“下午好”属于（　　　）。

A. 赞美语　　B. 问候语

C. 欢迎语　　D. 请托语

4. 王经理每次约见客户都至少会提前 30 分钟抵达约定地点，这体现了人际交往原则当中的（　　）原则。

A. 责任担当　　B. 有效沟通

C. 遵时守约　　D. 换位思考

5. 向他人提出某种要求或请求时使用的必要用语是（　　）。

A. 请托语　　B. 征询语

C. 致歉语　　D. 拒绝语

6. 在拨打电话时，应自觉控制通话时间，遵守通话的（　　）分钟原则。

A. 6　　B. 5

C. 4　　D. 3

7. 刘×是单位综合办的秘书，这天她正在拟定明天的会议通知，办公室电话就响了，为了不打断思路，刘×把最后一句话写完才去接听电话，但刚拿起话筒时对方已经挂断了。这违反了接听电话中的（　　）礼仪规范。

A. 热情代转　　B. 做好记录

C. 迅速接听　　D. 轻放话筒

8. 下列不属于商务信函的书写规范的是（　　）。

B. 准确　　B. 简洁

C. 快速　　D. 具体

9. 商务信函是两个平等法人之间的往来文书，反映了双方平等、互惠互利的关系，应相互尊重、以礼相待。这体现出商务信函写作的（　　）特点。

A. 内容的直接性　　B. 态度的真诚性

C. 格式的规范性　　D. 地位的平等性

10. 下列关于手机的使用礼仪，做法正确的是（　　）。

A. 参加别人宴请时，可以随时用手机拍摄桌上的美食分享朋友圈

B. 为了避免洽谈的内容记录有遗漏，可以悄悄使用手机录音功能

C. 工作上的沟通尽量不要在非工作时间拨打手机

D. 在参与工作会议时应将手机铃音调整为最大，以避免漏接重要商务电话

二、填空题

1. 人际交往的原则主要有尊重他人、________、态度认真、________、________、公私分明、换位思考和摆正位置。

2. 人际交往的语言禁忌包括忌打断、忌猜疑、________、________。

3. 关于“我是……”这一电话基本文明用语，常见的有 4 种模式可借鉴：一是说出本人的全名；二是说出本人所在单位名称；三是说出本人所在单位和本人全名；第四种则是说出________、________及________，便于对方了解和对话。

4. 接电话的礼仪规范包括________、________、________、________、________等 5 项。

5. 商务信函的书写规范包括准确、简洁、________、________和体谅。

6. 商务信函一般由 3 部分组成：________、________和________。

7. 在迎来送往的商务活动中，最常见的商务信函主要有欢迎词、欢送词、________和________。

三、论述题

1. 办公室秘书小孙周一上午接到 4 个电话：第一个电话是找于经理的，第二个电话是找市场部张部长的；第三个电话还是找于经理的，但此时于经理不在；第四个电话是客户投诉。

思考：假如你是小孙，你应该怎样接听这些电话？请从 3 个方面来论述提高礼仪修养的途径和方法。

2. 小王研究生毕业 6 年换过 4 家单位，他经常感叹"英雄无用武之地""知音难觅"，他的经历如下。

刚到第一家单位工作时，公司总经理非常赏识他的才华，就把他调动到身边当助手。随着与总经理接触次数增多，小王便开始随便起来，经常当着大家的面与总经理争论，让总经理难堪。后来，小王提出好的计划时，也经常遭到总经理的否决。

来到第二家单位后，他参加一个同事的宴会，事后一直向别人抱怨宴会的布置如何俗气，食物如何乏味，主人如何怠慢。知情人清楚宴会并没有如此糟糕，只不过主人无意中疏忽了小王，没有将他安排到主要位置。

在第三家单位上班的时候，他负责一个工程项目，设计图纸时，原来和他配合默契的员工提出修改意见，小王说："你懂什么，我设计图纸的时候，你还在穿开裆裤呢！"事后小王虽然后悔，但是也没有勇气去道歉。

在第四家单位时，小王去仓库领料，保管员态度不好，发料时又将数字记错，小王得理不饶人，和保管员发生争吵。有一个同事暗示他保管员的袖子上别了一道黑纱。可是小王仍不罢休，直到领导表示扣除保管员当月奖金。

思考：

（1）为什么小王每到一家单位，总是处理不好人际关系？

（2）小王应该从哪些方面加以改进？

【礼仪实训】

实训内容 8-1：布置办公室。

实训目的：掌握办公室布置的共性与个性要求。

实训对象：刚毕业的李 × 应聘到 A 公司担任总经理助理。王总经理请李 × 布置大家新搬的办公室，办公室 4 m × 6 m，总面积 24 m^2。该办公室总共有王经理、李 × 和其他 5 名办公人员。办公设备包括：办公桌 7 张，笔记本电脑 7 台，文件柜 1 个，电话 2 部，复印打印扫描一体机 1 台，碎纸机一台，垃圾桶 2 个，饮水机 1 个，微波炉 1 个。

实训步骤：

1. 每人写出两种以上办公室布置的布局方案，并提交设计简图。
2. 每人上台阐述自己布置设计办公室的理念。
3. 学生集体推选出优秀作品和反面作品，并阐述理由。
4. 教师点评。

项目九　求职面试礼仪

【知识结构图】

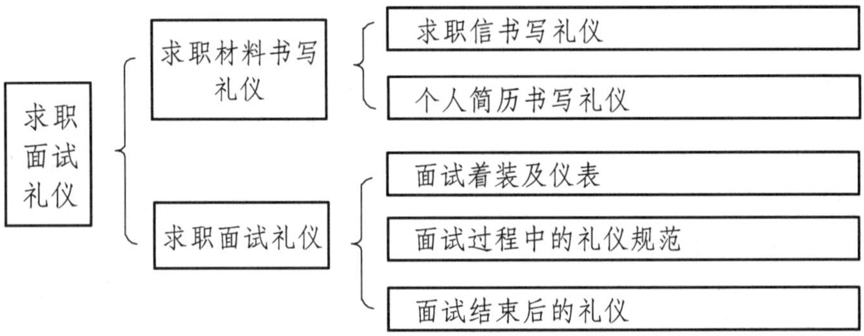

【知识目标】

1. 掌握求职信、中英文简历以及求职电子邮件的书写规范和技巧。

2. 掌握求职面试的着装、仪表规范、面试过程中各个环节的礼仪规范。

【能力目标】

1. 培养学生形成良好的职业形象，提高学生求职的技能。

2. 培养学生的职业素养，能够根据工作特性和自身特点灵活运用求职礼仪和技巧并求职成功。

【素质目标】

1. 提高学生在职业商务活动沟通过程中的自信。

2. 促进学生在以后的职业商务活动中更有效地与他人进行沟通。

3. 使学生能够更好地适应现代职业商务交往的需求。

【案例导入】

轻轻一关门，踏进银行门

研究生毕业那年，就业形势相当严峻，我连续几次应聘失败，仿佛经历一场噩梦。但工作不落实，还得鼓起勇气继续找。忽然有一天，看到一家银行门口贴着招聘广告。银行工作稳定，福利好，很多同学都想去，我想那就去试试看吧。同学们知道我去参加了银行的应聘，都嘲笑我，可一周以后，我接到了银行的面试通知。那天参加面试的人很多，砰砰的关门声加剧了紧张的气氛。前面面试出来的人，有的喜形于色，有的沮丧万分。排在我前面的女孩儿长得很漂亮，比我强多了。我想我排在她后头，反差也太大了。漂亮女孩笑着从主考官办公室走出来，随着“砰”的一声关门，下一个该轮到我了。我整了整衣服，大着胆子往里闯……很幸运，问题挺简单。在自我介绍后，主考官只问了几个简单的小问题。我回答完后，主考官点点头，面无表情地说：你可以走了。没有看到微笑，我心想也许没戏了，就朝门口走去。我正准备开门时，出于礼貌又返身朝他们鞠了一躬，说了声：“谢谢。”然后轻轻开门，又随手轻轻关上了门。从银行大厦里走出来，我安慰自己，银行的工作太刻板了，不来也罢。可没想到 20 天后，银行方面打来电话通知我被录取了。我高兴地差点跳起来。第一天上班，在我去领制服的时候，恰好碰到了那天面试我的一个主考官，他向我表示祝贺。我奇怪地问他，在几百人中他怎么会记得我，他说：“那天我们接待了约 300 个应聘者，你是唯一一个向我们鞠躬，并且关门关得那么轻巧礼貌的人，……我们是服务行业，礼貌敬人是我们对员工的基本要求。”

（资料来源：赵春珍. 中外礼仪故事与案例赏析[M]. 首都经济贸易大学出版社，2011）

案例分析：

案例中的主人公虽然不是最优秀的，但她在面试中的道谢和关门这些细微动作，展示了其基本的修养和素质，从而打动了主考官，从数百名应聘者中脱颖而出，最终求职成功。

美国职业学家罗尔斯说过：“求职成功是一门高深的学问。”求职者除了要具备良好的专业技能外，掌握必要的求职面试礼仪规范和技巧也是非常重要的。因为礼仪往往就是最好的简历。

任务一　求职材料书写礼仪

求职者一般通过求职信与个人简历等求职材料与招聘单位进行第一次接触，求职材料的质量将直接决定给用人单位留下什么样的第一印象。因此，为获得求职成功，求职者第一步要做的就是写一封合乎礼仪且高质量的求职信和个人简历。

虽然我们大部分人都知道求职材料的重要性，也会花心思去好好准备，然而不了解求职材料的书写礼仪往往带来事倍功半的效果。那么我们应该遵循什么样的书写礼仪呢？我们先从下面一个案例说起。

【案例 1】

“才子”精心准备的求职材料却无人问津

4 年的大学生活就要结束了，作为化学系“仅有的才子”，洪×对那些已经开始着手准备找工作的同学不屑一顾：最后的才是最好的！

当班上大部分的同学都签了就业协议之后，洪×才开始行动：“他们就是为了求职，连简历怎么写、写多少内容都去咨询！”洪新强花了3个晚上，写了一份3页的求职信、一份4页的个人简历，而且经过润色，词句流畅，读起来朗朗上口，颇有《少年中国说》的气势。

然后，又用了整整一天的时间，把求职信和简历进行了精美的设计，最后“不惜血本”用彩色打印机打印了20份，用洪×的话说：“这材料，洋洋洒洒万言，让人家看了就不想放下。”

事与愿违，20份“精美”的求职材料都寄给了那些他比较中意的企业，可竟然没有一家企业和他联系……

案例分析：

案例中的主人公洪×不知道，他“洋洋洒洒万言”的求职信和求职简历，让招聘人员一下子失去了往下看的兴趣。从下面的《一些关于简历的数字》中，我们就不难得知缘由。而且，彩色求职材料，恰恰是最不受企业欢迎的。

一些关于简历的数字

雇主们在每份简历上花的时间平均是15秒；
每245份简历中有1份获得面试机会；
有的大公司每年会收到超过10万份简历；
雇主们在报纸上登出一个招聘职位，通常会收到200份左右的简历；
在简历中，有85%～95%最终的结局都是被扔进了垃圾桶……

——摘自美国劳工部对雇主的调查统计

一、求职信书写礼仪

求职信是求职者撰写的自我介绍和自我推荐的信函，在大多数情况下，是求职者与招聘者之间唯一的信息渠道。因此，一封好的求职信能够让招聘单位充分了解求聘者的优点，并且感觉求职者非常适合某些工作岗位，让求聘者进入面试的概率大大增加。

求职信与个人简历不一样，简历主要叙述求职者的客观情况，重在展示自身经历。而求职信主要表述求职者的主观愿望，更集中突出个人的特征与求职意向，从而打动招聘人员的心，是对简历的简洁概述和补充。求职材料的摆放顺序是：求职信在前，简历在后。大多数情况下，简历只是求职信的附表，与求职者的各种证书（如英语四级证书、计算机等级证书等）、证明材料放在一起，供招聘者查阅。

同时，求职信也并不是必需的，有很多招聘单位对求职信不感兴趣，主要是因为大多数求职信都是表决心的套话，千篇一律。所以，在你的求职信中一定要传递一些在简历中难以传递的，用人单位十分关注的信息。如果没有这样的信息，就不用写求职信，可直接发简历和证书等证明材料。

对于应届生而言，大家学习的课程都相同，如果可以提供更多的专业资质证书，包括参加学院或更高层级专业比赛的获奖证书，班长、班干部、校学生会或其他官方半官方机构的干部任职证明，校级及以上奖学金，艺术、体育等特长参加校级以上竞赛的获奖证书，社会实践活动经历或勤工俭学经历等，将会极大增加求职者从众多竞聘者中脱颖而出的机会。

（一）求职信的书写格式

求职信作为一种信函，它具有一般信件的书写格式，大致包括：称呼、开头、主体、结尾、署名和日期、附件。

1. 称　呼

如果知道求职信的阅读对象的姓名和职位的领导，称呼最好能具体化，使用“尊敬的 + 加上姓名 + 职务”的格式，如“尊敬的 × × 总经理：”“尊敬的 × × 公司负责人：”等。如果不清楚具体由谁来读，就用“尊敬的领导”这样的方式来泛指。千万不要写错对方的头衔和单位名称，否则给人的第一印象就非常差。

2. 开　头

求职信的开头语主要简要说明应聘的具体职位和得到职位信息的途径或者求职原因（毕业后求职，或是发挥专长等），应简洁、直接、明确。也可以先表示对该单位的景仰，即简洁地说明该单位在你心目中的形象和地位。常见的主要有以下 3 种形式。

应征式开头：“获知贵公司在 × × 招聘网站招聘 × × 职位的信息后，冒昧写信，应聘 × × 一职。”

自我描述式开头：“我是 × × 大学 × × 专业学生，即将踏上社会的我，对未来充满期待，希望贵公司是我成功的起点，希望我能有幸同贵公司一起创造明日的辉煌。”

赞扬式开头：赞扬用人单位近期取得的显著成就或发生的明显变化，然后表明渴望加入为其效力。如：“久闻贵企业有良好的声誉，并重视能力，上下团结一心，有坚实的经济基础，对此我十分仰慕。希望贵企业能给我施展才华的机会，为贵企业出力。”①

3. 主　体

这部分是求职信的重点，书写形式多样，主要简述自己能够胜任此工作的原因以及对求职有价值的一些资历。具体而言，这部分内容可从 3 个方面进行阐述：一是重点突出跟单位业务吻合、跟职位匹配的专业能力，如具备哪些工作经验；经过哪方面的培训和锻炼；已经取得哪些成就，尽量扬长避短，但切勿夸大其词或泛泛而谈。二是要反映出个人的品德修养。用人单位最希望看到求职者具备较强的事业心和责任心、良好的团队合作精神，应对困难和挑战的勇气。因此，这里既要展现出自信心、进取心，又要表现出稳重、踏实的作风。三是反映出跟单位或岗位相契合的个人特点。岗位所需的个性特征一般可从招聘广告中的关键词中了解到。比如贸易销售岗位的单位大多喜欢能说会道、善于交际的性格，广告文化类单位喜欢性格外向，有点“灵气”，具备创新思维、活动组织能力强、有一定文艺爱好的人；服务

---

① 吴雄鹰，姚智军，包惠珍. 大学生就业与创业的理论指导[M]. 上海：复旦大学出版社，2014.

类岗位需要善于处理人际关系，有耐心的人；技术类岗位倾向沉稳、善于攻克难关的人。此部分点到为止，不宜过多渲染，而且不要提及与工作无关的个人信息。

4. 结　尾

结尾强调求职者的愿望及要求，表明自己希望加入公司的诚意，如希望用人单位给你一个面试或面谈的机会，委婉地提出请求用人单位给你一个肯定的答复。如果想从众多求职信中脱颖而出，可以在这里对所求职的单位或岗位提出自己的建议或独特的看法，但一定是独到的，有一定深度，切忌好高骛远，夸夸其谈。

5. 署名和日期

在正文结束后，可写上一句祝福语，或者以“此致，敬礼”等礼貌用语作结。“此致”二字紧挨着正文下一行空两格，后面不打标点，“敬礼”在“此致”的下一行，顶格书写，并加上感叹号。同时在致敬右下方，签署你的姓名及具体日期。签名最好手写，书写规范整洁。

6. 附　件

附件是证明个人能力、成果的材料，如个人简历、学历学位证书、资格证书、获奖证书、论文专利等。这些材料不在多，但要有分量，与职位需求能力相匹配。

（二）求职信的书写原则

1. 语言简明，篇幅整洁

求职信要写得简明，切忌冗长杂乱。主体内容控制在三段之内，整体篇幅一页之内，500字左右，不要简单罗列重复简历中的内容。求职信要易于阅读，切忌用时髦或不常用的字体，选用质地好的纸张。另外，求职信中出现错别字、病句等低级错误将会被全盘否定，因为语法和拼写正确不仅显示了应聘者的细心和用心，还显示了对他人的礼貌和尊重。

2. 语言表达恰当得体

写求职信时措辞要恰当，态度上要做到不卑不亢。不要过多提及自身缺点显得缺乏自信，过于谦虚，这样会给人以碌碌无为的感觉。避免过多使用“我觉得”“我认为”“我想”等词语，显得过于主观。避免为了显示自信而使用一些狂妄的措辞，如“有我这样的人才前来应聘，你们定会大喜过望”“给我一个机会，我将给你一个灿烂的明天”等。这样的语言只会给人留下轻佻浮夸、不踏实的不良印象。

3. 针对性要强，突出重点

在深入了解招聘单位及应聘岗位的情况下有针对性地介绍自己的能力和特长，有关能突出自己个性、打动对方的内容要详细。如果只是泛泛地介绍自己的情况、学习成绩和经历，不会给看信人留下印象，这样的求职信很快就被扔进垃圾桶。而从社会实践、工作经历中得到的锻炼和培养出来的能力、性格特点等方面的描述，让用人单位看后感到其具备的能力和个性特征与其招聘条件相吻合，这样的求职信才会被重点关注。

【范文 1】

求 职 信

尊敬的××公司负责人：

您好！

非常感谢您审阅我的自荐材料，给我一个展示自我的机会。我叫××，男，1987 年 7 月生，毕业于××大学计算机开发及应用专业，本人欲申请贵公司网站上招聘的“网络维护工程师”一职。

在大学四年中，我系统地学习了计算机体系结构、计算机网络、数据库原理、网络安全等的相关基础、专业课程，成绩优异，多次获得各项奖学金（见附件）。毕业前夕，本人在湖南长沙××信息股份有限公司的实习经历，让我具备了 windows、linux 系列操作平台的安装、调试、性能优化及应用软件安装的技能，了解掌握了 PC 、服务器及存储设备硬件的维护技术。参与××公司的局域网设置、维护及故障判断，让我受益匪浅。其次，在校期间，学生会干部的经历让我善于与人沟通，良好的团队合作精神，较强的事业心和责任感使我能够面对任何困难和挑战。

与此同时，本人也经常在媒体上关注贵公司的发展，贵公司实行“人才+信誉”的经营方针，和谐的工作氛围，健全的规章制度，在业内广受好评。我特别能希望成为公司的一员，在这个充满竞争与挑战的社会，我深信凭自己的实力与青春及敬业精神一定会得到贵单位的承认和肯定。如能给予机会与您面谈，我将十分感激，敬盼回音。

此致

敬请福安！

求职人：××

××年×月×日

附件 1：个人简历；

附件 2：证书等相关材料

二、个人简历书写礼仪

个人简历亦叫履历表，是求职材料中的重要材料之一。“简”即写作原则，行文简洁明了；“历”为写作内容，阐述求职者做过什么。个人简历主要用来反映求职者个人信息、学历资历、工作经验等，目的是让对方了解自己，帮助求职者获得面谈的机会。

（一）个人简历的书写内容

简历制作的 3 个基本原则：“简”“真”“明”。

简：所谓简，是指简历的篇幅要简短，不宜长篇大论，清晰直观展现个人的发展经历即可，内容上不必做太多发挥。每个单位都会收到大量的求职简历，长篇累牍的简历不仅不能加分，还可能让个人的特点隐没在大段的文字之中，使被招聘者选中的机会大大降低，得不偿失。

真：所谓真，是指简历中的内容应真实可查。有同学想当然认为企业要招聘那么多人，哪有时间一个一个查每个人的经历是否都是真实的，将没有得过的奖项、没有担任过的职务，都写在简历中。个别人一时侥幸，或许以这种方式获得了好的就业机会。殊不知，对于用人企业而言，诚信是凌驾于个人能力之上的第一品质。纸终究包不住火，一旦被用人企业的人事部门发现个人在应聘材料中作假，那么不仅将自己在单位里的前途尽毁，还会在档案中留下一个难以洗脱的污点，为今后的职业发展带来重重困难。所以，千万不可贪图一时之利而在简历中弄虚作假。

明：所谓明，是指有明确的职业目标，即应聘的岗位或发展方向。每个求职者在向企业发出求职信息的时候，必须明确表明自己的职业发展方向，以便招聘单位从中比选出合适的应聘人员。如果没有明确的职业目标，会被招聘单位认为自我认知不清晰，或者对自己的未来缺乏有效的规划而被淘汰，自然就与理想的就业机会失之交臂了。因此，在投递简历时，必须向用人单位明确自己的职业目标。

一般来说，个人简历包括以下 6 部分内容：

1. 个人基本信息

简历中的个人基本信息包括姓名、性别、年龄、籍贯、政治面貌、毕业院校及专业、联系方式（电话号码和 E-mail）等内容。纸质版的简历最好加上自己的免冠彩色 1 寸照片。

2. 专业知识、专业技能

该部分简要描述自己取得的技能特长，包括专业技能、计算机和外语水平。与应聘职位相关的职业资格证书很具说服力，含金量越大的证书放在越前。

应届毕业生也需要展示教育背景，包括专业课程和基础课程的分数、毕业论文的研究方向等。从取得的最高学历开始写起，依次往下类推，并注明取得学位的日期。

教育背景也包括接受过的相关培训，写这一项时要注意与所申请职位的关联性。

除非用人单位特别要求，中学及以下经历可以不用罗列。

3. 校内外的实践经历

专业知识和技能是取得理论知识的培训经历，而实践或任职经历才是这些理论在实际工作中解决问题的体现，用人单位对这些经历的关注度往往更高。

专业的技术就职背景，不论是实践还是兼职或专职的经历，都需要专门描述，尤其突出在实践或就职过程中，运用知识背景解决了什么实际问题。需要注意的是，在简历中谈及的这类问题，在面试中可能会被面试官作为重点进行考查，因此切记据实描述，夸大其词或弄虚作假最终都会在面试时考官的专业询问下显出原形。

如果是应届毕业生，可以把在校期间参加的社会实践、兼职打工、社团活动和学生干部活动等经历写上去。尽管这些活动或经验可能是短期的、不成熟的，但可以不同程度地反映一个人的志趣、社交能力、组织协调沟通能力和人格成熟度等个性特征，这些正是用人单位考察的重点。非应届毕业生按照时间倒序的方式列出曾经就职过的公司名称、担任过的职务、主要工作内容、起止时间等。

求职简历不同于工作简历，不仅要反映自己能做什么，做过什么，还要反映做得如何。

过去的工作成绩是雇主评判你未来表现的依据。业绩最好量化成数字或百分比，这样更可靠、具体和客观。非应届生的工作经历应填写在该工作岗位取得了哪些业绩或者提高了哪些技能。应届生的实践经历业绩主要体现在你从中学到了哪些技能，培养和锻炼得了哪些素质和能力。

在描述工作或实践经历时，尽量使用专业术语，不要害怕用人单位看不懂，他们本身期望看到这些技能关键词。比如下面这个实践经历描述比简单写一句“负责收银工作”显得专业多了，表现了其财务知识和经验、沟通能力、英语能力。

【范文 2】

肯德基餐厅××分店　财务人员　2013/07—2013/08

- 主要负责现金收支项目的管理与财务申报工作；
- 接待前来就餐的外国客人；
- 学习到现金流管理的相关知识，基本熟悉餐厅的运作和业务流程；
- 培养与人交流及英语表达的能力。

4. 求职意向

求职意向即个人期望的工作职位，表明求职者通过求职希望得到什么样的职位以及未来 3 ~ 5 年的奋斗目标。用人单位希望应聘者是一个对自己的未来有清晰规划的人，而不是一个只知道埋头读书的人，更不希望是一个朝三暮四，或者做一天和尚撞一天钟、得过且过的人。因此，有一个既充满挑战，又符合实际的发展规划是非常必要的。既不能好高骛远，只展望诸如希望年薪百万，成为核心高管，带领一个上市公司之类不切实际的目标，也不能是只想一直做一名普普通通的工程师/程序员/办事员。眼前的工作是经验积累必不可少的过程，但不等于要一直在这个位置持续做下去：不想成为将军的士兵，不是一个好的士兵！

5. 自我评价

一个客观中肯的评价，能够让阅读的人快速对应聘者形成立体的画像，如果你的描述恰好与用人者的需求相匹配，则能够带来事半功倍的效果。同时，这个评价也直观地体现出你对自己的认知程度。如果面试的时候，考官发现你的自我评价与面试的结果相吻合，那么你的被认可程度将得到极大的提升；反之，即便你对自己做出了极高的评价，面试的时候考官认为与实际的情况不符，则要么被认为是弄虚作假，要么是对自己缺乏客观的认识，而这两者都将让你失去竞争的机会，被无情地淘汰出局。

6. 工作展望

简单描述如果有幸被选中，成为团队中的一员，将如何开展接下来的工作。一名脚踏实地的应聘者，是渴望获取到一个宝贵的工作机会的，因此一旦有机会开始这个工作，那么他将时刻兢兢业业，勤勤恳恳地珍惜这来之不易的机会。反之，如果一名求职者一开始就抱着试试看的态度，将工作机会看成是可有可无的事情，那么必然就会展现出不同的工作态度。而工作展望，就是让用人单位放心地将这个机会给你。因为你将非常珍视这一难得的工作机会，开启一段精彩的工作人生。

（二）个人简历的书写注意事项

在描述工作经历时，遵循留白原则，即只“拎出”提纲性的信息，其余留给面试官提问。

1. 长度适度，突出重点

使用简体字，字体大小应该用小四或五号，必要时需要字体加粗。要注意项目之间的空格，A4 纸打印，不要使用复印的简历，不用过于包装。

篇幅基本控制在一页范围内（最多不超过 3 页），过长的简历被读完的可能性较小，而且不容易突出重点。求职者能干什么、优势在哪里、谋求什么职位应当一目了然。

2. 具有针对性

简历中罗列的信息应围绕所应聘的职位这个中心展开。应聘不同的公司、不同的职位，招聘者关注的相关指标以及知识能力是不同的。如果你对好几类工作感兴趣，则需要写几份简历，针对不同的岗位描述的侧重点不同。

3. 表达专业规范

简历中的信息是求职者的客观事实，用词需专业、规范，慎用带感情色彩的词语。

（三）个人简历的 5 个“要”和 6 个“不能”

1. 5 个“要”

（1）要突出自己的姓名：让用人单位对你留下印象，这一点非常重要。

（2）要突出实践的经历：光说不练是假把式，要从众多竞争者中脱颖而出，实践经历就是杀手锏。

（3）要针对单位做简历：不同大小、行业、性质的单位，对应聘者的要求是有差异的。想要用一份简历通杀的话，最终只会是一声叹息。因此，针对不同单位量体裁衣，制作合适的简历才会让你拔得头筹。

（4）要用数字体现个人业绩：如果有真实的业绩，不妨用数字方式来展现。如果能够用简明的图表呈现，效果会更好。

（5）要写清楚电话号码和邮箱：只有留下清晰的联系方式，才能让应聘单位找到你，否则就别怪机会不来敲门了。

2. 6 个“不能”

（1）不能出现拼写、语法、标点或其他打印错误：事关你未来的职业发展，如果还出现不细心的错误，只能让人认为你要么不够重视、漫不经心，要么就是一个粗枝大叶的人，这两种都不能委以重任，自然就与好机会失之交臂了。

（2）不能列出私人或其他无关的信息：简历的作用在于以有限的篇幅尽可能让阅读者了解你自身的能力，其他无关的信息都会干扰阅读者，并让人产生不信任；而且私人信息一旦遗失，还有可能造成其他损失。

（3）不能过分花哨：求职是一个庄重严肃的过程，过分花哨会让你显得轻浮，给阅读者留下不好的印象。因此，版面需要整洁、美观，而不是花里胡哨。

（4）不能过分谦虚：谦虚是好的品德，但是在简历中对于自己过分谦虚，则会让阅读者怀疑你是否有足够的自信。因此，只需要避免夸夸其谈，真实反映自己的水平就好。

（5）不能出现薪金的历史记录和待遇要求：这些是重要的筹码，留到面试的时候再用。毕竟你这封信的目的只是一个面试的机会。

（6）不能过多使用过长或者复杂句子，避免晦涩艰深的句子：简历不是华丽的文章，用通俗易懂且不易误解的语句清晰表达就行，任何绕口难读的语句都是阅读者的梦魇，只会让你精心制作的简历被归到无用简历中去。

【范文 3】

简　历

联系方式

手机：123 456 789×× ｜邮箱：lellecho@ujianli.com |

求职意向

销售专员

工作经验

france luxe limited | 销售专员　　　　　　　　2013 年 8 月—2013 年 11 月

1. 参与整个进口流程，同海外工厂和我国供应商以及欧洲货代沟通，确保进口流程的顺利完成；

2. 负责公司鳄鱼皮产品的销售及售后服务，维持良好的客户关系；

3. 办公室其他行政工作。

××电子科技有限公司 ｜实习市场部助理　　　　　2009 年 12 月—2010 年 2 月

1. 翻译产品资料，管理公司中英文网站内容；

2. 推广公司产品至各大贸易平台（如阿里巴巴、中国贸促会）；

3. 处理客户询盘，初步建立商务合作关系；

4. 文件整理、接听电话等其他行政工作。

社会活动

2013.10　香港××艺术节义工

开幕式场地搭建，活动宣传，吸引路人参加，解答问题等；

协助剧团演出，分发宣传页，讲解活动内容。

2010.10—2011.6 青岛农业大学经管学院 2009 级英语辅导员

该班级英语基础薄弱，英语考试 36 人有 8 人不及格，80 分以上仅 6 人。每周到该班早读教室监督早读情况，每两周进行一次英语学习讲座，包括四六级分题型解题技巧，应试准备规划，大学规划，英语学习提高方法；考前冲刺期组织真题模拟，帮同学修改作文累计 50 多篇。该班英语四级一次通过率达 89%。

2008.9—2009.10 校外联部副部长

撰写活动企划书；

参与演讲比赛等活动策划；

负责筹集活动经费，同组员合作，寻找潜在赞助商，同企业谈判。

2008.10—2010.9 校外语学院电台 sparkle FM 英语播音员

与搭档主持饮食类英文节目，通过设计调查问卷发掘同学最喜爱的食物 top10，节目播出后广受好评。

教育经历

香港中文大学 | 本科学历 | 计算机辅助翻译专业　　　　2012 年 9 月—2013 年 7 月

青岛农业大学 | 本科学历 | 国际经济与贸易专业　　　　2008 年 9 月—2012 年 7 月

技术技能

熟练办公软件操作（Word, Excel, PPT）国家计算机二级证书。

语言

英语（雅思 7.5 BEC 高级-B CET6-576 分 CET4-602 分）；

普通话、广东话。

（资料来源：http://www.ujianli.com/index.php/Moban/detail/id/11）

任务二　求职面试具体礼仪

经过了求职简历的筛选，下一步便是面试。面试是考官对求积者面对面的交谈与观察，由表及里测评求职者的知识、能力、经验等有关素质的一种考试活动。面试是用人单位充分了解求职者的关键环节，直接决定录用与否。在现代生活中，越来越多的用人单位开始意识到求职者的仪表、举止与个人素质之间的这种联系。不注重仪表礼仪必然会影响求职择业，尤其是刚毕业的大学生，往往因为仪表、举止不雅而痛失良机，我们从下面这个案例便可以看出。

【案例 2】

如此形象怎能成功

一次某公司招聘文秘人员，由于待遇优厚，应者如云。中文系毕业的小王前往面试，她的背景材料可能是最棒的：大学 4 年中，在各类刊物上发表了 3 万字的作品，内容有小说、诗歌、散文、评论等，还为3家公司策划过周年庆典，英语表达也极为流利。小王五官端正，身材高挑、匀称。面试时，招聘者拿着她的材料等她进来。小王穿着迷你裙，露出藕段似的大腿，上身是露脐装，涂着鲜红的唇膏，轻盈地走到一位考官面前，不请自坐，随后跷起了二郎腿，笑眯眯地等着问话。孰料，3位招聘者互相交换了一下眼色，主考官说："王同学，请下去等通知吧。"她喜形于色："好！"挎起小包飞跑出门。

案例分析：

很明显，小王是不会等到录用通知的。尽管她学业优异，但她的仪表着装和仪态举止有失礼节和规范，肯定会给面试考官留下糟糕的印象，自然也就与理想的工作岗位失之交臂。虽然大学生求职者可以有着装的自由，不一定仅限于职业装，但在面试时出于对考官和用人单位应有的基本礼节，也应展现自身的良好仪容风貌，包括整洁的仪容，庄重的仪表，正规的着装，而且举止应自然、大方、文明、优雅。坐姿、说话的态度和速度，神情等方面都应展现良好的仪态，给考官留下良好的印象。

一、面试着装及仪表

当求职者敲门以后，面试官第一眼看到的就是他的仪容打扮。无论是约会、面试，还是开会，第一印象都是十分重要的。印象的形成，90%以上来自非语言信息。让自己看起来好一些，对于工作的录取有很大的影响。穿什么样的衣服能够表现出求职者是一个怎样的人。如果求职者穿着裁剪简单的正装参加面试，不仅表示了求职者对面试官的尊重，还能够给面试官留下一个良好的印象。第一印象能够抵得上千言万语，看到的总比听到的印象更深刻。

（一）女士面试着装礼仪

1. 服　装

衣服：女士面试服装最好选择正规、素雅的西装套裙或套装。在色彩方面选择灰、米白、藏青、深蓝、黑等颜色，最好不选鲜亮抢眼的大红、大绿等色，要体现出求职者的典雅和稳重。不能穿太露、太透的衣服或者奇装异服，让人感觉不够端庄。如果天气比较寒冷，可以选择比较正式的外套搭配西裤。

里衬：里面配上颜色协调的衬衫会使女性求职者显得优雅而自信。

裙：裙子不宜过短，一般不能短于膝上1寸或齐膝，太短显得不够端庄。

袜子：穿套裙时需穿肉色或淡灰色的长筒袜，不能露腿，袜子不能有脱丝。为保险起见，应在包里放一双备用，以备脱丝时能及时更换。

鞋：配前后闭口或前闭后敞的皮鞋，切忌露出5个脚趾；切忌穿凉鞋；皮鞋要擦亮，不要带着尘土黄泥进入面试场。不要穿鞋跟太高太细的鞋，长筒靴和带扣的鞋也会显得不合时宜。中高跟皮鞋使求职者步履坚定从容，带给求职者一分职业女士的气质，很适合在求职面试时穿着。如果有鞋掌，最好选择塑料质地。金属质地的鞋掌使求职者脚步声如同马蹄声。

2. 化　妆

女性在面试时最好化一点淡妆，用薄而透明的粉底适当遮住黑斑和黑眼圈，让自己的气色更好些，显得更精神、亮丽。用浅色口红增加自然美感，用棕色眉笔调整眉形，用睫毛膏让眼睛更加有神。但不宜浓妆艳抹，过于妖娆，香气扑鼻，过分夸张，不符合大学生的形象与身份，状容要自然、协调。面试时化上适宜的淡妆，既表示对别人的尊重，又能增加自信。

女士的手通常是其气质外观的一个方面。为充分显示其魅力，应保持干净，指甲应修剪好，千万不要留长长的指甲，也不要涂艳丽的指甲油。

3. 饰　品

面试时佩戴的饰品最好少而精。适当的搭配一些饰品无疑会使个人的形象锦上添花，但搭配饰品应讲求少而精，一条丝巾、一枚胸花，就能恰到好处地体现个人的气质和神韵，应避免佩戴过多、过于夸张或有碍工作的饰物。

只带一个手提包或公文包，尽量把化妆品、笔、零碎的小东西有条有理地收拾好置于一个包内。手里又提又拿，容易给人凌乱、急躁、办事马虎的感觉。

4. 职　业

服饰除了要符合一般社交场合服饰的共同要求外，更要注重和突出服饰的职业特点，使着装打扮与应聘的职业相称，给人一种鲜明的职业形象的感觉。如拟应聘的职业是教师、工程师、干部等岗位，打扮就不能过分华丽、过分时髦，而应该选择庄重、素雅、大方的着装，以显示出稳重、文雅、严谨的职业形象；如果拟应聘的职业是导游、公关、服务等岗位，就可以选择华美、时髦的着装，以表现活泼、热情的职业特点。

总的来说，女士求职面试着装以端庄得体为基本原则。

（二）男士面试着装礼仪

1. 服　装

外套：男士正装外套一般以西装为主。西装选择一定要合身，切忌过大或过小。颜色以纯色深色为宜。对于刚毕业的大学生，尚无能力购买合身的西装的话，也可以穿夹克衫外套，但要注意打理平整、干净。

衬衫：以白色或浅色为主，平整。挑选衬衫应该注意领子不要太大，领口、袖口不要太宽，以刚好可以扣上并略有空隙为宜。面试的衬衫一定要是长袖，衬衫袖子应比西装袖子长出 1 厘米左右，下摆一定要掖在裤子里。

领带：在衬衣外打领带，领带以真丝为宜，上面不能有油污，不能皱巴巴，应与西服颜色相衬。领带的长短，以刚刚超过腰际皮带为好。不要使用领带夹，因为使用领带夹只是欧美少数国家的习惯，不适合国际通例。

裤子：西裤，除了要与上身西装保持色调一致外，还应注意不要太窄，要保留有一定的宽松度，也不要太短，以恰好可以盖住皮鞋的鞋面为好。运动裤、牛仔裤无论是什么名牌，都不是正装，不适宜在面试的时候穿着。

皮带：男士着商务装时一定要系皮带。皮带扣以简单、大方的款式为宜，切忌夸张的造型。皮带的颜色以黑色为最好，皮带头不宜过大、过亮，也不要有很多的花纹和图案。

皮鞋：以黑色为主，鞋面保持亮洁。不要以为越贵越好，而要以舒适大方为度。

袜子：一般要和裤子的颜色相适合，以深色为宜，切忌穿丝袜。袜子还要有一定的长度，以免在交叉两腿时露出小腿。

公文包：简单细长的公文包是最佳选择。

饰物：①皮夹：一件小巧的钱包不易使口袋鼓起变形。但钱包里的东西应是必需品。千万不要把各种信用证、家庭生活照等都塞在里面。②手表：一块手表不仅是为了计时用，而且应是一件装饰品，在自己支付能力范围内选择高质量的并和衣服相配的品牌。另外，也不应戴米老鼠之类的手表。③手帕：放一块折叠雅致的手帕在西装上部的小口袋中，不仅可增加男人的情调，而且还可在出现尴尬局面时用它作掩饰。④项链、装饰别针、手镯、耳环等饰物都是男性求职者面试时十分忌讳的。

2. 仪　容

不要留长发，男士头发要求“前不过额，侧不过耳，后不过领”，洗净头发，别使用太多发胶；眼镜应该擦干净；剃净胡须；别让鼻毛探头探脑；嘴巴牙齿无食品残留物，保持无异味；指甲修剪整齐，甲垢清除干净；一般不建议使用化妆品，否则容易引起面试官的反感。总之，男士仪容应整洁，既不能蓬头垢面，又不能油光满面，夏季还应避免汗流浃背、气喘吁吁。

3. 职　业

在面试一些有权威、注重资历和经验的机构（如政府、金融、外企）时，应当选择稳重端庄的装扮，这样可以给对方可信赖的感觉。这时要格外注重每一个着装细节，不要给面试官留下不严谨、不专业的印象。可以选择简约得体的套装，配合精致自然的妆容，体现成熟干练的气质。如果应聘广告、策划、市场营销等工作内容较轻松、上班时间较自由的职位，可穿着休闲、时尚的服装，突出自己的青春和朝气。建议穿针织衫，配同色系长裤，颜色可稍显活泼，但不可过于花哨。

总的来说，男士求职面试着装以整洁、稳重大方为基本原则。

二、面试过程中的礼仪规范

（一）接到面试通知电话

接到面试通知电话时，实际已经进入了面试环节。此时一些企业就开始对求职者进行考核了，因为给你打电话的很有可能就是面试你的人力资源部（HR）。接到应聘单位的面试通知电话，求职者可不要被兴奋冲昏了头脑，在通话时一定要表现出礼貌。通话时，要注意电话用语，应有的“您好”“请问”“谢谢”必不可少，更重要的是要了解应聘的职位、企业名称以及面试地点等信息。

如果所处的环境比较嘈杂的话，可以说明理由后再回电咨询，切不可大呼小叫表现出烦躁的一面。不管这个面试是否参加，在接到电话的时候都不能表现出一副无所谓或者厌烦的语气，因为积极的回应既是对别人辛苦工作的一种尊重，又是个人素养的一种表现。在求职期间，接电话之前应准备好笔和本子，在用人单位通知面试时间和地点的时候，不需要等待就可以飞快地记录，既提高了对方的工作效率，又体现了你的用心和做事有条理等良好习惯。如果对方通知的地点不够清楚，可以礼貌地让对方重复一遍，能记住地点就行，不用询问路线，要自己可以在网上查询。另外，如果很熟悉面试地点，对方叙述路线时也不要打断，否则显得很没有礼貌。

在对方询问是否在说定的时间参加面试时，请尽快给出明确的回答，以便用人单位安排，切忌拖拖拉拉，犹豫不决，给对方一个模糊的答案，如“我尽量来吧”“我应该能来吧”之类的。这样会给对方留下一个做事计划性不强，不够果断，拖沓的印象。如果那个时间来不了，可以说：“真不好意思，我那个时间有事，不能参加面试，能给我调整到其他时间吗？”

大家可以参考下面这则对话。该对话就很简单明了，能给对方留下很好的印象。

【案例 3】

HR：您好，请问是××先生吗？

求职者：是呀，请问您是哪位？

HR：这里是××公司人力资源部。

求职者：您好。（这时就应该开始准备纸和笔）

HR：我们想邀请您明天下午来我们这里参加一个面试，时间是下午 2 点，您那个时候方便吗？

求职者：方便，您说具体地点吧，我记一下。

HR：地点是××立交桥附近的××中心××层，您坐公交车的话在××站下车就可以了。

求职者：好的，我复述一遍，是下午 2 点在××中心××层吧？

HR：是的。

求职者：我需要准备什么材料吗？

HR：不需要，您本人来参加面试就可以了。因为我们这是一个小组面试，所以请您务必准时参加，好吗？

求职者：好的，我一定准时到。

HR：那好，我们明天见。

求职者：谢谢您，再见。

（二）赴　约

赴约面谈或面试时，绝不能迟到，至少应提前 10 分钟到达，这样就有时间熟悉面试现场，调整好状态。抵达后要注意整理一下服饰和妆容，别忘了揩净鞋上的尘土和脸上的汗水。如果临时发生了不可抗拒的意外情况而不能按时赴约或不能参加，也要及时通知用人单位并表示歉意。这样可以得到招聘企业的谅解，并有可能争取到补试的机会。

一般不应由亲友陪同面试，避免给人留下不成熟的印象。抵达后，告知接待员你是来应聘的，以便对方做出安排。

（三）等待面试

在等待面试过程中，求职者应始终面带微笑，不要过分紧张，对碰到的每个公司员工都应彬彬有礼。对接待人员以礼相待，注意细节，恰当地表达礼貌，不要忘记向他多说几声“谢谢”“请您……”之类的客套话。与其他求职者交谈时应轻声细语，切忌频繁地耸肩，手舞足蹈，左顾右盼，坐姿歪斜，晃动双腿等。不要随地扔垃圾，要自觉维护环境的整洁有序。

关掉手机或调成静音。这是很多求职者最容易忽视的问题，所以常常有面试时电话响起的尴尬。这在面试的礼仪中对面试官是非常不尊重的。

（四）进入面试室

进入面试的房间之前，一定要有礼貌地通报。如果门关着，即使门是虚掩的，也要轻叩两三下，当听到允许进入的回答后，再轻轻推门进入。进入房间后，转身静静地把门关好，动作轻便，尽量不发出声音。进屋后，若发现招聘人员正在填写上一个人的评估表，不要打扰，应表现出理解与合作。但也不要自作聪明，在招聘人员不知晓的情况下等在门外不进去，这也是不对的。

有时对方会让求职者进来在屋里等一下，此时应听从安排，不要东张西望、动手动脚或插话。在踏入面试室与主考官四目交接之时，应面露微笑并点头示意，用和颜悦色来与对方见面。如果有多位考官，应环视一下，面带微笑，以眼神向所有人致意。如果听到面试官亲切、热情地问候“你好”或“很高兴见到你”等，则应视情况回答“您好”或“见到您我也很高兴”之类的话。如果面试官伸手准备握手，应马上单手相迎，要保证整个手臂呈L形(90°)，有力地摇两下，然后把手自然地放下。不要用两只手握手，手应当是干燥、温暖的。握手应该坚实有力，有“感染力”，双眼要直视对方，自信地说出自己的名字。另外，若非面试官主动先伸手，切勿贸然伸手与对方握手。

（五）坐　姿

在进入面试室后，遵照面试官的指示坐到相应座位上，如果面试官不指定座位，可选择面试官对面的座位，或询问面试官后坐到适宜的位置。坐的位置既不要离面试官过远，产生距离感，也不要过近，和主试人共用一张办公桌，探视主试人办公桌上的文件或面试资料。在选择座位时，应落落大方，必要时应征求面试官的同意。

如果面试官让你坐下，不用故意客套地说：“您先坐。”神态保持大方得体即可。入座时，也有一定的讲究，进入房间可由左边进入座位。入座时要轻而缓，不要发出任何嘈杂的声音。不同性别，对于面试就座时的礼仪要求也不同。男士就座时，双脚踏地，双膝之间至少要有一拳的距离，双手可分别放在左右膝盖之上，掌心向下，自然放在两腿上。若是面试穿着较正式的西装，应解开上衣纽扣。女士在面试入座时，双腿并拢并斜放一侧，双脚可稍有前后之差，如果两腿斜向左方，则右脚放在左脚之后；如果两腿斜向右方，则左脚放置右脚之后。这样对方从正面看双脚是交成一点的，腿部线条更显修长，也显得颇为娴雅。若女性穿着套裙，入座前应收拢裙边再就座，坐下后，上身挺直，头部端正，目光平视面试官。坐稳后，身子一般占座位的 2/3，面带微笑保持自然放松。女士如果有手袋，可以放在椅子后面，男士携带的大手袋可以靠放在座位右边。

两种错误的坐姿：

（1）紧贴着椅背靠坐，这种姿势显得应试者太过于放松，会留给面试官目中无人的感觉。

（2）只用了椅面 1/3 甚至更少的部分，这种坐姿显得应试者过于紧张。

上述两种坐姿都是错误的做法，都会给面试官留下不良的印象，一定要注意避免。

（六）交　谈

1. 身体语言尽量少

面试过程中，身体不要随意扭动，双手不应有多余的动作，双腿不可反复抖动，这些都是缺乏教养和傲慢的表现。有些人因为紧张，会无意识地用手摸头发、耳朵，甚至捂嘴说话，虽然是无心的，但面试官可能会因此而认为面试者没有用心交谈，还会怀疑话语的真实性。

2. 保持适当的距离

有的面试人员进入面试室，一坐下来就习惯地将椅子往前靠，说到激动的地方，就不由自主地将身子探得更近了。看着兴奋演说、唾沫横飞的面试者，面试官其实有些尴尬，而此时面试者已经失礼了。交谈的目的是与别人沟通思想，要做到愉快地交谈，除了要注意说话的内容外，还应注意与主考官保持一定的距离，这样才能让对方听得清楚、明白。保持适当距离交谈，也是对别人的礼貌。倘若交谈时忽然想打喷嚏、清喉咙，要转过身去，最好是取出手帕或餐巾纸捂住口，做过之后要表示歉意，以获得面试官的好感。

3. 目光真诚自然，面带微笑

当只有一个面试官时，求职者的目光要注意：第一，注视对方，目光要自然、真诚，不要死盯着对方的眼睛，也不要东张西望，左顾右盼，显得心不在焉。第二，在谈话过程中双方难免会目光相遇，这时注意不要慌忙移开，顺其自然地对视几秒钟，再缓缓移开，这样会给面试官诚恳、认真的印象。第三，注意视线平视前方，既不要上扬，也不要向下，避免给人留下优越感或过于服从的感觉。

此外，我们的视线接触区以公务凝视区为宜。

注：视线接触区包括以下 3 种：

公务凝视区：以两眼为底线、额中为顶角形成的三角区；

社交凝视区：以两眼为上线、唇心为下顶角所形成的倒三角区；

亲密凝视区：从双眼到胸部之间的区域。

目光接触的技巧是，盯住主面试官的鼻梁处，每次 15 秒左右，然后自然地转向其他地方，如望向主面试官的手、办公桌等其他地方，然后隔 30 秒左右，又再望向主面试官的双眼鼻梁处。切忌目光犹疑，躲避闪烁，这是缺乏自信的表现。

“一对多”的情况下，求职者的目光不能只注视其中的一位面试官，而要兼顾到在场的所有面试官。具体方法是，以正视面试官为主，并适时地把视线从左到右，再从右至左地移动，达到与所有面试官同时交流，避免冷落任何一个面试官，但注视的次数不宜过多，这样就能获得他们的一致好评。

面试时要面带微笑，自然、真诚的微笑，能够向面试官传达真诚、友好、自信的信息，能够缓和在面试过程中的紧张气氛，获得面试官的好感。

4. 回答问题从容淡定

（1）态度诚恳，不宜过分客套和谦卑。不太明白主考人的问题时，应礼貌地请他重复。陈述自己的长处时，要诚实而不夸张，视所申请职位的要求，充分表现自己有关的能力和才干。不懂得回答的问题，不妨坦白承认。

（2）面试时切忌冲动，急匆匆。如果每次面试官刚说完问题或是问题都还没有问完，就迫不及待地回答，会显得不够稳重。要在稍加考虑之后，再做出回答，让人觉得是经过认真思考的。当然，如果每个问题都要想了又想，又会让人觉得面试者对这个问题不太熟悉，回答不上来，或者是显得过分谨慎，畏首畏尾。通常情况下，面试者可以在面试官问完问题之后，稍微思考几秒钟，有个大概的轮廓，然后就开始回答。在回答问题的过程中，不仅嘴巴要动，脑子也要动，边回答边考虑下句要说什么。另外，点头也不可太急，否则会给人留下不耐烦想插嘴的印象。

（3）尽量避免中、英文夹杂。回答简练，不带“嗯”“这个”等无关紧要的习惯语，尽量少用语气助词，避免给面试官留下冗长、不专业及缺乏自信的感觉。讲错话要补救。讲错话之后，亦不要放弃，必须重新振作，继续回答其他问题。

5. 递交资料快速礼貌

递物大方得体，带上个人简历、证件、介绍信或推荐信等必要的求职资料，见面时，一定要保证不用翻找就能迅速取出所需资料。如果要送上这些资料，应双手奉上，表现要得体大方，谦逊。

6. 其他礼仪细节

一般情况下，我们在交谈中都应使用普通话，因此练好流利的普通话是非常必要的。此外，我们的用语应尽可能书面化，避免过于口水话；要调整好自己的语音、语调、语速和音量，既不要低声细语，也不要慷慨激昂。要用不卑不亢、沉稳的语气和语速进行自我介绍和交流。切忌在交谈过程中表现得吞吞吐吐、过于激动或犹豫不决。

除非征得主考官的同意，不要使用方言进行交流。即便是在方言地区，也应尽可能使用普通话进行沟通，因为有可能上级领导无法用方言交流。

在交流过程中，不要打断主考官的话，因为这是非常无礼的行为。

面试官可能会问一些与职位完全无关的问题，目的在于进一步了解面试者的思考能力及见识，不要表现出不耐烦或惊讶，以免给用人单位留下一个太计较的印象。

切忌因面试官不赞同意见而惊慌失措。部分面试官会故意反对应聘者的意见，以观察他们的反应。

多使用礼貌用语，如“您好”“请您关照”“谢谢”“再见”等。

（七）起身告辞

面试交谈完后，要礼貌起身。有些面试官以起身表示面谈的结束，另一些人则用“同您谈话我感到很愉快”或“感谢你前来面试”这样的辞令来结束谈话，对此面试者应该会意并及时起身告辞。

起立的动作最重要的是稳重、安静、自然，绝不能发出任何声音。入座通常由左边进入座位，起立时可由左边退出。一般我们坐椅子时，有上座的专门规定，进入房间可由左边开始坐，站立时也要站在椅子的左边，无论是就座还是起身都不要发出任何声音。如有必要，请将座椅轻轻推至原位置。

在走出面试室时先打开门，然后转过身来向考官鞠一躬并再次表示感谢，然后轻轻将门关上。经过前台时，要主动与前台工作人员点头致意或说“谢谢你，再见”之类的话。

三、面试结束后的礼仪

面试结束并不意味着求职过程的结束，还要等待聘用通知的到来。面试结束后还有以下礼仪规范。

1. 表示感谢

为了增加求职成功的概率，面试后的两三天内，不妨给面试官打个电话或写封信表示感谢，感谢面试官给予自己面试的机会。感谢电话要简短，最好不要超过 3 分钟；电话里不要询问面试结果。打电话的时候，要考虑在合适的时间内。

面试感谢信最好通过电子邮件的方式，既方便又得体。感谢信要简洁，最好不要超过一页。感谢信应提及本人的姓名及简单情况，然后提及面试时间，并对面试官表示感谢。感谢信的重点是重申自己对公司和职位的兴趣、本人的愿望和信心。感谢信是你最后的机会，它能让你与其他求职者有所不同。

2. 询问面试结果

面试后，公司一般需 3～5 天确定录用人选，求职者在这段时间内一定要耐心等候消息，不要过早打听面试结果。如果在公司许诺的通知时间到了，求职者还没有收到对方的答复时，可以打电话给招聘企业，询问结果。

因为询问面试结果是公事，所以必须在正常工作日的时间段打电话，但是要避开对方工作繁忙时间和休息时间，如周一上午和周五下午，因为这两个时间段很多单位有开例会的习惯；还有每天刚上班的一个小时和下班前的一个小时，因为这分别是对方做计划的时间和工作状态不佳时段。中午一小时左右是用餐时间，在这个时间段给人打电话是很不礼貌的。

【项目小结】

本项目主要介绍了求职信和个人简历的书写礼仪，求职面试的着装礼仪，面试过程中各个环节需注意和遵循的礼仪规范，面试结束后的礼仪等。通过本项目的学习，学生应在面试过程中展现良好的个人素质和修养，从而提高求职的成功率。

【课后练习】

一、简答题

1. 求职信的书写格式包括哪些内容？
2. 应届毕业生如何在个人简历中描述工作经历或经验？
3. 面试时，女性着装有什么要求？

4. 面试时，男性着装有什么要求？

5. 面试时，如何入座以及坐姿有哪些要求？

6. 询问面试结果时，什么时间打电话最合适？

二、论述题

1. 孙×到一家外企去应聘秘书。去面试之前，她对自己进行了精心修饰：身着时下最流行的牛仔套裙，脚蹬一双白色羊皮短靴，橘色的挎包。为和这身打扮配套，孙×还化了彩妆，她对自己的打扮相当满意。来到公司，孙×发现自己在众多应征者中显得是那么与众不同，她甚至感到一点得意。正在这个时候，孙×碰见了恰好来此处办事的好朋友王小姐。“你也来找人吗？”王小姐问道：“我是来应聘的。”“应聘？你的这身打扮更像约人去喝下午茶。”快人快语的王小姐说道。“是吗？”孙×疑惑起来，她扫描了一下四周，果然其他人都穿着素色的职业套装。孙×的心理一下子变得不稳定起来，开始的自信也被动摇了。在后来的面试中，孙×完全因为这次的着装乱了阵脚，结果也就不言而喻了。

思考：请分析孙×为什么会在面试中乱了阵脚呢？

2. 某公司经理对他为什么要录用一个没有任何人推荐的小伙子时说：“他带来了许多介绍信。他神态清爽，服饰整洁；在门口蹭掉了脚下带的土，进门后随手轻轻地关上了门；当他看见残疾人时主动让位；进了办公室，其他的人都从我故意放在地板上的那本书上迈过去，而他却很自然地俯身捡起并放在桌上；他回答问题简洁明了，干脆果断，这些难道不是好的介绍信吗？”

思考：

（1）经理说的“介绍信”指的是什么？

（2）这些“介绍信”介绍了小伙子的哪些优点？

（3）小伙子在应聘中遵守了哪些礼仪规范？

3. 一批应届毕业生 22 人，实习时被导师带到国家某部委实验室里参观。全体学生坐在会议室里等待部长的到来，这时秘书给大家倒水，同学们表情木然地看着她忙活，其中一个还问了句：“有绿茶吗？天太热了。”秘书回答说：“抱歉，刚刚用完了。”林×看着有点别扭，心里嘀咕：“人家给你水还挑三拣四。”轮到他时，他轻声地说：“谢谢，大热天的，辛苦了。”秘书抬头看了他一眼，满含着惊奇。虽然这是很普通的客气话，却是她今天唯一听到的一句。

门开了，部长走进来和大家打招呼，不知怎么回事，静悄悄的，没有一个人回应。林×左右看了看，犹犹豫豫地鼓了几下掌，同学们这才稀稀落落地跟着拍手，由于不齐，越发显得凌乱。部长挥了挥手：“欢迎同学们到这里来参观。平时这些事一般都是由办公室负责接待，因为我和你们的导师是老同学，非常要好，所以这次我亲自来给大家讲一些有关情况。我看同学们好像都没有带笔记本，这样吧，王秘书，请你去拿一些我们部里印的纪念手册，送给同学们做纪念。”接下来，更尴尬的事情发生了，大家都坐在那里，很随意地用一只手接过部长双手递过来的手册。部长脸色越来越难看，来到林×面前时，已经快要没有耐心了。就在这时，林×礼貌地站起来，身体微倾，双手握住手册，恭敬地说了一声：“谢谢您！”部长闻听此言，不觉眼前一亮，伸手拍了拍林×的肩膀：“你叫什么名字？”林×照实作答，部长微笑点头，回到自己的座位上。早已汗颜的导师看到此景，才微微松了一口气。

两个月后，同学们各奔东西，林 × 的去向栏里赫然写着国家某部委实验室。有几位颇感不满的同学找到导师：“林 × 的学习成绩最多算是中等，凭什么推荐他而没有推荐我们？”导师看了看这几张尚属稚嫩的脸，笑道：“是人家点名来要的。其实你们的机会是完全一样的，你们的成绩甚至比林 × 还要好，但是除了学习之外，你们需要学的东西太多了，修养是第一课。”

思考：

（1）林 × 的哪些表现让他获得了部长的认可？

（2）礼仪对职业生涯起什么作用？

【礼仪实训】

实训内容 9-1：求职准备。

实训目的：通过动手操作，增强求职技能。

实训对象：全体上课学生。

实训步骤：

1. 教师依次展示招聘启事任务（或挑选其中一个启事）：某外企招聘客户服务业务代表；某国企招聘行政主管；某企业招聘人力资源助理；某企业招聘财务会计；某企业招聘销售业务员……

2. 学生根据自己的兴趣选择不同的招聘岗位撰写一份中文求职信和个人简历。

3. 选择相同招聘岗位的学生分为一组，讨论参加面试的服装。

4. 各小组推荐一篇优秀的求职信和个人简历。

5. 每组派一个代表上台介绍优秀的求职信和个人简历以及服装搭配。

6. 教师点评、总结。

实训内容 9-2：模拟面试。

实训目的：通过模拟面试，增强求职技能。

实训对象：全体上课学生。

实训步骤：

1. 教师依次展示招聘启事任务（或挑选其中一个启事）：某外企招聘客户服务业务代表；某国企招聘行政主管；某企业招聘人力资源助理；某企业招聘财务会计；某企业招聘销售业务员……

2. 学生根据自己的兴趣选择不同的招聘岗位准备面试。

3. 选择相同招聘岗位的学生分为一组，竞争一个岗位。

4. 由任课老师和各组选派的代表担任面试官，其他非面试组的成员担任面试观察员，进行模拟面试。

5. 面试完成后各个非面试小组讨论一个录用人选，并派一个代表上台阐述录用该人选的理由。

6. 教师点评、总结。

项目十 涉外商务礼仪

【知识结构图】

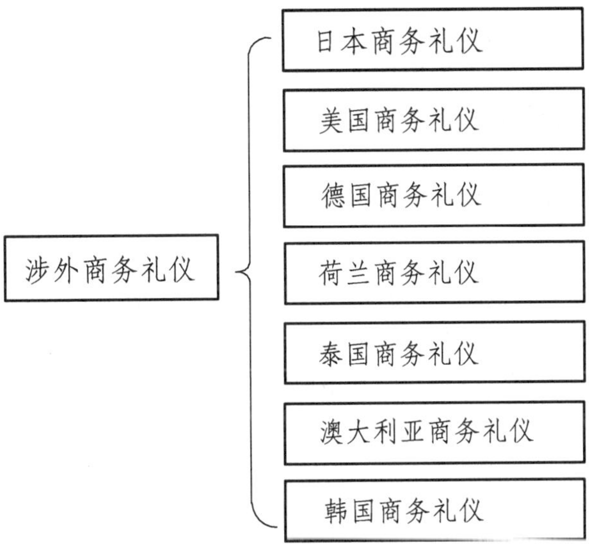

【知识目标】

1. 熟悉涉外商务活动要遵循的基本原则。
2. 掌握涉外商务礼仪的技巧。
3. 了解东西方一些国家的习俗。

【能力目标】

1. 能够安排涉外商务活动。
2. 能够在安排涉外商务活动的过程中考虑相关国家的习俗。

【素质目标】

1. 了解东西方主要国家礼俗礼节及其形成的原因，并把标准的礼俗礼节深入实际商务活动中去。

2. 提高自身内外在气质，促成商务活动的顺利开展。

【案例导入】

与加拿大经销商的谈话

王总是国内一家著名电子设备公司的经理。今年公司扩大产能，产品开始出口加拿大，并邀请了多家当地的电子经销商来工厂参观洽谈。洽谈过后，一位看起来有70多岁的经销商表现出对中国文化的浓厚兴趣，想跟王总咨询哪里有向外国人提供短期中国文化培训的地方。王总不禁赞叹道："您都这么大岁数了，不但能到中国做生意，还能学习异国文化，可真不容易啊，我佩服您。"可那位外商一听，马上脸一沉，冷冷回应道："是吗，你觉得老人做生意，参加培训很奇怪吗？"王总登时尴尬极了。

思考：你知道这位外商为什么突然不高兴了吗？

这些年越来越多的国内企业走向世界，与世界各国的贸易往来不断加深。各国的礼仪异彩纷呈，各不相同。不懂得涉外商务礼仪，就没法在国际商务活动中取得满意的结果，甚至会把到手的生意"砸了"。

我们该如何缩小我国与他国之间的文化差异，遵循国际上通用或者各国特殊的商务礼仪，这是一个非常重要的问题。

顾名思义，涉外商务礼仪就是人们在国际交往过程中必须遵守的共同性的礼仪规范，也可以这样说，涉外商务礼仪就是人们在国际交往中要遵守的"交通规则"，它是一种"世界语言"。这样的"世界语言"有一些通用的基本原则，掌握好这些原则对我们的涉外活动具有指导作用。

任务一　日本商务礼仪

一、简　况

日本，是位于亚洲大陆东岸外的太平洋岛国，领土由北海道、本州、四国、九州4个大岛和3 900多个小岛组成。日本自20世纪60年代末期起一直是世界公认的第二号资本主义经济强国，实行君主立宪政体，被称为"日出之国"。日本为单一民族国家，国内的大城市主要有东京、大阪和神户等。

二、价值观

（1）不给社会和别人添麻烦。"给您添麻烦了"是日本电视剧里经常听到的一句台词，从侧面反映了日本社会大众特别怕给别人造成不便。

（2）工作场所至上。在日本，工作场所将人生价值、传统社会取向和个人利益有机结合起来。工作场所至上在日本人的社会价值取向中占据了最重要的位置。

（3）“男主外，女主内”。由于受传统家庭观念的影响，在日本的家庭中存在着明显的家庭分工。丈夫在外工作，妻子在内持家，一直是日本人认可的带有普遍性的价值观念。

三、具体商务礼仪

1. 见面礼

他们在社交场合也施握手礼。鞠躬是日本的传统问候方式，现在已渐被握手所代替。在日本旅游，如果主人伸出手来就握手，如果主人鞠躬，最好回以鞠躬礼，但是不用像日本人那样标准。

日本人在初次见面时重视互换名片。假如初次相见时你没有带名片，会让对方认为你不易交往。互换名片时，要注意的是：行鞠躬礼，并双手递接名片。接到名片后要认真看阅，看清楚对方的身份、职位、公司，用点头动作表示已清楚对方身份。还要注意的是，去一个商业谈判会，必须向每个人递送名片，并接受他们的名片。这是互相表示友好的一种方式。

在着装上，男士要留短发，着西装，衬衫不要透明，领带要尽量是条纹或水珠式花纹。要戴手表，不要用手机看时间。女士的头发不要遮住脸，着西服套裙，裙子要遮过膝盖。衬衫看上去要高雅有品位，首饰不要过于招摇，戒指只能戴一个，尽量要穿无带、无扣的皮鞋等。

2. 会　谈

日本人在谈话开始时就面带微笑，并将笑容保持很长一段时间。特别是在谈判桌上，很难猜透日本人的脸部表情。日本人初次会见客人时，总会先花几分钟时间询问一下客人在途中的情况，并询问他们以前见过的该客人的某位同事的情况。然后，他们会停顿片刻，希望客人做出同样的举动。接下来，日方公司高层会述说一下日方同客方公司之间的各种关系，此时，客人最好向日方转达本公司高层的问候。请留意，如果日方在询问时有意漏过某人，则暗示他们不喜欢此人。

在谈判中，日本人即使自己持有明确的意见，他们也避免“我是这样想的”“我的意见是”等直接表达方式。他们会采用“恐怕这样吧”“我想这么考虑，你看如何呢”这种委婉的措辞。他们认为这是适当而有礼貌的表达方式。一方面给对方留有考虑的余地，另一方面又清晰地表达了自己的观点。

3. 邀请与应邀

如果出席日本人的宴席或其他活动，一定要穿着整齐；否则，会被认为你不重视他。所以，在访问期间，要确保有一套整洁的服装备用。

日本人吃饭，通常将各种菜肴一次端上来。用餐顺序是，先喝汤，然后从各盘、碗中挑夹些菜。在就餐过程中，吃得很慢，总是用左手端汤、饭碗；用筷子另一头从公盘中夹菜；结束前，不撤走空盘。而且，在开始吃饭时要说“我要吃饭了”，吃完还要说“我吃饱了”。

日本人设宴敬酒时，往往要在桌子中间放一只装满清水的碗，并在每人面前放一块干净的白纱布。斟酒前，主人先将自己的酒杯在清水中涮一下，杯口朝下在纱布上按一按，使水珠被纱布吸干，再斟满酒双手递给客人。客人饮完后，也同样做，以示主宾之间的友谊和亲密。

礼物在日本社会极其重要。在日本，商业性送礼是件很花钱的事，他们在送礼上的慷慨大方有时令人咋舌。赠送礼物时，通常是在社交性活动场所，如在会谈后的餐桌上。最好说些“这不算什么”之类的话。另外要注意，礼物要按职位高低分成不同等级。

4. 禁　忌

日本人对送花有很多忌讳。忌讳赠送或摆设荷花，不喜欢送人白色的花。

在餐饮上，日本也有很多忌讳，下面介绍使用筷子的忌讳。

（1）忌把筷子直插饭中；

（2）忌用舌头舔筷子；

（3）忌用筷子穿、插着食物吃；

（4）忌用筷子从菜中扒弄着吃；

（5）忌用筷子动了一个菜不吃，又动另一个菜；

（6）忌把筷子跨放在碗碟上；

（7）忌以筷子与牙签剔牙；

（8）忌扭转筷子，用嘴舔取粘在筷子上的饭粒；

（9）忌拿筷子在餐桌上游寻食物；

（10）忌用同一双筷子让大家依次夹拨食物。

任务二　美国商务礼仪

一、简　况

美国，首都为华盛顿，东濒大西洋，西临太平洋，北靠加拿大，南接墨西哥及墨西哥湾。美国的政体为总统共和制。美国庞大的经济、文化、科技和军事影响力贯穿了整个20世纪。在第一次世界大战和第二次世界大战中，美国分别与协约国和同盟国一同获得胜利。

二、价值观

（1）中国人认为，“忘记过去等于背叛”。但是美国人的信条是“忘记过去展望未来”，认为过去了的事情已经没有实际意义，只有目前和将来的事情才值得花时间去做。

（2）个人之间的恩怨总会有个尽头，他们不赞成“君子报仇十年不晚”“躲得过初一躲不过十五”的说法。

（3）人人都是自由平等的，个人价值的实现是最重要的，但并不是不遵守社会公德。
（4）美国人的眼光是建立在现实和实惠基础之上的。

三、具体商务礼仪

1. 见面礼

初次见面，如果是比较正式的场合，要讲究服饰，注意整洁，穿着西装较好，特别是鞋要擦亮，手指甲要清洁。美国商人较少握手，即使是初次见面，也不一定非先握手，时常是点头微笑致意，礼貌地打招呼即可。如果要握手问候，同性握手短促而稍微用力更能体现真诚。主动伸手的原则是：长者为先；社会地位高者为先；宾主双方主人为先。然而异性之间握手，男士要斯文，不能用力。如果女士无握手之意，男士不要主动伸手，除非女士主动。

如果初次见面不是在正式场合，对美国人的穿着千万不要惊讶。他们穿衣以宽大舒适为原则，春秋季，美国人一般下身着长裤，上身在衬衣外面再穿一件毛衣或夹克，宽松舒适，无拘无束。夏天穿短裤和短裙者也较多。

2. 会　谈

美国人的会谈一般以寒暄开始。寒暄的目的，就是为了深入聊天，让双方增进了解，寻找共同话题。一般来说，寒暄最主要的话题是互相介绍和谈论天气。如果你恰好是中间人，需要介绍两个人认识，原则上是把男士介绍给女士，把社会地位低的介绍给地位高的，把幼者介绍给长者。

寒暄的时候还要注意称谓，在美国，12 岁以上的男子享有“先生”的称号，但多数美国人不爱用先生、夫人、小姐、女士之类的称呼，认为那样做太郑重其事了。他们喜欢别人直接叫自己的名字，并视为这是亲切友好的表示。美国人很少用正式的头衔来称呼别人。正式头衔一般只用于法官、军官、医生、教授、宗教界领袖等人物。尤其不要用行政职务来称呼，如某局长、某经理等。

美国人谈话时不喜欢双方离得太近，习惯于两人的身体保持一定的距离。一般应保持 120 ~ 150 厘米，最少也不得小于 50 厘米。谈话的内容不要涉及他们的隐私，如年龄、个人收入或者政治倾向等。

3. 邀请和应邀

在美国，如果要对个人和公司进行拜访，必须先预约，贸然登门是失礼的行为。而且最好在即将抵达时，先打电话告知。就算是给亲朋好友送礼，如果对方事先不知道的话，也不要直接敲门，最好把礼物放在家门口，然后再通知他自己去取。

应邀去美国人家中做客或参加宴会，最好给主人带上一些小礼品，如化妆品、儿童玩具、本国特产或烟酒等。对家中的摆设，主人喜欢听赞赏的语言，而不愿听到询问价格的话。如果是见过多次的人，千万不要在寒暄中说他们胖了，因为“瘦富胖穷”是他们的思想观念。

准时守信，相当重要。美国商人喜欢表现自己的不正式、随和与幽默感。能经常说几句笑话的人，往往易被对方接受。美国商界流行早餐与午餐约会谈判。当你答应参加对方举办的宴会时，一定要准时赴宴，如果因特殊情况不能准时赴约，一定要打电话通知主人，并说明理由，或者告诉主人什么时间可以去。

4. 餐饮习惯

美国人对餐饮不是特别讲究，比较随便，不太喜欢过烫的食物，偏爱冷食。美国人不吃动物内脏，不吃韭菜、生蒜等刺激性食物，更加偏向清淡的食物。

5. 禁　忌

（1）美国人特别忌讳数字 13。他们认为这个数字是和灾难及不幸联系在一起的。一般的高层公寓里面没有 13 层。

（2）美国人进餐忌讳打嗝，正式场合这是非常失礼的行为。

（3）美国人忌讳黑色，认为黑色是葬礼用色。

（4）美国人忌讳蝙蝠图案，认为这是凶神的象征。

（5）美国黑人忌讳听到“negro”这个词，因为这是对他们的极不尊重。

（6）美国人忌讳交谈中过分谦虚的辞令，认为这是不自信的表现。

（7）美国人忌讳空手去别人家里做客。

【案例 1】

这是你的权利

小罗去商场买衣服，标价 139 美元，划过卡以后，也没怎么仔细看金额就走了，可后来才发现小票上划掉的是 199 美元。小罗原以为是自己看错了，想着钱也不多就算了，可小罗的美国同事坚持要带她回去理论，说这不是钱多少的问题，而是她应有的权利。她这句话一下敲醒了小罗。

思考：价值观的不同会导致礼仪的问题吗？

任务三　德国商务礼仪

一、简　况

德国位于中欧平原，欧洲的中部，是欧洲邻国最多的国家，经济总量居世界第四，汽车、钢铁、化工、电力、电子、航空等工业在国际上占有重要地位。

二、价值观

德国人很重视家庭，有极强的“治窝”精神。一个舒适的家是许多人生活中的第一追求。

德国人维护公共纪律，爱护公共环境，在各种场合讲究文明和秩序成为无可置疑的事情。

德国人很理性，所以特别尊重法律和秩序。甚至在一些人的眼中，许多情况下，德国人缺乏灵活性，甚至有点儿不通人情。

德国人最重要的精神是严谨，也就是就事论事，按照机器的思路做事。一些人会以为这是死板，但是这就是一种负责任的态度。

在德国，“遵守时间”不仅被视为一个人教养程度的体现，而且也被德国人自豪地称为德国文化的一个组成部分。

三、具体商务礼仪

1. 见面礼

德国人在待人接物上很少通融，这并不是说德国人比较排斥社会交往，一律排外。德国人很重视人与人之间的感情。想与德国人洽谈得愉快，除了要遵守秩序，还要努力成为他们的朋友。

德国基本的商务礼节与美国差不多。但需要注意的是，德国曾经有一大批物理学家、艺术家和哲学家，为世界做出了巨大贡献，因而德国人非常珍惜他们的历史和文化。他们也因此极度自信，与他们谈判尽量要使用德语交谈，而不是英语。

对于初次见面的老年人，一定要使用敬称，不能使用“你”一类的语言。

德国人一般对服饰的要求是整洁而庄重。正式场合中，男士一般都穿着西服三件套，女士一般穿裙式套装。

2. 会　谈

德国人很重视称谓。在一般情况下，切勿直呼德国人的名字，这样会让人大为不快。他们习惯称呼姓，或者全称。由于德国人严谨、尊重秩序，他们对职衔、军衔、学衔比较看重。如果有这样的头衔，一定要称呼，这对德国人来说是尊敬的表现。

3. 餐礼仪

德国人在宴会上和用餐时，注重以右为上的传统和女士优先的原则。德国人举办大型宴会时，一般在两周前发出请帖，并注明宴会的目的、时间和地点。一般宴会则是在 8 ~ 10 天前发出。他们用餐讲究餐具的质量和齐备。宴请宾客时，桌上会摆满酒杯、盘子等。

德国人十分讲究饮食。在肉类方面，德国人最爱吃猪肉，其次才是牛肉。以猪肉制成的各种香肠，令德国人百吃不厌。

德国人在用餐时，有以下几条特殊的规矩：其一，吃鱼用的刀叉不得用来吃肉或奶酪。其二，若同时饮用啤酒与葡萄酒，宜先饮啤酒，后饮葡萄酒，否则被视为有损健康。其三，食盘中不宜堆积过多的食物。其四，不得用餐巾扇风。

4. 禁 忌

（1）德国人忌用茶色、红色或深蓝色；忌食核桃，尊重传统和权威。

（2）交谈中不要议论打垒球、篮球或美国式的橄榄球，最好谈个人的业余爱好和足球之类的体育项目。

（3）接电话时，首先要告诉对方你是谁。

任务四 荷兰商务礼仪

一、简 况

荷兰，位于欧洲西部，首都设在阿姆斯特丹，中央政府在海牙，90%的居民是荷兰人。母语为荷兰语，然而几乎每个人都会说英语。荷兰人填海成陆，近半数的国土为海埔新生地。

二、价值观

（1）围海造田精神。源于围海造田的历史，荷兰人崇尚互相合作能够成就大事。

（2）荷兰人是天生的商人，大多数人对经商狂热。荷兰的物流在世界上首屈一指。

（3）创新深入荷兰商人的灵魂。世界上第一个股票交易所的建立，现代公司制度的创新，最近较为火爆的综艺节目“好声音”商业模式的开创等，都是荷兰对世界的贡献。

（4）荷兰人所谓“吝啬”的价值观。荷兰人买东西讲究实用，并不追求外在的品牌，更不会用这些东西作为炫耀的工具。朋友之间赠送礼物也不会因为礼物便宜而觉得丢了面子。

三、具体商务礼仪

1. 见面礼

荷兰人在正式场合与客人相见时，一般惯行握手礼。与一般朋友相见时，大多惯施拥抱礼。与亲密好友相见时，有人也施吻礼（一般是亲吻双颊）。见面时要与在场的人一一握手，包括孩子。

称谓上，荷兰人在正式信函来往中要用头衔称呼，在其他情况下可以不拘于形式。

荷兰人的穿着打扮和欧洲大陆的其他国家大同小异。在正式社交场合，如参加集会、宴会，男子穿着都较庄重，女士衣着典雅秀丽。

2. 会　谈

荷兰人在谈判时，会采用直接而坦率的商业策略。与亚洲文化不同，他们不会花上好几天的时间来了解自己的商业伙伴。荷兰人习惯直截了当。签署合同后，不必从头再开始谈判。对于荷兰人来说，合同意味着谈判的终止：同意就是同意。语言、邀请和承诺往往都表达着字面上的意思。

3. 邀请和应邀

荷兰人的时间观念很强。他们对各种社交活动都很重视，对约会讲究信义，并有准时赴约的好习惯。他们认为这是社交礼貌问题。

荷兰人特别喜欢听客人对他们的赞美话，尤以是对家具、艺术品和家中其他摆设的赞美。若客人当面夸几句他们的上述物品，他们会格外高兴。

4. 餐礼仪

荷兰人早、午餐多吃冷餐。早餐只吃面包涂奶油或奶酪，喝些牛奶或咖啡。荷兰人不太喜欢喝茶，平常以喝牛奶解渴。荷兰人的正餐是晚餐。晚餐前都习惯先喝些饮料，然后很正式地在餐桌上铺上台布等。晚餐通常是两道菜，一道汤。第一道是汤，常用粟米粉调制而成，美味可口。荷兰人在饮食上习惯吃西餐，但对中餐也颇感兴趣。

5. 禁　忌

（1）荷兰人忌讳“13”“星期五”，认为“13”象征着厄运，“星期五”象征着灾难。

（2）忌讳交叉式握手和交叉式的谈话，认为这些都是极不礼貌的举止。

（3）在相互交往中，不愿谈论钱和物价等方面的问题。

（4）特别忌讳别人对着他们拍照。

（5）忌讳有人询问他们的宗教信仰、工资情况、婚姻状况、个人去向等问题。他们认为私人事宜不需要他人过问。

（6）荷兰人喝咖啡视倒满杯为失礼的行为和缺乏教养，认为倒到杯子的 2/3 处才最为合适。

任务五　泰国商务礼仪

一、简况

泰国的首都是曼谷，位于南亚中南半岛中部和马来半岛北部，中国和印度间中南半岛心脏地带。泰国大部分地区属热带季风气候，年平均气温 27 °C 左右。

二、价值观

泰国95%以上的居民都信仰佛教。泰国人的一个核心价值观念是注重关心、考虑他人的需要和感受。泰国人非常尊重热爱本国的国王。

三、具体商务礼仪

1. 见面礼

与泰国人见面一定要彬彬有礼，按照泰方习俗通常施合十礼。将手合十于胸前，头稍稍低下，互相问候“撒瓦迪卡”（你好）。还礼时，也须双手合十，放至额到胸之间。地位较低或年纪较轻的人，应该主动向地位高和年纪大的人致合十礼。地位高、年纪大的人还礼时，手不应高过前胸。双手举得越高，表示尊敬的程度越深。泰国一些较为西化的社会团体也会行握手礼。

如果访问泰国各级政府机构最好穿西装，商人见面时要穿着讲究一些的T恤，或者衬衫配领带。晚会上可穿深色西服，也可以穿泰国传统的无领丝绸衬衫，这种装束也都适合于正式场合。在大多数的社交活动中，泰国女性需穿保守的服装或裙子加罩衫。

2. 会　谈

泰国人不用姓氏而用名字称呼。假如你叫张三，如果被称为“三先生”或“三小姐”时，不必感到奇怪。

与泰国人会谈保持谦逊的态度会赢得对方的好感。会谈时要主动回避政治、宗教和王族方面的话题，也不要故意夸耀自己国家的经济如何发达。

微笑和温和的话语有助于保持融洽的气氛，怒目而视和说话声音过大则会破坏气氛。外商如果采用过于直接的言行或是采取过于强硬的销售策略，会在无意中冒犯他们。

3. 邀请和应邀

如果受到邀请进入泰国人家中，按习俗要脱鞋，不要踩在门槛上。

4. 禁　忌

（1）认为左手是不干净的，因此交换名片的时候只用右手。

（2）忌讳随便触摸别人头部。

（3）忌讳有人盘足或把两腿叉开而坐。泰国的一般家庭不设座椅，人们惯于席地而坐，但绝不允许盘足或把腿叉开而坐。

（4）讨厌生活中拍拍打打的举止习惯，认为这是有伤风化的。

（5）忌讳有人用脚踢门或用脚指东西，认为这是有伤风化和不礼貌的举止。

（6）忌讳别人拿着东西从他们头上掠过，认为这是极不礼貌的举动，会看成是有意对他的污辱。

（7）把戴着墨镜用手指着对方说话视为一种不礼貌的行为。

（8）禁止议论或打听国王及王室的秘密。

任务六　澳大利亚商务礼仪

一、简　况

澳大利亚首都为堪培拉，位于南半球的南太平洋上，是一个与世界其他国家隔离的大陆岛国。澳大利亚的政体为君主立宪制，国歌为“前进，美丽的澳大利亚”，国花为金合欢。澳大利亚是一个移民国家，人口逾 1 900 万，移民来自 170 多个国家和地区，提倡多元文化，各民族共同发展。

二、价值观

（1）个人的权利高于国家权力。对个人权利的尊重不仅是国家（政府）的责任，也是每个公民的义务和道德。

（2）生命在于运动。几乎全民健身，健身几乎是一种习惯和生活必不可少的部分。

（3）重视法律。讲究以法律为基础，自己的权利坚决捍卫，据理力争。

（4）人人平等，职业不分贵贱。

（5）技术比学历更重要。澳大利亚人认为学历只是受过专业教育的证明，而技术可以直接用来赚钱。

三、具体商务礼仪

1. 见面礼

初次见面，澳大利亚人习惯于握手，并喜欢紧紧地握手。不过有些女士之间不握手，女友相逢时常亲吻对方的脸。澳大利亚人大多名在前，姓在后，称呼别人先说姓，接上先生，小姐或太太之类，熟人之间可称小名。

男士多穿西服，打领带，在正式场合打黑色领结。女士一年中大部分时间都穿裙子，在社交场合则套上西装上衣。无论男女都喜欢穿牛仔裤，他们认为穿牛仔裤方便、自如。他们的装饰品种类繁多。

2. 会　谈

澳大利亚人生性随性，和他们攀谈不是一件难事。由于澳大利亚地广人稀，因而很重视办事效率。谈判中，澳方派出的谈判人员一定都是有决定权的人。因此，对方也应该派出同样有决定权的人，否则他们会很不乐意。他们极不愿意把时间浪费在不能做决定的空谈中，而且在谈判中谈及价格时，不喜欢对方报高价，然后再慢慢地减价。他们极不愿意在讨价还价上浪费时间。所以，他们采购货物，大多采用招标的方式，根本不给予讨价还价的机会，必须以最低价格议价。澳大利亚人看重人的第一印象，所以谈判人员必须给对方留下好的第一印象，才能使谈判顺利进行。大多数澳大利亚人，不论其地位多高，都平易近人，会真诚而专注地倾听他人的意见。

对于预约好的会议和访问，一定要守时，守时是他们的文化。

3. 用餐礼仪

正式的宴会上，上菜是从坐在男主人右侧的女宾开始，吃完一道菜后，需将餐刀和餐叉平行放在盘子的右侧。如果餐叉的叉齿向上，就意味着告诉侍者应该拿走这个盘子。如果上的菜很新奇，则应效仿女主人的吃法。

如果到别人家里去做客，当主人上菜时，说不要是不礼貌的，要说谢谢。如果不想吃的话，可以说出不要的理由或少要一点点。应尽量把盘子里的东西吃完，如果剩一些，会被认为很不礼貌。

如果主人问是否要点什么时，应直截了当地说，不应谦让；否则主人会认为你不饿也不渴，就不会再询问了。

4. 禁　忌

（1）和西方大多数国家一样，他们忌讳“13”和“星期五”。

（2）比较忌讳兔子，认为兔子不吉利。

（3）约会必须事先联系并准时赴约，最合适的礼物是给女主人带上一束鲜花，也可以给男主人送一瓶葡萄酒。

（4）乘坐出租车最好坐在副驾驶位置，这样对司机来说是一种尊重。

（5）乘坐出租车或者私家车一定要系好安全带。不论坐在哪个座位，不系安全带都是违法行为，司机会遭到重罚。

（6）排队等候的时候，前后一定要留有较大的距离，不要贴得很近。

【案例 2】

尴尬的超市购物

王姐是一名来澳大利亚谈判的外贸公司职员，有一次她去超市买日常用品，看到一个超市收银员在那儿愣着，就去询问收银员。但当时她没发现，实际上收银员是在等另外一位顾客付钱，而那位顾客和这个店员站的距离，依照她的经验，看不出他们俩是在谈话。然后，那个店员就很不客气地对她讲：难道你没看到我正在为别人服务吗？王姐心里觉得委屈，他们中间隔了一个放肉的展柜，那个顾客和展柜之间还能挨紧站 3 个人，怎么就被人误会失礼了呢？

思考：为什么会这样？还有哪些礼仪？

在超市里，别人在看货架上的东西时，即使站得离货架有 1 米左右，如果要从那儿过，也不能从他和货架之间走过去，一定要从其背后绕过去，直接从中间走是非常不礼貌的举动。如果从背后绕不过去，一定要说打搅了（Excuse me），再从中间穿过。这是一个普遍的礼貌问题，不只是个人现象。

任务七　韩国商务礼仪

一、简　况

韩国位于中国的东北部，东、南、西三面环海。韩国以制造业和服务业为主，造船、汽车、电子、钢铁、纺织等产业的产量均进入世界前10名。大企业集团在韩国经济中占有十分重要的地位。

二、价值观

（1）韩国人具有强烈的民族自尊心。他们喜欢努力向他人证明自身的价值。为了达到目的，他们往往能做出极大的努力。

（2）韩国人的内心具有超强的韧性和忍耐力。在很多国际运动赛事上，韩国人以顽强著称。

（3）韩国人尊重知识，崇尚科学，把学者放在最高的社会地位。

（4）韩国人认为团队的力量大于个人力量，善于合作、协调。

（5）韩国人的家庭传统观念和伦理道德观念比较强。比如，晚辈对长者应该尊敬，父子之间应该亲密无间，朋友之间要求相互信任。

三、具体商务礼仪

1. 见面礼

在正式交际场合，韩国人一般都采用握手作为见面礼节。韩国妇女一般不与男子握手，而往往代之以鞠躬或者点头致意。韩国人在不少场合有时也同时采用先鞠躬、后握手的方式；同他人告别时，若对方是有地位、身份的人，韩国人往往要多次行礼。个别的韩国人甚至讲一句道别话，行一次礼，以示亲切。

一般情况下，韩国人在称呼他人时爱用尊称和敬语，常称呼对方头衔。

商务活动、拜访必须预约。韩国人和外国人打交道时，比较守时。商界人士多通晓英语，老人多通晓汉语。

2. 邀请和应邀

如果被韩国人邀请的话，进主人的屋子或饭馆要脱鞋。他们很重视业务交往中的接待，宴请招待甚为频繁。宴请一般在饭馆或酒吧进行，他们的夫人很少在场。吃饭时所有的菜一次上齐。到家里做客时，最好带些鲜花或一些小礼物，并双手递给主人。

3. 禁　忌

（1）韩国人忌讳的数字是“4”，认为“4”是不吉利的数字。所以，韩国楼房没有四号楼、第四层，宴会中没有第四桌，喝酒绝不肯喝四杯等。

（2）平时和韩国人交谈，最好是谈韩国悠久的历史和文化，少谈政治问题。用餐时，不能随便出声说话。如不遵守这一进餐礼节，会引起他们的反感。韩国人很爱面子，不能当面出言指责他们，不能使用“不”字来拒绝韩国人，可以委婉地表示你的不同意见。

（3）照相在韩国受到严格限制，军事设施、机场、水库、国立博物馆都是禁照对象，在空中和高层建筑拍照也都在被禁之列。

【项目小结】

本项目主要介绍了日本、美国、德国、荷兰、泰国、澳大利亚、韩国等国家的简况和价值观，进而引出这些国家的商务会谈礼仪、餐饮礼仪、禁忌等。通过本项目的学习，学生应了解这些国家不同的文化和礼仪规范，在日后的涉外商务活动中能够根据客人的特点灵活运用。

【课后练习】

一、简答题

1. 美国人和德国人对商务着装的要求有什么不同？
2. 简述外国3个传统节日及其习俗。
3. 国内外习俗礼仪具有哪些特征？

二、论述题

ZH贸易公司的4个业务员准备分别前往美国、德国、日本和泰国进行商务考察。他们需要打扮自己，准备礼物，拜访不同的客户。出发前需要做哪些准备？请填写表10-1，并对比这4个国家的礼仪习俗。

表10-1　礼仪及禁忌

礼仪习俗	适合的礼物	服装搭配	见面礼	习俗禁忌
美国				
德国				
日本				
泰国				

【礼仪实训】

实训内容10-1：对外接待。

实训目的：模拟接待外国客户，加强对涉外商务礼仪的运用。

实训背景：张×是某跨国公司市场部总经理的秘书，公司产品远销海外各国。今天总经理通知张×，本周五将有3名来自外国的（阿拉伯、美国、日本）客商到访，考察公司的情况。

实训要求：角色扮演，模拟接待外国客商的场景。尽量在举止语言仪态和行为习惯上模仿出不同国家的特点。要求情景设置准确自然，内容丰富，具体内容自拟。

实训步骤：

1. 老师讲解涉外接待中迎宾礼仪、会谈礼仪、迎送礼仪的具体事务及主要注意事项。

2. 各小组根据背景分配角色。

3. 各小组抽签确定客户国籍，小组成员根据所抽客户特点进行接待准备（搜寻合适资料，设置公司营业范围和洽谈内容）。

4. 各小组模拟客户接待。

5. 各小组互相评价。

6. 老师点评。

下篇　商务谈判

项目十一　初步认识商务谈判

【知识结构图】

- 初步认识商务谈判
  - 正确认识商务谈判的含义和特征
    - 商务谈判的内涵
    - 商务谈判的特征
  - 商务谈判的类型
    - 按目标分类
    - 按交易地位分类
    - 按所属部门分类
    - 按谈判地点分类
    - 按谈判内容分类
  - 商务谈判的基本原则

【知识目标】

1. 理解商务谈判的含义和基本概念。
2. 在了解谈判含义与类型的基础上，掌握谈判存在的条件和基本特征。
3. 熟悉谈判的原则与作用，领略谈判的奥妙。

【能力目标】

帮助学生掌握商务谈判的基本概念，理解商务谈判的基础理论，并提高学生对商务谈判的认知。

【素质目标】

提高学生的理解能力和知识素养。

【案例导入】

向和尚推销梳子的谈判

一家公司高薪招聘营销人员，应聘者趋之若鹜。但是，当拿到考题后，却都不知所措：要求每一位应聘者在十日内，尽可能多地把木梳卖给和尚。一时间，应聘者作鸟兽散。招聘大厅仅剩下A、B、C三人。

A君：十日艰辛，仅卖一把。

A君自己前往寺庙诚心推销却遭众僧责骂：将木梳卖给无发之人实属羞辱出家之人，被轰出山门。归途之中，偶遇一游僧，因旅途艰辛，未及剃发，又脏又厚，奇痒无比，便将木梳奉上，并含泪哭诉。游僧动了恻隐之心，便慷慨买下，以备解痒。

B君：卖掉 10 把。

B君为推销木梳，不辞辛苦，深入古刹。此处山高风大，前来进香者，头发被风吹得散乱不堪。见此情景，B君心中一动，忙找到寺院住持，侃侃而谈：庄严宝刹，佛门衣冠不整，蓬头垢面，实在亵渎神灵。故建议在每座寺庙香案前，摆放木梳，供前来拜佛的善男信女梳头理发。住持闻之，认为言之有理，便采纳了此建议，买梳10把。

C 君：卖出1 000把木梳，而且急需火速发货，以解燃眉之急。

C 君为推销木梳，打探到一个久负盛名、香火极旺的名刹宝寺。找到庙内方丈进言：凡进香朝拜者无一不怀有虔诚之心，希望佛光普照，恩泽天下。大师为得道高僧，且书法超群，能否题“积善”二字刻于木梳之上，赠予香客，让善男信女们梳却三千烦恼丝，以显我佛慈悲为怀。方丈闻言，大喜过望，口称阿弥陀佛，不仅将C君视为知己，而且共同主持了赠送“积善梳”首发仪式。此举一出，一传十，十传百，寺院不但盛誉远播，而且进山朝圣者为求得“积善梳”，接踵而至，挤破脑袋。为此，方丈恳求 C 君急速返回，请公司发货，以成善事。

（资料来源：赵刚. 把木梳卖给和尚赚钱——思想创造财富的故事 [J]. 现代领导，2002）

柯达副总裁叶莺的谈判

柯达全球副总裁、大中华区副主席叶莺是柯达与国内感光业整合的关键人物，她出色的谈判技巧撮合了柯达公司与中国政府的全方位合作，最后缔造了一个“柯达模式”，被视为跨国公司与中国政府合作的典范。

在回忆这段往事的时候，叶莺说，当时中国感光行业的效益很低，多间感光厂商虽然在中央政府的安排下要与柯达合作，但如何达成共识的确存在很大的困难。“谈判不能忘记自己的原则，但又不能一厢情愿，只顾自己的利益。谈判成功在乎大家的共通点，就好像两个圆形叠在一起，中间便有一个交集，双方务求把互惠互利的交集尽量放大。跟着再根据这个共通点，作为与另一个厂方谈判的基础，如是一个一个的去谈，最后便找到一个各方面都愿意接受的一点。”

在这种思想的指导下，1998 年，厦门福达、汕头西元、无锡阿尔梅与柯达合资，上海、天津、辽阳 3 家企业在合资公司 3 年基建期内，不与其他外商合资合作。柯达在这个协议的基础上，成功地获准在华投资 12 亿美元，建立感光材料生产基地。

（资料来源：https://www.wenku.baidu.com/view/3dc7bee523791688848 68762caaedd3382c4b54a.html）

阅读上述两个案例后，思考以下问题：

1. 你经历过谈判吗？我们的日常生活中有哪些谈判经历？
2. 在案例 1 中，推销梳子的应聘者 C 君是如何在众人中胜出的？
3. 在案例 2 中，叶莺是一位成功的商务谈判者吗？为什么？

任务一　正确认识商务谈判的含义和特征

世界谈判大师赫伯·寇恩说：“人生就是一张大谈判桌，不管喜不喜欢，你已经置身其中了。”中国自古也有“财富来回滚，全凭舌上功”的说法。在现代商业活动中，谈判已是交易的前奏曲，也是销售的主旋律。对于任何商业活动主体，谈判都是必不可少的一部分。然而尽管谈判天天都在发生，时时都在进行，但要使谈判结果尽如人意，却不是一件容易的事。怎样才能做到在谈判中挥洒自如、游刃有余，既实现己方目标，又能与对方携手共庆呢？从本篇开始，我们将揭开商务谈判的面纱，认识商务谈判的真相，领略其博大精深的内涵，解读其运筹帷幄的奥妙。

一、商务谈判的内涵

1. 商务的概念

商务（business）是基于商业活动产生的一切资产交换和买卖事务的统称，是人类文明发展进程中的重要部分。商务一词有狭义和广义之分。狭义的商务应理解为商业活动，即商品的买卖交易行为；广义的商务泛指各种交换活动，包括在市场主体之间发生的一切有形货物和无形劳务的交换活动，以及商务合作活动。因此，商务是法人在市场上从事的一切有形资产与无形资产交换或买卖活动的泛指或总称。

2. 理解商务谈判

要理解什么是商务谈判，首先需要知道人类为什么要谈判。从本质上说，谈判的直接原因是因为参与谈判的各方有自己的需要，或者自己所代表的某个组织有某种需要，而一方需要的满足又可能无视他方的需要。因此，谈判双方参加谈判的主要目的，就不能仅仅以只追求自己的需要为出发点，而是应该通过交换观点进行磋商，共同寻找使双方都能接受的方案。

商务谈判除了包含一系列经济活动的特点外，同样具有一般谈判的特征。广义的谈判包含一切人际沟通、磋商、交流、洽谈、讨论等；狭义的谈判专指在正式场合中有计划安排的沟通、磋商、交流、洽谈和讨论。商务谈判即指各方为了自身的经济利益和目的，或解决买卖双方的争端，就交易活动的各种条件进行洽谈、磋商，以促成交易、争取达成协议的行为过程。商务谈判是在商品经济条件下产生和发展起来的，它已经成为现代社会经济生活必不可少的组成部分。可以说，没有商务谈判，经济活动便无法进行，小到生活中的讨价还价，大到企业法人之间的合作、国家与国家之间的经济技术交流，都离不开商务谈判。

二、商务谈判的特征

1. 普遍性

商务谈判普遍存在于经济活动中，可以说，有交易就可能出现商务谈判。商务谈判的普遍性在于谈判涉及各种类型的组织，大到国际贸易，小到日常交易，都少不了商务谈判的身影。同时，商务谈判的对象众多，谈判的环境也复杂多变，在不同的场合、不同的人群中，商务谈判也普遍存在。

2. 交易性

商务谈判是服务于交易活动的，所以商务谈判具有交易性。谈判的双方都是在抱有交易的愿望的基础上进行的商务谈判，并且交易的内容也是复杂多样的，包括货物、技术、劳务、资金、资源、信息等，一切谈判内容都是可交易的。

3. 利益性

商务谈判涉及的因素很多，谈判者的需求和利益表现在众多方面，但价值几乎是所有商务谈判的核心内容。因为在商务谈判中价值的表现形式——价格最直接地反映了谈判双方的利益。谈判双方在其他利益上的得与失，在很多情况下或多或少都可以折算成一定的价格，并通过价格升降而得到体现。需要指出的是，在商务谈判中，我们一方面要以价格为中心，坚持自己的利益；另一方面又不能仅仅局限于价格，应该拓宽思路，设法从其他利益因素上争取到应得的利益。因为与其在价格上与对手争执不休，还不如在其他利益因素上使对方在不知不觉中让步。这是从事商务谈判的人需要注意的。

任务二　商务谈判的类型

商务谈判分类的目的，在于有的放矢地根据不同类型的谈判制订谈判计划，从而帮助谈判人员更有效地分析问题，增加自觉能动性，减少盲目性，争得谈判的主动权。常见的商务谈判分类有按目标分类、按交易地位分类、按所属部门分类、按谈判地点分类和按谈判内容分类等。

一、按目标分类

1. 不求结果的谈判

不求结果的谈判即不要求得到明确结果的一般谈判，主要有以下几种表现形式：一般性会见、技术性交流、封闭性会谈。从这 3 种表现形式看，有不求结果的情况，也有准备未来结果的情况。

（1）一般性会见。一般性会见往往是谈判的初级阶段或是准备阶段。会见可以是高级的，也可以是中低级的；可在行政人员之间进行，也可在技术人员之间进行。与高级行政人员会见时，旨在确定方向性或可能性，气氛大多热情友好，注意培养友谊和连续性；与中低级行政人员的会见，则具有较强的探询性与表述性，要注意礼貌，并力争会见对方高级领导，以求得到更多的信息；与技术人员的会见，则应较注重商品的性能与市场考察，或者介绍自己的商品优点。此间要注重第一印象，时间上视对方方便。无论同什么类型的人员会见，均应重视信息的传递，努力展现具有吸引力的形象。

（2）技术性交流。它的表现形式也较丰富，如报告会、讨论会、演示或展示等。不管其表现形式如何，突出的特点是："广告性"强，即大力宣扬自己的商品；与广告性相对的特点是"审视性"强，对交易方的技术能力充分地提问或讨论。若不是合作性技术交流，而是营利性、交易性的技术交流，必然具有"保守性"，许多时候技术人员的技术解释与介绍，要听从领导的意见；为了保证交易的价值，交易人也会在"广告性"上做些文章，保守技术秘密、隐藏商品缺陷。

（3）封闭性会谈。无论是主动约请还是应约会谈，只要是想"封闭"，即堵死某项交易的可能性，或了结正在进行中的谈判，它便具有"外交的委婉性"，或是开"远期空头支票"。为了不破坏对方的友谊，谈判人常常做远期、有条件的许诺，使对手可望而不可即，可气不可恼。若是封闭谈判中的某项交易，还会伴有"卸责陈述"，即罗列、分析不能继续的责任在彼，在客观而不在己，以减缓情绪上的压力；甚至在自我批评时，仍会转嫁到与己无关的客观上，做到有错而无过，"请见谅了"。

2. 意向书与协议书的谈判

为了明确双方交易的愿望，保持谈判的连续性、交易的可靠性，谈判双方提出要求签订意向书或协议书。这可以是谈判的目标，也可能是谈判结果。

从法律的角度讲，意向书和协议书作为初步谈判结果的记录，具有同样的效果：起到总结与展望的作用，但无约束力。但如文件中包括"明确的许诺"，即对合作或交易标的、价格条件、实施期限比较具体地予以了规定时，文件的性质就具有契约性，且具有约束力。"协议书"有时亦有契约性的法律约束。谈判双方以达成协议为目标进行谈判，一旦达成协议并在协议书上签字，该协议书对日后双方的义务就有一定的法律约束。这时的谈判具有一定的约束性并要求准确无误，为以后执行协议求得主动地位。

3. 准合同与合同的谈判

准合同是带有先决条件的合同。先决条件是指决定合同要件成立的条件，如许可证落实问题、外汇筹集、待律师审查或者待最终正式文本的打印、正式签字（相对草签而言）等。

合同的谈判，是为实现某项交易并使之达成契约的谈判。所谓应具有其最基本的“要件”，包括商品特性、价格、交货期。倘若不是商品买卖，那么广而概之，可理解成“标的、费用、期限”。一旦就这几个要件达成协议，合同的谈判也就基本结束了。

准合同与合同从形式上无根本区别，内容格式均一样，只是有草本或正式本之别。但从法律上说，有根本的区别。准合同可以在先决条件丧失时自动失败，而无须承担任何损失责任；而合同则必须执行，否则就是“违约”。因为这两者均是在交易诚意下进行的谈判，所以从谈判的角度讲，两者无本质区别，它们所表现的谈判特征也相似。

4. 索赔谈判

索赔谈判，是在合同义务不能或未能完全履行时，合同当事双方进行的谈判。在众多的合同履行中，因种种原因违约或部分违约的事件屡见不鲜，因此，商业谈判就形成了一种特定的谈判——索赔谈判。无论是数量、质量、期限、支付等，还是生产、运输、索赔等的谈判，均有以下特点：

（1）重合同。违约是相对守约而言的，“违与守”均以“约”即合同为依据。合同是判定违约的唯一基础条件。

（2）重证据。违约与否除依合同判定外，许多时候需要提供证据来使索赔成立。如质量问题，需技术鉴定证书；数量问题，要商检的纪录；还有一些索赔问题需要电传、传真、信件、照片等证据。当然，索赔情况多种多样，所需证据难以一一罗列。“证据”是确立索赔谈判的重要法律手段。

（3）注意时效。不论是什么商品或什么服务或合作项目，“索赔的权力”均不是无限期的。出于公平，也出于安全或少风险，交易人视不同合同目的，均订有“有效索赔期”。过期则不负责任。任何合同签订时，都要注意索赔期。而展开索赔谈判之前，要检查合同的有关保证与索赔权限的规定，以确定该索赔谈判的必要性。

（4）注重关系。索赔总不是件令人愉快的事。谈判双方均处于问题的两端，十分难受。所以在谈判时“关系”的影响也不可忽视。这里的“关系”表现为两种情况：签约人的关系、索赔后的关系。签约人之间互相理解，且在过去的交易中具有信誉，那么对偶发的索赔事件则易于处理。

二、按交易地位分类

1. 买方地位的谈判

买方是指一切求购商品、证券、服务、不动产的一方。

（1）情报性强。买主采购的谈判，首先要大量搜集情报：技术水平与市场价格，以确定自己的谈判目标。这种“搜集情报”的工作主要反映在谈判的准备阶段、开始谈判阶段，甚至贯穿于整个过程中。

（2）压价。没有买方在买卖谈判中不压对方价格的，即是老商品、老的供货渠道，买方谈判均会以“新形势下”“新的时代”或“新的用途”等词语来压倒“相异点”，追求更优惠的价格。若是“初次”交易就更会压价。

（3）度势压人。因为买方不想或不愿轻易掏钱，谈判中总会度量双方的地位强弱，来调整自己谈判态度和压力的强度。“度势”要根据自己所处地位，压对手降价，这是买方谈判的鲜明特征。

2. 卖方地位的谈判

卖方是指所有提供商品、证券、服务、不动产的一方。

（1）虚实相映。在谈判时，诚恳与强硬（态度诚实、交易心切与持价软中带硬的两种表现）态度并用；介绍的情况真真假假，似明若暗。

（2）紧疏结合。为了应对买方谈判者的重压，克服客地谈判不便，卖方的谈判常表现为一时“紧锣密鼓”，似急于求成，一时又“暂息旗鼓”，但又留下“再见的可能”，待观察买方动静后，再返回客地或恢复谈判。采取这种形式，对卖方来讲，可以加强谈判地位，也利于考虑各种方案或结果的细节。它作为一种形式，常常被卖方谈判员采纳，自然也形成了他们自身参加谈判的必然特色。

（3）主动性强。由于卖方总是身系企业、职工就业、市场占有率、投入的再回收等问题，所以其谈判的主动性较强。

3. 代理地位的谈判

代理谈判，是指受人委托参与某项交易或合作的谈判。代理有两种情况：只有谈判权无签约权、全权代理资格。两者在谈判中有共同点也有不同点。

（1）姿态超脱。因为是代理，不是自己的私有财产，谈判中较为超脱、客观。

（2）代理人的谈判十分注重自己的授权范围。因为代理不是交易主人，一旦超过授权范围而应允什么，今后合同也无法兑现，他也负不起责任。所以大多数代理人，总是谨慎地、准确地在委托范围内行事。

（3）态度积极。由于代理人地位居中，是受某一方委托，不是物主，客观上决定其态度进取、积极。因为若代理人不采取进取、积极态度，就不可能让委托人产生信心，从而给予他更大的谈判权利。

（4）有签约权与无签约权的代理人谈判也有所区别，他们的谈判目标不同。前者谈判直奔成交签字，后者则仅到成交为止。故两者谈判的能动性与冲击力不同。谈判中要区别两者，并应采取不同的谈判策略。

4. 合作者地位的谈判

合作者是指经济活动中的各方以人力、智力（管理或技术）、财力及物力来协作完成某个共同制定的目标，并按其协作的分量，分享实现预定目标所带来的利益。

（1）共同语言多，对抗性小。由于合作双方均是因为各种原因才寻求伙伴，自然就有共同语言。合作者无论从立场到用语，皆是和平友好的，气氛是和谐的，双方会充分肯定共同的分量与价值。

（2）谈判面广而深。合作人谈判首先要注意的是合作目标的可行性。为研究可行性，合作方的谈判人员“几乎”坐在“一条板凳”上，分析研究双方专家提出的政策、经济、能源、地理文化、劳动力、资源、市场等方面的文件和资料。但要去伪存真，归纳运用各种数据，最终得出营利性的结论，也并非易事。

（3）谈判直接性强。合作方的谈判不喜欢中间环节多。一则不易直接了解合作对方的意图；二则合作复杂程度高，中间环节会破坏对合作的直接控制权；三则也会在实际合作经营中加重费用支出，进而影响效益。在合作方的谈判中，双方可以带顾问、律师，但不需要代理人。

（4）影响面大。合作谈判涉及层次深。“深”可以理解为“高层与低层”，也可归咎于“客观与主观”。“高层与低层”指“高”可涉及政府，“低”可涉及企业干部与工人。

三、按所属部门分类

1. 民间谈判

民间谈判，是指参加谈判的代表所属企业为私营企业，是企业本身业务活动而不涉及政府活动，交易的内容纯属两个或多个私营企业的经济利益的谈判。

（1）灵活性。由于私营企业是老板当家。谈判中的条件，可以很快由个人做出，而不必经过许多程序。这种谈判灵活性较大。如技术条件，由于涉及的是企业利益回收问题，因此，企业做出技术保证完全是独立的，不必请示政府。尤其是价格条件，关键在于企业的赚钱目标或支付水平，由企业代表决定即可。

（2）重私交。在谈判中，注重企业之间、领导人或谈判人之间的私交。关系深则交易谈成功的希望大，反之则小。

（3）计较多。民间企业以生存为大，而生存在于利益，所以民间谈判中第一位是双方的得失。

2. 官方谈判

官方谈判，是指由政府出面组织的谈判或交易企业属政府管辖且有政府代表参加的谈判，以及所有执行政府间科技合作和经济贸易合作项下的谈判，均属官方谈判。

（1）谈判级别高。因为官方谈判多为要事、大事。政府机构系政权代表，要处理的问题必然与国家的政治、经济、国防、外交等有关，所以，参加或主持谈判的人均有一定的级别。有的谈判可能涉及国家部委领导，或下属的司局级领导，其普通的谈判助手也多为主管处的处长或老练成熟的业务员。

（2）保密性强。由于利益攸关，官方谈判的各方对谈判的保密性要求很高。因为商业性谈判涉及国际市场利益问题，无论是进还是出，对第三者必有影响。所以，为了避免第三方的干扰，官方代表均会在谈判开始前，就明确保密要求及保密的具体条文。

（3）节奏快。官方谈判的成员素质，谈判人员所属的部门级别，均决定了其谈判速度。加之谈判人员非常繁忙，即便可以集中时间谈判，也只能在短时间内进行，所以官方性的商业谈判节奏快。往往是连续作战，一气呵成，甚至有时不主动让对方进餐，故意拖延对方，以求得对方让步。

（4）随谈随写。在官方性谈判中，双方的主谈者和助手，都十分注重将双方意见及时写成文字，并译成相应语言。往往在口头介绍、解释某种方案后，助手们马上就将此形成译文，或转译成本国文字以供研究。

（5）用语礼貌。官方代表身系重任，其见识、修养均决定了其自控能力很强，为了体现政府的形象，均会很谨慎地参与或引导谈判。

3. 半官半民的谈判

半官半民的谈判，是指谈判人所负担的谈判任务涉及政府和私营企业的利益，或者在我国公有制的条件下，有关政府关注的企业经济活动（主要是涉外经济贸易活动）的利益，或指有政府代表和企业代表共同参加的谈判。

（1）制约条件多。因谈判的内容涉及企业和政府的利益，或受托时要兼顾两者的意图，谈判代表深感束缚，须瞻前顾后，两头掂量。或出于本位，谈判人若来自企业或政府均会有不同侧重，这样也给谈判人的行为带来阻力。

（2）回旋余地大。由于有两方面的代表参加或代表了两方面态度（官方与民间）的代理人参加，虽然增加了谈判的复杂与制约因素，但也给解决谈判中的困难增加了回旋余地。

（3）表达方式要求兼顾官民两方。作为谈判代表，在陈述理由的过程中，或在处理与对手的礼仪中，以及对每场谈判做出的小结，均要兼顾“官方”与“民商”代表的反应和各方的地位及要求。谈判中忽略此点则易产生矛盾。

四、按谈判地点分类

1. 客座谈判

客座谈判，是指在谈判对手所在地组织有关贸易的谈判。

（1）语言过关。如果是在海外谈判首先是语言问题。不仅要会说当地语言，也要会写，否则双方就要达成一个统一的工作语言。一旦定下共同的工作语言，双方代表均应熟悉，否则，谈判时会遇到麻烦，甚至无法进行。

（2）客随主便与主应客求。身处异国会有拘束感，若是初到该国，许多陌生的东西会是无形阻碍。刚开始谈判多为“客随主便”，较多地尊重主人的方便。

（3）易坐冷板凳。客居他乡的谈判人，易受各种限制的束缚，如：客居时间、上级授权的权限、国内同事的要求、远距离通信的困难等；面对顽强的谈判对手，可以施展的手段有限；除了市场的竞争条件外，就是让步或者坚持到底。

（4）审时度势，反应灵活。

2. 主座谈判

主座谈判是在自己所在地组织谈判。主座，也包括在自己所居住的国家、城市或办公所在地。总之，主座谈判不远离自己熟悉的工作生活环境，不离开谈判人为之服务的机构或企业，是在自己做主人的情况下组织国际商业谈判。

（1）谈判底气足。在自己企业所在地，从谈判的时间表、各种谈判资料的准备、新问题的请示均比较方便，给主座谈判人壮了胆，保了底，谈起来更自如，自觉底气很足。在商业谈判中主要表现为“心中有底”。这样，谈判人在掌握谈判的火候上，就更有把握。

（2）以礼压客。东道主，一般总是以“礼节”来表现自己，必须懂得礼貌待客。礼貌的深度不同，主要包括邀请、迎送、接待、洽谈组织等，要根据对象的不同，做到深浅有度。

（3）内外线谈判。因为谈判战场在自己的家门口，客座谈判人就有条件了解主座谈判人内部的情况，或者必然会成为对方支持自己谈判立场的辅助行动。

所以，主座谈判人在谈判中要兼顾内外多个方面，尤其是向助手讲明谈判意图，向上级及时汇报谈判中的问题。也只有做到内外兼顾，才可以有效发挥主座谈判的优势。

3. 客主座轮流谈判

客主座轮流，是指在一项商业交易中，谈判地点互易的谈判。可能开始在卖方，继续谈判在买方，结束在卖方也可能在买方。

（1）时间与效益相应。客主座轮流情况的出现，说明了交易的不寻常，准确地讲，至少不会是单一、小额的商品买卖，可能是大宗的商品买卖，也可能是成套项目的买卖。这些复杂的谈判，拖延的时间较长，对交易效果的影响也较大。因此，当交易谈判进入客主谈判的状态时，双方主谈人必然会考虑时间表对双方的利益。时间表有时会促使人们决定是否取消客主谈判形式的问题。

（2）阶段性利益目标。客主座轮流情况的出现，即说明双方所从事的交易复杂。每一次换座谈判必会有新的理由和目标。

（3）换座不换帅。主客座轮换，也可能引起将帅的更换。在谈判中易人，尤其是易主谈人是不利于谈判的，但实际中仍常常发生。从谈判的复杂性上讲，这种谈判应强调主谈人的连贯性。公司的调整、个人的升迁、时间安排等客观原因，会导致谈判易帅。另外，出于谈判策略，有时也会易帅。

五、按谈判内容分类

1. 商品购销谈判

商业企业的商品购销业务，总的来说，包含商品购进和商品销售两个主要环节。

（1）商品购进业务。商品购进，通常称进货，它是商业经营活动的起点，是保证商品销售的重要一环。根据市场需要，按时、按质、按量地积极组织购进适销对路的商品，才有利于促进生产建设的发展，有利于满足人们的需要，也才有利于企业本身的发展。

（2）商品销售业务。在市场经济条件下，商品销售是商品流通的重要环节，也是商业企业经营的中心内容。无论是支持生产，满足消费，还是一个环节为另一个环节服务，关键是把商品卖出去。

2. 技术贸易谈判

技术贸易，是指技术拥有方把生产所需要的技术和有关权利，通过贸易方式，提供给技术需求方加以使用。它把技术当作商品一样，按商品交易的条件和方式，进行有偿的转让。这是市场经济条件下，技术转让的最主要的方式。

技术作为特殊的商品进行买卖，有其独有的特点。

（1）技术贸易多数是技术使用权的转让。由于同一技术同时可供给众多生产企业使用，所以国际上绝大多数的技术贸易都是技术使用权的转让，而不是技术所有权的转让，技术拥有方并不因为把技术转让给他人而失去所有权。他自己仍可使用或转让给其他企业使用这项技术（技术贸易合同规定不得使用的除外）。

（2）技术贸易是一个双方较长期的密切合作过程。技术转让，是知识和经验的传授，其目的是使技术引进方消化和掌握这项技术并用于生产。因此，签订技术贸易合同后，履行合同一般要经过提供技术资料、技术人员培训、现场指导以及进行技术考核、验收，乃至继续提供改进技术等过程，这就需要技术贸易双方建立较长期的密切合作关系。

（3）技术贸易双方既是合作伙伴，又是竞争对手。技术贸易双方往往是同行，技术转让方想通过转让技术获取收益，同时又担心接受方获得技术后，制造同一类产品，成为自己的竞争对手。因此，技术转让方一般不愿把最先进的技术转让出去，或者在转让时可能附加某些不合理的限制性条款，以束缚技术接受方的手脚。

（4）技术贸易的价格较难确定。技术贸易中技术的价格，不像商品价格那样主要取决于商品的成本；技术转让后，技术转让方并不失去对这项技术的所有权，他仍可使用这项技术或可多次转让，以获取更多的经济效益。因此，决定技术价格的主要因素，是接受方使用这项技术后所能获得的经济效益。而接受方所获得的经济效益，在谈判和签订合同时往往是难于准确预测的，这就形成了确定技术贸易价格的复杂性。

3. 工程承包谈判

工程承包，是指一个工程建筑企业（称为承包人），通过投标或接受委托等方式，与兴办一项工程项目的另一个厂商企业或个人（称为发包人或业主）签订合同或协议，以提供技术、劳务、设备、材料等，负责承担合同所规定的工程设计、建造和机械设备安装等任务，并按合同规定的价格和支付条款，向发包人收取费用及应得的利润。工程承包是一种综合性的交易，它涉及劳务、技术、设备、材料以及资金等许多方面。

4. 租赁业务谈判

租赁业务，是指出租人（租赁公司）按照契约规定，将他从供货人（厂商）处购置的资本货物，在一定时期内租给承租人（用户）使用，承租人则按规定付给出租人一定的租金。在租赁期间，出租人对出租的设备拥有所有权；承租人享有使用权和受益权；租赁期满后，租赁设备则退还出租人或按合同规定处理。

租赁业务，从其性质上来讲，它是典型的贸易与信贷、投资与筹资、融资与融物相结合的综合性交易，既有别于传统的商品买卖，又不同于传统的企业筹资与信贷。

5. 合资经营谈判

合资经营，是经济技术合作的常见方式之一，也是国际投资的重要形式。它是由两个或两个以上国家或地区的公司、企业、经济组织或个人按一定资金比例联合投资，共同兴建企业的一种生产经营形式。

合资经营企业具有如下特点：

（1）合资经营企业，以货币计算各自投资的股权和比例，按股权比例分担盈亏和风险。

（2）合资经营必须建立具有法人地位的合营实体，合资企主的组织形式为有限责任公司。即合资企业仅以自己公司的财产承担责任，投资者对企业债务所负的责任，也仅以自己的投资额为限，股东之间互相不负连带责任，债权人不能追索股东投资以外的财务。

（3）合营各方实行共同投资、共同经营、共担风险、共负盈亏。投资各方共同组成董事会，聘任总经理，组成经营管理机构，共同负责企业的生产经营活动。

6. 合作经营谈判

合作经营，是由两个或两个以上的国家或地区的公司、企业、经济组织或个人，通过双方协商同意，按照双方所签协议和合同所规定的投资方式，共同兴办的契约式企业的生产经营形式。其主要特点为：

（1）有关各方应以法人身份共同签订经营企业合同。它可以是具有法人资格的企业，也可以是不具有独立法人资格的合营实体。

（2）合作各方提供的合作条件，一般不以货币折算为投资股金，不以合作各方的投资额计股分配利润。合作各方对收益分配或风险、债务的分担，企业经营管理方式以及合作期满的清算办法，均应在合作经营企业合同中规定。

（3）合作经营企业，可以加速折旧还本或以其他方式提供收回投资。投资收回后，在未满的合营期限内，仍应按原投资额对合作经营企业的债务承担责任。否则，合作经营企业一旦出现亏损时，则无法清偿，对债权人的利益无保障。所以，如何保证还本后至合营期满一段时期内，合作各方仍对合作经营企业出现的经营风险，承担责任，合同中也应有明确的规定。

任务三　商务谈判的基本原则

一、知己知彼原则

知己，即对己方的各项优势及劣势有着全面清晰的认识，知道自己需要准备的资料、数据，采取的策略，以及要达到的目的和自己的退路。知彼，则是通过各种方法了解谈判对手的礼仪习惯、谈判风格和谈判经历，不要违犯对方的忌讳。

二、平等协商原则

商务谈判是双方在地位平等、自愿合作的条件下建立的谈判关系。虽然交易双方可能在规模、职能、经营能力等方面各不相同，但在法律面前是平等的。谈判桌上任何企业之间都要平等对待，平等协商。

三、互惠互利原则

商务谈判双方在适应对方需要的基础上，互通有无，使双方利益都能得到满足，实现互惠互利，而不是一方全胜，一方皆输。

四、人事分开原则

在商务谈判过程中，谈判者要处理好己方与对方之间的相互关系，切记“谈判归谈判，朋友归朋友”，必须做到人与事分开而论。

五、价值最大原则

商务谈判过程实际上就是不断沟通、申明价值和创造价值的过程。谈判的成功很多时候表现为双方都在寻求保证自己最大利益方案的同时，也满足对方最大利益的需要，双方要充分交流，从双方的最大利益出发，制定各种解决方案，实现双赢。

六、诚实守信原则

商务谈判双方都应抱有合作的诚意和态度，以诚相待，信任对方，信守承诺，建立起相互信任的关系，从而促进交易的成功。

七、求同存异原则

要使谈判各方都有收获，大家都是胜利者，就必须坚持求大同存小异的原则，同时注意各种礼仪细节问题，多包涵对方，一旦发生不愉快的事情也以宽容之心为宜。

八、礼敬对手原则

礼敬对手，就是要求谈判者在谈判会的整个进程中，要排除一切干扰，始终如一地对自己的对手，时时、处处、事事表现出对对方不失真诚的敬意。

【项目小结】

本项目着重阐述了商务谈判的基本概念和含义，商务谈判的基本特征，商务谈判的类型，谈判的基本原则。通过本项目的学习，学生应全面了解商务谈判的基本概念，掌握商务礼仪的含义和特征，掌握商务谈判的各个类型，能够依照商务谈判的基本原则进行商务谈判活动。

【课后练习】

一、选择题

1. 谈判双方参加谈判的主要目的，不能仅仅以只追求（　　）的需要为出发点，而是应该通过交换观点进行磋商，共同寻找使双方都能接受的方案。

A. 对方　　B. 自己

C. 主观　　D. 谈判

2. (　　　)是经济技术合作的常见方式之一，也是国际投资的重要形式。它是由两个或两个以上国家或地区的公司、企业、经济组织或个人按一定资金比例联合投资，共同兴建企业的一种生产经营形式。

A. 合作经营　　B. 协调经营

C. 合资经营　　D. 国际经营

二、填空题

1. 商务谈判即指当事人各方为了__________________，或解决买卖双方的争端，就交易活动的各种条件进行洽谈、磋商，以促成交易、争取达成协议的行为过程。

2. 商务谈判按交易地位分为________、________、________、________。

3. 商务谈判的特征包括________、________、________。

4. 商业企业的商品购销业务，总的来说，包含________和________两个主要环节。

三、论述题

1. 列举商务谈判的基本原则，并做简要阐述。

2. 论述商务谈判的普遍性。

【谈判实训】

实训内容 11-1：准备一个案例来说明商务谈判的基本原则。

实训目的：通过举例说明，增强对商务谈判和商务谈判基本原则的认识。

实训对象：全体上课学生。

实训步骤：

1. 准备一个案例来说明商务谈判的基本原则。

2. 准备时间 5 分钟，可查阅资料。

3. 论述时间为 3 分钟。

4. 集体讨论。

5. 教师点评。

项目十二　商务谈判前的准备

【知识结构图】

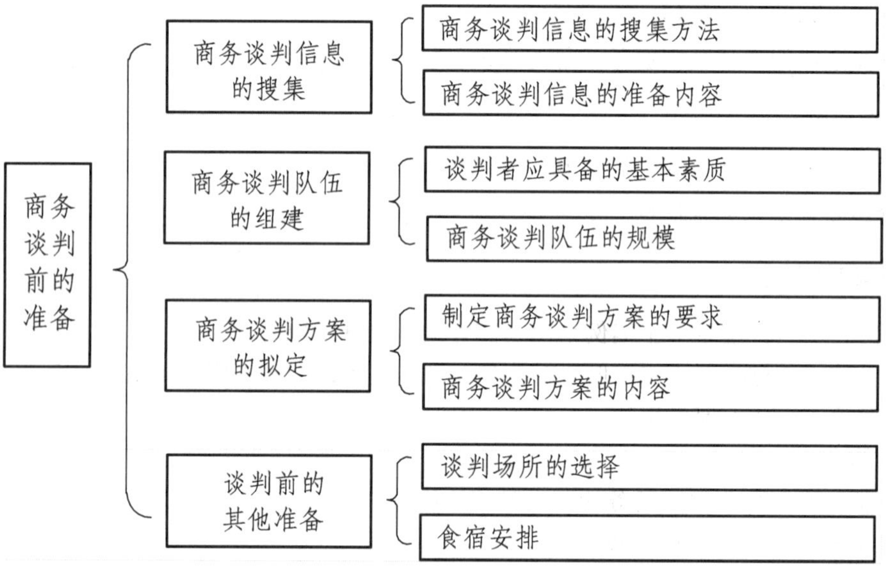

【知识目标】

1. 了解商务谈判信息的搜集方法，能够根据准备进行模拟谈判。
2. 商务谈判信息的准备内容。
3. 掌握商务谈判队伍的规模及谈判人员应具备的基本素质。
4. 掌握谈判场所设施设备的准备及食宿安排和谈判场所的布置。

【能力目标】

1. 培养学生搜集信息、制定谈判方案的能力。
2. 培养学生布置谈判会场、进行模拟谈判的能力。

【素质目标】

1. 提高学生统筹协调能力及团队协作能力。
2. 培养学生的情绪控制能力。

【案例导入】

南非的“商机”

国内某公司听说南非市场非常诱人，希望自己的产品打入南非市场。为了摸清合作伙伴的情况，公司决定组团到南非进行实地考察。到达南非后，对方立即安排他们与公司的总经理会面，地点在一个富丽堂皇的大饭店里。总经理的下属举止得体，总经理派头十足，谈话时充满激情。他侃侃而谈公司的情况、经营方略以及未来的发展。

所有的这些深深打动了考察团，他们深信这是一个财力雄厚、可靠的合作伙伴，回国后马上发去了 100 多万美元的货物。然而，该批货物再也没有了音信。公司派人前去调查，才发现掉进了一个精心设计的圈套里。那位总经理原来是当地的一个演员，陈设精良的接待室是临时租来的房间，而公司已宣告破产。

精明的日本商人

一位美国商界代表被公司派往东京进行一次为期不长的谈判，这个期限自然是保密的。当他走下飞机时，已有两位日本代表在等候了，并帮助他顺利地通过了海关，引导他坐进一辆豪华舒适的礼车。对这一切，他十分感动。在车上，日本代表一再表示，谈判期间将会对客人的生活尽力照顾。紧接着问道：“您回去的时间确定了吗？”不等对方回答，接着又说：“如果确定了，我们好为您预订回程的机票，也好为您准备送行的车子。”美商觉得他们真是善解人意，就毫不犹豫地从口袋里拿出回程机票交给他们。但他没想到，因为这一举动，日方轻而易举地获悉他来日本只限两个星期的底线，并开始筹划如何利用这最后期限。

下榻之后，日方并没有立即开始谈判，而是花了一个多星期的时间陪他参观，游览名胜古迹，感受日本礼仪及文化，甚至还安排了一项英文讲授的课程来说明日本人的信仰，每天晚上还安排四个半小时的日本传统宴会。

美商几次问起谈判开始的时间，每当这时，日方总是答道：“噢，还早嘛，有的是时间啊！”

谈判终于在第 12 天开始了。但日方提出必须提早结束，说是为了让客人能去打高尔夫球。第 13 天，又说会议必须提早结束以便参加为他举办的欢送宴会。最后，第 14 天早上，终于谈到重点，正当谈到关键时刻，送他去机场的礼车已经到达。日本人建议在车内继续交涉。美商没有时间再继续与对方周旋了，但又不愿空手而回。结果就在礼车到达机场之时，答应了对方的条件，签订了协议。他事后才明白对方的老谋深算。

（资料来源：https://www.docin.com/p-2505913247.html）

阅读上述两个案例后，思考以下问题：

1. 谈判人员在谈判之前应该做好哪些工作？
2. 谈判中信息搜集的方式有哪些？
3. 分析第二个案例中谈判策略选择与信息的关系。

任务一　商务谈判信息的搜集

商务谈判是指人们运用信息与资料获取其所需利益的一种活动。商务谈判信息则是指反映与商务谈判相关联的各种情况及特征的有关资料。商务谈判信息对谈判有着直接或间接的影响，不同的信息对谈判的影响各不相同。

商务谈判的信息与资料是制定谈判方案的主要依据，也是谈判双方进行交流沟通的纽带，能否充分掌握商务谈判所需的相关信息与资料是决定谈判成功与否的关键，因此进行信息的搜集是商务谈判准备阶段的重要环节。

【案例 1】

王光英抢购二手车

某天，光大实业公司董事长王光英收到下属报来的一条信息：南美智利的一家矿产公司破产，现将公司所有的 1 500 辆大型矿山用卡车拍卖。这 1 500 辆卡车全部是尚未使用过的新车，由于该矿产公司急于偿还债务，估计公司方面会以较低的价格将这批卡车卖出。

当时，我国矿山建设需要大批矿山用卡车。王光英对于这一情况是了解的。他当机立断，马上组织采购人员赶赴南美，与智利的矿山公司进行谈判。由于 1 500 辆矿山卡车是个大批量，有购买势力的竞争对手并不多。在拍卖现场，经过一番激烈的争夺之后，仅以新车原价的 38%将这批卡车买了下来，为国家节约了 8 500 万美元的外汇。

（资料来源：https://wenku.baidu.com/view/15d02e5403d8ce2f006623aa.html）

案例分析：

在这次成功的交易中，充分掌握信息起了重要的作用。王光英对南美智利矿产公司对资金的需求情况和我国对矿山卡车的需求情况，以及国际市场上矿山用卡车的价格都十分清楚，因此及时做出了正确的决策。

一、商务谈判信息的搜集方法

（一）检索调研法

检索调研法是根据现有的资料和数据进行调查、分类、比较、研究的信息资料准备方法。检索调研法的资料搜集的途径很广，主要有以下方面：

（1）统计资料：主要包括我国、对方国家及国际组织的各类统计月刊或统计年鉴，以及各国有关地方政策的各类年鉴或月刊。

（2）报纸、杂志、专业书籍：如我国的“国际商务研究”“国际经贸消息”“外贸调研”等杂志都刊登有贸易谈判活动的相关资料。

（3）各专门机构的资料：如政府机关、金融机构、市场信息咨询中心、对外贸易机构等提供的资料。

（4）谈判对方公司的资料：如经对方专任会计师签字的资产负债表、经营项目、报价单、公司预算财务计划、公司出版物和报告、新闻发布稿、商品目录与商品说明书、证券交易委员会或政府机关的报告书、官员的公开谈话与公开声明等。

（二）直接观察法

直接观察法是调查者在调查现场对被调查事物及被调查者的行为与特点进行观察测度的一种信息资料准备方法。直接观察法的形式主要有以下几种：

（1）参观对方生产的经营场地：如参观对方的公司、工厂等，以明了对方实际情况。

（2）安排非正式的初步洽谈：通过各种预备性的接触，创造机会，当面了解对方的态度，观察对方的意图。

（3）对购买的产品进行研究：将对方的产品拆开后进行检验，分析其结构、工艺等以确定其生产成本。

（4）搜集对方设计、生产、计划、销售等资料。

（三）专题询问法

专题询问法是以某一项命题向被调查者征询意见，以搜集资料的一种信息准备方法。专题询问法的方式运用灵活，其途径如下：

（1）向对方企业内部知情人了解：如对方现在或过去的雇员、对方领导部门的工作人员、对方内部受排挤人员等。

（2）向与对方有过贸易往来的人了解：如对方的客户、对方的供货商。

（3）向对方有关人员了解：如在会议或社交场合通过与对方的重要助手或顾问的交往探取情报，通过银行账户了解对方的财政状况等。

二、商务谈判信息的准备内容

在进行商务谈判前，需要做好充分的信息搜集，主要从己方、对方、市场、竞争者、相关环境等几个方面去着手准备。己方信息的搜集有利于准确地评估自己的实力；对方信息是商务谈判中最有价值的信息，在谈判前能够充分搜集对方信息可以增加己方的谈判砝码；商务谈判中的市场信息则是指与谈判有关的市场行情方面的信息，对此类信息的掌握有利于在谈判中把控谈判磋商或让步的“度”；竞争者信息则是商务谈判中各方力量对比中不可或缺的重要因素，有时竞争者会对商务谈判产生决定性的影响；商务谈判时的相关环境因素如政治状况、法律法规、风俗习惯、商业惯例、气候条件等都会直接或间接影响商务谈判。因此，在进行商务谈判前，准备好需要的信息是谈判获得成功的重要保证。

（一）己方信息

1. 谈判策略与目标

进行商务谈判不能走一步算一步，需要确定好己方的谈判目标与谈判策略，主要包括己方该次谈判的最高目标、实现目标、己方的最大让步幅度、谈判的最佳方案及预备方案、谈判的具体策略和准备在谈判中使用的战术措施等。

2. 经济实力

经济实力包括己方自身的产品、资金、销售、采购、场地及设备、服务项目等方面的信息。在谈判前搜集己方经济实力相关信息，对自身的经济实力进行评价有利于在商务谈判中有针对性地发挥己方拥有的优势，从容应对。

3. 谈判的有关资料

在谈判前需要搜集准备己方在该次谈判中所需要的相关资料，提前将谈判中需要携带的各种资料如产品目录、产品报价表、产品样本等准备好。

（二）对方信息

1. 真实需求

真实需求即对方此次谈判的真正目的，需要事先了解对方想要通过谈判达到的目的以及对方可能接受的最高、最低交易条件等信息。对方的需求可能不止一种而是多方面的，所以还需要分析对方需求的差异性。只有掌握对方的真正需求等相关信息，才能有针对性地采取应对策略，从而在谈判中占据有利位置，促使谈判磋商成功。

2. 经济实力和资信

经济实力和资信即对方的经营管理状况、财务状况、盈亏状况、履约情况等相关信息；对方的市场目标和竞争方式等。只有获取了对方的经济实力与资信等信息，才能确定交易的可能规模，判定己方是否与对方建立长期的商务合作关系。

3. 谈判者权限

在商务谈判中与没有任何决定权的人进行谈判相当于浪费时间，且可能会导致己方商业信息泄漏。在谈判前搜集对方谈判者权限等相关信息，可以判断对方来人是否得到授权以及在多大程度上能够独立做出决定，也可以通过对方所派谈判人员权限的高低来判断对方对此次谈判的重视程度。通常情况下，如果对方派遣的谈判人员是主要决策人证明对方对此次谈判比较重视。

4. 谈判诚意

判断对方是否有谈判诚意，需要了解对方是否将我方视为唯一的谈判方、对方对我方的评价和信任度等方面的信息，掌握此类信息可以帮助己方争取主动权。

5. 谈判风格

谈判风格即谈判者在多次商务谈判中反复表现出来的一贯风格，包括个人品德、价值取向、性格脾气、经验等。谈判前掌握对手的谈判风格有利于更好地采取相应的对策，为己方在谈判中争取有利的地位。

6. 谈判期限

谈判期限的压力可能迫使谈判者不得不快速采取行动，甚至立即做出相关决定。掌握对方谈判期限信息，可将谈判期限给对方带来的压力用来促成对方接受有利于己方的条件。

（三）市场信息

1. 市场分布

市场分布主要包括地理位置、商品购销的市场分布、市场的配套设施、运输条件和相关的政策法规等。在谈判前搜集此类信息，可以帮助己方提前在谈判方案中做好政策法规相关准备并核算成本。

2. 市场需求

市场需求主要包括商品的市场容量、消费者的数量及构成、用户的要求、消费的需求特点、商品的需求趋势和需求的波动情况等。在谈判前搜集此类信息，可以提前做好商品价格的预算，为己方争取更大的利益及利润空间。

3. 市场供给

市场供给主要包括商品的产能情况、商品的库存情况、可供市场销售的商品量、替代产品的情况、商品的进出口情况等。在谈判前搜集此类信息，可以对自己及竞争对手的情况做一个基本了解，提前在谈判方案中做好预案。

4. 市场销售

市场销售主要包括商品的销量、市场价格、市场份额、经销渠道、促销措施与效果等。在谈判前搜集此类信息，有助于己方对自己有一个清晰的定位。

5. 市场竞争

市场竞争主要包括竞争对手的数量、市场占有率、营销策略、销货渠道、采购途径、竞争产品的成本及品质等。在谈判前搜集此类信息，可以为制定谈判方案及预案提供依据。

（四）竞争者信息

竞争者信息包括现有竞争者的信用情况如企业的资信等级；产品情况如产品的品种、数量、性能、包装等；价格情况如价格策略、付款方式；销售途径如有关销售网点、储运能力；促销措施如广告宣传、人员推销、营业推广、公共关系等。对现有竞争者情况的分析，可以让己方清楚地知道双方的优势和劣势，并制定出相应的竞争策略。

（五）相关环境信息

1. 政治状况

政治状况方面主要搜集对商务谈判有重大影响的国家或和地区的有关方针、政策、法律等，如国有资本介入企业的程度、国家对企业的干预方式、政治体制的改变、政府首脑机构的更替、社会动荡或战争爆发、政府经济政策的变化、国家关系的发展变化等。

2. 商业惯例

商业惯例虽然不是法律，但是对商务谈判也会产生很重大的影响。因此，需要搜集对方国家或地区经济组织的经营方式、谈判和签约的方式与习惯、商业间谍的活动状况等。

3. 财税金融

财税金融方面主要搜集我国和对方国家或地区的财税金融政策，如外债的情况、货币自由兑换的程度、外汇储备、获取外汇的主要产品、外汇付款的环节、征免税收的条件、国际支付方面的信誉、适用的税法、银行利率的调整等。

4. 法律制度

法律制度方面主要搜集对方国家或地区当前使用的法律制度、对方国家或地区法律的执行程度、法院受理案件的时间等。

【案例 2】

中国公司赔偿加蓬工人失业补贴

中国某工程承包公司在加蓬承包了一项工程任务。当工程的主体建筑完工之后，中方由于不需要大量的劳动力，便解雇了从当地雇用的大批临时工。谁知此举导致了被解雇工人持续 40 天的大罢工。中方不得不同当地工人进行了艰苦的谈判，被解雇的工人代表让中方按照当地的法律赔偿被解工人一大笔损失费。

此时中方人员才意识到他们对加蓬的法律太无知了。根据加蓬的劳动法：一个临时工持续工作一周以上未被解雇则自动转成长期工，有权获得足够维持两个妻子和三个孩子生活的工资。此外，还有交通费和失业补贴等费用。一个非熟练工连续工作一个月以上则自动转成熟练工，如果连续工作三个月以上则提升为技术工人。工人的工资应随着技术的提升而提高。我国的管理人员按照国内形成的对临时工、长期工、非熟练工、熟练工以及技工的理解来处理加蓬的情况，谈判结果可想而知：公司不得不向被解雇的工人支付了一大笔失业补贴。

（资料来源：程春英，李娟. 商务谈判[M]. 清华大学出版社，2018）

案例分析：

在本案例中，中国公司之所以向被解雇的工人支付高额的失业补贴，是因为对对方国家的法律没有充分的了解，导致谈判处于被动地位。由此可见，在准备谈判的过程中搜集相关的政治、法律等信息，对于己方谈判能否达到预期目标至关重要。

5. 宗教信仰

宗教信仰方面主要搜集对方国家或地区占主导地位的宗教信仰情况以及该宗教信仰是否对当地政治、经济、法律、个人行为、社交、节假日等产生重大影响。

6. 社会习俗

社会习俗方面主要搜集该国或地区人们在称呼、衣着等方面的社会规范和标准，是否只能在谈判桌上谈业务，赠送礼品的习俗，对待名誉、批评的态度等。

7. 基础设施

基础设施方面主要搜集当地的配套设施情况，主要考虑以下几个方面：否有足够的熟练工人或有经验的专业技术人员？能否保证水、电以及基础能源的供应？公路、铁路、航空等运力如何？土地使用费用是高还是低？资金是否雄厚？

8. 科技信息

科技信息方面主要搜集谈判标的物在专利转让及应用、开发费用、开发前景、性能、质地、标准、规格等资料；搜集对该产品的性能或者品质进行鉴定的重要数据或指标、鉴定方法、鉴定机构等信息。

9. 气候因素

气候因素对谈判也会产生影响，主要表现在物流环节。气候因素方面主要搜集该国或地区雨季的长短、冰雪霜冻时长、高温情况以及风沙、地势等情况。

知识链接

搜集国外谈判对手信息的渠道

1. 国内

（1）商务部；

（2）对外经济贸易促进机构及其各地的分支机构；

（3）银行的咨询机构；

（4）已与该谈判方建立业务联系的本国银行；

（5）有关的报刊、新闻广播等。

2. 国外

（1）本国驻当地的大使馆、领事馆，特使等；

（2）国内银行在当地的分行；

（3）本公司或本行业集团在当地开设的营业机构；

（4）国内其他公司在当地的办事处；

（5）本公司的代理人；

（6）当地报刊。

（资料来源：龚荒. 商务谈判与沟通：理论、技巧、案例[M]. 人民邮电出版社，2018）

任务二　商务谈判队伍的组建

一、谈判者应具备的基本素质

商务谈判是一种专业性极强的商务活动，是谈判者之间知识、能力、智慧、心理、经验等方面的较量。商务谈判的主体是人，商务谈判者的素质会直接影响整个谈判过程走向，是影响谈判成败的关键因素。

（一）基本心理素质

商务谈判不一定能顺顺利利一气呵成，大多情况下，谈判的过程中可能会遇到各种突发情况、阻力或者对抗，只有具备良好心理素质的谈判者才能承受住各种挑战与压力，取得谈判的成功。谈判者应具备的基本心理素质如下：

1. 高度的自尊心

谈判者在谈判过程中面对谈判对手首先要有高度的自尊心，尤其涉及跨国商务谈判时，更要注意维护民族尊严和人格尊严，在面对强大对手时做到不卑不亢、不奴颜婢膝，不能靠出卖尊严换取交易的成功。

当然，高度的自尊心不是要谈判者目高于顶、目中无人，在做到自尊自爱的同时也要尊重对方的习惯、文化观念、意见与观点。只有互相尊重，平等相待的商务谈判，才可能保证合作成功。

2. 持久的耐心

商务谈判考验的不仅仅是谈判者的智力、技术和实力，更是对谈判者意志和耐心的考验。一些重大、艰巨的谈判，往往不是一两轮就能速战速决的，而可能是一场旷日持久的谈判较量。对于谈判者而言，想要在商务谈判中把握取胜的主动权，持久的耐心和意志是必备的基本素质。

需要注意的是，耐心不同于迟迟未决的拖延。耐心在商务谈判中表现为不急于得到结果，在谈判过程中有条不紊，不受对手的情绪牵制及影响，整个谈判过程中能够很好地掌控自己的情绪。只有自始至终保持耐心，谈判者才可能避免出现意气用事，可以缓和可能出现的谈判僵局、获取更多的信息，从而达成谈判目标。

3. 高度的责任心

高度的责任心是指谈判者在整个谈判过程中，应投入全部的精力和极大的热情，以高度负责的态度抱着必胜的信念去进行谈判。

在商务谈判中，不能抵御谈判对手变化多端的手段，为了个人私欲损公肥私等行为就是没有责任心的典型表现，缺乏高度责任心的谈判者可能会使己方在谈判中处于被动地位，甚至承受巨大的经济损失。

4. 果断的决心

具有果断决心的谈判者能够在谈判过程中有效调动各种内在和外在的资源，为谈判的成功提供支持。因此，外国的某些谈判专家把谈判中具备果断素质的人称为“具有十亿美元头脑的人”。商务谈判是一个反复角逐、较量的过程，谈判双方都会面临各方面的压力，在面对拖延、时间紧张、失败等情况时，谈判者要具备果断的决心方能承受住这些压力，确保谈判朝着己方预期发展。

5. 强大的自信心

自信是谈判者从事商务谈判活动必备的心理要素。作为精神支柱，强大的自信心是一个人信仰的具体体现。在商务谈判中，只有具备充足的自信心，谈判者才能使自己的才能得到充分展示、潜能得到充分发挥。

在商务谈判中，谈判者不能表现出信心不足，自己都没有自信心又如何确保让对方相信自己？当然，谈判者需要具备强大的自信心并不是要求谈判者盲目自信，而是需要谈判者充分了解己方情况做好定位的基础上抱有谈判必胜的自信心。

6. 合作的诚心

谈判是两方或者多方的合作，而合作能否顺利进行，能否取得成功，还取决于谈判方的合作诚意。合作的诚心是谈判双方合作的基础，谈判需要诚心，诚心应贯穿于谈判的始终。

要显示出己方有合作的诚心，在具体的谈判中，对于对方提出的问题要及时答复，己方的做法若存在不妥则要勇于承认和纠正，同时需要注意不轻易向对方许诺，一旦承诺后要认真履行自己的诺言。

在谈判过程中，是否诚心合作是能够通过语言及行为判断出的，以诚心去打动对方，可以增进谈判双方的信任感，从而建立良好的合作关系，保证谈判的顺利进行。

（二）业务素质

商务谈判是谈判双方之间利益关系的协调和磋商过程，在这个过程中，合理的知识结构和专业素养是实现交易磋商成功的重要条件。优秀的谈判者既具备广博的综合知识，又具有很强的专业知识及业务素质，只有这样在商务谈判中方能应变自如。谈判者应具备的业务素质如下：

1. 基础知识

优秀的谈判者必须具备完善的多学科的基础知识,能够将自然科学和社会科学统一起来。在商务谈判中，常出现技术人员不懂商务、商务人员不懂技术的现象，这给谈判工作带来了困难与阻碍。这就要求谈判者对经济、管理、营销、心理学、财务、政治、历史、法律等一些必备的学科基础知识方面都有所涉猎。谈判者只有具备多方面的知识，才能在复杂的谈判活动中游刃有余。

2. 专业知识

谈判者除了必须具备广博的知识面，还需要掌握谈判所涉及的专业知识。没有扎实的专业知识功底，在谈判中往往会处于被动地位。因此，谈判者有必要掌握一些谈判相关的如原则、方式、技巧等相关专业知识，同时还需要掌握谈判所涉及行业领域的专业技术知识。

3. 人文知识

在商务谈判活动中，可能会与不同国家、地区、民族的商务人员打交道。因此，要求谈判者掌握并尊重对方的风俗习惯、礼仪礼节等，否则可能会因误解导致谈判失败。只有提前了解并掌握不同的风俗习惯及礼仪礼节，才能够在商务谈判中做到因人而异、有的放矢，灵活运用谈判技巧取得良好的谈判效果。

4. 法律知识

不同国家或地区，在法律法规方面存在较大差异，有的国家或地区属于大陆法系，有的国家或地区属于英美法系，除此之外各国或地区在国际公约和统一惯例等方面也存在一定差异。这就要求参与商务谈判的人员熟悉相关谈判事项的法律法规，否则可能导致谈判因误解而无法达成，又或者是因为不合法而导致谈判结果无法执行。

此外，只有具备充分的法律知识，才能在商务谈判中避免被骗，才能用法律武器维护己方的利益。谈判者需要具备的法律知识主要包括以下方面：民法、商法、合同法、国际货物买卖公约、国际贸易、票据法、信用证统一条例、托收统一规则、契约保证统一规则、海商法、国际货物运输法、国际货物运输公约、联运单据统一规则、海上保险法、伦敦保险协会货物条款、商品检疫法、动植物检疫法、税法、反倾销法、专利法、商标法、工业产权法、知识产权公约、投资合作条例、有关技术合作条例、公司法、消费者权益保护法、包装标志条例、产品责任法、公平交易法、外汇管理条例、贸易法、民事诉讼法、商务仲裁法等。

需要注意的是，法律并不是一成不变的，如我国的商务谈判涉及合同法，现在已经变更为民法典合同篇，这就需要谈判者随时学习与更新自己掌握的相关法律知识。

（三）综合能力

仅仅能够记住上述专业素质中的基础知识、专业知识、人文知识和法律知识并不代表谈判一定会取得成功，甚至可能出现“纸上谈兵”的情况，谈判者需要具备将知识转换应用的综合能力。谈判者应具备的综合能力如下：

1. 语言表达能力

语言包括口头语言和书面语言，但不论是口头还是书面语言，都要求谈判者能够准确无误地表达自己的思想和主要观点，使对手能够正确领悟己方意思，避免出现误解。

在谈判中拥有良好的语言表达能力不仅仅是指逻辑性强、言简意赅、说服力强，还需要注意语言的艺术化，如保险销售员在推销保险的时候对潜在客户说“我们的保险销量最好”和“如果您购买我们这款保险，您将能获得……保障”，成功的概率显然不同，良好的语言表达有着点石成金的效果。

2. 情绪控制能力

在谈判的过程中谈判双方常常可能会由于利益的冲突而出现争吵、对抗的紧张局面，甚至可能导致谈判破裂。过于情绪化的人，在谈判中很容易陷入这样的境地。因为在谈判中对方可能会利用己方谈判人员性格上的缺点，制造某些压力，扰乱谈判对手情绪，掌握谈判主动权。因此，谈判人员需要提高自己对情绪的自控能力，让自己在商务谈判中时刻保持一个冷静清醒的头脑，才能避免让己方陷入被动的局面。

3. 洞察能力

我国知名商人胡雪岩的生意经中就提到了“察言观色”一词，具有敏锐洞察力的谈判者，才能敏感地发现谈判过程中每一个环节的细微变化，才能捕捉到有价值的大量的谈判信息，从而根据谈判的实际环境及主客观条件正确判断谈判的发展趋势。

商务谈判的过程中往往充满了各种始料未及的问题与假象，很多谈判者为了达成自己的谈判目的，会选择使用一些手段来掩饰其真实意图。因此，在谈判中双方传达的信息真假、虚实难断，这就需要谈判者具有敏锐的洞察能力，能够通过观察思考来分析判断，了解对方的真实意图，只有这样才能掌握谈判的主动权。

4. 应变能力

“无招胜有招”,再细致的谈判准备都不可能做到完全预料到谈判中可能发生的所有情况，计划赶不上变化，即使事先准备了多套谈判方案，也难免会出现预料之外的情况。这就要求谈判者必须具备灵活的应变能力，能够在谈判情况与局势变化的瞬间，趋利避害，灵活调整谈判策略，从而掌控谈判的局势。

总而言之，一名出色的谈判者应该做到以下几点：当己方在谈判中陷入被动或困扰局面时，谈判者要善于自我调节，做到临危不乱、从容应对，始终保持头脑清醒，保持灵敏的反应能力。

5. 社交能力

在商务活动中，很多事情都是需要与他人配合来完成的，与其他人进行谈判，更是要求谈判者具备一定的社交能力。缺乏社交能力的人，往往会在自己与其他人之间形成一道无形的心理屏障，导致很难顺利完成自己所承担的工作任务。社交能力是一个人综合能力的表现，如应变能力、组织能力及协调能力等。谈判者既要擅长与不同的人打交道，又要善于应对各种不同的社交场合，这就要求谈判者塑造良好的个人形象、掌握社交技巧并熟悉社交礼仪知识。

6. 决策能力

要注意决策能力不是决策权，决策权是组织赋予谈判者的权利，而决策能力则是个人具有的参与决策活动、进行方案选择的技能和本领。决策能力对于谈判者来说是一种比较重要的能力，其不单单是谈判者某一方面能力的表现，从某种程度上说，决策能力是谈判者各项能力的综合体现。要想提高决策能力，做出正确、果断的决定，就需要运用各方面的能力。所以，谈判者要想取得谈判成功，在平时应有目的、有意识去地培养和锻炼自己某一方面较差的能力，使各种能力的发展趋于平衡，从而提高最终的决策能力。

7. 开拓创新能力

随着谈判的深入及双方力量的变化，谈判过程中可能出现较大的变化。这时，如果谈判者仍然坚持按原有谈判方案进行，则可能导致谈判陷入僵局，甚至谈判破裂。这就需要谈判者勇于开拓创新，具备创新能力和应变能力，打破陈规，通过新思路、新模式去应对谈判的变化。

二、商务谈判队伍的规模

挑选优秀的商务谈判人员，组建谈判队伍，是商务谈判准备阶段的必要工作之一。优秀的谈判队伍，是获得谈判成功、达成谈判目的的重要保障。在组建谈判队伍时，需要根据谈判标的重要程度、谈判的议题、谈判规格的高低、规模的大小等情况来选择合适的谈判人员。

高效的谈判队伍，团队成员之间是配合紧密、协调一致的。因此，挑选的谈判人员不仅要符合一定的个人素质要求，还要在各方面相互形成互补，从而达到最优组合。

（一）谈判小组的规模

谈判小组人数不宜过多，具体数量则应根据谈判项目的实际需要和谈判性质来确定。一般情况下，谈判小组可以是一个人也可以是多个人。内容简单、老客户或者金额较小的情况下，一般可以一个人，但如果是谈判内容复杂、开发新客户、谈判金额较大就需要多人参与。

一个人参加谈判的优点是无所依赖与推诿、独自承担责任。其缺点是面对较为复杂的情况时，对个人能力素质要求很高；且由于谈判中个人决定权较大，容易导致暗箱操作，或者出现问题无其他人可以证明，难以解释清楚。

多人谈判小组的优点在于，谈判中成员间能够实现知识结构上的互补及综合的整体优势，且多人参加谈判可以集思广益、群策群力。但需要注意的是，谈判小组并不等于参加谈判人员越多越好，人员过多可能会导致不好管理、出现漏洞等情况。因此，综合考虑多方面的因素，谈判小组的规模 4 人效果最佳，再加上翻译人员及记录人员最好不要超过 6 人。

（二）谈判小组的人员配备

1. 谈判人员的构成

谈判小组内部成员的分工与配合工作的关键点是确定主谈人与辅谈人各自的责任以及他们之间的配合关系。按照人员的专业特长分工，谈判人员主要可分为以下几种：首席代表作为主谈人负责主要的谈判和团队成员间的协调；技术人员负责技术性条款的谈判；商务人员负责价格、交货、风险责任划分、支付条件等条款的谈判；法律人员负责合同条款的法律界定、草拟合同文本；如果是涉外谈判，则还需要翻译人员负责翻译工作；谈判小组还可以根据谈判的实际情况选择增加一名专门负责记录谈判内容的记录人员。（见图 12-1）。

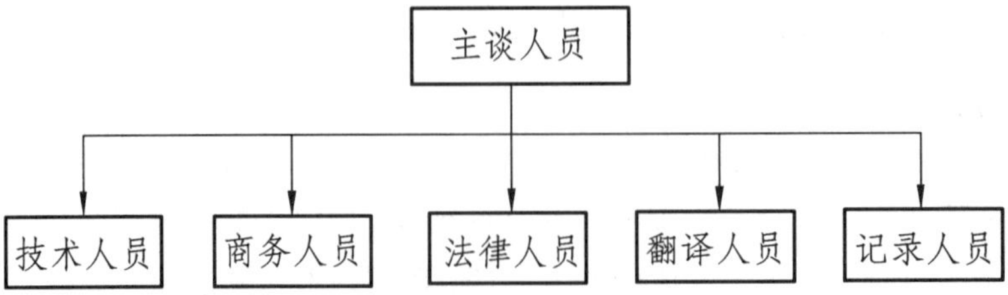

图 12-1　谈判小组的人员构成

2. 谈判人员的选择

前边我们已经提到谈判人员应具备的基本素质，因此在选择谈判人员时，首选具备这些素质的人员，且谈判人员应具有“T”形知识结构，即不仅在横向方面有广博的知识，还要在某一个领域的纵向方面有较深的技术或学问。横向与纵向知识面共同构成了一个“T”字形的知识结构。

选择谈判人员必须遵守 3 个原则：一是德才兼备，要选择有较高的政治觉悟、较好的业务水平、掌握必要的谈判技巧的人作为小组成员；二是要扬长避短，根据谈判规模、内容、目的选择在此次谈判中能够较好地发挥自身优势的人参加谈判；三是发现和培养优秀人才，优秀谈判人才是在谈判的实践中锻炼出来的。由于谈判工作的复杂性，选择谈判人员要非常重视被选人员的整体素质。

知识链接

谈判小组中的五种角色

1. 首席代表

任何谈判小组都有首席代表，他主要负责调动谈判资源。首席代表应该由具有专业水平的人员担任，但首席代表不一定是谈判小组中职位最高的。首席代表的责任是指挥谈判，需要时召集相应人员加入谈判之中，裁决与专业知识有关的事宜。此外，还要精心安排谈判小组中的其他人尽职尽责。

2. 白脸

白脸一般由被对方大多数人认同的人员担任。在谈判双方意见分歧较大、陷入僵局、谈判进行不下去的时候，白脸可以发挥“和事老”的作用。白脸的责任是对对方提出的要求和观点表示同情和理解，使双方不致闹翻。此外，还要给对方安全感，做出看似让步的样子，让对方放松警惕。

3. 红脸

红脸的作用是让对手感到压力，也就是说让对手感到如果没有红脸这样的人，双方会比较容易达成一致的协议。红脸在谈判中的责任是在谈判较激烈或者对方来势较凶猛的时候让谈判中止或暂停。这样可以削弱对方提出的观点和论据，降低对方的优势，尽量胁迫对方暴露出他们的弱点。

4. 强硬派

强硬派的作用是在每件事情上都采取非常强硬的态度，把简单的问题复杂化，并要求其他组员服从。强硬派的责任有两个：一是采用延时战术阻挠整个谈判进程，允许他人撤回已经提出的未确定的报价；二是观察并记录整个谈判的进程，使谈判小组的注意力集中在谈判的目标上，避免跑题。

5. 清道夫

清道夫将所有的观点集中，作为一个整体提出来。他的首要责任是设法使谈判走出僵局，防止讨论离题太远，还要指出对方论据中自相矛盾之处，削弱对方的优势。

（资料来源：徐斌，王军旗. 商务谈判实务[M]. 中国人民大学出版社，2016 年）

3. 谈判人员的分工与支持

（1）主谈人。

主谈人的主要职责是负责组织召集会议、确定谈判的目标；做出开场陈述；控制谈判进程；按照议程进行谈判；谈判过程中听取专业人员建议，保证谈判的合理性；协调谈判小组成员之间的意见；重要事项做出决定；代表己方在合同上签字以及就谈判结果向上级汇报。

对主谈人的要求主要有：知识、经验丰富；思维敏捷、口齿伶俐；能够从复杂的谈判中抓住重点、掌握谈判的主动权；能够运用科学的逻辑和推理与对方交流，并说服对方接受己方的方案或建议；能统率谈判小组，协调成员间的关系。

（2）辅谈人。

辅谈人是除主谈人外的谈判人员，不同职责的辅谈人员其职责也是不同的，具体如下：技术人员的职责是阐明己方参加谈判的技术条件，清晰掌握对方条件，找出双方的分歧与差距，向主谈人提出解决问题的建议；财务人员的职责是掌握项目总体财务情况，根据对方在项目上的利益期望值，预计谈判方案变动所带来的收益变动，为主谈人提供建议，在正式签约前对合同提出财务分析。

（3）谈判人员的相互支持。

谈判人员的相互支持是指谈判小组各成员之间在基本思路、语言表达以及谈判策略上保持一致步调、互相协调。谈判准备阶段，需要事先明确谈判小组各类成员之间的主从关系、呼应关系及配合关系。

① 谈判时主谈与其他人员配合。

主谈是谈判小组中预期谈判目标能否达到的关键人物，其主要职责是将已确定的谈判目标和谈判策略在谈判中得以实现。主谈必须与辅谈相互配合才能真正发挥主谈的作用。

在谈判中，己方重要的观点和意见都应该由主谈表达，尤其是一些关键的结论或评价，更应该由主谈来表述。辅谈在谈判过程中不能表达与主谈不一致的结论，也不应随意谈个人观点，只需要配合主谈，起参谋及支持的作用。

在主谈发言时，辅谈应自始至终持支持态度，通过口头语言或肢体语言做出赞同的表示，并随时拿出相关证据佐证主谈观点的正确性。

当谈判对手集中火力攻击主谈时，辅谈要善于将主谈从困境中拉出来，从不同方面去反驳对方的攻击，加强主谈在本次谈判中的地位。

辅谈可以充当“红脸”的角色。“红脸”的主要任务是在谈判过程中根据不同的情况，采取强硬的态度，甚至有意去激怒对方，使对方怒中失态，怒中出错。特别是当有些问题不便由主谈者或负责人出面拒绝或否定时，“红脸”的辅谈人就应挺身而出，直接基于拒绝或否定。尤其是当己方主谈处于被动或困境时，“红脸”要采取强硬立场，“引火烧身”，转移对方的视线，以助主谈摆脱困境。

辅谈亦可以充当“白脸”的角色即调和者的角色。在谈判中把握时机、掌握分寸，遇到谈判僵局时为防止僵局进一步扩大，以调和的姿态、缓和的口气、温和的言辞提出一些“合情合理”的条件或建议。这种做法不但可以避免发生不愉快事情，有时还可能获取对方的让步或优惠。

当主谈提到辅谈所熟知的专业问题时，辅谈应及时给予主谈更详尽、充足的支持。例如，在进行合作商务谈判时，技术人员和法律人员应从技术的角度与法律的角度对谈判问题进行论证并提供理论依据，给予主谈有力的支持。

谈判中可以运用“游击战”的策略进行主谈和辅谈间的配合。在谈判中，如果各个角色有意识地调换，常常会使对方捉摸不透，这样可以使己方某一角色免于成为对方的众矢之的。

② “台前”和“幕后”的配合。

在比较复杂的谈判中，为了提高谈判的效率，可组织“台前”和“幕后”两组人员。需要注意的是，“幕后”人员的数量不能过多，且在谈判过程中最好不要过多地干预“台前”人员，要充分发挥“台前”人员的职权和主观能动性，争取达成己方的谈判目标。

“台前”人员主要负责出面进行谈判，“幕后”人员则不直接与对方面对面地谈判，而是在幕后准备各种必需的资料和证据，为台前谈判人员出谋划策、提供所需支持。

“幕后”人员一般包含负责该项谈判的主管领导即“台前”人员的幕后操纵者，主要负责指导和控制“前台”人员按既定目标和准则行事。“台前”人员在大的原则和总体目标上接受“幕后”班子的指挥，即使在谈判桌上敲定谈判成交时也必须事先得到“幕后”人员的认可。但是“台前”人员在谈判过程中仍然需要具有随机应变的能力和一定的权力，而不能完全沦为“幕后”人员的牵线木偶。

除了主管领导外，剩下的“幕后”人员则是各种专业参谋，如法律、贸易和技术方面的专家等，他们主要负责向“台前”人员提供专业方面的建议。“台前”人员有权对他们的意见进行选择与取舍。

③ 其他经常采用的相互支持方法。

除了前边所讲的两种外，谈判小组的成员之间还经常使用一些其他相互支持的方法，如夸大介绍本组成员、组内互相通气、不时对主谈传递信息、肯定本组成员提出的问题等。

由于谈判过程不是一成不变的，在面对不断变化的谈判局势时，谈判人员的分工与支持方法也不能仅仅局限于上边提到的这些，需要根据谈判时的具体情况灵活应变。

（三）谈判小组的配备原则

1. 根据项目的大小和难易程度来确定谈判小组的人员

在确定谈判小组成员时，主要考虑的因素有谈判项目的大小、难易程度和重要性等，以此来决定谈判小组的人数及所需具备的能力。如果是一对一谈判，那么对于参与谈判人员来讲个人素质及能力的要求就会很高，选取的谈判人员一般为多方面综合性的专家，一旦谈判项目需要就可发挥作用。

当项目规模很大时，一般情况下一个人是无法单独应对的，这就需要选派一个谈判小组去参与谈判。至于谈判人员的数量及应具备的能力，因项目而定。一般情况下，与商品交易相关的谈判可由主管该项目的业务人员参加，若是重要的交易则由总经理作为主谈人员。如果是技术引进的谈判，则可以由业务人员、技术人员、法务人员共同组成谈判小组，小组成员在谈判组的统一协调下分工协同，共同完成谈判任务。

2. 根据项目的重要程度组织谈判小组

一些针对老顾客、简单交易的谈判，可以选派一个人或较少的人员参与；一些内容复杂的大型交易，如技术引进项目、合资经营项目、在外地投资项目等，则必须组织一个富有实力、分工明确的谈判小组。

3. 根据对手的特点配备谈判人员

一般情况下，应根据谈判对手选派的谈判人员特点配备己方谈判人员，例如，若对方谈判成员是由技术咨询顾问、法律顾问组成来洽谈商务条件，则我方配备的谈判人员必须与之匹配，需要选派精通技术和精通各种贸易和商务条款及法律法规的专业人员，从而和对方实力相匹配，避免由于业务不熟悉使己方在谈判中处于被动地位。若对方是其他国家或地区的人员，则为了避免出现沟通交流障碍，我方谈判小组还需要配备专业的翻译人员，这样可以有效地防止出现不必要的误解，提高谈判的效率。

4. 根据谈判的分工特点配备谈判人员

一般而言，谈判小组中的人数不宜过多。高效的谈判小组，其内部谈判人员会进行严密而适当的分工协作，以确保内部交流畅通无阻。若要达到这种高效的工作状态，谈判小组的规模过大肯定是行不通的。在商务谈判中，既需要充分发挥个人的独立应变能力和综合能力，又需要谈判小组内部成员间协调统一，一致对外。这就需要根据不同的谈判分工，配备某些方面的专家或是技术、商务、法律、翻译等不同谈判小组成员，以便根据分工各司其职，通过谈判小组成员的统一协调，达成最终的谈判目的。

【案例 3】

谈判人员的配备

我国某县某厂欲购买美国固体果汁饮料生产技术和设备，派往美国的谈判人员包括以下几位：该厂的厂长、该县分管工业的副县长、县经委主任和县财办主任。

（资料来源：陈文汉. 商务谈判实务[M]. 2 版. 清华大学出版社，2018）

思考：

（1）这样的谈判人员安排是否合理？为什么？

（2）如何调整谈判人员？调整的依据是什么？

任务三　商务谈判方案的拟定

在正式谈判前，要想谈判朝着既定目标有条不紊地进行，谈判人员要各司其职、协调配合，有计划、有步骤地展开谈判工作，而这一切都是以谈判方案为基础的，这就需要在谈判开始前的准备阶段，制定出具体而细致的谈判方案及备选方案。这是保证商务谈判顺利进行的必要条件，也是取得商务谈判成功的基础。所以，必须重视谈判方案的制定，在制定过程中要听取多方意见、认真对待，做到严谨、周密、具体和明确。

一、制定商务谈判方案的要求

1. 商务谈判方案的定义

商务谈判方案是在谈判开始前就本次谈判内容对谈判目标、准则、议程、策略预先所做的安排。谈判方案是指导谈判小组中谈判人员进行谈判的行动纲领，在整个谈判过程中有着举足轻重的作用。

2. 制定商务谈判方案的基本要求

商务谈判的规模、重要程度不同则商务谈判的内容也会有区别。商务谈判方案的内容可多可少，没有具体的限制，视具体情况而定。尽管每一次商务谈判的谈判方案内容都不尽相同，但总体的制定要求却是一样的。一个好的谈判方案要求做到以下几点：

（1）明确具体：谈判方案的内容要与谈判的具体内容相结合，以具体谈判内容为基础，写清楚谈判的目标、进行本次谈判的原因、本次谈判的负责人及其他参与人员、谈判的时间及地点、通过什么方法和策略进行谈判、本次谈判预计会出现的情况及应对措施等。这样才能做到分工明确、落到实地，否则会使谈判方案显得模棱两可，让谈判小组的人员觉得无所适从、不知从何做起。

（2）简明扼要：谈判方案没有具体的字数限制，要求简明、扼要，即用简洁、明了的文字尽量使谈判人员容易记住其基本原则与主要内容。这样才能根据谈判方案的要求与对方周旋，顺利完成谈判任务。

（3）富有弹性：虽然说谈判方案是指导谈判人员进行谈判的行动纲领，但是在谈判过程中随时可能出现突发情况，这就要求谈判方案不能一成不变，而要富有弹性。这样谈判人员就可以在不违背谈判方案根本原则的情况下，根据实际谈判情况的变化，在其权限允许范围内灵活处理有关问题，为己方争取有利地位。这一弹性一般表现在：可以多设置几套备选方案，方案中的一些指标事先给予上下浮动的范围等。

二、商务谈判方案的内容

商务谈判方案的内容主要包括谈判目标、谈判策略、谈判议程以及谈判人员的职责与分工、谈判地点等内容。下面重点简述谈判目标、谈判策略和谈判议程等内容。

1. 谈判目标

谈判目标是指谈判双方各自通过谈判想要达到的具体目标，主要是指谈判要求达到的目的、谈判的方向和企业对本次谈判的期望。商务谈判的目标主要是以满意的条件达成一笔交易，确定正确的谈判目标是谈判成功的基本保障。商务谈判的目标可以分为以下 3 个层次：

（1）最低目标：商务谈判必须要实现的最基本目标，也是谈判的最低要求。若最低目标不能通过谈判实现，那么宁愿谈判破裂也要放弃本次谈判与合作，不能在谈判中接受比最低目标更低的条件。因此，最低目标也可以说是谈判者在商务谈判中所必须坚守的最后一道防线。

（2）可接受的目标：谈判人员根据各种主、客观因素，经过对谈判对手的全面评估与分析，结合己方利益的全面考虑，是通过科学论证后所确定的目标。这个目标是己方可努力争取或做出让步的范围。交易磋商中的讨价还价就是在争取实现谈判的可接受目标，可接受目标的实现往往意味着商务谈判取得成功。

（3）最高目标：又称期望目标，是己方在商务谈判中要追求的最高目标，也往往是对方所能容忍的最高限度，因此最高目标是谈判的一个难点，如果谈判条件超过这个目标，谈判者往往会面临谈判可能破裂的风险。在商务谈判中，谈判人员应充分发挥个人的才智与综合能力，在最低目标和最高目标之间为己方尽可能多地争取利益。需要注意的是，最高目标并不是谈判人员通过谈判必须要实现的目标，在最高目标难以实现时可以退而求其次放弃该目标。

此外还需要注意，商务谈判中并不是只有价格这一单一目标，一般的商务谈判存在着多个谈判目标，这时就需考虑谈判目标之间的排序。当一次商务谈判中存在着多重目标时，谈判者应根据其重要性加以排序，从而确定是否所有的目标都需要达到，最终确定哪些目标可舍弃、哪些目标可以争取达到而哪些目标又是绝对不能退让的。

2. 谈判策略

谈判策略是指能够达到和实现己方谈判目标的基本途径与方法。谈判不是一个简单的过程，而是谈判双方在实力、能力和技巧等方面的综合较量。因此，制定商务谈判策略前需要考虑其主要影响因素，如对方和己方的优势所在；对方的谈判实力和主谈人的性格特点；谈判时间的长短；交易本身的重要性；是否有建立持久、友好关系的必要性等。

通过对以上影响因素的细致而认真的研究分析，结合谈判双方的实力对比，谈判者基本可以确定己方的谈判地位，即己方是处于优势还是劣势，又或者双方势均力敌，最终以此来确定诸如报价策略、还价策略、让步与迫使对方让步的策略、打破僵局的策略等具体的谈判策略。

3. 谈判议程

谈判议程本身就是谈判策略中的一种，在谈判的准备阶段，必须高度重视这项工作。谈判议程一般要明确安排谈判的时间并确定谈判的议题。谈判议程可由谈判的一方拟定，也可以由谈判双方协商确定。一般情况下，谈判议程包括通则和细则议程，通则议程由谈判双方共同使用，细则议程则仅供己方使用。谈判议程的主要内容如下：

（1）时间安排：确定举行谈判的具体时间、时长，各个阶段的时间分配，议题的先后时间顺序等。如果谈判时间安排得较为仓促或者准备不充分，谈判者匆忙上阵则很难沉着冷静地在谈判中实施各种谈判策略。但如果时间安排得拖沓，则不仅会耗费谈判双方大量的时间与精力，且随着时间的推延，谈判的各种环境因素都会发生变化，可能会导致谈判方错过一些重要的机遇。因此，谈判的时间安排是商务谈判准备阶段的重要环节。

（2）谈判议题：谈判双方提出的需要在谈判中讨论和解决的各种问题。要确定谈判议题，首先要明确己方想要提出、讨论哪些问题，把所有问题进行全面比较和分析后，确定出哪些问题是要列入重点讨论范围的主要议题，哪些问题是非重点问题以及哪些问题可以忽略不计。同时，还要弄清楚这些问题之间在逻辑上有什么联系，预测对方可能会提出什么问题，在对方可能提出的问题中有哪些问题是己方必须认真对待、全力以赴去解决的，有哪些问题可以根据情况做出让步，还有哪些问题可以不予讨论。

（3）通则议程和细则议程：

通则议程是需要谈判双方共同使用的日程安排，一般要经过双方协商一致后方能正式生效。通则议程通常应包括以下内容：双方谈判讨论的中心议题以及各个议题讨论的顺序；谈判总体时间及分段时间安排；谈判中人员的安排；谈判地点及招待等相关事宜。

细则议程是己方参加谈判的具体安排，仅供己方人员使用。细则议程主要包括以下几个方面：对谈判过程中可能出现的各种变化及具体情况的对策安排；谈判中谈判小组成员间的统一口径，如发言的观点、文件资料的说明等；己方谈判中的发言策略，如何提出问题，何人提出问题，具体提什么问题，向何人提问，谁来回答对方问题，谁来补充，谁来反驳对方问题，什么情况下暂时停止谈判等；谈判人员更换等情况的预先安排；己方谈判时间的策略安排、谈判时限等。

【案例4】

××谈判方案

甲方：QH科技有限公司（主方）　　乙方：AH有限责任公司（客方）

总经理：×（组长）　　总经理：×（组长）

销售总监：×　　财务总监：×

财务经理：×　　市场总监：×

公关部经理：×　　技术总监：×

谈判时间：××××年×月×日

谈判地点：QH国际会议中心×号会议室

一、谈判双方公司背景

（1）甲方公司分析（略）。

（2）乙方公司分析（略）。

二、谈判的主题及内容

（1）经销一代智能手环、二代智能手环两种数码电子产品，不同型号的价格、数量，主要是价格的折扣情况。

（2）货物的结算时间及方式。

（3）定金的支付，违约的赔偿问题。

（4）促销措施及奖励。

三、谈判目标

1. 谈判对象

以对我公司（主方）最有利的条件代理经销一代智能手环、二代智能手环两种数码电子产品：价格合理，所经销的一代智能手环、二代智能手环两种数码电子产品型号符合消费者使用需求。

2. 奖励办法及促销活动方案

（1）E3和X3型号的一代智能手环（不论内存）月销售量达到200～300个的，超出部分每台返3%的现金。达到300～350个的，超出部分每个返50元的现金。月销售量超过400个的，超出部分每台返8%的现金。

（2）月销售量持续3个月达200个以上的，除被评为MZ 4S形象店之一，还将受到本公司的额外奖励：现金5 000元。

3. 厂家支持

（1）旺季：1—3月、7—9月，9折优惠，送耳机（充电套装＋精美水杯＋时尚T恤）。

（2）国庆、元旦、春节8.8折，送耳机＋充电套装＋（精美水杯＋时尚T恤）。

（3）淡季：送充电套装＋精美水杯＋时尚T恤。

（4）各种型号的E3、X3送耳机及线控。

四、谈判形式分析

1. 我方优势分析

（1）全国75家有名代理经销商排名第37名，年度安徽信誉联保金牌单位前10名，安徽守合同重信用企业，信誉好，实力强。公司产品对消费者具有很大吸引力，消费者需求市场大。

（2）作为代理经销商，自由选择权大。我公司作为多家数码电子产品代理经销商，代理经销谁的产品，选择权在我们手中。

2. 我方劣势分析

我方作为数码电子产品代理经销商，在安徽市场中，有多家实力雄厚的公司与我公司进行竞争，比较有名、实力雄厚的数码电子产品代理经销商就有安徽×科技有限公司、合肥科技有限公司等。

3. 我方人员分析

X：洞察力强，看问题比较冷静，擅长沟通谈判艺术，是本次谈判的主要对手和关键人物。

Y：注重细节，性格开朗，我公司的核心人物之一，具备较强的销售经验。

Z：办事认真负责，有较强的逻辑分析能力，具备较高的管理财务素质。

M：心思细腻，熟悉国内外相关法律程序，有利于双方合同的规范签署。

4. 客方优势分析

（1）AH有限公司，是一家以研发和生产高品质的一代智能手环系列随身听为主的高新企业，是目前国内屈指可数的有自主研发能力的一代智能手环企业之一。经过高速发展，其一代智能手环正在为越来越多的消费者了解、接受、认可和喜爱，产品已远销日本、瑞典等国家和中国香港地区。产品多次获得各类专业媒体的高度评价及相关奖项，MZ这一品牌也被《××日报》评为“中国消费者十大满意品牌”！

（2）公司拥有强大的研发队伍及先进的技术设备，以高起点的技术及产品定位、准确的市场定位、强劲的创新力，持续保持着高速的成长与发展态势。

5. 客方劣势分析

（1）国内外一代智能手环、二代智能手环品牌竞争激烈。中国作为一个拥有人口的大国，最终消费者和潜在的消费者具有强大的吸引力，国内外知名名牌纷纷依托自己的产品优势抢占中国市场，希望在中国市场占有自己的一席之位。

（2）作为国内知名企业，产品的售后服务体系与其他国外知名企业差距大，有待加强，产品维修一般都要到特许或指定维修点。

6. 客方人员分析

A：统筹全局能力强，思维严密，亲和力强，头脑灵活，是一位合格的将才。

B：熟悉一代智能手环行业，市场经验丰富，看问题善于抓住本质。

C：性格友好，在气氛紧张的时候缓解紧张局面，遇事冷静。

D：办事果断干练，言辞犀利，雷厉风行，典型的女强人风格，遇事不冷静。

五、相关产品的资料收集

（1）有限公司介绍（略）。

（2）科技有限公司介绍（略）。

（3）上述公司相关公司产品介绍（略）。

（4）对方公司产品介绍（略）。

六、谈判的方法及策略

1. 谈判方法

把横向谈判和原则型谈判相结合。在谈判过程中，在确定谈判所设计的主要问题后，把拟谈判的议题全部横向展开，多项议题同时讨论。在立场上可以软硬兼施。

2. 谈判策略

（1）突出优势。对对方立场、观点都有初步的认知后，再将自己在此次谈判事项中所占的优劣势及对方的优劣势进行严密周详的列举，尤其要将己方优势，不论大小新旧，应全盘列出，以作为谈判人员的谈判筹码。而己方劣势，当然也要注意，以免仓促迎敌，被对方攻得体无完肤。

（2）模拟演习。就是将各种可能发生的状况，预先模拟，以免实际遭遇时人荒马乱，难以主控战局。在了解优、劣势后，就要假想各种可能发生的状况，预做策划行动方案。小至谈判座位的摆放都要详加模拟。

（3）底线界清。通常，谈判时双方都带攻击性，磨刀霍霍，跃跃欲试。双方只想到可以“获得多少”，却常常忽略要“付出多少”，忽略了谈判过程中己方要让步多少，方可皆大欢喜。所以，在谈判前，务必要把己方的底线界清：可让什么？要让多少？如何让？何时让？为何要让？先行理清，心中有数。否则，若对方咄咄逼人，己方束手无策任由对方宰割，那就失去了谈判的本意。

（4）了解对手。孙子兵法“知己知彼，百战不殆”众所皆知。谈判前，了解对方的可能策略及谈判对手的个性特质，对谈判的圆满完成有莫大助益。如果谈判对手喜欢打球，不妨在会谈前寒暄，着意提及，将对方的戒备敌意先行缓和，若有时间，更可邀约一起运动，以培养宽松的谈判气氛。须知这球场就是另一张谈判桌，有助于谈判达成。

（5）随机应变。战场状况，瞬息万变，谈判桌上需随机应变。虽说诸葛亮神机妙算，但人算不如天算，总有考虑欠周、失算之处。谈判时，出现对手突有神来一笔，超出己方假设状况，己方人员一定要会随机应变，见招拆招。实在无法招架，手忙脚乱时，先施缓兵之计，再图谋对策，以免当机立“断”（断了自己的后路）。

（6）埋下契机。双方若不能达成相当程度的圆满结果，谈判面临破裂之际，也无须逞一时口舌之快，伤了双方和气。双方若是撕破脸，以后要达成再谈判的境界，虽非不可能，但也要颇费周折。买卖不成仁义在，双方好聚好散，为下回谈判圆满，埋下契机。

七、谈判的风险及效果预测

1. 谈判风险

（1）对方可能会在谈判中凭其优势地位不肯在价格上让步，我方必须发挥自身优势和经销商的身份迫使其做出让步。

（2）谈判中对手可能会对我方采取各种手段和策略，让我方陷入困境。对此我方必须保持头脑清醒，发挥好耐心的优势，冷静而灵活地调整谈判策略。

2. 谈判效果预测

双方以合理的条件取得谈判的成功，实现双赢，双方能够友好地结束谈判，获得成功，实现长期友好合作。

八、谈判预算费用（元）

谈判预算费用如下：①车费：200 元；②住宿费：1 000 元；③饮食费：1 000 元；④电话费：200 元；⑤旅游礼品费用：1 000 元。预算合计：3 400 元。

九、谈判议程

（1）双方进场。

（2）介绍本次会议安排和与会人员。

（3）正式进入谈判。

①介绍本次谈判的商品型号、数量等情况。

②递交并讨论代理销售协议。

③协商一致货物的结算时间及方式。

④协商一致定金的支付，违约的赔偿办法及法律责任。

（4）达成协议。

（5）签订协议。

（6）预付定金。

（7）握手祝贺谈判成功，拍照留念。

（8）设宴招待，谈判圆满成功。

（资料来源：辛诚. 商务谈判理论与实务[M]. 中国传媒大学出版社，2017）

思考：

（1）商务谈判方案应具备哪些内容？

（2）案例中的商务谈判方案漏掉了哪些内容？

任务四　谈判前的其他准备

谈判前的其他准备工作包括两个方面：谈判场所的选择以及谈判者的食宿安排。从表面上看，这两方面同商务谈判内容本身并无直接关系，但实际上不仅联系密切，甚至可能影响整个谈判的发展方向。

一、谈判场所的选择

（一）谈判场所的设施准备

谈判场所的设施准备主要是指对谈判场所的一些硬件设施设备的安排，谈判场所需要具备通风和隔音条件并采光良好，这样才能让谈判者在较为舒适的环境中很方便地发送电传、电报及拨打电话。一般情况下，建议在举行商务谈判的会谈室旁边，备一两个小房间，以便于谈判者协商机密事宜。谈判场所也可以配备一些人性化的设施，方便谈判者挂图表或进行计算。但需要注意的是，除双方都同意，否则不要配备录音设备。因为录音设备可能会对双方都会起到反作用，让人难以畅所欲言，从而达不到预想的谈判效果。

（二）谈判会场的布置

谈判会场的布置对于商务谈判的结果也很重要，一般需要考虑选择什么形状的谈判桌、怎样安排谈判者的座次等。对于较大型的谈判，如果谈判会场布置得杂乱无章、马马虎虎，则可能给对方留下己方对本次谈判缺乏诚意、不重视的印象，从而给其后的谈判带来阻碍。

谈判会场的布置及座次的安排是否合适，是检验谈判者素质的标准之一。对于一些正规的较为大型的商务谈判，如果主人连谈判会场的布置及座次的安排都做不到符合商务礼仪的基本要求，就很难证明己方的专业性和诚意。如果主方连座次都不会安排，就会使客方对主方的谈判素质产生怀疑，由此可能使客方占尽心理优势。这就可能使主方陷于被动，甚至会影响商务谈判的效果或成败。

一般来说，商务谈判时，双方应该面对面而坐，各自的组员应按重要性依次坐在主谈者的两侧，以便互相交换意见。比较大型、重要的谈判，谈判桌可选择长方形的，双方代表各居一面；但如果是规模较小的谈判，或谈判双方人员都比较熟悉，则可以选择圆形谈判桌，双方围绕坐定后会形成一个双方关系融洽、共同合作的印象，且圆桌有利于彼此交谈。有时，出于需要还可以采用任意排位方法就座，但此方法仅适用于小规模的、双方都比较熟悉的谈判，或是比较特殊的谈判。有时因为某些特殊原因，还可以选择其他形状的谈判桌，如以色列和中东国家的和平谈判，由于双方的立场对立，需要中间人进行调节，即存在第三方出席谈判，为此他们专门发明了一种 T 形谈判桌。此外，有些谈判还可以不设谈判桌，但需要事先确定一种有效的信号控制方法，以便随时根据情况发出指令，控制谈判局面。

与谈判桌相配的另一项便是椅子。谈判场所内的椅子要保证舒适，不舒适谈判人员可能会因为不适而坐不住；但椅子也不能太过舒适，太舒适则容易使人产生睡意，不易集中精神。此外，谈判场所还需要妥善安排布置一些其他设施设备，如烟灰缸、纸篓、笔、记事本、文件夹、各种饮料等，为谈判做好细节工作，提高谈判的效率。

二、食宿安排

商务谈判是一项耗时耗力、复杂多变的商务交际活动，往往不可能一蹴而就，有时候谈判双方需要反复磋商数日，因此在住宿和用餐方面的安排也是谈判准备阶段应注意的问题。一般来说，东道主一方对来访人员的食宿安排应做到方便舒适和周到细致，食宿不一定要有多豪华阔绰，一般根据实际情况按照国内或当地的标准条件进行招待安排即可。同时，需要注意不同国家或地区不同的饮食习惯，东道主一方除了提供本地特色美食外，还应该根据对方的习惯及口味尽量安排对方喜欢的饭菜。不同国家或地区在时间观念上也不尽相同，一些高效率的国家或地区，其商务人员讲究时间、效率，对烦琐冗长的招待仪式不甚喜欢，但还是可以适当组织客人参观游览。参加一些文体娱乐活动对于拉近双方距离、提高谈判成功率也是十分有益的。

知识链接

我国接待外宾的食宿安排

1972 年 2 月，时任美国总统的尼克松访华，中美双方将要展开一场具有重大历史意义的国际谈判。为了创造一种融洽和谐的谈判环境和气氛，中国方面在周恩来总理的亲自领导下，对谈判过程中的各种环境都做了精心而又周密的准备和安排，甚至对宴会上要演奏的中美两国民间乐曲都进行了精心的挑选。在欢迎尼克松一行的国宴上，当军乐队熟练地演奏起由周总理亲自选定的《美丽的亚美利加》时，尼克松总统简直听呆了，他绝没有想到能在中国的北京听到他如此熟悉的乐曲，因为这是他平生最喜爱的并且指定在他的就职典礼上演奏的家乡乐曲。敬酒时，他特地到乐队前表示感谢。此时，国宴达到了高潮，而这种融洽而热烈的气氛也同时感染了美国客人，促使之后的谈判都在和谐融洽的氛围下进行。一个小小的精心安排，赢得了和谐融洽的谈判气氛，这不能不说是一种高超的谈判艺术。

20 世纪 70 年代，时任日本首相的田中角荣为恢复中日邦交正常化到达北京，他怀着等待中日间最高首脑会谈的紧张心情，在迎宾馆休息。迎宾馆内气温舒适，田中角荣的心情也十分舒畅，他与随从的陪同人员谈笑风生。他的秘书早饭茂三仔细看了一下房间的温度计，是“17.8℃”。这一田中角荣习惯的“17.8℃”使他心情舒畅，也为谈判的顺利进行创造了条件。

（资料来源：龚荒. 商务谈判与沟通：理论、技巧、案例[M]. 人民邮电出版社，2018）

【项目小结】

本项目着重阐述了商务谈判信息的搜集方法及内容，谈判者应具备的基本素质、商务谈判队伍的规模、谈判小组的人员配备、谈判小组的配备的原则，制定商务谈判方案的要求及商务谈判方案的内容，谈判场所的设施准备、谈判房间的布置、食宿安排及模拟谈判。通过本项目的学习，学生应全面了解商务谈判信息的搜集方法，理解商务谈判信息的准备内容，掌握商务谈判队伍的规模及队伍中谈判人员应具备的基本素质，掌握谈判场所设施设备的准备、谈判期间的食宿安排及谈判场所的布置，能够根据准备进行模拟谈判。

【课后练习】

一、选择题

1. 下列不属于检索调研法搜索途径的是（　　）。

A. 统计资料　　B. 报纸杂志

C. 专业书籍　　D. 购买样品

2. 以某一项命题向被调查者征询意见，以搜集资料的一种信息准备方法是（　　）。

A. 检索调研法　　B. 专题询问法

C. 直接观察法　　D. 随机调查法

3. 下列属于谈判者应具备的业务素质的是（　　）。

A. 法律知识　　B. 语言表达

C. 耐心诚心　　D. 责任心

4. 情绪控制能力属于谈判者应具备的（　　）。

A. 业务素质　　B. 综合能力

C. 心理素质　　D. 技术能力

5. 合作的诚心属于谈判者应具备的（　　）。

A. 业务素质　　B. 综合能力

C. 心理素质　　D. 技术能力

6. 一般情况下谈判小组的最佳规模为（　　）。

A. 1 人　　B. 2 人

C. 3 人　　D. 4 人

7. 下列不是谈判人员通过谈判必须要实现的目标是（　　）。

A. 最低目标　　B. 可接受的目标

C. 最高目标　　D. 基本目标

8. 一般情况下，比较大型、重要的谈判，谈判桌可使用（　　）。

A. 长方形　　B. T 形

C. 椭圆形　　D. 圆形

9. 仅供己方人员使用的己方参加谈判的具体安排是谈判方案中的（　　）。

A. 通则议程　　B. 细则议程

C. 时间安排　　D. 谈判议题

10. 谈判双方提出的需要在谈判中讨论和解决的各种问题是谈判议程中的（　　）。

A. 通则议程　　B. 细则议程

C. 时间安排　　D. 谈判议题

二、填空题

1. 商务谈判信息的搜集方法包括_____、_____和专题询问法。

2. 在商务谈判前需要搜集的对方信息主要包括对方的真实需求、经济实力和资信、

________、________、________和谈判期限。

3. 谈判者应具备的基本素质包括________、________和综合能力。

4. 按照人员的专业特长分工，谈判人员主要可以分为以下几种：首席代表、________、________、________、翻译人员和记录人员。

5. 商务谈判方案的内容主要包括谈判目标________、________以及谈判人员的职责与分工、谈判地点等。

三、论述题

美国有位谈判专家想在家中建个游泳池，建筑设计要求非常简单：长 30 英尺（1 英尺≈0.304 8 米），宽 15 英尺，有温水过滤设备，并且在 6 月 1 日前做好。谈判专家对游泳池的造价及建筑质量等方面是个外行，但这难不倒他。在极短的时间内，他不仅使自己从外行变成了内行，而且还找到了质量好、价钱便宜的建造者。

谈判专家先在报纸上登了个想要建造游泳池的广告，具体写明了建造要求，结果有 A、B、C 三位承包商来投标，他们都递交了承包的标单，里面有各分项工程所需的器材、费用及工程总费用。谈判专家仔细地看了这三张标单，发现所提供的温水设备、过滤网、抽水设备、设计和付钱条件都不一样，总费用也有差别。

接下来的事情是约这三位承包商来他家里商谈，第一个约定早上 9:00，第二约定 9:15，第三个则约在 9:30。第二天三位承包商如约而来，他们都没有得到主人的马上接见，只得坐在客厅里彼此交谈着等候。

10:00 时，主人出来请第一个承包商 A 先生进到书房去商谈。A 先生一进门就宣称他的游泳池一向是造得最好的，好游泳池的设计标准和建造要求他都符合，顺便还告诉主人 B 先生通常使用陈旧的过滤网，而 C 先生曾经丢下许多未完成的工程，并且他现在正处于破产的边缘。接着又换了 B 先生进行商谈，从他那里又了解到其他人所提供的水管都是塑胶管，他所提供的才是真正的铜管。C 先生告诉主人，其他人使用的过滤网都品质低劣，并且往往不能彻底做完，拿到钱之后就不管了，而他则绝对能做到保质保量。

谈判专家通过静静地倾听和旁敲侧击地提问，基本上弄清楚了游泳池的建筑设计要求及三位承包商的基本情况，发现 C 先生的价格最低，而 B 先生的建筑设计质量最好。最后他选中了 B 先生来建造游泳池，而只给 C 先生提供的价钱。经过一番讨价还价之后，谈判终于达成了一致。

思考：

1. 分析本次谈判中信息准备的特点。

2. 分析本次谈判中所运用的谈判策略的特点。

【谈判实训】

实训内容 12-1：拟定商务谈判方案。

实训目的：通过拟定商务谈判方案，增强对谈判准备工作的理解与掌握。

实训对象：全体上课学生。

实训步骤：

1. 组建谈判小组。

本着自由组合和教师分配相结合的原则，学生 4 ~ 5 人组成一个谈判小组，并结合每个人的性格、能力特点，谈判议题及情景自拟，根据选定的议题和情景进行分工，确定各自的职责。

2. 拟定商务谈判方案。

根据谈判议题制定一份科学合理的商务谈判方案，必须分工合作，查阅专业书籍，收集大量的资料，最终确定谈判目标体系、谈判议程、谈判内容、谈判策略和风险防范对策。

3. 学生分小组分享。

4. 教师点评。

项目十三 商务谈判开局

【知识结构图】

- 商务谈判开局
  - 商务谈判开局的目标和程序
    - 商务谈判开局的意义
    - 商务谈判开局的目标
    - 商务谈判开局的原则
    - 商务谈判开局的程序
  - 商务谈判开局的策略与技巧
    - 商务谈判开局的策略
    - 商务谈判开局的技巧

【知识目标】

1. 了解商务谈判开局的意义和目标。
2. 理解商务谈判开局的原则和程序。
3. 学习商务谈判开局的策略与技巧。
4. 掌握提升商务谈判能力的途径和方法。

【能力目标】

1. 培养学生良好的商务谈判能力。
2. 培养学生理解商务谈判开局阶段的基本程序和要点。

【素质目标】

1. 提高学生商务谈判中的文化修养和礼仪素质。
2. 养成商务谈判中良好的语言表达能力和行为规范。

【案例导入】

分橙子的故事

有两个人得到了一个橙子。为了公平起见，他们商议由一个人负责切橙子，而另一个人先选橙子，切橙子的人得到剩下的一半。结果，这两个人按照商定的办法各自取得了一半橙子。第一个人把半个橙子拿到家，把果肉吃掉，将剥下来的果皮扔进了垃圾桶。另一个人回到家把果肉挖掉，把橙子皮留下来磨碎泡茶喝。

虽然两人各自拿到了橙子的一半，看似很公平，但是这个橙子却有一半被浪费掉了。造成这种结果是因为他们在事先没有足够的沟通，"谈判"过程不充分，导致双方并不了解彼此的利益诉求，只是为了追求简单的公平而草率行动，双方各自的利益并未在谈判中达到最大化。设想一下，如果两人在分橙子前经过了充分的沟通，了解到一个人只对果肉感兴趣，而另一个人只对果皮感兴趣，那么他们最后得到的利益会是现在的一倍。

阅读上述案例后，思考以下问题：

1. 商务谈判的目的和作用是什么？
2. 商务谈判在开局阶段应该注重哪些方面？
3. 上述案例中，除了分果肉和果皮，还有哪些可能的结果？

任务一　商务谈判开局的目标和程序

一、商务谈判开局的意义

商务谈判是买卖双方为了促成商务贸易而进行的活动，是为了解决合作双方的分歧，取得各自经济利益的一种方法和手段。商务谈判是在商品经济条件下产生和发展起来的，它已经成为现代社会经济生活必不可少的商务内容。可以说，没有商务谈判，经济活动便无法进行，小到生活中的讨价还价，大到企业法人之间的合作、国家与国家之间的经济技术交流，都离不开商务谈判。

不同的谈判者参加谈判的目的不同，外交谈判涉及的是国家利益；政治谈判关心的是政党、团体的根本利益；军事谈判主要是关系敌对双方的安全利益。虽然这些谈判都不可避免地涉及经济利益，但是常常是围绕着某一种基本利益进行的，其重点不一定是经济利益。而商务谈判则十分明确，谈判者以获取经济利益为基本目的，在满足经济利益的前提下才涉及其他非经济利益。虽然，在商务谈判过程中，谈判者可以调动和运用各种因素，而各种非经济利益的因素，也会影响谈判的结果，但其最终目标仍是经济利益。在商务谈判中，人们通常以获取经济效益的好坏来评价一项商务谈判的成功与否。不讲求经济效益的商务谈判就失去了价值和意义。

商务谈判从双方第一次见面开始到最终签约，整个过程可分为 4 个阶段：开局阶段、报价阶段、磋商阶段和签约阶段。

商务谈判的开局是谈判双方最初接触的阶段，是谈判过程的开始。因此，开局的好坏影响整个谈判的过程，甚至对交易的成败都有重要的影响。我们常说："良好的开始是成功的一半！"开局开得好，常常能掌握谈判的主动权，从而使谈判朝着有利于本方利益的方向发展。

谈判开始时，双方都想摸清对方底牌，彼此处于观察、试探的阶段。优秀的谈判者可以在这一阶段，通过巧妙地沟通获得初步的信息和资料，如对方谈判人员的性格、风格、态度，对方人员对达成谈判的意愿、期望，对方谈判人员的配合程度等，通过对以上信息的打探和分析来确定正式磋商阶段最恰当的谈判方案和手段，使谈判的局势尽量按照自己设定的方向发展。

【案例 1】

谈判智慧

费尔南多在星期五傍晚抵达一座小镇。他没钱买饭吃，更住不起旅馆，只好到犹太教会找执事，请他介绍一个能在安息日提供食宿的家庭。执事打开记事簿，查了一下对他说："这个星期五，经过本镇的穷人特别多，每家都排了客人，唯有开金银珠宝店的西梅尔家例外。只是他一向不肯收留客人。"

"他会接纳我的。"费尔南多十分自信地说，于是他转身来到西梅尔家门前。等西梅尔一开门，费尔南多神秘兮兮地把他拉到一旁，从大衣口袋里取出一个砖头大小的沉甸甸的小包，小声问："砖头大小的黄金能卖多少钱呢？"珠宝店老板眼睛一亮，可是这时已经到了安息日，不能再谈生意了。但老板又舍不得让这送上门的大交易落入别人的手中，便连忙要留费尔南多到他家住宿，到明天日落后再谈。

于是，在整个安息日，费尔南多受到盛情的款待。到星期六夜晚，可以做生意时，西梅尔满面笑容地催促费尔南多把"货"拿出来看看。

"我哪有什么金子？"费尔南多故作惊讶地说，"我只不过想知道砖头大小的黄金值多少钱而已。"

二、商务谈判开局的目标

商务谈判开局的目标是一种与谈判的终极目标紧密相连而又相互区别的初级目标。

一般而言，商务谈判在开局阶段应达成以下目标：

（1）营造良好气氛，掌握谈判的主动权。

（2）通过初步的洽谈来进一步了解对方的信息和资料，并对谈判的开局策略进行修正。

（3）把握时机，结束谈判的开局阶段，顺利进入报价和磋商阶段。

在商务谈判的开局阶段，谈判者初次接触，彼此处于观察、试探、互摸底牌的阶段。此时双方说话都比较谨慎，不会急于抛出己方的观点和意见，而是通过一些无关紧要的话题来缓和气氛，建立初步的信任。因此，谈判双方人员在开局之初应做出共同的、积极的努力，创造出一种有利于谈判进展的建设性的谈判气氛；应以坦诚的态度心平气和地进行讨论，要从恰当的话题着手，切忌使用歧视性词语；要善于倾听对方的讲话，掌握对方的真正目的和意图，从而为己方调整谈判策略提供客观依据。

在谈判活动的客观实践中，谈判气氛的类型与特点多种多样，不同的谈判氛围适用于不同的谈判环境。谈判人员应根据实现谈判终极目标利益的需要，结合现实谈判环境针对性地设计谈判开局目标，积极营造有利于实现己方谈判利益的特定的谈判开局气氛，谋取谈判的主动权和控制权，从而引导整个谈判活动朝有利于己方目标和利益的方向发展，最终获得谈判的成功。

三、商务谈判开局的原则

商务谈判开局阶段，为了更好地实现开局目标，谈判双方应参照和遵守一些基本原则，这些原则能帮助彼此尽快建立互信，营造融洽氛围，避免在谈判伊始就陷入僵局。

1. 守时守信原则

大多数情况下，开局阶段是双方谈判人员第一次正式全体亮相的时候，争取良好的第一印象非常重要。因此，谈判双方首先要遵守时间，遵守约定。对于之前确定的谈判时间、谈判地点、谈判人员等不能轻易违背，更不能失约。如确实发生意外情况不能按时赴约进行谈判，要尽早通知对方，说明原因，诚挚道歉，并重新约定新的谈判时间。

2. 维护形象原则

谈判是一件非常严肃、正式的商务活动，良好的谈判形象有助于促进对方对谈判的重视，也有助于建立良好的谈判开局氛围。因此，谈判人员衣着要大方得体，尽量着正装出席谈判。交谈中表情自然友善，使用礼貌且正面的措辞，不要使用别人忌讳的语言和词汇。

【案例 2】

一次失败的谈判开局

李×是个刚刚毕业的大学生。他在一家公司从事市场销售工作。一天早上小李在楼下小吃店点了爱吃的大葱油饼。上班后，经理带着他与客户进行了一次谈判，让李×介绍市场开发情况。李×顿时滔滔不绝地介绍起来，他完全没注意到对面的客户皱着眉头，尽量离他远一些，因为他说话的口气让人闻着难受。谈判进行到一半客户就匆匆结束并告辞了。

思考：你是否认为商务谈判中保持干净整洁，口气清新是一件非常重要的事情？

3. 公平对等原则

在商务谈判中，谈判各方都是平等的，这是我们在商务谈判中应该格外重视的原则。一个商务谈判，谈判各方的规模、实力都不尽相同，但是谈判方的主体地位是平等的。从个人角度来说，谈判人员的地位、职务、年龄、性别有差别，但是每个人的人格都是平等的。同样，在两个公司谈判的时候，甲方占有优势而乙方处于劣势，但并不是说甲方就能盛气凌人、高高在上，而乙方也不应委曲求全、唯唯诺诺。谈判人员可以使用各种谈判策略和技巧，但都不得以贬低和侮辱对方为前提，否则只会适得其反。

四、商务谈判开局的程序

商务谈判总体上可分为准备、开局、磋商和签约 4 个阶段。开局阶段意味着准备工作的结束以及正式面对面谈判的开始，起到承上启下的作用。从工作任务上来说，应遵从以下程序。

1. 整理资料和信息

在谈判准备阶段，谈判人员往往会收集各种与谈判有关的情报与信息，包括谈判对手的资料、竞争者的资料、相关市场情报等。在开局阶段，要对这些资料进行整理和筛选，分析出哪些信息可以在开局阶段为我所用，并在开局初期通过观察、接触谈判对手的言行进一步修正和补充，以形成完整判断。

2. 营造融洽的谈判氛围

谈判人员应正装出席，在事先约定的时间和地点参加谈判。双方见面后，可以通过寒暄、握手、相互介绍、互赠名片等程序建立初步的认识和好感，尽量争取好的第一印象。双方落座后主谈人员不必着急进入正题，可以通过一些轻松、愉快的话题营造宽松、融洽的谈判氛围，如对方是远道而来，可以询问对方的吃住行等问题，如对方是第一次来己方城市，可以询问对方的印象、对本地风土人情的了解、是否需要帮助等。在此期间，主方人员还应做好相应服务工作，如准备茶水、发放己方宣传资料等。通过这些愉快的话题来消除第一次见面的紧张感和不适感。

3. 调整和确认谈判开局的策略

当感觉融洽的气氛已经形成后，应不失时机地进入正题，如提出己方对谈判的大致安排，或者询问对方谈判的计划等，通过这些交流，确认对方的谈判诚意、谈判期望和重视程度，从而进一步调整和明确己方事先制定的开局策略。总体而言，谈判双方在开局阶段不宜直接提出比较敏感或关键的话题，尽量避免一开始就陷入僵局。

4. 把握时机结束开局，进入磋商阶段

当谈判双方就谈判的目的、计划、时间进度、谈判人员等细节交换了意见，并充分掌握了彼此对谈判的态度和诚意，此时，意味着谈判开局阶段的任务已经顺利完成，应把握时机，果断结束开局，进入正式谈判磋商阶段。

任务二　商务谈判开局的策略与技巧

一、商务谈判开局的策略

商务谈判中，谈判者为了实现开局目标，营造良好的谈判氛围，往往会运用一些谈判开局策略。常见的开局策略包括一致式开局、保留式开局、慎重式开局、坦诚式开局、挑剔式开局和进攻式开局。

1. 一致式开局策略

一致式开局策略，又称协商式开局策略，是在谈判开始时以“协商”“肯定”“问询”的方式为主要谈判基调，尽快获得对方的好感和认同，双方在总体上形成对谈判保持“一致”的感觉，从而促使对手走入己方的既定安排，不断推动谈判向前发展，最终取得谈判的成功。

一致式开局策略的要点是通过“启发式提问”来巧妙引导对方同意己方的观点或安排，将答案设计成问题来询问对方。例如：“我们今天上午主要讨论产品的质量标准和验收标准，您同意这样的安排吗？”另外，在对方发言陈述意见后，适时地进行观点补充，使双方的意见自然统一。例如：“对！我完全赞同您的观点，回款周期必须控制在30天之内。”

一致式开局策略通常是在谈判双方过去没有太多商务往来，第一次面对面谈判的时候经常用到，双方都希望给对方留下良好的第一印象，为今后的进一步合作创造条件。因此，开局阶段总体气氛往往不错，双方都会表现出一定的积极性和对谈判的良好预期。这种情况下应该注重谈判礼仪方面的细节，如着装、接待、礼貌用语等。另外，要注意热情有度、不卑不亢，在赞成对方意见时要实事求是，不要刻意逢迎，否则往往会适得其反，让对方猜疑己方的真实用心。

【案例3】

韦普先生推销电

在电力还没有普及的时代，电作为一种商品是需要推销的。非德尔费电气公司的韦普先生去乡下推销用电。他看到一所富有而且整洁的农舍，便前去敲门。敲门声过后，门打开一条小缝，户主布拉德太太看见又是那个推销电的，二话没说，“砰”的一声就把门关上了。

韦普并不气馁，他想了想，决定改变策略。于是他改变了口气，温和地说：“布拉德太太，很对不起，打扰您了，我今天并非为电气公司的事而来，只是想向您买点鸡蛋。”

门开了一些，“您家的鸡长得真好，它们的羽毛多漂亮，是多明尼克种吧？”

门开得更大了。

老太太问：你怎么知道是多明尼克种的？

韦普：我家也养了一些鸡，可是像您养得这么好的鸡，我还没见过。而且我养的来亨鸡只会生白蛋。夫人，您知道吧，做蛋糕的时候，用黄褐色的蛋比白色的好，我太太今天要做蛋糕，所以就跑到您这里来了。

老太太一听这话，顿时高兴起来，由屋里跑到门廊来，韦普则利用这短暂的时间，环顾了一下屋里的环境，发现他们拥有整套的酪农设备，便接着说：“夫人，我敢打赌，你养鸡赚的钱一定比你先生养奶牛赚的钱多。”这句话说得老太太心花怒放。因为长期以来，她总想把自己的得意事告诉别人。于是她把韦普当作知己，带他参观鸡舍。参观时，韦普不时对所见之处发出由衷的赞美，他们还交流养鸡的知识和经验。就这样，他们变得很亲近，几乎无话不说。最后，老太太向韦普请教用电有什么好处，韦普向她实事求是地介绍了用电的优越性。

两星期后，韦普收到了老太太交来的用电申请书，后来，他源源不断地收到这个村子的用电订单。

分析：案例中，韦普先生巧妙运用了一致式开局策略，采用“问询”“肯定”“赞美”的语言迅速消除了客户的戒备心理，并拉近了彼此的关系，建立了初步友谊，最终成功获得了订单。

2. 保留式开局策略

保留式开局策略是指在谈判开局时，对谈判对手提出的关键性问题不做正面的、明确的答复，而是有所保留，说一半留一半，欲擒故纵，逐步摊牌，引导对手进入自己的节奏，进行更深入具体的谈判，从而实现谈判目标。

采用保留式开局策略要注意分寸，以诚信为本，不能违反商务谈判的道德原则，在谈判时可以有所保留，对己方告知的内容进行模糊处理和节奏控制，但这些信息都应该是真实的，不能捏造虚假信息欺骗对方，否则，一旦被对方识破，谈判就会面临非常难堪的局面，甚至会导致对方拂袖而去，谈判失败。

保留式开局策略适用于低调气氛，在己方占据谈判优势或掌握谈判主动权的时候，或者察觉到对方急于想取得谈判进展，这种情况下采用保留式开局，往往能取得较好的效果。

3. 慎重式开局策略

慎重式开局策略是指以严谨、凝重的语言进行陈述，表达出对谈判的高度重视和鲜明态度，目的在于使对方放弃某些不适当的意图，以达到谈判的目的。

慎重式开局策略适用于谈判双方过去有一定的商务合作，但对方的表现不太令人满意，为了表达己方的顾虑，在谈判刚开始时可以采取慎重、严谨的态度，以此引起对方的重视。交谈中可以委婉地对过往合作中对方的不当之处表示遗憾，并希望双方在当前的合作中能避免此类不愉快的事情再次发生。通过这样的暗示来迫使对方放弃不切实际的预期，降低谈判难度，为接下来商谈的顺利进行创造条件。此外，当己方对谈判对手的某些行动或情况存在疑惑，需要通过摸底来了解对方的真实意图时，也可采用慎重式开局策略。

慎重式开局要求己方要注意与对方保持一定距离，控制好谈判节奏，不急于拉近关系，可以多使用礼节性提问来考察对方的真实想法。另外要注意的是，态度严谨、慎重只是一种谈判技巧，并不等于在谈判中态度粗鲁、傲慢无礼。

【案例 4】

一次铁矿石谈判

国内某钢铁厂突然接到国外某大型铁矿石公司的通知，说愿意从下一年度开始降低铁矿石的销售价格，并将大幅提高供货量。面对天上突然掉下来的馅饼，钢铁厂领导并没有被喜悦冲昏头脑，考虑到对方曾有过多次擅自单方面提价和延期交货的不良记录，钢铁厂派出资深谈判专家与对方慎重接洽，保持适当距离，不急于推动谈判的进展，并从多方面去了解对方此次主动降价的真实原因。

通过谈判和其他渠道，钢铁厂了解到，某国即将大幅放开对华铁矿石的出口限额，同时，该铁矿石公司最大的竞争对手旗下一个建设 3 年的大型铁矿场已经竣工投产，来年将大量提供高品质铁矿石给中国钢铁企业。基于以上考虑，该铁矿石公司为了抵御竞争对手的进攻，主动采取降价和提高供货的手段来巩固现有的市场份额。

了解到上述信息后，钢铁厂不急不躁，“欲擒故纵”，一方面和对手不温不火地谈判，另一方面做出与其他供货商广泛接触的姿态，不断迫使对方小幅让步。最终的谈判结果是，铁矿石降价幅度达到最初报价的 1 倍，而供货量比原来提升了 10%，中方在本次谈判中取得圆满成功。

分析：案例中，钢铁厂在谈判初期采用了慎重式开局策略，与对手保持距离，慎重接洽，同时积极了解背后的真实原因，利用对手急于达成协议的心理，稳步推进，最终取得谈判胜利。

4. 坦诚式开局策略

坦诚式开局策略，就是在谈判之初以开诚布公的态度，开门见山地向对方陈述自己的观点和想法，以便尽快打开谈判局面的一种开局策略。

坦诚式开局策略适合于有长期业务合作关系的双方，关系较为融洽，对以往的合作比较满意，彼此又相熟，因此减少了开局之初双方互相了解、试探的环节，不用太多外交辞令，直入主题，直接坦率地提出己方的观点、要求，反而更能使对方对己方产生信任感，尽快把谈判推向正式磋商阶段。

采用这种开局策略时，要综合考虑多种因素，例如，己方主谈人员的身份、与对方主谈的关系密切程度、当时的谈判氛围等。坦诚式开局策略有时也可用于谈判实力较弱的一方。当本方的谈判实力明显不如对方，并为双方所共知时，坦率地表明自己一方的弱点，表明己方对谈判的真诚态度、信心和能力。这样反而能促使对方的关注点尽快落到谈判内容本身而不是去过分纠结对手的身份、实力等。

【案例 5】

新产品上市谈判开局

A 公司是国内一家知名的饮料厂，生产有多种品牌的饮料。B 公司是一家大型连锁超市，在国内有数百家超市。双方有多年的合作经历，A 公司大多数饮料产品都在 B 超市上柜销售，双方合作关系十分稳固。

A 公司最近又推出一款功能饮料，销售经理与 B 公司的业务主管洽谈上柜销售事宜。

A：孙总您好！很高兴我们又有合作的机会。

B：刘经理好！我们双方有着良好的合作关系，我非常期待贵公司能继续选择我们超市上柜销售新产品。

A：正如您所说，我们已经有 3 年的合作历史，我公司非常重视与贵方的合作友谊。为了节约时间，我们直入主题，我公司愿意与贵方就本次新产品签署专卖销售协议，如果达成协议，我公司将不再在其他商场销售本款产品。

B：非常感谢贵公司对我们的信任，我也很赞赏您的坦诚，既然如此，那我们就直接进入正题，开始讨论合作细节。

分析：本次谈判中 A 公司采用了坦诚式开局策略。由于双方合作关系良好，A 公司谈判人员直入主题，坦率提出己方的合作观点，B 公司也积极响应，双方快速进入谈判后续磋商阶段。

5. 挑剔式开局策略

挑剔式开局策略，是指在谈判开局时，抓住对方的某个错误或失礼之处严加指责，穷追猛打，使其自觉理亏，产生愧疚心理，打乱对手预先设计的谈判思路，控制谈判节奏，营造严肃紧张的谈判气氛，从而迫使对方在谈判中自乱阵脚、不断妥协让步，最终取得谈判胜利。

挑剔式开局一般适用于谈判中相对强势的一方，利用和放大对手的弱势心理，从而取得谈判的优势地位。但如果本身处于弱势则要谨慎采用，否则可能会适得其反，造成谈判终止甚至失败。

运用挑剔式开局策略时，寻找和抓住对方的错误一定要有理有据，让对手无话可说，这样才能起到相应的作用。切忌无中生有、胡搅蛮缠，这样只会导致策略运用的失败。

【案例6】

怎样运用挑剔式开局

巴西一家公司到美国去采购成套设备。

巴西谈判小组成员因为上街购物耽误了时间。当他们到达谈判地点时，比预定时间晚了45分钟。美方代表对此极为不满，花了很长时间来指责巴西代表不遵守时间，没有信用，如果总这样下去，以后很多工作很难合作，浪费时间就是浪费资源、浪费金钱。对此巴西代表感到理亏，只好不停地向美方代表道歉。

谈判开始以后，美方似乎还对巴西代表来迟一事耿耿于怀，一时间弄得巴西代表手足无措，说话处处被动。无心与美方代表讨价还价，对美方提出的许多要求也没有静下心来认真考虑，匆匆忙忙就签订了合同。等到合同签订以后，巴西代表平静下来，头脑不再发热时才发现自己吃了大亏，上了美方的当，但已经晚了。

分析：案例中美国谈判代表成功地使用挑剔式开局策略，抓住巴西谈判代表的错误穷追猛打，不给对方反应的机会，迫使巴西谈判代表自觉理亏，在来不及认真思考的情况下匆忙签下对美方有利的合同，谈判取得预期外的胜利。

6. 进攻式开局策略

进攻式开局策略，顾名思义，是指通过较为强硬、坚决的语言或行为来表达己方的谈判立场和态度，从而打破谈判不利于己方的现状，获得谈判对手的重视，并以此扩大心理优势，使谈判顺利进行下去的一种策略。

采用进攻式开局策略一定要慎重，如果在谈判开局阶段就摆明自己的立场和态度，刻意显示自己的实力，有可能会引起对方的警惕和反感，使谈判开局就处于紧张的气氛中，甚至可能会使谈判陷入僵局甚至导致谈判终止。所以在使用这种开局策略时，或者是己方处于较为明显的优势，对谈判能做到胸有成竹。或者发现谈判对手在刻意制造低调气氛，这种气氛对己方的讨价还价十分不利，如果不把这种气氛扭转过来，将损害己方的利益。

进攻式开局策略要运用得当，不能盲目“进攻”。要做到切中问题要害，“对事不对人”，不能把谈判发展成争吵，在维护己方尊严的同时也要充分考虑对方的感受。进攻式开局往往配合“红白脸”策略一起使用，即己方人员一个唱红脸，一个唱白脸，红脸进攻，白脸防守，在达到目的之后见好就收，及时回到正常的谈判气氛当中，使谈判顺利进行下去。

【案例 7】

一次进攻式谈判开局

日本一家著名的汽车公司在美国刚刚“登陆”时，急需找一家美国代理商来为其销售产品，以弥补他们不了解美国市场的缺陷。

当日本汽车公司准备与美国的一家公司就此问题进行谈判时，日本公司的谈判代表路上塞车迟到了。美国公司的代表抓住这件事紧紧不放，想要以此为手段获取更多的优惠条件。日本公司的代表发现无路可退，于是站起来说：“我们十分抱歉耽误了你的时间，但是这绝非我们的本意，我们对美国的交通状况了解不足，所以导致了这个不愉快的结果，我希望我们不要再为这个无所谓的问题耽误宝贵的时间了。如果因为这件事怀疑我们的合作诚意，那么，我们只好结束这次谈判。我认为，我们所提出的优惠代理条件是不会在美国找不到合作伙伴的。”日本代表的一席话说得美国代理商哑口无言，美国人也不想失去这次赚钱的机会，于是谈判便顺利进行下去。

分析：案例中，日本谈判代表在发现己方处于不利的开局状态后，果断采取了进攻式的开局策略，阻止了美方谋求营造低调气氛的企图，使谈判回到正常的状态之中。

二、商务谈判开局的技巧

商务谈判开局技巧的运用，直接关系到开局策略是否能成功实施，开局目标是否能顺利实现。开局技巧没有固定的模式，要根据谈判的实际情况灵活运用。一般而言，开局技巧体现在积极营造开局气氛、充分谋求开局主动、灵活运用开局策略等方面。

（一）谈判双方之间的关系

谈判之前，首先要明确谈判双方目前处于一个什么样的合作关系，这是决定在谈判开局中确定什么策略，运用什么技巧，达到什么目标等方面的前提条件。

谈判双方的关系具体可分为以下 4 种情况。

1. 双方过去没有业务往来，属于首次接触

这种情况，首要的是加强双方的了解，消除陌生感，建立初步的友谊。在开局阶段应遵守商务谈判的礼仪礼节，营造友好、真诚的谈判气氛。因为是首次接触，第一印象非常重要，在谈判人员的选择上，要精选最合适的人员，尽量展示公司的实力和对谈判的诚意。在谈判接触中，态度要亲切周到、不卑不亢，语言要礼貌友好、有理有据。

2. 双方过往合作关系良好

这种关系是所有谈判中气氛最轻松，谈判最容易获得成功的一种情况。谈判双方的气氛应该以热烈、亲密、愉快为主基调。由于以前有过良好的合作基础，因此开局可以略过前期多余的介绍和铺垫，以真诚的态度和语气直接进入主题。

3. 双方过往合作关系一般

因为有过合作，所以双方彼此有一个基本的了解，开局时仍要以营造友好、愉快的氛围为目标。可适当回顾以前的合作经历，并表露真诚合作的意愿，以及对未来合作前景的期望。总体上来说，就是在现有关系的基础上进一步加深了解，建立融洽关系，为后续谈判创造良好条件。

4. 双方过往合作关系不佳

谈判开局的整体气氛应该以低调、严肃为主。谈判中要格外注重礼仪规范，在真诚中表现出一丝凝重。语言交谈中可对过往的合作进行适当评价或解释，在表示遗憾的同时也要适度表达出对修复双方关系的意愿以及对未来合作的期待。开局交谈中不要过分指责对方，避免谈判气氛陷入低调、冷场，使谈判一开始就陷入僵局。

（二）营造有利开局的气氛

商务谈判中，开局是双方开始接触会谈的阶段，谈判双方对谈判的控制和把握处于最弱的状态，因此营造有利的谈判气氛是取得谈判主动权，推动谈判朝着有利于己方发展的重要步骤。

1. 开局气氛的类型

开局气氛一般有 3 种类型，分别是低调气氛、自然气氛、高调气氛。

低调气氛是指谈判的整体气氛相对严肃、冷淡，一方或双方有意保持距离，不急于拉近关系，有时候甚至会存在一定对立和紧张的情绪。低调气氛一般适用于双方之前有过不愉快的合作经历，或者一方在谈判中采取挑剔式开局策略或进攻式开局策略时也经常会营造低调气氛。低调气氛并不意味着谈判的失败，而是为了配合开局策略、实现开局目标而刻意营造的一种氛围，当目的达到之后，谈判者随时会结束低调气氛转而营造另外的谈判气氛。

自然气氛是指谈判的气氛友好、自然、平淡，双方保持适当距离，既不亲近也不疏远。自然气氛往往常见于谈判双方第一次接触，对谈判对手的情况不甚了解，或者对方的谈判态度不甚明朗，需要通过一定的交流来增进双方的了解，明确双方的合作意愿和期望。一般情况下，大多数谈判都是在自然气氛中开展的。自然气氛中传达的信息往往比低调气氛和高调气氛中传达的信息更准确、更真实。

高调气氛是指谈判气氛比较热烈、愉快，谈判双方态度积极主动，分歧小，达成合作的意愿比较强烈。高调气氛常见于谈判双方有过多次愉快合作经历，彼此都比较了解、已经建立了较好的信任关系的前提下的开局阶段，或者是己方在谈判中占有较大优势，希望乘胜追击，尽早与对方达成协议的时候采用。

2. 如何营造有利的开局气氛

影响谈判气氛的因素各种各样，而且随着谈判形势的变化，这些因素也会发生变化，因此气氛的营造不能一成不变，而是要根据实际情况灵活运用。

（1）善于把握谈判气氛形成的关键时机。

所谓关键时机，就是能够决定或改变谈判气氛的某些时间节点，如开场白、转折、破局、结束等时机。谈判者要善于利用这些时点，及时把握谈判各方的心理状态、思维方式，主动营造一种有利于己方的谈判气氛。例如，在开场白期间，应该努力营造轻松、融洽的气氛，这时不宜过早进入正题，而是可以通过制造一些非正式的话题，如天气、娱乐、体育、艺术等，来缓和气氛、放松心情，消除初次见面的陌生感，为接下来的正式洽谈做铺垫。这里要注意的是，闲聊的话题最好不要涉及敏感话题，特别是涉外谈判中，应尽量避免时政、民族、宗教等方面的话题，以免适得其反。

（2）善于利用正式谈判前的非正式接触。

在正式谈判前，双方可能有一些场外的非正式接触机会，如机场接机、安排入住、门前迎接、引导参观、欢迎宴会等。要善于利用这些机会，一方面给对方留下良好的第一印象，另一方面也能迅速收集对手的各种信息情报、了解对方的真实意图，从而确认或修正己方的开局目标和开局策略，营造有利于己方的开局气氛。例如，可以安排经验丰富的人员前往接机，在接待和陪同的过程中，通过非正式的交谈与对方谈判人员建立初步的信任，并掌握必要的信息来帮助己方确定谈判策略，同时也可以巧妙地把己方的目标、意图、安排等信息传达给对方，为后期的谈判创造有利条件。

（3）恰当运用非语言沟通。

在开局沟通中，谈判者要恰当运用非语言沟通。非语言沟通的内容非常丰富，包括着装、礼仪规范、面部表情、态度、手势、语音语调等各个方面。在语言表达的同时，通过非语言元素来强化己方的观点。例如，可以通过着装是否严谨、接待是否周到来表达己方或观察对方对本次谈判的重视程度；可以通过谈判中对方的态度、面部表情来确定谈判内容的可信程度；交谈时可以通过富有感染力的语音语调、坚定的手势来强化己方的态度和信心等。

（4）避免过早陷入谈判僵局。

谈判之前，双方无论是否有好的谈判基础，既然要谈判，就意味着双方共同选择了磋商与合作的方式解决问题。切勿在谈判之初就怀着对抗的心理，不能表现出傲慢自大、目中无人的态度，这样很容易引起对方的反感、警觉，使谈判开局之初就过早陷入僵局，从而影响谈判的顺利进行。另外，谈判开局阶段，良好的氛围尚未形成，最好先谈一些友好的或中性的话题。如：来访者旅途的经历、本地的风土人情、旅游景点、体育娱乐新闻等，寻找共同爱好的话题来营造友好气氛。如果谈判人员相熟，还可以回顾以往愉快的合作经历，等等。切忌一开始就盲目切入正题，尤其是一开始要尽量避免讨论双方有分歧的议题或者比较重大的事项（如价格、金额等）。

【案例 8】

您在哪儿学会开飞机的？

被美国人称为“销售权威”的霍伊拉先生是个谈判高手。一次他要去梅依百货公司拉广告，他事先了解到这家公司的总经理会驾驶飞机。于是，他在和这位总经理见面互做介绍后，便随意说了一句：“您在哪儿学会开飞机的？”一句话触发了总经理的谈兴，总经理便滔滔不绝地讲了起来，谈判气氛轻松愉快，结果不但广告有了着落，霍伊拉还被邀请去乘坐了总经理的自用飞机，和他交上了朋友。

分析：案例中，霍伊拉先生通过“投其所好”的方式，引导对方谈论感兴趣的话题，从而拉近了彼此的关系，消除了隔阂，不但获得了订单，双方还成为朋友，可谓皆大欢喜。

【项目小结】

本项目着重阐述了商务谈判开局的意义、目标、原则和程序等知识，商务谈判开局的策略和应用技巧等知识。通过本项目的学习，学生应全面了解商务谈判开局在整个谈判中的地位、作用以及如何正确利用开局阶段来促进谈判的顺利进行；学习商务谈判开局的策略与技巧，提升自身在商务谈判中的文化修养和礼仪素质，培养良好的商务谈判能力。

【课后练习】

一、选择题

1. 商务谈判开局应遵循的原则有（　　）。

A. 入乡随俗原则　　B. 因人而异原则

C. 公平对等原则　　D. 男女有别原则

2. 商务谈判开局策略包括（　　）。

A. 一致式开局策略　　B. 进攻式开局策略

C. 保留式开局策略　　D. 挑剔式开局策略

E. 坦诚式开局策略　　F. 慎重式开局策略

3. 以严谨、凝重的语言进行陈述，表达出对谈判的高度重视和鲜明态度，目的在于使对方放弃某些不适当的意图，以达到谈判的目的。这种开局策略是（　　）。

A. 一致式开局策略　　B. 进攻式开局策略

C. 保留式开局策略　　D. 挑剔式开局策略

E. 坦诚式开局策略　　F. 慎重式开局策略

4. 在谈判开始时以“协商”“肯定”“问询”的方式为主要谈判基调，尽快获得对方的好感和认同，双方在总体上形成对谈判保持“一致”。这种开局策略是（　　）。

A. 一致式开局策略　　B. 进攻式开局策略

C. 保留式开局策略　　D. 挑剔式开局策略

E. 坦诚式开局策略　　F. 慎重式开局策略

5. 在谈判开局时，对谈判对手提出的关键性问题不做正面的、明确的答复，而是有所保留，说一半留一半，欲擒故纵，逐步摊牌，引导对手进入自己的节奏，进行更深入具体的谈判，从而实现谈判目标。这种开局策略是（　　）。

A. 一致式开局策略　　B. 进攻式开局策略

C. 保留式开局策略　　D. 挑剔式开局策略

E. 坦诚式开局策略　　F. 慎重式开局策略

6. 在谈判之初以开诚布公的态度，开门见山地向对方陈述自己的观点和想法，以便尽快打开谈判局面。这种开局策略是（　　）。

A. 一致式开局策略　　B. 进攻式开局策略

C. 保留式开局策略　　D. 挑剔式开局策略

E. 坦诚式开局策略　　F. 慎重式开局策略

7. 在谈判开局时，抓住对方的某个错误或失礼之处严加指责，打乱对手预先设计的谈判思路，从而迫使对方在谈判中自乱阵脚、不断妥协让步，最终取得谈判胜利。这种开局策略是（　　）。

A. 一致式开局策略　　B. 进攻式开局策略
C. 保留式开局策略　　D. 挑剔式开局策略
E. 坦诚式开局策略　　F. 慎重式开局策略

8. 通过较为强硬、坚决的语言或行为来表达己方的谈判立场和态度，从而打破谈判不利于己方的现状，获得谈判对手的重视，并以此扩大心理优势，使得谈判顺利地进行下去。这种开局策略是（　　）。

A. 一致式开局策略　　B. 进攻式开局策略
C. 保留式开局策略　　D. 挑剔式开局策略
E. 坦诚式开局策略　　F. 慎重式开局策略

二、填空题

1. 商务谈判从双方第一次见面开始到最终签约，整个过程可分为 4 个阶段：________、________、________和________。

2. 开局气氛一般有 3 种类型，分别是________、________、________。

三、论述题

1. 简述商务谈判的开局原则。

2. 论述商务谈判开局中应如何营造最适宜的谈判气氛。

【谈判实训】

实训内容 13-1：准备一个案例来说明商务谈判开局的基本目标、开局策略以及技巧的应用。

实训目的：通过制作相关案例 PPT 并演讲，增强对商务谈判开局策略的认识。

实训对象：全体上课学生。

实训步骤：

1. 准备一个案例来说明商务谈判开局策略的应用，6 种策略任选 1 种。
2. 设计时间为 5 分钟左右的 PPT。
3. 上台演讲自己的 PPT。
4. 集体讨论。
5. 教师点评。

项目十四 商务谈判磋商

【知识结构图】

- 商务谈判磋商
  - 商务谈判磋商的规律
    - 商务谈判磋商阶段的含义
    - 商务谈判磋商的准则
    - 商务谈判磋商的规律
    - 商务谈判磋商的注意事项
  - 有效议价的技巧
    - 报价
    - 讨价
    - 还价
  - 让步策略的实施
    - 让步的技巧
    - 迫使对方让步的策略
    - 阻止对方进攻的策略
  - 谈判僵局的处理
    - 产生谈判僵局的原因
    - 谈判僵局的处理原则
    - 打破谈判僵局的策略
  - 其他磋商策略的选择
    - 磋商阶段不同地位的应对策略
    - 不同谈判风格对手的对应策略

【知识目标】

1. 了解商务谈判磋商阶段的含义。
2. 理解商务谈判磋商的准则和规律。
3. 掌握有效的议价技巧。
4. 掌握谈判磋商中的让步策略。
5. 掌握谈判僵局的处理策略。
6. 掌握其他常见的磋商策略。

【能力目标】

1. 培养学生讨价还价的能力。
2. 培养学生做出让步和处理谈判僵局的能力。

【素质目标】

1. 提高学生掌控全局的思维方式。
2. 培养学生的情绪控制能力。

【案例导入】

谈判策略的运用

某年7月下旬，重庆A房地产开发有限公司总经理张先生，获悉澳大利亚著名建筑设计师尼克·博榭先生将在上海做短暂的停留。张总认为，澳大利亚的建筑汇聚了世界建筑的经典，何况尼克·博榭是当代著名的有许多杰作的建筑设计师！为了把正在建设中的金盾大厦建设成豪华、气派，既方便商务办公，又适于家居生活的现代化综合商住楼，必须使之设计科学、合理，不落后于时代新潮。张总委派副总经理丁×作为全权代表飞赴上海，与尼克·博榭先生洽谈。既向这位澳大利亚著名设计师咨询，又请他帮助公司为金盾大厦设计一套最新方案。

丁女士一行肩负重担，风尘仆仆地赶到上海。一下飞机，便马上与尼克·博榭先生的秘书联系，确定当天晚上在一家名为银星假日饭店的会议室见面会谈。下午5点，双方代表准时赴约，并在宾馆门口巧遇。双方互致问候，彬彬有礼地进入21楼的会议室。

丁女士一行介绍了金盾大厦的现状，她说："金盾大厦建设方案是在七八年前设计的，其外形、外观、立面等方面有些不合时宜，与跨世纪建筑的设计要求存在很大差距。我们慕名远道而来，恳请贵公司的合作与支持。"丁女士一边介绍，一边将事先准备好的有关资料，如施工现场的照片、图纸，国内有关单位的原设计方案、修正资料等，提供给尼克·博榭一行。

尼克·博榭在我国注册了"博榭联合建筑设计有限公司"。该公司是多次获得大奖的国际甲级建筑设计公司，声名显赫。在上海注册后，尼克·博榭很快赢得了上海建筑设计市场。但是，该公司在中国市场还没有完全深入进来，希望早日在西部内地的建筑设计市场上占有一席之地。由于有这样一个良好的机会，所以尼克·博榭一行对该公司的这一项目很感兴趣，他们同意接受委托，设计金盾大厦8楼以上的方案。可以说，双方都愿意合作。然而，根据重庆A公司的委托要求，博榭联合建筑设计有限公司报价40万元人民币。这一报价令人难以接受。博榭公司的理由是：本公司是一家讲求质量、注重信誉、在世界上有名气的公司，报价稍高是理所当然的。据重庆方面的谈判代表了解，博榭联合建筑设计有限公司在上海的设计价格为每平方米6.5美元。若按此价格计算，重庆金盾大厦25 000平方米的设计费应为16.26万美元，根据当天的外汇牌价，折合人民币为136.95万元。的确，40万元人民币的报价算是优惠的了！

“40万元人民币，是充分考虑了当地情况，按每平方米设计人民币16元计算的。”尼克·博榭说道。但是，考虑到公司的利益，丁女士还价：“20万元。”对方感到吃惊。顺势，丁女士解释道：“在来上海之前，总经理授权我们15万左右的签约权限。我们出价20万元，已经超出了我们的权力范围，就这我们还得请示重庆的总经理。”双方僵持不下，谈判暂时结束。

第二天晚上，即7月26日晚上7点，双方又重新坐到谈判桌前，探讨对建筑方案的设想、构思，接着又谈到价格。这次博榭联合建筑设计有限公司主动降价，由40万元降为35万元，并一再声称：“这是最优惠的价了。”重庆方面的代表坚持说：“太高了，我们无法接受！经过请示，公司同意支付20万元，不能再高了！请贵公司再考虑考虑。”对方谈判代表嘀咕了几句，说：“介于你们的实际情况和贵公司的条件，我们再降5万元，30万元好了。低于这个价格，我们就不搞了。”重庆方面的代表分析，对方舍不得丢掉这次与本公司的合作机会，对方有可能还会降价，重庆方面仍然坚持出价20万元。过了一会儿，博榭公司的代表收拾笔记本等用具，根本不说话，准备退场。眼看谈判陷入僵局。

这时，重庆A公司的蒋工程师急忙说：“请贵公司的联络人张小姐与我公司总经理通话，待我公司总经理决定并给我们指示后再谈，贵公司看这样好不好？”由于这一提议，紧张的气氛才缓和下来。

7月27日，张小姐等人打了很多次电话，与重庆A公司张总联系。在此之前，丁女士已与张总通话，向张总详细汇报了谈判的情况及对谈判的分析和看法。张总要求丁女士一行：“不卑不亢！心理平衡！”所以当张小姐与张总通话时，张总做出了预期的回应。

在双方报价与还价的基础上，二一添作五。重庆A公司出价25万元。博榭公司基本同意，但提出10月10日才能交图纸，比原计划延期两周左右。经过协商，当天晚上双方草签了协议。7月28日，签订正式协议。

（资料来源：龚荒. 商务谈判与沟通：理论、技巧、案例[M]. 人民邮电出版社，2018年）

阅读上述案例后，思考以下问题：

1. 在谈判过程中，双方主要运用了哪些谈判策略？你觉得还有哪些谈判策略可以运用？

2. 在谈判过程中，谈判代表会受到哪些限制？如何理解谈判中“有限的权力才是真正的权力”？

任务一　商务谈判磋商的规律

一、商务谈判磋商阶段的含义

商务谈判磋商阶段又称“讨价还价阶段”，是指在报价阶段结束之后，谈判双方就实质性的事项进行协商，争取自身利益最大化的过程。磋商阶段在谈判的各个阶段中是最紧张、最困难、最耗时的阶段，也是直接影响谈判结果的最重要阶段。在商务谈判磋商阶段，谈判双方均需要投入大量的时间和精力，同时灵活运用谈判的技巧、方法及手段，争取最有利于己方的谈判结果。

二、商务谈判磋商的准则

1. 次序逻辑准则

次序逻辑准则是指在确定谈判磋商的议题时，按谈判内容的客观次序逻辑来确定谈判的先后次序和谈判进展的层次。在商务谈判磋商阶段，谈判双方都面临着许多需要磋商的议题，如果事先不分清先后次序，不确定磋商的进展层次，谈判过程中大家想起什么就谈论什么，会使谈判磋商毫无头绪，且容易造成混乱，降低谈判磋商的效率。

因此，为保证谈判的效率和效果，谈判双方需要通过磋商确定几个重要的谈判议题，然后按照其内在逻辑关系排列先后次序并逐题磋商。再确定次序逻辑时，既可以先磋商对后续议题有决定性影响的关键议题，此议题达成共识后再讨论后续其他议题，也可以先磋商双方容易达成共识的议题，将耗时较大、困难较多、问题比较复杂或双方认知差距较大的议题放到后面。

2. 掌握节奏准则

磋商阶段的谈判节奏不可过于急促，需要双方稳步进行。因为磋商阶段是解决双方分歧的关键阶段。在此阶段，谈判双方需要对各自的主观点进行充分论证，许多双方认知存在较大分歧的地方需要经过多次交流和磋商，且某些关键议题仅通过一轮谈判不一定能达成共识，这就需要双方反复多次的谈判才能解决。

一般来说，双方刚开始磋商的时候节奏应相对慢一些，因为双方都需要时间和耐心去倾听和了解对方的观点，这样才能分析研究双方存在的分歧并思考解决分歧的途径。由于关键性的议题往往都涉及双方根本利益，若是在谈判磋商时双方都不肯轻易让步、坚持己见，则有可能使谈判磋商陷入进退两难的僵局，所以商务谈判磋商阶段一般耗时、耗力。这就需要谈判者在这样一个耗费心力的阶段善于掌握节奏、稳扎稳打、戒骄戒躁、步步为营，要善于抓住有利时机加快谈判节奏、消除分歧，逐步达成一致意见。

3. 把握气氛准则

进入磋商阶段之后，谈判双方除了要针对对方的报价讨价还价，还要就主要的条件进行磋商。在这一过程中，双方难免会出现质疑与解释、提问与解答、指责与反驳、请求与拒绝、进攻与防守等情况，甚至可能发生激烈的争辩或冷场。这就要求在商务谈判磋商阶段双方全程都要把握好谈判的气氛，尽可能营造友好、合作的氛围。严肃冷峻的面部表情，生硬激烈的预期，很容易使双方谈判磋商的气氛变得紧张对立，从而让对方怀疑开局阶段展现出的友好态度是装出来的，容易使双方产生不信任感。所以，不论磋商阶段是否矛盾尖锐、争论激烈，谈判磋商的双方仍然要维护已经营造出来的友好、合作氛围。只有在这种良好的气氛中，谈判磋商才能顺利进行。

4. 沟通说服准则

商务谈判磋商阶段，谈判双方很容易为了己方的利益而产生分歧，甚至发生激烈的冲突，如果处理不好，则容易使谈判陷入僵局，无法继续进行下去。维护己方利益固然重要，但简单粗暴的反驳或者争辩并不能有效地解决分歧，要想谈判磋商能够顺利进行下去，谈判双方都要保持冷静，通过平和的方式将己方的观点和原因阐述给对方，试着通过有效的沟通去说服对方认可己方的观点及建议。

三、商务谈判磋商的规律

一般情况下，双方进行谈判磋商时会事先预测对方可能做出的选择，并根据对方的选择定出自己的对策及备选方案，以期能够让谈判磋商朝着己方有利的趋势发展。常见的主要有以下两种情况：

（一）对方的行为与预计相符

如果对方的行为与己方之前的预计相符，一般情况下己方都会选择按照既定的方案和策略进行谈判。

一般情况下，除非改变策略后的结果对己方非常有利，否则谈判的双方都不会选择轻易改变己方的谈判策略。在确保对方不会改变对策，尤其是对谈判磋商及后续各项事宜不会造成不利影响的情况下，己方在谈判磋商中即使稍稍拖延一点时间也无所谓。

当然，如果在谈判磋商过程中，对方的行为与己方预计相符，己方已决定保持原定方案时，应把己方的意向明确表述或暗示给对方，让对方清楚如果对方不保持原定方案的话，己方将会采取更强硬的措施。

（二）对方的行为与预计不符

现实中商务谈判磋商很难有一蹴而就的情况，在进行谈判磋商时，对方的行为往往与己方事先的预计不符，这就很容易使己方原先的策略及备选方案失去意义从而导致己方在谈判中出现慌乱不知所措的情况。一般情况下，有以下两种情况：

1. 对方让步比预期快，并且幅度大

在谈判磋商时，有时候会发现对方让步比己方预计更快，这对己方来说是一个很好的信号，谈判者遇到此种情况不要喜形于色，需要继续保持冷静的态度，在原有计划的基础上，尝试着让对方做出更多的让步，从而为己方争取到更多的利益。

2. 对方让步比预期慢且小

在谈判磋商时，若是遇到对方的行为与己方预计大相径庭，如对方在谈判中步步紧逼，让步比预期慢，且让步幅度较小，这时候需要判定对方此种行为的真实目的。此种情况的一种可能是对方现在的表现仅仅是虚张声势，己方原先预计和判断是正确的，这就需要谈判者付出更多的耐心，坚持己方原有的诉求，虽然耗时会比预期更多，但最终仍然能够实现己方的谈判目的。另一种情况则是己方事先预计对方关于让步的判断是错误的，对方的让步无法达到己方的预期，这就需要谈判者运用谈判磋商的技巧尝试说服对方做出更多的让步。若确实互不相让甚至有可能陷入谈判僵局，则可以采取休会策略，让双方先冷静下来，给双方一个缓冲的时机，同时也可以利用这个时间让谈判小组成员之间进行沟通、调整策略与方案。

四、商务谈判磋商的注意事项

谈判是人与人之间进行的交流与磋商。要想谈判顺利并取得成功，谈判人员在谈判磋商中需要充分调动和激励对方与己方合作的态度和行为，同时也不能忽略对方的需要，在让对方清楚知道己方要求的同时注意发现和满足对方的合理需求。

（一）让对方了解己方的要求

进行商务谈判磋商的主要目的就是要满足己方的要求，为己方争取更多的利益。因此在谈判磋商时，首要任务就是让对方了解和明白己方的要求。经验丰富的谈判人员，并不急于在谈判刚开始就立刻进入达成协议的具体内容的谈判，而是在创造良好的谈判氛围之后，让对方在徐徐渐进的谈判节奏下，清晰地了解己方的要求，这样做才可能获得较为理想的谈判磋商效果。

（二）发现并满足对方的需求

正是因为谈判磋商的主要目的是满足己方要求，因此进行谈判磋商的前提是双方都向对方要求得到某些利益，若己方要求的利益无法得到满足，一般也会对另一方的要求视而不见，也就不存在讨价还价这样的磋商了。只有存在尚未满足的需求，双方才会进行进一步的谈判磋商。因此，要善于发现对方的需求并满足其合理需求才能解决问题，才能让谈判磋商顺利进行下去。但是要真正清楚地了解谈判对方的真正要求是什么却并不是件容易的事，谈判人员应采用各种技巧或方法去发现对方的需求。一般情况下，主要有以下几种途径去发现对方的需求：

1. 通过向对方提问了解需求

在商务谈判磋商中，需要抓住适当的时机向对方提问。这就需要在谈判前先想好具体提什么问题、如何表述问题。在做好充分准备的情况下，在谈判磋商中应掌握时机，让对方在表态之前，让所有参与谈判的人都有机会提出想问的问题。例如，贵方的具体要求有哪些？贵方希望通过本次谈判获得什么结果？诸如此类直截了当的试探，不仅能了解对方的真实需求，还能通过对方的回答搜集其他与谈判磋商相关的信息。在对方回答己方提问后，谈判人员需要认真分析对方的诉求，若对方的需求是合理的，则己方可给予其满意的答复，若对方的需求不合理，则己方谈判人员应采用合适的办法，进行解释或反驳并尝试说服对方。

2. 通过聆听对方的表述了解需求

良好的沟通离不开有效的聆听，在谈判磋商时，谈判人员应认真聆听对方所说的每一句话，同时认真思考和分析，这样才能发现对方的真实需求。谈判过程中，双方之间的谈话并不一定就是其语言直接表达出的意思，很可能有多层含义。通过认真聆听对方的每一项陈述，己方可以得到更多的信息，从而发现对方要表达的意见；也可以根据对方的表述推断对方的实际需求。这样才能有针对性地解决问题，满足对方的需求。

3. 通过观察对方的行为了解需求

语言分为有声和无声两种，通常情况下对方的肢体语言比口头表述的语言更能代表对方的真实想法。例如，虽然对方在谈判中语气强硬，但却不时地用手去摸头发或者有别的小动作，这样的肢体语言表现出谈判者或许也存在不安，想借此稳定自己的情绪，以使自己能继续谈下去。在谈判磋商的过程中，认真观察对方的行为举止是非常重要的，但也需要分清楚对方所展现出的肢体语言是有意识的还是无意识的。因此，在谈判中，谈判人员要不断地观察对手的行为举止，结合其语言的表述去发现其真实的想法及需求。经验丰富的谈判人员不会让对方的各种行为逃过自己的眼睛，这样才能了解对方真实需求，找到解决的对策。

（三）充分调动对方合作的积极性

在谈判磋商过程中往往容易忽略或忘了磋商的本意是双方达成一致，在谈判中常常由于谈判人员的好胜心或者认为只有压倒对方才是获得谈判的胜利，导致在谈判中咄咄逼人、寸步不让，甚至对谈判对手横加指责，极大地打击对方合作的积极性，甚至引起对方的反感和厌恶，使谈判磋商陷入僵局，无法进行下去。因此，谈判人员在谈判磋商中应清醒地认识到自己是在和对方寻求合作，不能强迫对方同意己方的观点，而是需要调动对方在行为与态度上的协助与支持。

任务二　有效议价的技巧

议价即根据对方的报价进行讨价还价。在进行商务谈判磋商时，议价是其中的一个重要环节。在谈判磋商中，若双方对价格不能达成一致意见，很可能导致谈判无法进行下去，甚至合作取消。有效的议价技巧既可以为己方争取更多的利益，又可以让谈判磋商能够顺利进行下去。若想提高议价成功的概率，首先得了解并熟悉常见的报价策略。

一、报　价

谈判开局阶段结束后，进入实质性谈判阶段的前期即是报价阶段。报价阶段是指谈判磋商的双方经过互探对方“底牌”，在明确交易的具体内容、确定谈判议题后，向对方提出己方的交易条件，阐述己方的立场及需求的阶段。

商务谈判中的报价并不是仅仅指报出己方的价格条款，而是指报出整个交易的各项条件，又称发盘。报价是谈判过程中的核心部分，因为报价策略的应用在很大程度上决定了此次合作的达成。此外，若合作已经达成，则在很大程度上决定了双方是盈利还是亏损，又或者哪一方获利更多。为此，商务谈判人员掌握报价策略是最基本的要求。

（一）报价的形式

1. 书面形式报价

书面形式报价是指谈判一方事先提供较详尽的文字材料、数据和图表等，将本企业愿意承担的义务及期望获得的权利，以书面形式向对方提出，使对方有充裕的时间针对其报价做好准备，从而加速谈判进程。

书面形式的标价要求语言简洁明确，如“每公吨（1 公吨 = 1 吨）800 元人民币，付款后 7 个工作日内发货，买家自行承担运费与保险费”，这样的书面形式报价精准明确，可作为报价方承担责任的法律依据，但也容易限制报价方在谈判后期做出调整或让步。另外需要注意的是，文字形式的报价缺少口头表达的“热情”，尤其是涉及对外谈判磋商时，将一种文字翻译成另外一种文字很容易导致一些细节翻译不准确。

一般情况下，实力强大的谈判者选择书面报价对己方是有利的；当谈判双方实力相当时，也可选择书面形式报价；但如果己方实力较弱，则不宜采用书面形式报价。

2. 口头形式报价

口头形式报价具有较大的灵活性，谈判者可以根据谈判的进程，在磋商过程中调整自己的报价策略，这种先磋商后承担义务的报价方式没有义务约束感，使谈判磋商氛围较为轻松。但常常会有一些如统计数字、计划图表等复杂情况，难以用口头报价表达清楚，这就需要结合书面形式的报价来完成谈判磋商。需要注意的是，口头形式的报价同样受法律的约束，只是举证较为麻烦，因此在谈判磋商过程中，报价方不能因为是口头报价就随意变更己方的报价条件，若对方有充足的证据则易使己方陷入被动。

（二）报价策略

报价是指报出价格及其他交易条件，报价标志着价格谈判磋商的正式开始。报价时不能随意提出交易条件，而应该根据影响报价的各种因素、价格谈判的合理范围等，合理地提出己方的报价。报价的一般原则是通过分析与权衡，力求找出己方可能获得的利益与报价被对方接受的概率之间的最佳结合点。这就要求谈判者要熟练掌握报价的技巧与策略。常见的报价策略主要如下：

1. 高开低出策略

日常生活中，人们常常提到的“漫天要价，落地还价”就是高开低出策略的应用，简单来说就是作为卖方报价要“开最高的价”，而作为买方报价则要“出最低的价”。商务谈判磋商中，这种高开低出的报价起点策略，因为足以震惊对方，容易打乱对方原有的谈判计划与策略，从而为己方争取到更大的利益空间。谈判双方在报价阶段提出各自的利益要求时，一般都会含有虚报的部分，这是商务谈判中常见的报价策略。从心理学的角度讲，谈判者大多会有一种要求得到比他们预期得到的还要多的心理倾向，若一开始报价较低没有让步空间，则很容易让对方觉得己方寸步不让，没有合作的诚意。

当然，价格谈判中这种高开低出策略的运用，必须基于合理的报价条件范围，必要时还需要审时度势，过高过低则可能导致谈判陷入僵局甚至失败，从而失去交易的机会。

2. 把握时机策略

价格谈判中，掌握报价时机也是一个策略性很强的技巧。若时机没有把握好，即使卖方的报价比较合理，也不会使买方产生交易欲望。因此，若在谈判开始还没有提出交易条件时对方就询问价格，报价方最好不要立刻报价，而是应该向对方介绍商品或项目，让对方明白交易成功能为其带来什么利益，等对方有了购买意愿和兴趣时再报价效果更佳。但也需要注意，若是对方多次询问，要求立即报价，则不能故意拖延，这样会给对方带来不被尊重的感受，或者让对方认为己方思考良久的报价会让其损失巨大。一旦产生这样的感觉，会使后续谈判的阻力增加。

3. 准确表达策略

无论是口头形式还是书面形式的报价，在表达上都必须十分肯定和准确，切忌使用大概、大约一类含糊不清的用词进行报价，这可能使对方认为己方报价不实。这里所指的“准确表达”并不是说第一次报出的价格就是己方能接受的最大让步，而是说不能含糊其词只说报价区间范围让对方没有谈下去的意愿。而报价后，不论对方提出什么样的意见压价，也不能立刻回应对方做出让步，需要探明对方质疑的真实目的，在对方表现出真实交易意图时，为表明己方诚意才可在报价条件上做出让步。

4. 差别报价策略

同一商品，针对不同的客户，或者同一客户在不同的成交条件下，报价需要有差异。由于这种差别报价能够为卖家带来更多的利润，因此在报价阶段中经常为其所用。例如，为了开发新客户，可以适当地给予新客户额外的折扣优惠；面对有大批量购买需求的客户时，为了促成交易也可适当给予价格折扣；对某些供大于求的商品可以实行低价优惠，而对于供小于求的商品则可以适当实行高价策略；而季节性较强的商品在旺季时报价会高于淡季。除了上述以需求为导向的差别报价外，还可以根据成本导向进行差别报价，比如当报价中包含运费时，交货地点越远则报价可以越高；又比如不同的支付方式己方承担的风险不同，一般情况下针对一次性付款的客户报价要低于分期付款的报价。

5. 对比报价策略

对比报价策略可以从多方面展开，如同等质量下可以将己方价格和竞争者的价格进行对比，突出己方价格更优惠的特点，又或者同样价格的情况下，将己方的产品质量与对方的产品质量进行对比，突出己方同样价格而品质更优的特点，这种对比报价策略可以增强己方报价的可信度，从而说服对方接受己方的报价条件。

6. 分割报价策略

分割报价策略是指将商品的计价单位细化，然后按照最小的计价单位进行报价。此种报价策略从实质上来说并没有做出任何价格让步和优惠，简单来说就是利用买方的求廉心理，比如 1 000 台笔记本电脑，报价每台 2 999 元和报价总共 2 999 000 元，在心理上会让人觉得报总价 20 多万很贵，但采用分割报价策略后每台笔记本电脑报价 2 999 元，能使买方在心理上对商品报价产生便宜感，因而分割报价策略更容易为买方所接受。

知识链接

高价带来的成功

1984 年，美国洛杉矶成功举办了第 23 届夏季奥运会，并盈利 1.5 亿美元，创造了奥运会历史上的一个奇迹。这里除了其组织者著名青年企业家尤伯罗斯具有出色的组织才能和超群的管理才能外，更是得益于他卓越的谈判艺术。第 23 届夏季奥运会的巨额资金，可以说基本上是尤伯罗斯谈出来的。

当时，尤伯罗斯一开始就对经济赞助商们提出了很高的条件，其中包括每位赞助商的赞助款项不得低于 400 万美元。柯达胶卷公司开始自恃牌子老，只愿出赞助费 100 万美元和一大批胶卷，尤伯罗斯毫不让步，并断然把赞助权让给了日本的富士公司，后来柯达公司虽经多方努力，但其影响远远不及获得赞助权的富士公司。

很高的要价并未吓跑赞助商，由于奥运会特殊的地位和作用，其他各方面的赞助商纷至沓来，并且相互之间展开了激烈的竞争。最后，尤伯罗斯从众多赞助商竞争者中挑选了 30 家，终于宽松地解决了所需的全部资金，并使第 23 届洛杉矶奥运会成为奥运会历史上第一个盈利的奥运会，从而提高了奥运会的身份，也增强了承办者的信心。

（资料来源：陈文汉. 商务谈判实[M]. 清华大学出版社，2018）

二、讨　价

讨价是指在谈判磋商的一方报价后，另一方觉得其报价与己方的期望目标相去甚远，从而要求对方重新报价或修订原报价的一种行为。这种讨价的要求是实质性的，即通过谈判磋商迫使对方降低报价；讨价的作用是引导对方通过判断己方的要求从而改变对方的期望值，并为己方后续的还价做好铺垫和准备。讨价标志着价格谈判磋商的正式开始，需要建立在价格评论基础之上。

（一）价格评论

1. 价格评论的含义

价格评论是指买方通过卖方解释了解到的卖方价格，对卖方所报价格的高低做出批判性的反应，就是通过对卖方的解释进行分析和研究，寻找对方报价中的“不合理”之处，并通过对这些“不合理”进行批判和反驳，在讨价还价之前先“挤一挤”对方报价的“水分”。

2. 价格评论的策略

价格评论不同于平时工作中人与人之间提建议或意见，这里包含了经济利益、利害冲突等问题。因此，进行价格评论需要掌握一定的技巧和策略，具体如下：

（1）边听边议：在价格谈判磋商中，买方谈判人员可以针对卖方的报价及对报价的解释加以评论、发表己方意见，但是卖方也在此过程中窥探买方的真实意图，试图发现买方的底牌。所以，进行价格评论决不能让谈判小组的每个成员想怎么评论就怎么评论，需要谈判小组所有成员事先进行精心策划，在主谈人的暗示下，成员间各司其职、适时适度地进行价格评论。

（2）针锋相对：价格评价是还价的重要铺垫，在评价时既要把握好节奏，又要不失猛烈的氛围。猛烈是指在价格评价时要切中要害、猛烈攻击，做到稳、准、狠，若是对方不承诺让价，己方也不要松口。掌握节奏则是针对对方报价的“不合理”逐一发问和评论，不能毫无章法地自乱阵脚。

（3）做好侦察：在进行价格评论时，对方通常会对己方提出的“不合理”之处予以辩解，这是价格谈判中双方的正常反应。对于这一行为，应当允许对方辩解，并注意聆听。实际上，价格的谈判磋商不仅需要谈还需要“听”和“看”，在对方辩解时要善于引导，以便侦察对方的反应。这样才能了解更多的情况，使价格评论逐步向纵深发展，从而赢得价格谈判磋商的最终胜利。

（二）讨价方式与策略

1. 讨价方式

（1）总体讨价。

当一方报价并且对其报价进行解释说明后，另一方若认为对方报价“不合理”且离自己的期望目标太远，则可以要求对方从整体上重新进行报价。总体讨价即从总体价格和内容方式等方面要求对方重新报价，此种讨价方式常常用于价格评论之后的第一次讨价，也常常用于复杂交易的第一次讨价。双方从总体出发，笼统地提出要求，不直接显露己方掌握的准确资料与信息。例如，“请贵方就我方刚才提出的意见，重新报出修正后的价格”或者“贵方已了解我方意见，望重新报出有诚意的价格，否则我们的合作很难进行下去”，等等。在此情况下，对方为了表示友好的态度和合作的意愿，可能会做出价格调整，给予一定的价格折让。

（2）针对性讨价。

针对性讨价则是就分项价格和具体报价内容要求对方重新报价。针对性讨价常常用于对方第一次修正价格之后，或不易采用笼统讨价方式时。如内容简单、报价虚高成分较小的报价，在价格评论完成后即可进入有针对性的讨价。针对性讨价的主要要求在于针对性和准确性，在进行针对性讨价时，不应将己方的底牌和盘托出，而应将具体的讨论内容分成几大板块进行分项讨价。在分板块时，可以按内容进行划分，如运费、保险费、服务费、技术费、支付条件等；也可以按照价格评论的结果进行划分，即按照各项内容报价的水分高低归类，水分高、中、低的各成一类。一般情况下，要想讨价成功需要先从水分最高的那一块开始讨价，然后再对水分中等的进行讨价，最后再对水分较小的那块进行讨价。这样划分和讨价的目的体现了具体性，而进行分类则体现了准确性，通过准确的分类，将需要讨价的内容分成几大板块，可以顺利地进行不同程度、不同理由的讨价。

2. 讨价的策略

通常情况下，进行价格谈判磋商的人员会固守己方的价格立场。如果对方的报价没有做出大幅度的改进，则说明对方对价格磋商仍留有较大余地，此时受盘方应继续讨价直到对方价格有实质性的改善，才能进入下一步的还价。在价格谈判磋商的过程中，一般的交是促使对方先进行报价和还价，这样有利于己方掌握主动权。常见的讨价策略有投石问路和严格要求。下边以卖方为发盘方，买方为受盘方来介绍这两种策略的运用。

（1）投石问路策略。

投石问路策略即在卖方报价后，买方不要马上还价，而应提出各种假设条件让卖方针对己方的假设做出报价，这样既能保持平等、信任的氛围，又便于买方在还价前对卖方的情况做进一步的深入了解。从卖方的报价或还价等回答中搜集可能对己方有利的相关信息，以便准确地把握时机，让己方控制住讨价的主动权。常见的买方提出的假设条件有“加入我方的订货数量加倍，请贵方报价”“假如我方同时再购买你方另外两款产品，请给出新的报价”等诸如此类假设条件。每一个假设就是投石问路策略中的一块“石头”，能够使己方进一步了解对方的动机及报价习惯。

一般情况下，卖方面对着买主提出的各种假设及相关问题，想要直接拒绝回答并不容易，最终导致宁愿降低报价，也不愿意接受买方这种“疲劳轰炸”式的假设性提问。因此，如果作为报价的卖方，在买方抛出“石头”之后，应该仔细考虑后再做答复。对于买家“投石问路”策略的对策通常有以下建议：并不是买方提出的每个假设问题都值得回答，卖方也可以要求买方提出“保证”，以化被动为主动，有利于摸清对方的合作诚意；对于买方提出的各种假设条件，不要马上进行估价和重新报价；在买方提出各种假设要求回答时，可以反问买方是否准备马上订货，或者提出其他附加条件。

（2）严格要求策略。

严格要求是买卖双方在价格谈判磋商中均有可能表现出的态度。买方对卖方的商品或服务从各个方面进行严格的检查与验证，指出卖方交易中的诸多问题并要求卖方改进其报价，就属于买方的严格要求策略。

买方的“严格要求”并不是真正意义从品质等方面对卖家的商品或服务进行要求，其最终目的是迫使卖方降低其商品的报价。买方恰到好处地指出卖方所售商品或服务存在的问题，是严格要求策略成功的关键。“严格要求”策略下可以从商品或服务的质量、成本价格以及运输等方面找出“弱点”。主要方式是采用对比法，即将卖方的商品或服务及其交易条件与其他卖家的商品或服务及其交易条件进行横向比较，迫使卖方不得不承认自己商品或服务存在的弱点，从而产生按最初发盘价卖出的概率不高的心理，最终不得不降低要求改进其报价。在此基础上，若买方再做出适当的让步，则交易很容易达成。

面对买方的“严格要求”，卖方通常的对策是保持耐心聆听，从对方提出的问题中寻找漏洞及不实之词并加以解释；对于不便回答的问题或次要的问题，卖家可以选择适当回避；若遇买方无理挑剔应及时反驳，并陈述自己的观点。此外还需要注意的是，即使卖方本来就有让价的打算，在面对买方提出的要求时，也不宜轻易让步，这样可能会让买方觉得还有更大的讨价空间。卖家还可以反向应用严格要求策略，向买方提出一些要求或指出其问题，从而有利于加强己方讨价还价的力量。

三、还　价

还价又称还盘，是指商务谈判磋商中一方根据对方的报价，再结合己方的谈判目标，提出己方的价格及成交条件需求的行为。是否有效运用还价策略直接关系到双方最终能否达成一致、实现成交。还价策略的运用主要包括还价前的筹划、还价方式及还价策略。

（一）还价前的筹划

一旦对方的报价连同合同主要成交条款向己方发出之后，己方应认真理解对方报价中的每一项条款，力求做到对每一个细节都了如指掌。在此基础上，经过深思熟虑，谈判小组成员间通过沟通交流，才能继续下一步的还价。因此，在还价前，还需要进行仔细的筹划。

1. 掌握对方报价的真实期望

在还价前，首先需要弄清楚对方为何如此报价，即明白对方这样报价的真正目的和真实期望。要想清晰地掌握这一点，则需要清楚如何才能使对方的期望得到满足，以及如何在为己方谋得利益的同时不断满足对方的需求。此外，还需要分析对方报价中哪些条件是其必须得到的，哪些条件是其希望得到但不是必须得到的，分析对方报价哪些是重要的哪些是比较次要的。只有做到知己知彼，方能在还价中占据主导地位。

2. 判断形势

判断形势即在谈判磋商过程中，对进行讨价还价的双方实力进行比较分析，判断当前形势对哪一方更为有利。进行谈判磋商的目的之一就是消除双方分歧，最终达成一致，这就需要找出双方真正的分歧所在，预估哪些是对方的谈判重点，因此己方需要对这些讨价还价中的各项条款进行分析与判断，确定对方能接受的是哪些，不能接受的是哪些；还得准确判断出哪些是对方急于磋商的，在此基础上分析和判断对方、己方在价格和其他主要条件上讨价还价的实力，以判断是否做出让步。

假如在谈判磋商过程中双方分歧较多，则我方可以拒绝对方的报价，同时分析完双方实力对比后，在以下几种对策中选择合适的对策：由我方重新报价；建议对方撤回原报价，重新根据实际情况做出改善后的报价；售价不变，增加或减少其他交易条款，如数量、支付期限、支付方式等。

（二）还价方式

还价方式，从性质上分为按比价还价和按分析的成本价还价两类。如果比价材料丰富且准确，则买方使用按比价还价更为便利，卖方也更容易接受，如告知对方其竞争对手同类产品当前的报价，与之形成对比，让卖方做出让步；反之，若卖家竞争者较少、其产品替代品较少导致比较资料缺乏，则采用按分析的成本价还价方式，如提出己方负担运费，卖家扣除运费后成本降低不少，从而让卖方做出让步。无论采用上述两种方式中的哪一种，其具体做法都是总体还价、分别还价或单项还价，具体选用哪一种则视双方具体情况而定。

（1）总体还价：对谈判磋商的全部内容进行还价，也就是针对谈判磋商的商品或服务报价的总价进行还价。

（2）分项还价：把谈判磋商的内容分为多个类别，然后按各类的具体情况分别、逐一地进行还价，如运费、保险费、设计费、培训费等均可以进行分项还价。

（3）单项还价：按对方所报价格的最小单位进行还价。

一般情况下，谈判磋商的第一阶段宜采用总体还价，第二阶段宜采用分别还价，第三阶段宜采用有针对性的单项还价。

【案例 1】

还价有技巧

荷兰某公司向中国某工厂“一揽子”出售一条窗式空调机生产线，总价近 400 万美元。“交钥匙”项目的做法，技术有保证，对于买方倒也省事，就是价格不菲。买卖双方就此进行谈判。

买方提出，交易形式不重要，可以“一揽子”出售全线设备，也可不“交钥匙”，关键是“价廉物美”。卖方解释，不了解买方情况，“交钥匙”较为简单，交易风险也小。买方又指出，卖价太高。卖方的“一揽子”价格让人不易理解，仅看最终结果不行。卖方介绍其公司习惯和信誉，并保证一定会货真价实，让买方别担心。

买方希望将“一揽子”价中的技术费和设备费分出来。卖方推托一阵后除掉了技术价和设备价。买方进一步要求卖方将技术费按工艺流程或单项技术分成单项价，将设备按清单所列单台设备分出相应单价。对此，卖方以公司秘密、工作量大、难以分解、这次不行以后再说进行推托。而买方很客气地坚持阐述己方的观点：卖方为大公司，应有信誉；报价自己做，分解自然也容易；总价看似无理，分解了易于理解；既谈交易条件，分项价即不为秘密；不按分项谈，谈判破裂得快……经过反复推敲，卖方同意了买方要求。

两天后，卖方交来了分项技术价和设备单价。买方十分高兴，赞扬了卖方工作效率和谈判诚意，表示将认真研究卖方报价。经过对工艺技术逐项评估，又按卖方提供的设备清单向制造商询价，结果全线主要生产线的设备售价仅需 160 万美元。

恢复谈判时，买方先向卖方谈了技术费的看法。由于空调机系传统技术，且深度仅在机械、电气、制冷系统之下，因此，技术费不应很高。然后，将调查到的设备总价告诉了卖方。

买方介绍的信息，有根有据，介绍的态度诚恳坦率，成交的希望真诚热切，表明的困难真实可信。买方的上述做法使卖方感到十分惊讶，但又不能不佩服买方的调查研究工作。

卖方开始只表示佩服，但并不接受买方的调查条件，认为 160 万美元的设备不含卖方的采购费用、组建生产线费用及保证费用。买方对此表示理解。作为补偿，买方可以分担部分工作，如按卖方清单要求，自己采购生产设备，可承担部分组建生产线的工作。双方对这几项工作又进行了讨论，并以此引申到买方采购设备后，组线及技术保证的分工与责任等问题的谈判上。为了确保生产线顺利投产，买方确认了卖方必须承担的工作。

在分清责任的基础上，价格条件就可以谈了。卖方想做这笔生意。这是其进入中国家电市场的“桥头堡”。买方有意要这条线，但投资有限。既然由“交钥匙”改为“拼盘”建设生产线，卖价应该降低。双方最后协议为：共同采购设备，其价限在 250 万美元以内。卖方保证生产线技术，由买方配合建生产线。为此卖方提供技术指导和对买方人员的培训，其总价不超过 50 万美元。

（资料来源：陈文汉. 商务谈判实务[M]. 清华大学出版社，2018）

案例分析：

案例反映了买方成功运用“化整为零”的策略。首先将“一揽子”方案化解出技术与设备两个主要构成因素，进而细化出“工艺流程技术费”和“单台设备价”。调查研究后，先按细分内容分别谈，以实现分项突破。然后集中谈，使总价在保证原交易目标的前提下，由 400 万美元降到 250 万美元。卖方得到了合同，买方得到完整的技术及生产线，节省了投资。

（三）还价策略

在谈判磋商过程中，仅仅掌握并选择好还价方式并不能确保还价一定会成功，要想为己方争取更多的利益，则需要灵活选择并使用还价的技巧与策略。常见的策略如下：

1. 最大预算策略

最大预算策略是指在进行还价时，一方面向对方表现出己方对商品及其报价感兴趣有继续谈判磋商促成合作的诚意，另一方面又以己方被最大预算所限制为由，迫使对方接受己方的报价或做出一定的让步。在使用最大预算策略时，需要掌握好还价的时机，此策略一般于即将成交的最后一刻使用。但一定要注意，只有对方成交意愿很强的时候，使用最大预算策略才可能迫使对方让步。在使用该策略前需要提前做好备选方案，以确保对方不接受预算受限为由的还价、不肯做出让步时的对策。

2. 吹毛求疵策略

吹毛求疵策略是指还价方针对商品进行百般挑剔，千方百计地找其缺陷及毛病，并尽力夸大其词，言不由衷地为己方寻找还价依据，借此扰乱对方的信心，迫使对方做出让步。使用吹毛求疵策略时，针对对方商品挑毛病不能有违常规、过于苛刻，如果把握不好度则很容易引起对方的反感从而中止谈判。因此，吹毛求疵策略的使用要点是注意把握好分寸。

3. 权力有限策略

权力有限策略是指在还价时为了让对方接受己方还价，谈判人员可以假借上司或第三者之名，向对方表示自己没有更多的权限在价格及成交条件上做出更多的让步，故意暂停谈判，趁机变被动为主动的反击还价策略。

权力有限在还价时是抵御对方进攻的非常有效的挡箭牌，谈判者在对方步步紧逼时以权力有限为托词，既可以拖延谈判进程，扰乱对方的步伐，又可以保护己方的利益不受损失，为己方争取更多的时间从而寻求更多的利益。

4. 积少成多策略

积少成多策略是指在进行还价时将己方总体的还价内容进行分解，一点一点地逐步进行还价。一次只还一点主要是抓住对方不愿意为了“一点儿”小事产生分歧的心理，大部分人对微不足道的小事都不会太过于计较,因此采用积少成多策略还价时往往会获得良好的效果，更容易被对方接受。但需要注意的是，使用积少成多策略进项还价时要不露痕迹，不可急进，在谈判磋商的过程中要徐徐图之，否则一旦引起对方的注意则可能弄巧成拙。

任务三　让步策略的实施

让步在商务谈判中是一种普遍现象，简而言之就是只要存在谈判，就存在让步，没有让步则很难取得谈判的成功。有经验的谈判者熟知谈判的成功需要做出适当的让步和必要的妥协。让步本身就是一种谈判策略，关系到谈判双方最终获得利益的多少，如何运用让步策略是磋商阶段的重中之重。

【案例 2】

失败的让步

工厂老板和该厂工会领导就工人工资上涨问题进行谈判。工会要求涨 4%，而公司只想涨 1%。这位老板想，过去的几次谈判中，双方都坚持不让步，并多次假装威胁拒绝继续谈下去，这总是会浪费好几个星期的时间，而最终不过是双方都妥协达成意料之中的结果。这次如果和以前一样自己慢慢提高，而工会慢慢让步，最终双方取中，2.5%可能是最后的结果。为避免双方的激战和时间上的浪费，老板决定这次早早做出让步，在谈判的一开始就宣布他准备最终接受 3%的结果，并宣称他只能做这么多。老板的做法让工会领导们感到高兴，但他们并不接受。他们想，是不是他们的要求太低了？于是工会将报价提高到 6%，这种过高的期望值自然在老板能接收的范围之外。最终，这场本来很有希望的谈判失败了，并导致员工罢工。

（资料来源：程春英，李娟. 商务谈判[M]. 清华大学出版社，2018）

思考：这次谈判为什么会失败？工厂老板让步有何不妥？

一、让步的技巧

1. 无损于己方利益的让步策略

无损于己方利益的让步策略是指己方在谈判中所做出的让步不会给己方带来任何损失，同时还能满足谈判对手的某些要求，对其产生诱导力。当谈判对手就提出某一个交易条件让己方做出让步时，若该项让步要求确实有一定的道理，但己方又不愿意在这个议题上做出实质性的让步，则可以采取无损让步策略。如反复向对方保证目前已经享有了最优惠的条件；也可以向对方明示或者暗示此次谈判成功将会对以后的合作产生有利的影响；又或者向对手说明，其他公司或者有地位、有实力的谈判对手也接受了己方相同的条件。

总的来说就是尽量严密、圆满地解释己方的观点，给出理由让对方觉得已经获得了其他让步或者未来有更多前景，但不要从正面反驳和回绝对方提出的让步要求。

2. 互惠互利的让步策略

互惠互利的让步策略是指以己方的某些让步，换取对方在其他方面上做出让步的策略。采用此种策略一般适用于横向议题的谈判方式，即对几个谈判议题采用横向铺开的方法，同时加以讨论，该种方式双方很容易就各个不同的议题进行利益交换，从而达到互惠互利的让步。

争取互惠互利的让步，要求谈判者除了某些己方必须得到的利益坚持到底外，其他问题则不要太过于执着，可以适当地做出让步。在谈判过程中分清楚利害关系，在进行让步时避重就轻，在无关紧要的一些方面向对方做出让步，灵活使用策略让对方在其他方面对己方做出让步给予利益补偿。

3. 予远利谋近惠的让步策略

谈判中，可以通过给予对方未来的满足而避免给予其当前现实的满足，即为了避免在谈判中做出现实的让步而给予对方以远利。例如员工在要求公司涨工资时，往往得到的回复是当前无法直接提升其工资但可以许诺如果业绩突出可以在年终奖中得以体现，或者告知员工公司即将上市未来或许能分配股权给员工，这就是一种典型的予远利谋近惠的让步策略。

而在商务谈判中，若对方要求己方在某一问题上做出让步时，己方也可以采用此策略，并不直接满足对方当前提出的让步要求，而是向对方强调保持与己方的业务关系将给对方带来长期的利益。对己方来说，采取予远利谋近惠的让步策略，己方并未做出实质性的让步，也未在当前给予对方实际上的利益，却可获得近惠。

4. 声东击西的让步策略

声东击西的让步策略是指在谈判时，将相关的条件全部提出来，用对己方并不重要的条件作为掩护，谋求获得对方在重要条件上的让步。例如，在商品交易的谈判磋商中，买方发现软磨硬泡要求对方降价无法起到作用，又发现对方无法在短期内实现供货时，可以将交货期与价格联系在一起，要求对方若坚持原价的话则需要立即提供足够数量的货物，若对方无法实现立即交货，则可能返回原先的价格议题上做进一步的磋商和妥协。简单来说，就是利用某一个议题的让步，去换取另一个议题的进展。

二、迫使对方让步的策略

1. “车轮战”策略

“车轮战”策略是指谈判一方轮流与对方某一个谈判者进行磋商，从而耗费对方精力，让对方疲于应付，在精神上拖垮对方，让其做出妥协让步。

“车轮战”一般是在谈判中期或谈判接近尾声时，由处于不利情势的一方施行，主要适用于以下几种情况：第一种情况是己方在之前的谈判中失策做出了对己方利益有损的承诺想要出尔反尔时；第二种是因为分歧而产生激烈争执即将陷入僵局时；第三种则是经过几轮谈判己方谈判成员的性格、长处与短处暴露无遗时。在这几种情况下，己方可以通过一些借口调换下之前谈判小组的一些成员，换上诸如负责人等新的成员，既可以借口新成员不清楚之前的谈判情况让对方成员复述其谈判的主要成果及当前诉求，又可以因为“不清楚”而推翻之前的一些承诺，让一切重新开始。此外，因为新换上的成员精力更加旺盛，可以轮番提问或者让对方复述之前的成果，在精神上让对方觉得疲惫不堪，最终为了尽快结束谈判而做出妥协让步。

2. “最后通牒”策略

“最后通牒”策略是指让对方陷于绝境，从而被迫答应己方条件的策略，这是一种敌弱我强时的惯用对策。在谈判中使用“最后通牒”一般有两种情况：一种是面对态度顽固、不肯妥协让步的谈判对手，在己方实力更强时，以强硬的语言向对方提出其最后必须接受的条件；第二种是利用谈判的最后期限，告知对方若不能在规定期限内接受条件，己方将退出谈判或取消谈判，以此来迫使对方改变态度，接受己方提出的某些条件。

3. 利用竞争策略

一般情况下，当谈判的一方存在其他竞争对手时，其谈判的实力及话语权就会被削弱。在谈判中，富有经验的谈判者会有意识地为对手制造和保持竞争局面，从而迫使对方做出让步。例如，在进行商品买卖交易谈判时，买家可以多联系几家厂商，同时邀请他们进行谈判，并且适当地向每一个厂商透露一些有关对方竞争对手的情况，给对方制造一种紧迫感，从而为了争取到交易的权利而不得不做出让步。使用此策略需要注意，在与其中某一个谈判对手最终达成协议之前，不过早地结束与其他谈判者的谈判。

4. 既成事实策略

既成事实策略意为“先成交，后谈判”，也就是实力较弱的一方通过一些巧妙的办法使交易成为既成事实，然后在后续进行的谈判磋商中迫使对方让步。因此，该策略又称先斩后奏策略，其实质是让谈判对手先付出一定的代价，并以这些代价为要挟，扭转己方实力较弱的局面，让对方经过权衡，两害相权取其轻，被动地接受既成交易这一事实。

三、阻止对方进攻的策略

1. 疲劳战术策略

在商务谈判中，面对一些咄咄逼人、锋芒毕露的谈判对手时，疲劳战术是一个十分有效的策略。因为这类对手常常以各种方式表现出先声夺人、居高临下的挑衅状态。对这类谈判对手使用疲劳战术策略的目的在于通过许多回合反复的拉锯战，使这类谈判者从心理上和精神上感到疲劳、精力不济，从而挫其锐气；同时，使用疲劳战术策略还可以抓住时机，利用对手疲于应付时出现的小失误反守为攻，扭转己方在谈判中的不利地位，促使对方接受一些对己方有利的条件。

2. 限制策略

在商务谈判中，当谈判对手猛烈进攻而己方又无充分理由进行反驳时，则可以使用限制策略，即以某种条件的制约或客观因素为由指出无法满足对方的要求，从而抵挡对方的进攻，让对方只能在己方所提出的权限范围内来考虑其谈判需求。常见的限制策略通常可以用权力有限、当前掌握的资料和信息有限，甚至是生产技术要求、时间等因素的限制，告知对方无法立即回应其提出的谈判条件，但需要注意的是限制策略如果运用过多，可能会让对方怀疑己方的谈判诚意，从而导致己方处于被动的局面。

3. 休会策略

休会策略是指在谈判遇到某种障碍时，谈判双方或其中一方提出暂停谈判、稍作休息的要求，利用休会时间来商讨、调整对策和恢复体力，从而推动谈判顺利进行的策略。休会策略主要适用于两种情况：第一种情况是谈判出现低潮时，如双方已经谈判磋商了很长时间，若再继续下去，可能会出现头脑不清醒等降低谈判效率的情况；第二种情况是谈判双方针锋相对、各执己见，即将出现谈判僵局的时候；第三种情况是在谈判或谈判的某一个阶段即将接近尾声时。

4. 以攻对攻策略

虽然在谈判中也有以守为攻的策略，但这仅仅是在某些特定的情况下才适用。正常的谈判过程中如果一味地只依靠防守是无法有效地阻止谈判对手进攻的，在这种时候则可以采取以攻对攻的策略。

以攻对攻策略是指己方要求对方做出某些让步的前提下己方才会在对方提出的某项议题

上做出让步的一种策略。此种策略将己方的让步作为进攻对方的手段，让己方在谈判中变被动为主动。当对方就某一成交条件逼迫己方做出让步时，己方可以将这个条件与其他成交条件联系在一起加以考虑，要求对方在其他成交条件上做出让步后己方才能做出让步。例如，在商务谈判磋商中，如果买方要求卖方降低价格，卖方则可以要求买方缩减付款期限或增加购买数量等作为交换。

知识链接

8种让步模式

美国谈判大师嘉洛斯以卖方的让步为例，归纳出8种让步模式（见表14-1），并分别分析了各种让步模式的利弊。在任何一种让步模式中，卖主准备减价的额度均为60美元。

表14-1　8种让步模式　（单位：美元）

减价方式	第一期减价	第二期减价	第三期减价	第四期减价
1	0	0	0	60
2	15	15	15	15
3	8	13	17	22
4	22	17	13	8
5	26	20	12	2
6	49	10	0	1
7	50	10	-1	1
8	60	0	0	0

第1种让步模式：坚定让步模式。先让对方一直以为妥协无望，若是一个普通的买主早就放弃和卖主讨价还价了。而一个意志坚定的买主则会坚持不懈，在卖主做出重大让步后，他会斗志更加昂扬，继续逼迫卖主做出让步。因此，这种让步模式并不可取，它既抛开了本来做小小的让步即可能成交的软弱的买主，又给强硬的买主在卖主让步之后提供了继续施加压力的可乘之机。

第2种让步模式：等额让步模式。这种让步模式很容易刺激谈判对手继续期待更进一步的让步。当第二期争取到与第一期相同的让步时，他有理由做这样的推测：如果再做一番努力，还可以争取到同样的让步，第三期果然如此。在卖主第四次做出让步后，他还可能这么想。若卖主坚持不再让步，买主就会失望，很可能达不成交易的目标。

第3种让步模式：递增式让步模式。这种让步模式往往会造成卖主重大的损失。因为它将买主的胃口越吊越高，买主会认为：只要坚持下去，令人鼓舞的价格就在前面。买主的期望值会随着时间的推延而越来越大，对卖主极为不利。

第4种让步模式：小幅递减让步模式。这种让步模式显示出卖主的立场越来越坚强，他虽然愿意妥协，但是防卫森严，不会轻易做出让步。

第5种让步模式：有限让步模式。这种让步模式表示出较为强烈的妥协意愿，不过同时也告诉买主：所能做的让步是有限的。在谈判的前期，有提高买主期望的危险，但是随着让步幅度的减小，卖主走向一个坚定的立场后，危险也就渐渐降低了。聪明的买主便会领悟出，更进一步的让步已经不可能了。

第 6 种让步模式：大幅递减让步模式。这种让步模式很危险，因为一开始就让一大步，将会大幅提高买主的期望值。不过接着而来的第三期拒绝让步以及最后一期小小的让步，会很快抵消这个效果，使对方知道，即使更进一步的讨论也是徒劳无功的。从卖主的角度来看，一开始的大让步是不妥的，他永远无法知道买主是否愿意付出更高的价格。

第 7 种让步模式：价格反弹让步模式。这种让步模式使让步大幅递减但又有价格反弹，它脱胎于第 6 种让步模式。第三期的轻微涨价即价格反弹，表现出卖主更坚定的立场。第四期又做小小的让步，将会使买主感到非常满意。

第 8 种让步模式：一次性让步模式。这种让步模式对买主有极强烈的影响，一下子减价 60 美元，使买主顿时充满了信心和希望，但接下来便是失望，如果卖主不再降价，有谈判破裂的危险。

从实际谈判的情况来看，采用较多的是第 4 种和第 5 种让步模式。这两种让步模式对卖方来说是步步为营，使买方的期望值逐步降低，比较适应一般人的心理，因而比较容易为对方所接受。第 6 种和第 7 种让步模式需要有较高的艺术技巧和冒险精神，如果运用得好，可以少做让步，迅速达成交易，但如果运用得不好，则往往使卖方做出更多的让步或易造成谈判的僵局。第 2 种、第 3 种和第 8 种让步模式实际采用得很少，而第 1 种让步模式基本不采用。

（资料来源：徐斌，王军旗. 商务谈判实务[M]. 中国人民大学出版社，2016）

任务四　谈判僵局的处理

一、产生谈判僵局的原因

谈判僵局是指在谈判磋商的过程中，双方因分歧暂时不可调、无法达而形成的对峙局面。产生僵局会严重影响谈判磋商的进程，若是不能有效地解决僵局，则很可能导致谈判破裂。谈判僵局处理的第一步就是分析谈判磋商陷入僵局的原因，然后才能针对原因逐个击破。产生谈判僵局的原因有很多，常见的主要有以下几种：

1. 谈判双方实力不对等

参与商务谈判磋商的双方，虽然也有实力势均力敌的，但在现实中，很难存在双方实力的完全对等，大部分情况下谈判双方的实力总会存在一方强另一方弱，一方大另一方小等。这里所指的实力并不一定是经济实力，而是泛指谈判者在经济、市场供求、谈判技巧等多方面的综合实力。

在谈判磋商中若出现一方侃侃而谈，另一方反应迟钝、词不达意，甚至沉默不语，则可能出现侃侃而谈的一方误以为沉默不语的一方没有谈判的诚意，故意拖延或不给予正面答复，这就有可能让谈判陷入僵局。当然，也可能出现谈判中由于双方实力悬殊，实力强大的一方在谈判中咄咄逼人、寸步不让，只顾己方阐述观点，不给对方留一点发言或解释的机会，这样也很容易引起对方的反感从而导致谈判陷入僵局。

2. 谈判中人事不分

对事不对人，是人际交往的基本原则之一，但是在实际谈判磋商的过程中，有些谈判者往往人、事不分，这就增加了谈判陷入僵局的潜在风险。

例如，有的谈判双方在以前就经常有商务往来，在本次的谈判磋商中其中一方的谈判者由于以前的某些事情对对方的谈判者存在偏见，甚至厌恶对方的谈判者，若在这时人事不分，在谈判磋商中出言不逊、做出有损对方人格的发言，就很容易挑动对方的不满情绪，从而让双方的谈判陷入僵局。还有的谈判者在谈判中，始终没有做出准确的定位，认为谈判磋商中的双方就是处于对峙局面，认为一方的获利是另一方的损失让步带来的，这样在谈判中就会带有戒备心，在谈判磋商价格及交易条件时容易犯本位主义错误，只从己方的角度和立场去看问题，对对方所提出的意见因自己隐蔽性的对峙假设影响常常产生误解，如果误解不及时解除，则易导致恶性循环，随着双方误解的加深让谈判陷入僵局。

3. 信息沟通障碍

有效的商务谈判磋商是基于有效的交流沟通基础之上的。在实际谈判过程中，很多僵局都是双方交流沟通不畅引起的。

例如，由于风俗文化的不同，尤其是在跨国商务谈判中，大部分国家对于谈判人员的身份只要和对方级别一致即可，但少数国家则会看中谈判对手的年龄，若是事先没有进行调查和准备，则很可能让对方误以为己方安排年轻人与之进行谈判是看不起他，从而让谈判陷入僵局。当然，可能存在谈判磋商时一方未能集中注意力聆听对方的诉求，在谈判中无法解决分歧，或者是交换意见时词不达意而导致双方沟通不畅，从而导致谈判陷入僵局。

二、谈判僵局的处理原则

因为僵局产生的原因有很多，所以解决谈判僵局的途径、方法也是多种多样的。在谈判中若是遇到了谈判僵局，不要置之不理或者放任本次谈判失败，需要谈判者去积极应对，具体问题具体分析，找出导致谈判陷入僵局的原因并有针对地提出解决办法。常见的谈判僵局处理主要秉承以下原则：

1. 平等地对待对方

在谈判中，不论双方实力有多悬殊，要想谈判磋商能够顺利进行下去，首先就要站在对方的立场去看待问题。这是谈判者应掌握的最重要的技巧之一。在谈判出现分歧的时候，不论己方比对方强多少，首先要把自己的想法和成见放一边，尝试站在对方的角度去思考问题。当然需要注意的是，站在对方角度、平等对待对方，不是说对方提出的要求就全盘接受，而是说在谈判的过程中不能因为己方实力更强就完全忽略对方的需求，对方的合理要求可以适当地满足，面对不合理的要求也不能过于强硬，而是在平等的基础上与对方进行沟通，说服对方接受己方提出的价格和交易条件。这样既能缩小双方的冲突，又能为己方争取更多的利益，还能防止谈判磋商陷入僵局。

2. 把人与事分开

谈判磋商是人与人之间的沟通交流，是人就难免会有情绪，要谈判就肯定有自己的观点与需求。若是不能在谈判磋商中把人和事分开，不能清晰地察觉对方的情绪与需求，则很容易因为忽略对方的反应而让谈判难以为继。

要做到把人与事分开处理，主要从以下几个方面着手：不要将对对方谈判人员的偏见或成见带入谈判磋商的事件中，当对方提出的要求不合理，或者意见不正确时，不能直接进行人身攻击，应当就事论事，抓住时机向对方陈述己方的观点，从而让对方能够调整其看法和要求；当对方在谈判中情绪过于激动时，也不能硬碰硬地进行回击，应给予一定的理解，待对方平静下来后再进行沟通；如果双方存在误解，则应加强双方的沟通，不能因为误解产生偏见而影响谈判的进程。

3. 确保沟通顺畅

要确保沟通顺畅，首先就需要在谈判磋商开始前做好充分的准备，搜集足够的信息，避免因为风俗文化、语言等方面的不同而导致沟通不畅、出现误解。在此基础上，要注意谈判磋商是基于利益而不是立场，立场是双方都坚持不能动摇的，因此不要试图在立场问题上进行讨价还价，在磋商的过程中遇到无法达成一致的分歧时，不要斤斤计较对方的看法和立场。这样对双方无益，应该从双方利益出发，寻求解决冲突的办法。

4. 提出互利的选择

（1）协调分歧利益：协调强调的是寻求以最少的代价换取双方更多的利益。在谈判磋商中不可避免地会出现利益分歧，此时若是双方都坚持己见，则难免会陷入僵局。这就需要谈判的双方通过有效的沟通，在存在分歧的利益上寻找能够实现互惠共赢的共同点，又或者以其他方面的让步来换取己方在分歧点上的利益，或者寻求更多的渠道让一方获得的利益增加但并不会使另一方的利益受损。

（2）寻求共同利益：任何一次谈判都会既存在分歧又存在双方共同的利益，而这些能够实现双赢的共同利益并不一定是非常明显地展现在大家面前，这就需要谈判者去分析和寻找，并且把找到的共同利益明确地罗列出来，视作双方本次谈判磋商的共同目标。在谈判磋商中强调共同利益，会使谈判磋商的进程更为顺利，谈判的氛围更加和谐。

【案例 3】

成功合作三部曲

浙江 AK 集团是国内知名鞋业生产企业，GEOX 公司是世界鞋业巨头之一。2003 年 2 月 14 日，两家企业达成协议：AK 负责 GEOX 在中国的品牌推广、网络建设和产品销售，GEOX

借 AK 之力布网中国，而 AK 也借 GEOX 的全球网络走向世界。

一、谈判前的精心准备

GEOX 曾用 2 年时间对中国市场进行调研，先后考察了 8 家中国著名的鞋业公司，为最终坐到谈判桌前进行了周密的准备。谈判中， GEOX 谈判代表能把几十页的谈判框架、协议条款熟练背出，令在场的人大吃一惊。GEOX 谈判代表的中国之行安排得满满的，去 AK 考察只有 20%的可能，谈判成功预期很低，合作机会也很小。但 AK 的宗旨是：即便只有 0.1%的成功机会也绝不放过。AK 为迎接 GEOX 谈判代表一行进行了周密的准备和策划。首先，他们通过一名翻译全面了解对手公司的情况，包括对手的资信情况、经营状况、市场地位、此行目的以及谈判对手个人的一些情况。其次，为了使谈判对手有宾至如归的感觉，AK 公司专门成立了以总裁为首的接待班子，拟定了周密的接待方案。从礼仪小姐献给刚下飞机的谈判方一行的鲜花，到谈判地点的选择、谈判时间的安排、客人入住的酒店预订，整个流程都是 AK 公司精心策划、精心安排的，谈判对手一直很满意，为谈判最终获得成功奠定了基础。

二、营造和谐氛围

AK 集团总裁努力寻找 AK 与 GEOX 的共同点，并把此次谈判的成功归结为“除了缘分，更重要的是 AK 与 GEOX 有太多相似的地方”。的确，GEOX 以营销起家，短短 10 多年时间，年产值就达 15 亿欧元，产品遍及全球 55 个国家和地区，增长速度达到 50%以上，由一家酿酒企业跨入世界一流制鞋企业行列。而 AK 是从 3 万元起家，以营销制胜于中国市场，经过 15 年的发展，产值超过 10 亿元。年轻、富有远见和同样的跳跃性增长轨迹，AK 与 GEOX 在很多方面是如此惊人的相似，难怪两位总裁惺惺相惜。

为了营造氛围、消除利益对抗，AK 在上海黄浦江包下豪华游轮宴请谈判对手，借游船赏月品茗的美好氛围消除利益冲突引发的对抗，平衡谈判双方的实力。GEOX 谈判代表对他们亲自策划的这些活动非常满意，也对 AK 的策划能力有了更深的认识。

谈判毕竟不是为交友而来，谈判者花在联络感情上的时间总是有限的，如果要找一种方法，能够用较少的成本赢得对手的友谊和好感，那就非赠送礼物以表情达意莫属。公司选择寓含 AK 和 GEOX 完美无缺之意的“花好月圆”青田玉雕，送给谈判代表。礼物虽轻，但表达了赠送人的情真意切。谈判双方建立真诚的友谊和好感，对日后的履约和合作具有重要的意义。

三、以让步对僵局进行回避

GEOX 有备而来，拟定了长达几十页的协议文书，每一条都相当苛刻，为了达成合作，双方都做了让步。但在两件事上出现了重大分歧：一是对担保银行的确认上，AK 一方提出以中国银行为担保银行，对方不同意，经过权衡，双方本着利益均衡的原则，最后达成妥协以香港某银行为担保银行。另一件事是双方关于以哪国法律解决日后争端的问题产生了分歧，此问题使谈判一度陷入破裂的边缘。对方提出必须以意大利法律为准绳，但我方对意大利法律一无所知，而予以坚决抵制。我方提议用中国法律，因对方对中国法律一窍不通而遭到了坚决反对。眼看着所做的努力将前功尽弃，最后双方各让了一步，达成妥协，以第三国法律（英国）为解决争端的法律依据。

AK 和 GEOX 的合作无疑是一项互利的合作。公司认为，GEOX 看中的不仅仅是 AK 的硬件，更多的还是其软件，是一种积极向上、充满活力的企业精神，还有 AK 一直倡导的诚信。而 AK 看中的则是 GEOX 这艘大船，它要借船出海，走一条国际化的捷径。

（资料来源：徐斌，王军旗. 商务谈判实务[M]. 中国人民大学出版社，2016）

思考：

（1）谈判双方是如何避免僵局产生的?

（2）AK 集团的成功有何可借鉴之处?

三、打破谈判僵局的策略

1. 求同策略

谈判磋商难免会遇到双方存在对立意见的时候，若是因此陷入僵局，谈判者不能急于求成，更不能强硬地要求对方同意己方的意见，双方应心平气和地聆听对方阐述其观点，尝试转换自己磋商的角度，从对方的角度来解释己方的观点，从共同的理念、利益等出发，积极乐观地看待双方暂时的分歧，寻找双方共同的感受，在分歧点上力求做到求同存异，尽可能降低分歧带来的激烈冲突，打破谈判的僵局。

2. 调整议题策略

调整议题策略即通过转换其他谈判议题来打破当前因分歧而导致的僵局。如双方在某一项交易条件上分歧较大、互不相让，则可以把这个议题暂时搁置，转而就容易达成一致的其他议题进行磋商。待其他议题磋商完成以后，再回到之前有分歧的议题讨论上。这样会让紧张的僵持气氛暂时缓解，而当其他交易条款基本上达成一致以后，再退回到之前分歧较大、互不相让的议题上来。此时，双方已在态度、方法上发生了很大的转变，原先的坚持可能也开始松动，谈判中进行协商的意愿也随之增强。

3. 考虑对方利益策略

在谈判中，任何一方如果坚持己见，不愿做出让步，则很可能会导致谈判陷入僵局。遇到这样的情况，谈判者首先要转变自己的观念，不要认为让步的一方是“输”，坚持的一方是“赢”，要充分认识到通过谈判可以实现双赢，应考虑到对方潜在的利益和真实的需求到底是什么，适当做出让步满足对方的合理要求，才可能打破谈判僵局，让磋商继续进行下去。

4. 寻找替代方案策略

谈判方案并不是一成不变的，会随着谈判磋商的进行根据双方的实际情况发生转变，因此，在遇到双方有分歧的焦点上，需要做的不是打压对方、迫使对方让步，而是转换思路，在坚持大原则的基础上，创造性地提出可供选择的其他解决方案，这样就可以在僵局中变被动为主动。当然，提出的替代方案不是以牺牲其中某一方利益为前提的，选择的替代方案既要能够有效地维护己方利益，又要能够兼顾对方的利益需求。若谈判开始就确定一个唯一的最佳方案，则很可能会阻止许多其他可选方案的诞生。因此，在谈判磋商中一旦遇到阻碍，可以换一个思路，及时调拨船头，采用其他对双方都有利的替代方案来打破僵局。

5. 中间人调停策略

在谈判磋商过程中，当双方陷入严重对峙、谁也不愿让步的状态时，一般很难再心平气和地谈判下去。这时候如果能找到双方都信任的中间人来协助调解，则能迅速打破僵持的局面，使双方的坚持出现松动。常言道“旁观者清，当局者迷”，作为谈判当事人的双方往往因为各自的立场而出现互不信任、存有偏见甚至带有敌意的情况，认为对方提出的意见对己方不公，从而导致沟通受阻。这时由旁观的第三方出面协调，可以使双方从心理上觉得第三方会比对方更为客观和公平，中间人应在充分听取各方解释的基础上，发现双方冲突的焦点，寻求解决分歧的途径，从而使信息交流畅通，破解谈判僵局。

6. 休会调整策略

在谈判磋商氛围暂时紧张、难以进行下去的时候，谈判双方可以选择暂停谈判，通过休会给双方一个缓冲，休会期间的短暂休息能够缓解之前针锋相对带来的情绪波动，谈判者也可以利用休会时间与谈判小组各成员进行沟通，调整己方的谈判策略。在休会退席前，双方都应提醒对方充分考虑己方提出的要求。倘若双方休会结束后，通过积极努力仍未能缓解谈判僵局，则可以将其作为情绪性对立来做进一步的处理，具体如下：

（1）变换谈判环境。

情绪性对立的谈判僵局，其最基本特征就是谈判环境的紧张和凝固。谈判双方一旦开口磋商，整个气氛立马变得剑拔弩张和令人窒息。为此，要想缓解情绪对立，需要改变一下当前的谈判环境。通常的做法是，采用场外沟通的方式来继续推进谈判磋商的进程，如可以组织双方谈判人员游览观光，召开联谊会、座谈会，甚至是组织饭局，这样可以使谈判人员在友好、轻松的气氛中，无拘无束地交换意见，在说笑中进行磋商，从而改变之前凝固的谈判僵局环境。

（2）调整谈判人员。

调整谈判人员的策略主要从两方面着手：一方面，当情绪性对立无法得到缓解时，从谈判小组之外调配己方有一定威望、双方都认可的领导者加入谈判，表明己方对处理僵局的重视；另一方面，当情绪的对立是因对方成员对己方某一位或几位成员有偏见而导致的，则可以考虑调换这位或这几位谈判人员，缓解紧张的气氛。但在调换时要注意不要陷入对方的陷阱，有经验的谈判者往往为了达到排除对方实力谈判选手的目的而故意装作对其不满，这就需要在调换前深思熟虑。

任务五　其他磋商策略的选择

磋商阶段是商务谈判的核心环节，谈判磋商结果直接关系到谈判双方的获益大小，影响双方各自需求得以满足程度。因而，需要选择恰当的策略来应对在谈判中各项条款的磋商，于谈判双方均有重要意义。

一、磋商阶段不同地位的应对策略

在商务谈判中，谈判双方所处地位不同，所采取的策略也会有所不同，主要分为处于主动地位、被动地位、平等地位 3 种情况下的应对策略。

1. 处于主动地位的谈判策略

在谈判中处于主动地位的谈判者，意味着己方在经济实力、背景、关系等方面比对方占有更大的优势。因此，处于主动地位的谈判者可以利用己方的优势迫使对方在谈判磋商中做出让步，以争取更多的利益。常见的策略如下：

（1）不开先例策略：占有优势的一方坚持己方提出的价格及其他交易条件，不做任何让步的强硬策略。处于主动地位的一方可以向对方解释一旦开了先例，后续的其他买方或卖方也可能要求享有同等条件的优惠，这将会给己方带来不可估量的损失，因此无法开此先例做出让步。

（2）规定时限策略：处于主动地位的谈判一方向对方提出的达成一致的时间限期，一旦超过其给出的时限，他们将会直接退出谈判，放弃和对方的合作，以此向对方施加压力，使对方在有限的时间内无暇深入思考，只能降低自己的要求，妥协让步。处于主动地位一方可以利用己方在谈判磋商中的有利地位，向对方提出谈判时限。这种最后期限带有明显的威胁性，因为在这种情况下，处于被动地位的对方特别担心谈判破裂。因为这会导致处于弱势的一方蒙受损失，而强势的一方所受影响不大。

（3）欲擒故纵策略：处于主动地位的一方虽然想与对方达成交易，但在谈判中却表现出无意合作、无心成交的意向，让对方感受到压力从而做出让步的策略。采用此种策略，在谈判磋商的过程中不能表现出非常急切的态度，谈判中既要表现得礼貌得体，又要抓住对方急于成交的心理寻求可乘之机，争取对己方有利的条件。欲擒故纵策略最明显的特征是逆向行为，向对方传递不真实的信息从而向对方施压。但这种常规策略很容易被经验丰富的谈判者识破从而导致策略失效。因此采用此策略在态度的表明上不能全部虚假，应真假掺杂，让对方真假难辨。

（4）浑水摸鱼策略：通常情况下，谈判磋商是一个循序渐进的过程，而浑水摸鱼策略则反其道而行之，谈判者会故意扰乱谈判秩序，如将全部问题一揽子提出，让对方应接不暇。这种不按章法行事的谈判策略会让毫无心理准备的一方惊慌失措，也许会因此而出现失误。

（5）出其不意策略：一方采用一些突如其来的手段和方法，让对方在毫无准备的情况下不知所措，从而获得意想不到的效果。例如，当大家都以为谈判即将进入尾声的时候，处于主动地位的一方突然推翻前边所提出来的一些建议，并且表现出咄咄逼人的强硬态度，很容易使对方无法按照既定的思路和策略将谈判进行下去。

2. 处于被动地位的谈判策略

在越来越激烈的市场竞争环境中，没有企业能永远保证自己在市场中处于优势地位。当谈判者处于不利条件下进行谈判磋商时，其主要应对策略应是尽可能地变被动为主动，从而减少损失、争取获得谈判的成功。常见的策略如下：

（1）吹毛求疵策略：处于被动地位的一方避开对方的优势，寻找对方的弱点，以此打击对方的士气，让对方做出让步的策略。吹毛求疵策略主要是想通过对对方商品的差错挑剔来降低对方的谈判期望值，达到以攻为守的目的。

（2）“挡箭牌”策略：若谈判人员发觉己方被迫要做出其不能接受的让步时，可以利用公司的规定、上司才有权决定等借口作为拒绝让步的“挡箭牌”，来减少己方的让步幅度及次数。需要注意的是，采用这种策略并不是说让谈判者真正放弃决策权，而是隐蔽自己手中的权力，虚拟一个“决策人”作为“挡箭牌”，避免正面或立即回答对方的要求。

（3）以退为进策略：处于被动地位的一方暂时退让、伺机而动、争取成功的策略。在谈判中若双方发生激烈争执，不一定要据理力争，这样反而容易激发矛盾，让谈判陷入僵局。处于被动地方的一方可以选择暂时退却，在聆听对方意见的同时寻找机会，为后面更好地进攻蓄势。

（4）疲劳策略：通过“软磨硬泡”来消耗对方的耐心，瓦解其意志，从而在对方精力不济时抓住时机寻找漏洞，达成有利于己方的协议。在面对咄咄逼人的强势谈判者时，疲劳策略十分有效，关键点在于通过多个回合的“疲劳战”，逐渐消磨对方的锐气，在对方被“磨”的耐心全无之时，抓住可乘之机，力争让对方做出让步。

3. 处于平等地位的谈判策略

在商务谈判中，谈判双方也会存在势均力敌的情况。在这种情况下，双方合作的内在动力如果大体相当，合作达成的可能性就很高。在谈判中采用的策略应该以追求互利、谋求合作、实现共赢为前提。常见的策略如下：

（1）坦诚相待策略：既然双方实力旗鼓相当，在谈判磋商中，谈判人员应尽量做到坦诚相待，营造一种友好、互相信任的谈判氛围，从而促进双方合作、达成交易。在谈判中开诚布公、坦诚地将己方的某些真实意图告知对方，这样有利于减少冲突、避免矛盾、促成合作。但坦诚相待并不是真正亮出己方谈判的全部底牌，过分坦率在谈判磋商中并不是一种明智的行为。谈判中的坦诚需要把握好一个“度”，能达到“以心换心”的目的即可。

（2）回避冲突策略：在谈判开始之前，谈判的双方首先需要明确己方的谈判目的，谈判开始后，双方为了实现自己的目的难免会在某些议题上出现分歧，要求谈判者在思想上进行必要的准备。遇到分歧与冲突的时候要克制冲动情绪，在营造融洽、活跃谈判氛围的同时保持冷静，尽可能地避免不必要的争论。

（3）私下接触策略：通过与谈判对手私底下的个人接触，采用某些方式增进双方的了解、增进友谊，从侧面促成谈判成功的策略。私下接触的形式很多，如拜访、电话联系、宴请、邀请参与娱乐活动等。例如与日本的谈判方进行谈判磋商时，日方谈判人员往往会选择在谈判前私下带上小礼物进行拜访，这样可以在谈判前先营造一个友好的氛围，提高谈判成功的概率。采用该策略需要注意谨言慎行，虽然私下接触是为了增进友谊，但要注意适度，切不可因为私交而泄露己方的商业机密，也不能因为氛围友好为了表示自己的慷慨而做出丧失原则的让步，同时还要提高警惕，避免对方利用同样的策略让己方放松戒备，做出预计之外的让步。

（4）引导策略：在提出自己的方案之前，先询问对方想如何解决问题，引导对方提出己方中意的或能够接受的设想，然后以满足对方需求的名义来实现己方的谈判目的。在引导对方提出己方需要的方案时，需要注意让对手尽量思考和参与己方的方案，同时不能让对方在设计方案时遇到困难。

（5）吹捧策略：在谈判中，抓住时机，切合实际或不切合实际地赞扬对方，在语言表达中尽量透露出对对方的钦佩之意，使对方产生友善的好感及信任感，从而软化其谈判立场，让对方在谈判中有所松动，使己方的谈判目标得以实现的策略。简而言之，就是使用吹捧对方的办法让其去做一些己方希望对方去做的事。

（6）“挤牙膏”策略：谈判者在谈判之初不要提出己方的全部真正需求，而是随着谈判的不断深入，像“挤牙膏”一样，一点一点地使对方逐步做出一个个的承诺，直到己方所有要求全部得到满足为止。

（7）双赢式策略：谈判双方均努力得到一个彼此愿意接受的谈判结果的策略。这是一种合作性的谈判方式，双赢式谈判策略的要点是在不损害对方利益的基础上，增加己方所能获得的利益，因此双赢式策略又称谋求一致策略或皆大欢喜策略。

二、不同谈判风格对手的对应策略

不同文化素养、性格特征及人生经历的谈判者往往会表现出不同的谈判风格，这就要求在面对不同风格的谈判对手时，谈判者要采取不同的应对策略。根据谈判者在商务谈判磋商中所展现的态度和特点，主要分为“固执型”谈判者、“强硬型”谈判者、“虚荣型”谈判者和“阴谋型”谈判者等几种风格。谈判者需要针对这些不同谈判风格的谈判对手采取不同的应对策略。

1. 应对“固执型”谈判者的策略

“固执型”谈判者的典型特征是在谈判中固执己见、不接受其他人的建议和意见，办事以规章制度、领导意图和自己的习惯为依据。面对这样风格的谈判者，通常可采取如下策略：

（1）试探策略：在向对方提出一些己方的要求时，不要一揽子提出来，而是试探性地先选择一两个较为容易达成协议但是又对己方有利的要求，以此来观察对方反应，分析对方的虚实和真假。例如己方向对方提出一项对己方较为有利的提议，如果对方反应强烈，表现出明显的不满甚至反对，则己方可以暂时放弃此项提议；相反，如果对方没有直接提出反对，或者反应较为温和，就说明谈判磋商还有很大余地。试探策略除了可以用来观察对方谈判者的反应外，还可以用来试探其此次谈判的权限范围。

（2）先征旁例策略：针对对方所坚持的观点，用己方之前的先例来论证己方新建议的正确性或者新方案的可行性，以使谈判对手转变原先的观点。这里需要注意的是，尽管“固执型”谈判者的主要特征之一就是固执己见，但不代表其观点绝对不可改变，只是说此类性格特征的人不会轻易改变自己原有的观点，因此需要使用先征旁例策略来说服对方做出让步。

（3）以守为攻策略：与“固执型”的谈判对手进行谈判磋商切忌正面直接反驳和争辩，这样只会让谈判更加艰难。与此类性格的谈判对手谈判需要己方谈判人员保持耐心和冷静，仔细聆听对方的观点，注意从其陈述中发现漏洞或缺陷，慢慢引着对方向己方的最终谈判目标推进。

（4）制造僵局策略：在“固执型”谈判对手坚持己见，己方任何方法和策略都无法说服对方接受己方提出的要求时，己方谈判人员可以人为地制造谈判僵局，让谈判陷入停滞以此来威胁对方的策略。但需要注意的是，这里人为制造谈判僵局的目的不是压倒对方逼迫对方道歉，而是要让对方接受己方提出的要求，最终达成协议。因此，这里所说的“僵局”并不是真正意义上的终止谈判，而是通过僵局达成己方的谈判目的。当然，并不是所有情况都适合制造僵局策略，只有市场情况有利于己方且己方的要求是合理时方可采用此策略。

2. 应对“强硬型”谈判者的策略

“强硬型”谈判者的典型特征主要是过度自信、态度傲慢且盛气凌人。应对此类谈判对手的基本原则是以柔克刚、避其锋芒。面对这种风格的谈判者，通常可采取如下策略：

（1）软硬兼施策略：在谈判中，同一个谈判小组内的角色分工，既有白脸又有红脸，谈判成员间一唱一和、刚柔并济，通过己方不同谈判成员的态度变化来扰乱“强硬型”谈判对手的意志，以争取谈判中的优势。在商务谈判磋商中，在某些议题上难免会产生僵局，如果己方谈判人员主动形成两派意见，有人出来赞同对方说好听的话，有人出来坚持己见说难听的话，且这种方式中的两派意见都是围绕实现己方谈判目标来进行的，往往比较容易奏效。

（2）争取承诺策略：在商务谈判磋商中利用各种方法或技巧获得对方对己方某项议题或其中部分的认可，争取让对方做出对己方有利的承诺，从而为己方争取谈判中的有利地位。但需要注意的是，有时为了加快谈判磋商的进程，对方谈判人员可能会有意识地做出一些虚假承诺。这就要求己方谈判者在面对承诺时，既不盲目听信，也不全盘否定，要认真思考、辨别真假。

（3）制造竞争策略：己方在谈判中给对方制造一种竞争的态势，让对方觉得其还有竞争对手，从而为了获得与己方的合作权利而做出让步的策略。如告知对方“还有几家公司也在与我方联系，他们都希望与我方合作，如果你方能够接受刚才提出的条件，我方将优先考虑和你方合作”。运用该策略的前提条件是，己方处于市场有利地位，且真实的存在其他合作意向企业，在没有其他合作伙伴可供选择的情况下则不可使用此种策略。因为一旦被对方察觉己方是“虚张声势”，很有可能会失去这一合作伙伴。

（4）更换方案策略：谈判之前应准备多个备选项方案，在最优方案无法得到对方认可时，可及时更换之前准备好的备选方案。该策略可以防止己方正面回答对方提议从而接受不利的条件，还可以为己方争取更多的时间去思考和寻找解决问题的方法，让谈判磋商能够顺利地进行下去。

3. 应对“虚荣型”谈判者的策略

“虚荣型”谈判者的典型特征是在谈判中有较强的自我意识、有嫉妒心理、好表现自己、对己方及外界的暗示也非常敏感。面对这种风格的谈判者，通常可采取如下策略：

（1）记录在案的策略：“虚荣型”谈判者很多好大喜功，其弱点就是在谈判中对观点的陈述会存在浮夸。在谈判的过程中，可以抓住其这一特征，将其承诺过的对己方有利的一切表述统统记录在案，或对双方谈判达成的每一项协议都立字为证，以防对方事后否认。

（2）顾全面子的策略：“虚荣型”谈判者比其他类型的人更加注重面子，面对此类谈判对手切忌直接反驳，无论如何气愤也不能伤了对方的面子。让对方失掉面子即使最终协议达成也可能会留下不良的后果，甚至会导致其劝说团队成员及公司从交易中撤出。

（3）投其所好策略：根据“虚荣型”谈判者的性格特点，投其所好地在谈判中选择他所熟悉的话题，让其有充分展现自我的机会，使其虚荣心得以满足，从而削弱其在谈判中的警惕性，降低其对己方的抗衡力度。

4. 应对“阴谋型”谈判者的策略

“阴谋型”谈判者的典型特征是在谈判中为了实现其目标和获取利益，往往使用一些阴谋诡计诱惑对方上当，达成对其有利而对对方显失公平的协议。面对这种风格的谈判者，通常可采取如下策略：

（1）将计就计策略：己方谈判人员表面上不动声色、装糊涂，实际上暗中筹划、等待机会，抓住时机迫使对方做出让步。

（2）反车轮战策略：“阴谋型”谈判者会使用车轮战的方式，不断更换谈判成员，以使对方筋疲力尽，从而迫使对方让步。对付对方的车轮战策略，主要办法如下：直接敦促对方停止换人；制造借口拖延谈判时间获得缓冲；对更换的谈判对手拒绝重复之前的陈述；若新对手否认之前达成的协定，己方也可以用同样的方法以其人之道还治其人之身。

（3）应对专家施压的策略：在谈判中当某个重要议题出现分歧时，对方可能会请出所谓的专家来支持己方提议，从而给对方施压。对付用专家施压策略的主要方法如下：用己方熟悉的业务知识与专家交谈，抓住其不熟悉的方面进攻，让专家失去权威；向对方表明己方观点，专家的观点仅代表其学术意见，不能作为成交的条件；若确实无法与专家抗衡，则可示弱，以无知作为借口告知对方因为不懂所以无法做出承诺。

（4）应对抬价的策略：“阴谋型”谈判者在商务谈判中经常会使用抬价策略，即本来谈判双方已经谈好成交条件如价格，在第二轮谈判或者第二天对方却又突然要求提价。应对对方的抬价策略的主要方法就是，在讨价还价时要求对方做出某种保证，甚至是书面文字记录如签订协议或者合同，以防止对方反悔。

【项目小结】

本项目着重阐述了商务谈判磋商阶段的含义、商务谈判磋商的准则和规则等知识，报价、讨价和还价的策略，让步的技巧、迫使对方让步的策略和组织对方进攻的策略，产生谈判僵局的原因、处理谈判僵局的原则以及打破谈判僵局的策略，磋商阶段不同地位的应对策略和不同谈判风格对手的对应策略。通过本项目的学习，学生应全面了解商务谈判磋商阶段的含义，理解商务谈判磋商的准则和规律，掌握有效的议价技巧、谈判磋商中的让步策略、谈判僵局的处理策略和其他常见的磋商策略。

【课后练习】

一、选择题

1. 下列不属于商务谈判磋商的准则的是（　　）。

A. 次序逻辑准则　　B. 掌握节奏准则

C. 最大利益准则　　D. 沟通说服准则

2. “漫天要价，落地还价”属于（　　）。

A. 把握时机策略　　B. 准确表达策略

C. 差别报价策略　　D. 高开低出策略

3. 就分项价格和具体报价内容要求对方重新报价的是（　　）。

A. 针对性讨价　　B. 总体讨价

C. 差别讨价　　D. 成本讨价

4. 下列不属于还价方式的是（　　）。

A. 总体还价　　B. 单项还价

C. 分项还价　　D. 磋商还价

5. 以本方的某些让步，换取对方在其他方面上做出让步的策略是（　　）。

A. 无损于己方利益的让步策略　　B. 互惠互利的让步策略

C. 予远利谋近惠的让步策略　　D. 声东击西的让步策略

6. “先成交，后谈判”属于（　　）。

A. 既成事实策略　　B. 利用竞争策略

C. 最后通牒策略　　D. 车轮战策略

7. 下列属于谈判僵局的处理原则的是（　　）。

A. 不能做出让步　　B. 把人与事分开

C. 利益最大化　　D. 保持沉默

8. 下列不属于打破谈判僵局策略的是（　　）。

A. 调整议题策略　　B. 中间人调停策略

C. 休会调整策略　　D. 利用竞争战略

9. 下列属于处于主动地位的谈判策略的是（　　）。

A. 疲劳战策略　　B. 求同策略

C. 欲擒故纵策略　　D. 休会策略

10. 应对“强硬型”谈判者可以采取（　　）。

A. 投其所好策略　　B. 先征旁例策略

C. 软硬兼施策略　　D. 试探策略

二、填空题

1. 讨价的策略包括________和________。

2. 常见的还价策略有最大预算策略、________、________和积少成多策略。

3. 产生谈判僵局的原因包括________、________和信息沟通障碍。

4. 处于平等地位的谈判策略主要有以下几种：坦诚相待策略、________、________、________、________、________和双赢式策略。

5. 应对“阴谋型”谈判者的策略包括将计就计策略________、________和________。

三、论述题

顾客：老板，请问这条裤子多少钱？

老板：180 元，广州正宗货，要不要？

顾客：我先看看……

老板：别看了，东西是好东西，给你优惠点，170 元。

顾客：这也叫优惠啊？

老板：呵呵，好吧，就 140 元，这回可以了吧。

顾客：哈哈哈哈，我笑！

老板：你笑什么，难道嫌贵？

顾客：不，何止是贵，简直就是用水泵抽我的血！

老板：哪里有那么夸张，看你是本地人，就 120 元吧。

顾客：……

老板：你不会还嫌贵吧，我最多只挣你几块钱。

顾客：不，我没有说贵，这条裤子值这个价钱。

老板：你真有眼光，快买吧。

顾客：裤子是好裤子，只是我口袋里的票子有限啊！

老板：那你口袋里有多少钱啊？

顾客：90 元。

老板：天啊，你开玩笑，赔死我了，再添 10 元。

顾客：没的添，我很想给你 120 元，可无能为力。

老板：好吧，交个朋友，你给 90 元拉倒。

顾客：我不会给你 90 元的，我还要留 10 元的车费。

老板：车费？这和你买裤子有什么关系？

顾客：当然，我来自郊区，我必须坐长途汽车回去，车费 10 元。

老板：我认赔了，算你 80 元好了。

顾客：等等，我还要补充一点，我还没有吃早饭，我很饿。

老板：你！天啊，你太过分了，你在耍花招。

顾客：相信我，我很真诚。如果再不吃饭的话，我会昏倒在你面前。

老板：我真是倒霉，遇到你这样的滑头。可你的确过分，一会儿要坐车，一会儿又要吃早饭。是不是你一会儿还要说你口渴，想喝饮料呢？

顾客：你太小瞧我了。相信我，我没有要求了。

老板：相信你？最后一次？

顾客：是的，相信我。

老板：好吧，痛快些，70 元。

顾客：等等，你瞧，裤子上有好大一个窟窿。

老板：天啊，这是尿口，你该不会不知道这是尿口吧？

顾客：哦，对不起，眼睛看花了。不过这里的颜色好像有点不对劲啊。

老板：不，不是，这是磨砂颜色，故意弄成这个样子的，这叫流行。

顾客：是吗，怎么看起来像旧裤子，怪怪的。

老板：什么？你侮辱我人没有关系，请你不要侮辱我的裤子。这是真东西。

顾客：……

老板：好吧，我给你看我的进货单……你瞧，进货日期是上个礼拜，进货单位是广州某某服装厂。怎么能是旧裤子呢？

顾客：哦，对不起我误会了，不过……天啊，进货价为20元/件。

老板：哦，不对，不对。这是没有上税前的价钱，缴税后每条成本价是40元。

顾客：你在撒谎，你以为我是傻瓜吗，这是增值税发票，是缴税后的价格。这条裤子只值20元，可你……

老板：嘿嘿……做生意嘛，你要知道我每天的门面房租金好几百呢，不赚钱我吃什么？

顾客：光天化日，你心太黑！

老板：嘿嘿，30元行不？我的好兄弟，让我赚点。

顾客：钱是小意思。只是你的行为让我气愤。你深深伤害了一个消费者的心灵。

老板：有那么严重？

顾客：难道你认为欺骗行为不严重吗？再发展下去，可就是诈骗，就是犯罪！

老板：妈呀，好夸张啊。这样，你消消火，我25元卖给你，就赚5元。

顾客：什么？25就是"二百五"的意思，你瞧不起我？

老板：没有没有，就24吧。

顾客：有一个4，就是"死"的意思，不吉利，我很迷信。

老板：天哪，23没有毛病吧。

顾客：好吧，成交。

思考：请分析买卖双方在价格谈判中运用了哪些谈判策略。

【谈判实训】

实训内容14-1：模拟讨价还价。

实训目的：通过模拟讨价还价，增强对议价技巧的掌握。

实训对象：全体上课学生。

实训步骤：

1. 组织跳蚤市场。

本着自由组合和教师分配相结合的原则，学生4～5人组成一个谈判小组。每个小组至少选择一件闲置物品带来参与交易。

2. 进行讨价还价。

不同小组的成员间在跳蚤市场中寻找自己喜欢的物品，通过讨价还价达成交易。

3. 点评及总结。

点评包括自评、互评和教师点评几种方式，通过对最终成交价格的统计及讨价还价过程的经验总结，肯定成绩，发现不足，学生可进一步了解自己，不断提高自身的议价技巧。

项目十五 结束谈判与签约

【知识结构图】

- 结束谈判与签约
  - 商务谈判的结束
    - 商务谈判的结果
    - 商务谈判结束的判定标准
    - 商务谈判结束的方式
    - 商务谈判收尾工作
  - 商务谈判的签约过程
    - 民法典视域下商务合同的变动
    - 商务合同的拟定
    - 商务合同的审核
    - 履约与维护

【知识目标】

1. 掌握商务谈判结束的判断方法。
2. 理解商务谈判结束阶段的内容和步骤。
3. 学习结束商务谈判的策略与技巧。

【能力目标】

1. 培养学生良好的商务谈判能力。
2. 掌握结束商务谈判的策略和方法。

【素质目标】

1. 提高学生在商务谈判中的文化修养和礼仪素质。
2. 养成商务谈判中良好的语言表达能力和行为规范。

【案例导入】

买西瓜的故事

有位瓜农在瓜田旁边卖西瓜。这时来了一个小孩子要买西瓜，他指着一个大西瓜问：“这个西瓜多少钱？”瓜农回答：“10便士。”小孩失望地说：“可我只有1便士。”瓜农笑着拒绝说："1 便士可什么都买不到。"小孩没有放弃，继续央求瓜农。瓜农被缠得没有办法了，只好指着瓜地里一只还没长熟的小西瓜，说道："就把那个卖给你吧。"小孩开心地说："太好了，我就买这个西瓜。可是，先生，我现在要去镇上上学，等我上学回来以后再来拿吧。"瓜农想了想，同意了小孩的要求。小孩把钱交给瓜农准备离开的时候，瓜农问："孩子，你什么时候放学回来？"小孩高兴地说："半个月后，先生！"

阅读上述案例后，思考以下问题：

1. 商务谈判应该在什么情况下结束？
2. 不能及时结束的商务谈判会带来怎样的后果？
3. 结束商务谈判有哪些方式？

任务一　商务谈判的结束

一、商务谈判的结果

商务谈判的本质是一个相互让步、相互妥协的过程。这个让步、妥协的过程不应该是无休止、无期限的。当谈判的目标基本得到实现，就应该果断进入谈判结束阶段。如果想得陇望蜀，期望一次谈判就解决所有问题，迟迟不结束谈判，反而会引发意料之外的变数，甚至把以前达成的一致意见都统统推翻，那样就真的是得不偿失了。

从谈判目标最终实现的程度来看，商务谈判可分为以下 6 种结果：

（1）交易成功，且双方关系得到改善：这种是最优的结果。

（2）交易成功，双方关系保持原样：这种是次优的结果。

（3）交易成功，但双方关系恶化：虽然生意做成了，但朋友做不成了，仍然是要尽量避免的结果。

（4）交易失败，但双方关系得到改善：虽然生意没做成，但双方成了朋友，可以期待未来的合作。

（5）交易失败，双方关系保持原样：没有改变任何东西，但双方也算是努力了。

（6）交易失败，且双方关系恶化：最差的结果，双方都应该尽量避免。

二、商务谈判结束的判定标准

什么时间应该结束谈判？这需要从不同的角度和立场来综合判断。一般而言，谈判者参加谈判的目的是不同的，商务谈判以获取经济利益为基本目的，在满足经济利益的前提下才涉及其他非经济利益。对照上文 6 种谈判结果，谈判者应判定当前的谈判属于哪一种情况，并采取正确的方式来选择是否结束谈判。

（一）从谈判达成的交易条件来判定

当商务谈判的各项交易条件全部或基本达成了一致，双方没有分歧或分歧很小，则谈判的基本目的已经实现。此时应考虑是否结束谈判，及时进入签约阶段，保住胜利果实。

当谈判只取得了一部分进展，双方对部分合作达成一致，但还有一部分未达成。此时应根据实际情况具体分析，如果达成的部分内容已经能够开展合作，而且未达成一致的部分短时间内很难取得进展，为了提高效率，此时也可以考虑结束谈判，双方求同存异，搁置分歧，把业务先合作起来，剩下未达成一致的内容期待将来能逐渐解决。

当谈判陷入僵局，谈判未能达成任何一致，或只达成很小一部分，对合作全局没有什么影响，且短时间内双方很难取得大的进展。这说明双方目前合作的时机和条件都不成熟，此时也应果断结束谈判，谈判的内容应该以加强交流、培养感情为主，期待今后能有进一步的合作。

（二）从谈判的时间来判定

1. 双方约定时间

如果谈判之前，双方都明确约定了谈判期限，且谈判时间到达期限后双方都无意继续，此时无论谈判是否有进展，都可结束谈判。如国家或国际组织间的多轮多边商贸谈判等，大多都是采取这种结束方式。

2. 单方约定时间

如果谈判之前，谈判的某一方限定了谈判期限，且谈判时间到达期限后该方无意继续，此时也可结束谈判。此种情况多发生于谈判双方实力相差悬殊，一方处于决定性地位，另一方处于被动、从属的地位。如一些寡头企业每年召开的供货商大会、经销商大会等就属于此类情况。

3. 第三方约定时间

还有一种情况，谈判的期限是由第三方限制的，谈判时间到达期限后第三方无意延长，此时也要结束谈判。这种情况就好比拳击运动员上场比赛，裁判员有权对拳手的比赛时间进行控制和限定。

（三）从谈判的策略来判定

1. 最后立场策略

谈判者经过多次协商后均无法达成一致，其中一方或双方阐明自己最后的立场和条件，讲清楚让步的幅度，如果对方不接受，己方不再继续让步，此时意味着谈判破裂。如果对方接受，则意味着谈判成交。采取最后立场策略往往意味着谈判已经进入“孤注一掷”的状况，是对谈判达成一致的最后努力。最后立场策略又称最后通牒策略，此种策略无论成功与否，对谈判双方的关系都具有一定破坏作用。

2. 折中进退策略

该策略是将谈判双方的立场和条件的差距，取中间条件作为双方共同进退或妥协的标准，以解决残余谈判的策略。谈判双方各有立场表述，也无法说服对方，但双方的合作意愿又比较强烈，此种情况下多采用折中进退策略，双方各退一步，以期尽快结束谈判，进入签约阶段。

3. 一揽子交易策略

谈判双方将所有条件“打包”形成一个“一揽子交易”组合条件，在这个“一揽子”组合条件中，双方都有对自己有利的条件，也有对自己不利的条件，双方有进有退，各有取舍。该策略的特点是把所有分歧和条件都放到一起综合考虑,而无须对每个条件都加以详细谈论。谈判一方在某些不利条件中遭到损失，但在另一些有利条件中得到补偿，只要双方整体利益得到保障和提升，此种策略就容易成功。

4. 冷冻策略

当谈判陷入僵局，短期内无法取得突破和进展，此时应采取冷冻策略，亦即暂时中止谈判策略，事实上就是结束谈判。冷冻策略避免了双方陷入争执状态，维持住现有的谈判关系不至于恶化，以期待未来条件和时机成熟后再重新启动谈判。

【案例 1】

保险赔付

一位顾客要求保险公司偿付一笔赔偿费。经过反复协商，保险公司同意支付给他一笔较高的赔偿费。随后，该公司具体负责清算赔偿的人士告诉他说，自己下星期就要去度假，要求这位顾客在星期五之前把所有资料送来核查，否则等他度假回来，赔偿将会失效而无法实施。

于是这位顾客加班加点，终于在星期五下午把所有资料都准备妥当。但当他把资料送到保险公司后，对方却答复说：根据他提供的证明资料，公司只能偿付一半的赔偿费。

这位顾客大吃一惊，但为时已晚。因为他为了要赶上星期五这个时间期限，焦急中提供了不利于自己的证据。

而根本就没有打算去度假的保险公司人士却借用了一个虚假的时间限制，便轻松地赢得了这场谈判。

三、商务谈判结束的方式

商务谈判结束一般有 3 种方式，即谈判成交、谈判中止、谈判破裂。

1. 谈判成交

谈判成交就是谈判双方达成一致意见，同意双方在商务活动中进行合作。成交的标志物就是双方签订合作协议书（合同），通过具有法律效力的文本形式把双方在谈判期间约定的各项事宜明确下来，确认双方的权利、责任和义务，作为今后合作开展商务活动的原则和指导。

2. 谈判中止

谈判中止就是双方在意识到当前谈判短时期内无法取得一致，但又想维持现有关系和合作意愿而采取的暂时中止谈判的行为。中止谈判又可分为有约期中止和无约期中止，有约期中止指谈判双方约定了一个重启谈判的时间，到时间后双方重新恢复谈判；无约期中止指双方目前无法约定明确的重启谈判时间，等时机和条件成熟后可再行约定。

3. 谈判破裂

谈判破裂是指双方经过最终努力仍无法取得一致并达成协议，同时已经不具备将来继续谈判的条件而采取的一种彻底终止谈判的行为。谈判破裂根据双方的态度又可分为友好破裂和对立破裂。友好破裂是指虽然合作未成功，但双方仍保持了友好的关系，未来仍有合作的机会；对立破裂是指不但本次合作未成功，而且双方的合作关系遭到破坏，今后再次合作的可能性较低。对立破裂是谈判者结束谈判时应该尽量避免的情况。

四、商务谈判收尾工作

谈判收尾工作是指谈判磋商阶段宣告结束到正式签订协议之前的过渡时期内要进行的工作，一般包括总结谈判成果、整理谈判资料、草拟谈判协议、制定签约流程等方面。

1. 总结谈判成果

由一方或双方宣读已经完成的谈判记录或已达成一致的条款，再次表明双方对宣读内容明确无误达成一致。宣读的记录或条款往往会成为正式合作协议中的内容。对于耗时比较长、内容比较多的谈判，谈判期间会有多个谈判备忘录来记录已经达成一致的谈判内容，谈判双方均会在备忘录上签名。在谈判收尾阶段，需要对这些谈判记录进行最后确认。这同时也是双方最后进行细节谈判和完善的过程。

2. 整理谈判资料

谈判过程所涉及的资料非常繁杂，在收尾阶段，必须对这些资料进行整理和规范，特别是其中的技术条款、商务条款，包括产品数量、成交价格、合同金额、质量标准、仓储运输、交货地点、交货时间、交货方式、验收标准、付款方式、保险理赔、违约责任、免责条款等各个方面。这些资料都需要细心梳理并形成书面文档，经双方签字确认后归档，为正式的签约做好准备。

3. 草拟合作协议

协议（合同）又称契约，是平等主体的自然人、法人、其他组织之间设立、变更、终止民事权利义务关系的法律文件。合同具有以下法律特征：合同是一种民事法律行为；合同是当事人之间设立、变更、终止民事法律关系的协议；合同是在当事人平等基础上达成的协议。

合作双方经过谈判后，可以分别或共同草拟一份合作协议，把谈判达成的内容以正式的格式文件确认下来，并在此基础上进行修改和完善，最终形成统一的合作协议。

4. 制定签约流程

谈判收尾的最后一项工作就是制定和安排签约流程。根据实际情况确定签约时间、签约地点、签字代表、出席人员、会场布置、签字流程等内容。如果是重大合作项目，可能还需要邀请各界代表、媒体嘉宾等参加签字仪式。签字仪式结束后是否需要准备香槟酒以示庆贺，或者是否需要在签字仪式后召开新闻发布会等，这些方面都应该在签约流程中加以明确和安排。

任务二　商务谈判的签约过程

一、民法典视域下商务合同的变动

2021 年 1 月 1 日起，《中华人民共和国民法典》（以下简称《民法典》）正式施行。颁布实施民法典意义重大，其中有不少新规法条与我们生活息息相关。民法典对合同部分进行了一系列的修正，在原合同法等基础上编撰了合同编。合同编 3 个分编分别为：通则、典型合同与准合同。相较于合同法，民法典合同编有多处变化，其中涉及商务合同的相关变化在以下 4 个板块中体现得尤为明显。

1. 电子合同

变化：明确了当事人订立合同，除采取要约、承诺方式外，还可以采取其他方式。关于订立合同的形式，可以采用书面形式、口头形式或者其他形式，明确了关于“书面形式”的界定。

法条：《民法典》第四百七十一条：“当事人订立合同，可以采取要约、承诺方式或者其他方式。”《民法典》第四百六十九条第三款：“以电子数据交换、电子邮件等方式能够有形地表现所载内容，并可以随时调取查用的数据电文，视为书面形式。”

由于电子合同在商务实践中的重要性愈发凸显，因此我们在签署电子商务合同时尤其要注意该变动部分，学会多元化使用“其他方式”来订立合同，厘清“书面形式”的内涵和外延，尽可能用法律思维明晰传统合同的不规范之处。

2. 格式合同

变化：格式合同未履行提示说明义务，格式条款从申请撤销到不成立。

法条：《民法典》第四百九十六条：“提供格式条款的一方未履行提示或者说明义务，致使对方没有注意或者理解与其有重大利害关系的条款的，对方可以主张该条款不成为合同的内容。”

《民法典》与《合同法》一致规定提供格式条款一方应遵循公平原则确定合同当事人之间的权利与义务，但提供格式合同一方提示与说明义务的范畴发生变化，《合同法》规定免除或者限制其责任的条款，《民法典》则规定免除或者减轻其责任等与对方有重大利害关系的条款，以是否接受格式条款一方具有重大利益关系为衡量，范围更加广泛，对提供格式合同一方的要求较之前加强。

3. 预约合同

变动：当事人约定在将来一定期限内订立合同的认购书、订购书、预订书等，构成预约合同。对于不履行预约合同义务，对方可以请求其承担预约合同的违约责任。

法条：《民法典》第四百九十五条第二款："当事人一方不履行预约合同约定的订立合同义务的，对方可以请求其承担预约合同的违约责任。"

到了终局阶段，我们除了用合同形式确保未来的可预见收益外，还能够借助《民法典》的新规，将不履行预约行为的责任转化为对己方的补偿，是民法中诚实守信原则在新规内的体现，扩大了违约责任的范围。从前在违约责任上的规定导致违约责任的赔偿周期长、难度大，新规对尚未签署合约但是有预约合同的情况下对方违反"约定"的责任进行了明确，给谈判初期的成效在法律上保驾护航。

4. 绿色履行条款

变动：增加避免浪费资源、污染环境和破坏生态"绿色履行条款"。

法条：《民法典》第五百零九条："当事人应当按照约定全面履行自己的义务。当事人应当遵循诚信原则，根据合同的性质、目的和交易习惯履行通知、协助、保密等义务。当事人在履行合同过程中，应当避免浪费资源、污染环境和破坏生态。"针对履行过程中存在的浪费资源、污染环境等现状，增加了应当避免浪费资源、污染环境和破坏生态"绿色履行条款"。2021 年 4 月 29 日通过的《中华人民共和国反食品浪费法》将节约资源和保护环境的内容进行了细化。商务合同中涉及环境污染项目的产业要注意行业规范，不打环保的"擦边球"，不抱侥幸心理，力争成为资源型、环保型绿色产业。

二、商务合同的拟定

1. 预备阶段

（1）与客户沟通，明确双方要求，列明合同重点。

（2）借助网络寻找类似合同范本，学会使用法律文书数据库或进行搜索，如"法天使"合同库。

（3）查明合同合法性问题（主体资格、标的物、程序、前置条件、权属证明等问题）。

（4）尽可能地列明可能产生的风险。

2. 起草阶段

（1）加强内部沟通，集思广益。

（2）重点撰写合同的必备条款和常见条款。

（3）比照参考合同、范本合同起草。

知识链接

一份合同需要哪些必备要素？

1. 首部

首部包括标题，合同编号，双方当事人名称、住所、邮编、法定代表人、电话、传真等。

2. 主体部分

（1）鉴于条款。

此条款可以看出双方签订合同时的一个对价，即双方合作的基础。如保密协议中往往写明一方拥有有价值的技术并采取了保密措施，另一方有义务对此进行保密。

（2）定义。

比较大的复杂合同会有一章节对经常出现的术语和交易行为进行专门定义，比较简单的合同则对第一次出现的常用词语进行定义和使用缩略词就可以。

（3）双方的权利义务。

本部分视不同的合同类型、不同的交易情况使用不同的条款。

（4）陈述及保证。

股权转让等合同经常出现陈述与保证，作用是对公司现有状态的一种保证。

（5）不可抗力。

通常有标准条款，但有时双方也会对条款内容有不同立场和主张，如涉外合同中外方通常希望把“法律变更”作为不可抗力的情形之一，中方往往不愿意加入此条款。

（6）保密条款。

（7）合同生效和期限。

生效条件有的是法律规定的必须达到什么条件才生效，有的则是双方约定的生效条件。

（8）违约条款。

应当注意赔偿的限额。

（9）合同终止。

往往根据双方谈判地位不同，终止条件会有偏向性，如可以单方面终止，但通常终止条件是对等的。

（10）法律适用/争议解决。

必要条款，往往要对适用仲裁或法院进行约定。要从便于执行、便于采取保全等方面综合考虑适用法律和争议解决方式。

（11）未尽事宜，合同正副本份数及保存，附件等。

3. 结尾部分

结尾部分包括合同双方盖章、授权代表签字、签约时间、签约地点等。

三、商务合同的审核

1. 审查合同主体是否合法

审查合同主体的合法性时，应审查签订合同的当事人是否经过有关部门批准成立的法人、个体工商户；是否具备与签订合同相应的民事权利能力和民事行为能力的公民；审查法定代表人或主管负责人的资格证明；代订合同的，要审查是否具备委托人的授权委托证明，并审查是否在授权范围、授权期限内签订合同；有担保人的合同，审查担保人是否具有担保能力和担保资格。

2. 审查合同内容是否合法

审查合同内容的合法性时，应当重点审查合同内容是否损害国家、集体或第三人的利益；是否有以合法形式掩盖非法目的的情形；是否损害社会公共利益；是否违反法律、行政法规的强制性规定。

3. 审查合同意思表示的真实性

审查合同意思表示的真实性时，要结合对方当事人的经营范围、履约能力、商业信誉、设备、技术水平、等情况，加以调查核实，看其意思表示是否存在欺诈或者重大误解。

4. 审查合同条款是否完备

应按照合同的性质，依据相应的法律法规的规定对合同条款进行认真审查，确定合同条款有无遗漏，各条款内容是否具体、明确、切实可行。避免因合同条款不全和过于简单、抽象、原则，给履行带来困难，为以后发生纠纷埋下种子。

5. 审查合同条款是否完备

审查合同时，应对合同草稿的每一条款、每一个词、每一个字乃至每一个标点符号都仔细推敲、反复斟酌。确定合同中是否存在前后意思矛盾、词义含糊不清的文字表述，并及时纠正容易引起误解、产生歧义的字词，确保合同的文字表述准确无误。

6. 审查合同签订的手续和形式是否完备

（1）审查合同是否需要经过有关机关批准或登记，如需经批准或登记，是否履行了批准或登记手续。

（2）如果合同中约定须经公证后合同方能生效，应审查合同是否经过公证机关公证。

（3）如果合同附有生效期限，应审查期限是否届至。

（4）如果合同约定第三人为保证人的，应审查是否有保证人的签名或盖章；采用抵押方式担保的，如果法律规定或合同约定必须办理抵押物登记的，应审查是否办理了登记手续；采用质押担保方式的，应按照合同中约定的质物交付时间，审查当事人是否按时履行了质物交付的法定手续。

（5）审查合同双方当事人是否在合同上签字或盖章。

四、履约与维护

1. 合同的履行

根据《民法典》对合同履行的基本要求，在履行方式上，履行义务人必须首先按照合同约定的方式履行。如果约定不明确的，当事人可以协议补充；协议不成的，可以根据合同的有关条款和交易习惯来确定；如果仍然无法确定的，按照有利于实现合同目的的方式履行。

（1）质量要求不明确的，按照国家标准、行业标准履行；没有国家标准、行业标准的，按照通常标准或者符合合同目的的特定标准履行。

（2）价款或者报酬不明确的，按照订立合同时履行地的市场价格履行；依法应当执行政府定价或者政府指导价的，在合同约定的交付期限内政府价格调整时，按照交付时的价格计价。逾期交付标的物的，遇价格上涨时，按照原价格执行；价格下降时，按照新价格执行。逾期提取标的物或者逾期付款的，遇价格上涨时，按照新价格执行；价格下降时，按照原价格执行。

（3）履行地点不明确，给付货币的，在接受货币一方所在地履行；交付不动产的，在不动产所在地履行；其他标的，在履行义务一方所在地履行。

（4）履行期限不明确的，债务人可以随时履行，债权人也可以随时要求履行，但应当给对方必要的准备时间。

（5）履行方式不明确的，按照有利于实现合同目的的方式履行。

（6）履行费用的负担不明确的，由履行义务一方负担。

2. 合同的维护

以服务合同为例，因维护合同涉及的可能有服务器维护、电梯维护、道路养护等诸多具体事项，应根据具体事项拟定合同细节。

合同主要架构包括以下几个部分：项目名称；标的内容；范围和要求；履行的计划、进度、期限、地点、地域和方式；技术资料的保密；风险责任的承担；报酬及其支付方式；违约金或者损失赔偿的计算方法，解决争议的方法。总结来说，就是在诚实信用的前提下尽可能地满足双方的要求，并用明确的语句记录在合同中，减少因为歧义造成的双方误解或者损失，同时双方在盖章的时候也需要注意对方的用章是否规范，公司是否正规、有履约能力。

知识链接

软件维护服务合同范本

甲方：________________________________

乙方（服务方）：________________________

甲乙双方本着互相信任、真诚合作的原则，经双方友好协商，就乙方为甲方提供技术支持服务达成一致意见，特签订本合同。

一、合同适用说明

本合同适用于首次购买乙方软件产品及需要乙方技术服务的用户。

甲乙双方签订本合同，表明甲方接受乙方所提供的标准服务；否则，视甲方主动放弃乙方所提供的服务。

二、服务内容

乙方提供的服务内容：

产品标准培训：乙方负责承担甲方所购产品的标准培训。

热线支持：乙服务人员通过电话向用户提供技术问题解答的过程。

现场维护：乙方派遣技术人员到用户现场处解决问题的过程。

功能改进：根据甲方要求对软件功能进行和改动。

乙方的服务承诺：

乙方接到甲方通过电话、信函、传真、电子邮件等方式提出关于软件的服务请求后，在当日内给予响应并提供服务。

乙方提供给甲方的服务，必须按照合同规定的服务内容进行。

三、甲方责任

甲方应确保有专人对软件的使用和管理负责。

甲方应建立相关制度，以确保软件运行环境（包括计算机、打印机及相关硬件设备）的安全，为软件正常运行提供保障。

甲方定期做好系统数据备份，并对备份数据进行妥善保管。

甲方在应用过程中发现软件出现异常，应及时与乙方取得联系，并记录当前故障现象，便于乙方做出诊断。

甲方在乙方服务人员服务完成后，配合检查软件系统运行是否正常。

四、收费办法和合同期限

年服务费为（软件价值的15%）：________________（大写）。

合同有效期为一年，自______年______月______日至______年______月______日止，期满合同自动中止。

合同期满后，双方协商，甲方可要求乙方继续提供软件运行维护服务，但双方必须重新签署新的服务合同。

五、争议处理

甲乙双方如对协议条款规定的理解有异议，或者对与有关的事项发生争议，双方应本着友好合作的精神进行协商。

协商不能解决的，依照《民法典》合同编，任何一方可向乙方所在地的人民法院起诉。

六、其他

本合同未尽事宜，由甲乙双方协商后形成书面文件，作为本合同的补充条款，具备与本合同同等法律效力。

对本合同内容的任何修改和变更需用书面形式，并经双方签字确认后生效。

本合同为双方唯一的正式协议，其他任何方案，口头说明及与本项目有关的信函、传真、邮件等，均以本合同为准。

甲方（盖章）：________　　乙方（盖章）：________

代表人（签字）：______　　代表人（签字）：______

________年____月____日　　________年____月____日

签订地点：____________　　签订地点：____________

【项目小结】

本项目着重阐述了商务谈判结束过程，商务谈判结束后的签约过程。通过本项目的学习，学生应全面了解商务谈判结束及签约在整个谈判中的地位、作用以及如何正确利用结束阶段来落实谈判的效果，帮助学生学习商务谈判签约的策略与技巧，推动学生在商务谈判中的顺利收官以及提升其法律素养，培养学生良好的商务谈判能力。

【课后练习】

一、选择题

1. 商务谈判结束的判定标准有（　　）。

A. 谈判达成的交易条件　　B. 谈判的时间

C. 谈判的对象　　D. 谈判的策略

2. 商务谈判的结束方式包括（　　）。

A. 预约下次谈判　　B. 谈判成交

C. 谈判中止　　D. 谈判破裂

3. 通过谈判策略能推断出该轮谈判已经接近结束。这些策略有（　　）。

A. 一致式开局策略　　B. 最后立场策略

C. 折中进退策略　　D. 挑剔式开局策略

E. 一揽子交易策略　　F. 冷冻策略

4. 商务合同的拟定包括（　　）。

A. 预备阶段　　B. 起草阶段

C. 定稿阶段　　D. 维护阶段

5. 商务合同的预备阶段包括（　　）。

A. 与客户沟通，明确双方要求，列明合同重点

B. 借助网络寻找类似合同范本

C. 查明合同合法性问题

D. 列明可能产生的风险

6. 合同的起草阶段包括（　　）。

A. 查明合同合法性问题

B. 加强内部沟通，集思广益

C. 重点撰写合同的必备条款和常见条款与客户沟通，明确双方要求，列明合同重点

D. 比照参考合同、范本合同起草

二、填空题

1. 从谈判目标最终实现的程度来看，商务谈判可分为 6 种结果：________、________、________、________、________和________。

2. 根据《民法典》对合同履行的基本要求，在履行方式上，履行义务人必须首先按照________方式进行履行。如果约定不明确的，当事人可以________；协议不成的，可以根据合同的________来确定；如果仍然无法确定的，按照________的方式履行。

三、简答题

1. 简述商务谈判结束的判定标准。

2. 简述《民法典》生效后商务合同的变动以及其借鉴意义。

【谈判实训】

实训内容 15-1：准备一个合同案例来说明商务谈判结束后应该如何利用法律文书将谈判成果确定下来，并展开讨论相关的法律要点。

实训目的：通过制作相关案例 PPT 并演讲，增强对商务谈判结束后签约的认知。

实训对象：全体上课学生。

实训步骤：

1. 准备一个合同案例来说明商务谈判结束后及时签约的重要性，探讨签约过程中应该重点注意的法律问题。
2. 设计时间为 5 分钟左右的 PPT。
3. 上台演讲自己的 PPT。
4. 集体讨论。
5. 教师点评。

项目十六 商务谈判的沟通技巧

【知识结构图】

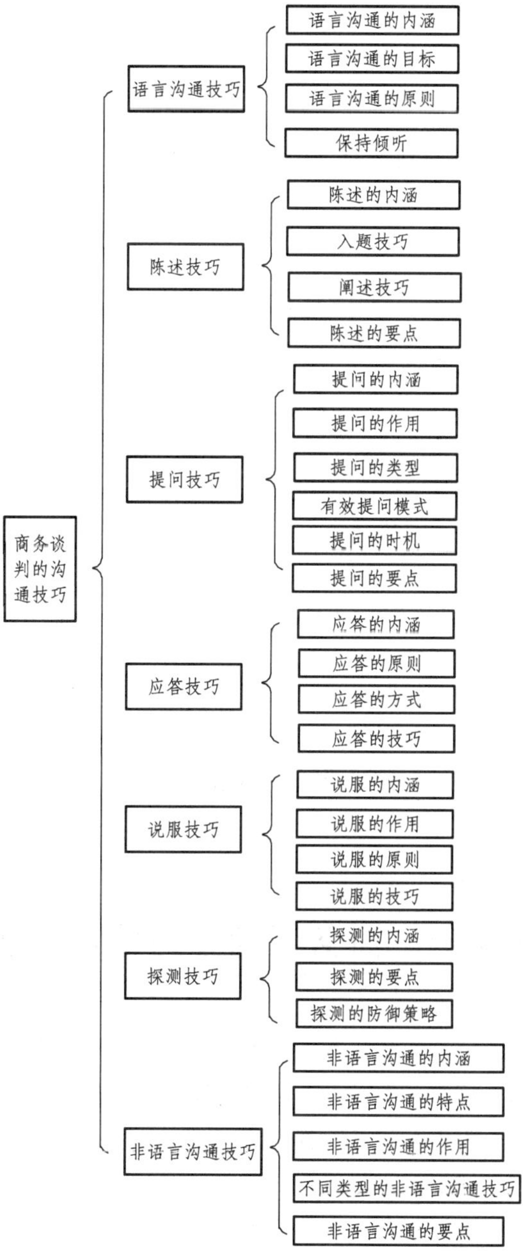

【知识目标】

1. 了解商务谈判中基本沟通技巧的类型和理论知识。
2. 理解沟通技巧的实用意义。
3. 识别商务谈判中对方的沟通陷阱。
4. 掌握提升自身商务谈判沟通技巧。

【能力目标】

1. 培养学生沟通技巧，提高学生的基本素质。
2. 培养学生理解商务谈判沟通的基本规则和要点。

【素质目标】

1. 提高学生自身的商务素质修养和谈判能力。
2. 提高学生应对各种商务谈判沟通风格和陷阱的能力。

【案例导入】

服装店的“好意”

在一家服装店，一位老年顾客挑选了一件肥大的上衣，售货员见老人挑的这件衣服过于肥大，就说：“这件衣服您不能穿。”老人感到奇怪，就随口问道：“怎么不能穿？”售货员说：“这件衣服能装你俩。”老人一听，怒气冲冲地质问道：“什么叫装俩？你这是卖衣服的，还是卖棺材的？”售货员本来是好意，认为衣服过于肥大，老人穿着不合适，但由于说话不当，不仅生意没做成，反而招致老人不愉快。

（资料来源：杜焕香. 国际商务谈判[M]. 北京大学出版社，2009.）

阅读上述案例后，思考以下问题：

1. 顾客为什么会生气？
2. 如果你是售货员，会怎么给老人提出建议？

任务一　商务谈判中的语言沟通技巧

商务谈判是谈判各方的信息交流过程，谈判人员之间在听、问、答、辩以及说服等过程中完成了谈判的信息传递与接收。谈判双方的神情姿势、仪态举止、遣词造句和语言停顿等，都反映了谈判人员的思维、需求和目的。谈判人员需要在谈判中仔细倾听对方的发言，注意观察对方每一个细微动作，捕捉对方思维过程的蛛丝马迹，以便及时了解对方的需求。沟通有自身的普遍性和复杂性，可以将其分为语言沟通和非语言沟通。

一、语言沟通的内涵

沟通是人与人之间、人与群体之间为求思想达成一致和情感的通畅，语言与非语言符号的传递及反馈的过程。其中，语言沟通是最为直接有效的沟通方式，一般是指以语句符号为载体实现的沟通。

“沟通”在《辞海》中的本意是两水通过挖沟开渠使其相互流通畅达的意思，出自《左传・哀公九年》:“秋，吴城邗，沟通江淮。” 沟通有名词和动词之分，作为名词时指一种状态，作为动词则指一种行为。“沟通”后来用于比喻两种思想的交流与分享等，在当今信息社会又泛指信息沟通。语言沟通则是指以语词符号为载体实现的沟通，主要包括口头沟通、书面沟通和电子沟通。在商务谈判中，语言沟通往往是一种双向沟通，信息发送者以协商、讨论或征求意见的方式发送给接收者，信息发出以后还需要及时听取反馈意见，必要时发送者与接收者还要进行多次交流，直到双方共同明确并基本满意为止。谈判各方在语言沟通的过程中如果能够及时给出反馈，表达自己的观点、建议，易于双方互相理解，形成融洽的人际交往关系。

二、语言沟通的目标

1. 传递信息

谈判人员在进行正式谈判前，应当明确需要向对方传递哪些信息，其中哪些是主要信息，哪些是次要信息。在商务谈判中，特别要提醒的是传递信息的目的不在于传递信息本身，而在于使对方接受传递出的信息。衡量信息传递效率的标准也是对方接受了多少信息，以及是否愿意按照传递者的意愿接收信息。优秀的谈判人员会根据对方的特点来设定传递信息的内容、数量、重点和方式，以求达到预定的传递效果。

2. 获取信息

商务谈判的沟通过程中，双方都在不断地传递信息和获取信息。例如，对方对于此次合作的态度、标的物的质量、交易的流程以及支付方式等。谈判人员需要在获取充足信息的前提下，分析对方的实际需求并判断己方需求是否能与其相互契合。因此，在谈判正式开始之前，谈判人员应当明确在谈判中需要通过沟通获得哪些信息以及信息的详细程度。

3. 建立关系

商务谈判的目的是通过达成协议合作来获取经济利益或解决面临的问题。沟通的过程中需要建立友好合作、相互信任的关系。只有在双方互相信任的谈判氛围下，才有助于达成真诚的合作。因此，谈判人员需要在设定沟通目标时考虑如何给对方留下诚实可信的形象，建立相互信任的关系，尽快地拉近双方的距离。

4. 理解共识

为了谈判双方在沟通过程中能够在某件事情上达成共识，谈判人员需要相互理解对方所表述的含义，最终能够对某些问题的观点取得共识。即使是在现阶段无法取得共识的情况下，双方也应该对所处境况及所采取的态度互相理解。

三、语言沟通的原则

1. 客观性原则

客观性原则是指在商务谈判中要以客观事实为基础，运用恰当的语言技巧来传递信息、表达观点。客观性原则是语言沟通过程中最基本的原则，是其他一切原则的基础。在表述的过程中，多使用客观事实进行说明能够自然地使对方产生坦诚相待的印象，为谈判的成功奠定基础。

2. 逻辑性原则

商务谈判的过程中谈判人员应该严格遵循表述的逻辑性，语言沟通过程中要做到概念明确、判断恰当、证据符实、推理符合逻辑规律。这就要求谈判人员在谈判前做好准备，掌握并分析相关资料，在谈判时有条理地传递出信息。同时，需要注意即使是不同的时间和地点，传递出的信息也要保持一致性和连续性。

3. 针对性原则

针对性原则是指在谈判过程中根据谈判的类型、阶段、内容、氛围以及对方的风格、目的、性格等的不同而使用不同的语言技巧进行沟通。从使用语言的角度来看，把谈判的特征分析得越详细，越能有效地、针对性地使用语言，以达到预期的效果。

4. 规范性原则

规范性原则是指谈判人员需要注意用词文明、精确、逻辑清晰、表述严谨，特别是涉及价格和数据的话题时需要注意语言的准确性。同时，谈判人员的用语也要文明有礼，符合商务特点和职业道德要求，避免用词不当、断句不清，避免使用容易造成误解的语言。

5. 灵活性原则

尽管谈判双方在事先都进行了充分的准备，但是在正式谈判过程中仍然会出现许多无法预测的状况。因此，谈判人员需要在谈判中临场组织语言，随机应变。在己方表述完毕之后，谈判人员需要关注对方的反应，从对方的姿态、眼神、表情、动作等来探测对方的接受度和感受，及时灵活地调整语言，设定语言内容、说话方式以及话题方向等。

四、保持倾听

倾听是沟通的前提，可以满足对方自尊的需要，减少对方自卫与对抗的意识，为心理沟通创造有利的条件和氛围。倾听并不只是用耳朵去接收信息，必须用心去理解，深入了解对方需求，准备做出回应。

1. 倾听的作用

在商务谈判中需要谈判人员保持注意力，配以积极的态度去倾听。倾听有助于充分获得必要的信息，帮助己方在后续的谈判中做出有效决策。保持倾听还可以探析出对方是否正确理解己方表达的观点，起到反馈的作用。专注的倾听也可以满足对方“自尊”的需要，引发“互尊”效应。最重要的是，保持倾听甚至可在谈判中促进人际关系更和谐地发展，起到建立关系的作用。

2. 耐心倾听

在双方沟通的过程中能够耐心地倾听对方的阐述是有效倾听的前提条件。如果对问题有不同观点，不要中途打断或妄下判断，一般可以先行记录等待对方发言完毕之后，再进行下一步的商讨或提出己方的看法。

3. 移情倾听

倾听是站在对方的立场上，移情式地听。在理解对方的基础上，能设身处地理清对方表述内容形成的原意。移情地倾听是十分有效的倾听方式，在谈判场合使用这种倾听方式，往往更容易创造和谐的谈判气氛，引导谈判走向成功。谈判人员在倾听时要避免带有批评性地听，避免先入为主，挑剔对方所述内容而引起争论。

4. 会心倾听

会心倾听是指在倾听的过程中要善于听弦外之意，不被庞杂的表面信息所迷惑，善于捕捉语言背后的真实意图。特别要注意对方的体态语，有时体态语可能传达出比言辞更为真实的信息。同时，要积极地呼应，可以对对方的阐述做出肯定性的评价或者简单地重复对方话语，也可以使用追问或非语言符号表示赞同，如注视、点头、微笑等肢体语言。

任务二　商务谈判中的陈述技巧

一、陈述的内涵

商务谈判的每个阶段都离不开陈述，是叙述自己的观点或问题的过程。主动性的阐述可以不受对方提问方向、范围的制约，在商务谈判中起着传递信息、沟通感情的重要作用。尤其是谈判开局阶段的叙述，要让对方了解自己的方案和立场，这直接影响双方对谈判全局的理解。谈判者能否把握陈述的要领，正确有效地运用陈述技巧是商务谈判的关键所在。在谈判过程中，陈述一般包括入题和阐述两个部分。

二、入题技巧

1. 迂回入题

谈判开始时可以采用迂回入题的方法，如先从题外话入题，从介绍己方谈判人员入题，或者从介绍本企业的生产、经营、财务状况入题等，谈判时要注意避免话题单刀直入，影响谈判的融洽气氛。讨论天气、旅行、本地特产这样的中性话题能够有效缓解双方人员初次见面的尴尬心理，轻松开始谈判。

2. 从细节入题

围绕谈判的主题，先从洽谈细节问题入题，条分缕析，丝丝入扣，待各项细节问题谈妥之后，便自然而然地达成了原则性的协议。这样的入题方式一般在小型商务谈判中使用较多，所需商洽的问题在具体的每一次谈判中，双方可以首先确定本次会议的谈判议题，然后从这一议题入手进行洽谈。

3. 从一般原则入题

一些大型的谈判中，由于需要洽谈的问题千头万绪，双方高级谈判人员不可能介入全部谈判，往往要分成若干等级进行多次谈判。这就需要采取先谈原则问题，再谈细节问题的方法入题。当双方就原则问题达成了一致之后，便有依据继续洽谈细节问题，从而能提高谈判效率。

三、阐述技巧

1. 简明扼要

商务谈判中要避免语言松散或过于口语化的语言方式，尽可能让自己的语言简练，否则可能使关键词语被淹没在拖拉繁长、毫无意义的语言中。谈判时语言要做到简练，针对性强，争取让对方大脑处在最佳接收信息状态时表述清楚己方的观点。如果要表达的是合同书、计划书等内容多样的信息，那么在阐述时可放慢语速，也可以穿插一些问句，引起对方的主动思考，吸引注意力。

2. 机会均等

开场阐述阶段，双方机会均等，各方均可阐述己方立场和观点。因此在开场阶段，只阐述自己的立场，而不必阐述双方的共同利益。

3. 立场分明

双方的注意力应放在自己的利益上，不要试图猜测对方的立场，以免引起对方的不满。在遇到分歧时双方都相对较敏感，如果语言过于直率或强势，很容易引起对方的本能对抗意识或招致反感。因此，在双方遇到分歧时，要面带笑容、语言委婉地与对手针锋相对，这样对方就不会启动头脑中本能的敌意，避免谈判陷入僵局。

4. 原则而不具体

开场阐述应是原则性的，而不是具体的。一般不宜进入实质问题的谈判。而且阐述时不必完全袒露或剖析自己的想法。如果对方一开始就想刺探己方情报，或企图以强者自居，己方对此可不必直接回答，以免一开始就出现分歧。

5. 让对方先谈

商务谈判中最大的压力来自信息不对称，所以谈判中无论是处于强势还是弱势的一方，在不了解情况的时候都应该慎重出牌。在谈判中让对方先阐述，可以让己方有更多的机会先一步了解对方的立场和谈判态度，为己方争取到尽可能大的利益空间。

四、陈述的要点

1. 直截了当

在谈判中，谈判人员应该把自己的想法和需求明确地表达出来，由此让对方了解己方的想法。同时，把对方想知道的信息传递出去，这样才能尽快获得信任，了解对方的想法，使谈判最终达成一致。值得注意的是，一定程度的坦诚相对是适宜的，绝对的坦诚可能会被对方利用。有的谈判者会在谈判的过程中闪烁其词，似乎在隐瞒自己的想法和动机，这样势必给对方留下一种不真诚的印象，从而影响谈话的气氛。

2. 简洁明了

大多数谈判者都期望尽快达成共识，因此在提出观点时需要进行必要的解释说明。同时，传递的内容应当具有可行性，否则就失去了商务沟通的意义。谈判人员提出观点的目的往往是使对方从中有所启发，为下一阶段的谈判搭起一座桥梁，因此语言必须简单明了。

3. 适宜的语速和语调

商务谈判中适宜使用平和的语调，不要咄咄逼人，语速也不宜过快。尤其是在谈判的白热化阶段，部分谈判人员为了尽快说服对方而急于表达自己的观点，可能会很急促地说话，这样做的后果是对方难以清晰地了解其含义。另外，谈判人员要避免试图用气势来压倒对方，这样很有可能导致对方以沉默来应对。

4. 互提建议

建议的提出和最佳方案的确定，需要双方的合作和共同努力。如果不是双方互提建议，而是一方对另一方的某个问题纠缠不休，则可能导致谈判失败或中断。不要过多地为自己的建议辩护，也不要直接抨击对方提出的建议。如果对方不但未提出自己的建议，并且对于己方的提议一直纠缠不休的话，那么谈判人员就应该设法引导对方提出他们的观点。只有双方通力合作，充分发挥各自的优势，在充分沟通的基础上寻求最佳方案，才有可能使谈判顺利地进行并达成共识。

任务三　商务谈判中的提问技巧

一、提问的内涵

提问是商务谈判中认识对方和对对方进行摸底探测的重要手段。通过巧妙而恰当的提问，可以更深入地了解对方的需求和动机，把握对方的心理状态。一些封闭式的选择发问也能起到诱导洽谈对象行为的作用，比如：在餐厅点餐时，服务员问顾客："您好，请问要喝咖啡吗？"或者是："您好，请问要喝果汁吗？"其回答往往是否定的。若是换一种问法："您好，请问是喝咖啡还是果汁？"这样的问题往往会让对方进入一个二选一的局面，诱使顾客做出给定范围内的选择。不同的发问形式，其心理诱导作用是不一样的，选用什么形式来首先提问，会直接决定洽谈的成功。在商务谈判中，灵活地运用提问技巧，不仅可以引起双方的讨论、获取信息，还可以掌控谈判的方向和进展。

二、提问的作用

1. 获取信息

在商务谈判中，提问最主要的作用是获取谈判需要的信息。双方需要了解对方的实力、需求，掌握各种有关的信息和背景资料。当谈判者对对方的情况不完全了解或需证实自己掌握的情况时，可以采用提问的方式来获取己方需要的信息。

2. 提升沟通效果

谈判是一个双方沟通的过程，为了避免沟通时出现障碍，可以采用带有征求询问性质的提问来表达自己的要求。征询的提问能在博取对方好感的情况下促使双方充分沟通，理清分歧的关键并使之不再进一步扩大。提问也可以引导对方思绪，如"对于交付周期，您有什么看法呢"，从而直接获取谈判信息。

3. 控制谈判进程

谈判中可以通过巧问引出或转移话题，使谈判向着有利于己方的方向发展。提问是引起话题的动因，可以决定和引导谈话的方向，控制谈判的进程。例如，当谈判气氛逐渐紧张，谈判思路受阻时，这时提问就可以放慢谈判速度以争取时间重新组织思路，发动新的攻势。

4. 传达真实感受

谈判人员提出的问题在为取得自己期望答案的同时，也会把自己的感受或已知的信息传达给对方。例如，"你方真有把握保证质量符合标准吗"，这句提问表面上是要对方回答保证质量的依据，同时也传达了问话人担心质量问题的信息。如果再辅以加重的语气，说明己方十分重视这一问题，这样的问题也给了对方一定压力。但这类问题要注意把握分寸，避免形成威胁。

三、提问的类型

1. 开放式提问

在商务谈判中，开放式提问是将回答的主动权让给对方的一种提问。这种提问对回答的内容限制不严格，可以在广泛的谈判话题下引出广泛的答复，是谈判人员获取价值信息的重要途径。同时，这一类问题可促使对方思考，从而发现对方的需求，以证实己方推测的准确性。这样的提问能够获得有价值的信息，如“您方需要的产品核心是什么”“您的周期计划是什么”“您对我们的新产品有什么看法”等。这样的提问需要对方做出大量的解释和说明，以便己方更深入地了解对方的合作目的。

2. 封闭式提问

封闭式提问是指能在特定领域中带出特定答复的问句，如“是”“否”或“不知道”此类的答案。这一类问题可以使发问者获得特定资料或确切的回答。但若提出的问题对方仅仅用“是”或者“否”来回答，那么谈判人员获取的信息显然太少，因此不得不问更多的问题，然而绝大多数人都不会喜欢连珠炮似的发问，问题过多反而会显得谈判过于紧迫。常用“A 还是 B”这种定向诱导型的选择发问，一般会将希望对方选择的内容放在“A”，对方往往容易将先接收的信息作为选择。明确的提问，对方必然需要明确的回答。封闭式的提问方式，最大的好处就在于能够确认对方对某一事件的态度和看法，高效地帮助己方了解对方的想法。

3. 引导性提问

引导式提问，一般是先陈述一个事实，然后再根据这个事实发问，让对方给出相应的信息。引导式发问旨在开渠引水，对对方的答案给予强烈的暗示，使对方的回答符合己方的预期。这类提问几乎使对方毫无选择余地而按发问者所设计好的答案应答。当己方无法把握对方深处的想法时，需要通过不断引导，发现其需求。

一般有以下 3 种引导方式：

（1）直接引导：“今天的天气真好，您说是吧？”例句虽然是问句，但在提问时常常是肯定的语气，属于直接引导的一种。

（2）间接引导：“这是今年最流行的款式，不知道您想买什么样的？”在提问的过程中加入了心理暗示，顾客常会顺着提问思路思考想要购买的款式，即使心理上可能会反驳自己不是想买最流行的款式，但其实已经接受了需要购买的暗示。

（3）选择式引导：当你走进一家首饰店，本来是随便看看，导购走上前询问“您今天想买手链还是耳环呢”，大部分人在这种情景下会进行选择。

在一般性商务谈判中，引导性提问倾向留下余地，所以采用间接引导和选择式引导的情况比较多。

4. 澄清式提问

澄清式提问旨在通过己方的提问，使对方对问题做出证明或进一步的解释。谈判人员可以针对对方的言论，使用提问的方式证实己方的理解或者重新提出问题以使对方进一步澄清或补充其之前的答复。例如：“您刚才说对目前进行的这一项合作可以取舍，这是不是说明您有全权跟我们进行谈判？”澄清式提问的作用在于它可以确保谈判各方能在叙述“同一语言”的基础上进行沟通，是针对对方的话语进行信息反馈的有效方法，也是双方达成密切合作的理想方式。

5. 探求式提问

探索式提问是针对对方答复，要求引申或举例说明，以便探索新问题进而找出新方法的一种发问方式。例如:“这样行得通吗？”“您说可以如期履约，有什么事实可以证明吗？”

“假设我们运用这种方案会怎样？”探索式发问不但可以进一步发掘更充分的信息，而且还可以显示发问者对对方答复的重视。

6. 协商式提问

协商式提问是采用商量的口吻向对方提问。这种提问，语气较为平缓，对方容易接受并同意己方的观点。例如：“您看我们这次合作在今天敲定，可以吗？”“我们双方尽快将合作项目的材料供应商确定，可以吗？”

7. 强迫选择式提问

强迫选择式提问旨在将己方的意见抛给对方，让对方在一个规定的狭小范围内进行选择回答。例如:“我们公司根据数量可以得到 3%～5%的优惠，请问贵方想要获得多大的力度呢？”运用这种提问方式要特别慎重，一般应在己方掌握充分的主动权的情况下使用，否则很容易使谈判出现僵局，甚至破裂。在使用强迫选择式发问时，要尽量做到语调柔和、措辞达意得体，以免给对方留下强加于人的不良印象。

8. 多层次提问

多层次式提问是含有多种主题的问句，即一个问句中包含多种内容。这类问句因含过多的主题而使对方难以周全把握。因此，在气氛友好的商务谈判中需要尽量避免使用多层次提问。但在某些选择了高压式的谈判中，使用多层次提问使对方感到难以掌控全局的压力也不失为一个好技巧。

四、有效提问模式

据研究，谈判中的有效提问几乎都可化为同一种模式，即先将疑问的内容力求用陈述句式表述，然后在陈述句式之后附以一些疑问语缀，与此同时配以适宜的肢体语言符号，这样的发问会更有效。其模式可以表述为：有效提问=陈述语气+疑问语缀。

有效提问的陈述部分一般用词谦逊，给人以真诚和可信任的心理感应，使对方在平和从容的心理氛围中应答，以达到预期的目的。例如，试图要求对方按照己方安排执行时，“贵公司的这批产品在 40 天完成，有可执行的方案吗”。这种发问方式能调动对方回答的积极性，并且充分满足对方渴求社会评价的肯定。有效提问的重点在最后的问句一般是具有征询、洽商意味的疑问词缀，能够满足对方被尊重的心理。

以下示例普通提问和有效提问：

（1）“贵方对于合作流程有什么意见吗？”

有效提问:“根据贵方多年的项目经验，合作有什么可以改进的地方，我们具体讨论一下好吗？”

（2）“大家对这个问题还有什么意见吗？”

有效提问：“各位都是资深的专业人士，都有不同的专业性见解，大家讨论一下好吗？”

谈判人员在提问时可以使用“6W”问句，即问句开头词都含有英文“W”字母：who、where、which、what、when、how。需要提醒是，在商务谈判的过程中，一般不会使用“why”作为问题的开头，因为 why 句发问容易使对方感到有“质问”之感。

五、提问的时机

在商务谈判中，了解不同时机提问的作用，掌握好提问的时机，有助于吸引对方的关注，掌握谈判的主动权。

1. 在情绪较好时提问

在商务谈判中，随时留心对方的情绪，在适当的时候提出相应的问题。比如当对方的情绪较好时，相对会更容易答应己方提出的要求；在谈判环境舒适随意的时候，可能会在不经意间透露相关信息。抓住合适的机会提出问题，通常会有较多的收获。

2. 己方发言前后提问

在商务谈判中，在己方发言前的提问，常常是自问自答。这样可以防止对方进入话题影响己方发言的节奏，也可以让对方重视己方的发言内容，如“您方刚才的意见要说明什么问题呢？”“具体细节等我们达成合作意向后落实，现在我来阐述一下我司的合作方案”。己方发言后的提问，一般是为了让谈判思路沿着己方预设的路线发展。例如，在表达了自己的观点之后向对方提问：“我们与其他供应商签订的付款方式一般就是这样，贵方对此有新的看法或者更好的建议吗？”

3. 对方发言完毕之后提问

在对方发言完毕后，针对其中的问题进行提问，是商务谈判中最适当的提问时机。在对方发言的过程中，己方应该认真地倾听并全面完整地了解对方的观点和意图，记录对方的发言要点，并梳理即将提出的问题。这样既表现出对对方的尊重，也能体现出己方谈判人员的涵养和对此场谈判的重视。

4. 对方发言的间歇时提问

基于商务谈判的基本礼仪，在对方发言中提问是不礼貌的。但如果在谈判中，对方发言离题、不得要领或者过于冗长时，可以在对方间歇或停顿时提问。例如：“您刚才说的我们在项目达成一致意见之后再详细讨论，我们先来探讨一下核心问题好吗？”有的特殊谈判中，也可以突然提出一个涉及对方要害的问题，打断对方的思路，使对方在猝不及防中吐露真言。但这种方式不宜多用，要注意时机和对方的反应。

六、提问的要点

1. 事先准备问题

在谈判的准备阶段，应根据对方的信息资料，事先准备好主要的提问逻辑和提问内容，列出详细的提纲。准备提问的内容和角度要慎重选择，既要有针对性又不能让对方为难。正式谈判中，观察总结对方的谈判风格和态度，结合谈判进度，根据前期提问计划多角度灵活地调整提问的内容和方式，将有准备的提问和随机提问相结合。

2. 避免无效问题

谈判中要避免提出无效的问题，如“贵方对这次的谈判是否有诚意”，这样的提问若出现在谈判中不仅无法得到有效的回答，甚至会因为质疑的语气使谈判的氛围紧张。如询问对方是否了解己方的谈判态度，“我方的态度你们明白了吗？”对谈判没有起到积极的作用，而且居高临下的语气易让人感受到不被尊重。这两类提问，都从根本上违背了谈判中提问澄清事实和获取信息的目的。

3. 善于追问

在商务谈判中，核实对方真实状况、磋商交易条件等敏感问题时，要敢于提问，善于追问。尤其是面对对方回避的问题时要有勇气反复提出。对于对方答复不够完整或故意转移话题的问题，要有耐心和毅力继续追问，直至得到对方对问题给予直接、全面的回答。

4. 等待回答

提问后应该保持沉默，专心等待对方回答。提问后保持沉默即是要求对方回答问题，如果对方拒绝回答己方的问题，就要对谈判中的僵局负责。因此，在对方未回答问题或对一个问题的回答未结束前，不要急于再次提问。

5. 语言简练

提问首先应明确自己问的是什么，用语准确简练，以免因含混不清产生不必要的误解。如果需要对方明确地回答，那么问话也要具体明确。提问一般只有一句话，因此提问的措辞十分重要，避免提一些使对方陷入窘境或引起焦虑与担心的问题。即使是谈判中的决策人物、核心人物，也不要为显示自己的特殊地位表现出盛气凌人，问句的措辞要慎重，避免有刺伤、为难对方的表现。

6. 态度友善

提问的语气应当亲切平和，语速适中，遣词造句需要斟酌，不能把提问变成审问或责问。咄咄逼人的提问容易给对方以居高临下的感觉。同时，也要避免提出对方不愿意回答或忌讳回答的问题。如果因为不恰当的提问使对方产生了防范心理，可能会影响谈判的进程、信息的获取。

任务四　商务谈判中的应答技巧

一、应答的内涵

商务谈判的整个过程是在问与答中逐渐完成的，应答与提问相伴而生。谈判中的问答，是一个证明、解释、反驳或促使双方观点达成一致的过程。面对相同的问题，不同的回答会产生不同的谈判效果。同时，商务谈判中的每一句应答都是非常审慎的。因为谈判中的应答不仅是表达观点，更是一种承诺。所以，谈判人员在应答时应该基于谈判的需要，明确什么该说，应该如何去说，使己方的回答更加有效。

二、应答的原则

谈判人员水平的高低，很大程度上取决于其答复问题的效果呈现。在商务谈判中，无论谈判人员的应答方式是什么，都应该在遵循原则的基础上进行应答。一般遵循的应答原则有以下几种。

1. 充分理解

在商务谈判中，每一句话都需要谨慎地对待。对于没有清楚了解真正含义的问题，谈判人员不要随意回答以避免出错。在未完全了解问题的真实含义之前贸然回答，不仅影响谈判进程，而且还有可能把一些不该说的内容透露给对方，使己方在接下来的谈判中陷于被动。为避免出错，谈判人员可以将自己理解的跟对方简单重述一遍，在得到对方确认后再做答复。

2. 诚恳应答

在回答对方提出的问题时，谈判人员要针对提问者的真实心理需求，本着真诚合作的态度，实事求是地回答对方提出的问题。回答时注意语言要简洁易懂，不应闪烁其词，态度暧昧，更不可流露出不耐烦的神情。如果某些问题涉及商业机密，则应委婉地说明以避免出现僵持或令双方尴尬的局面。另外，对于不知道答案或者只是一知半解的问题，应坦诚地告诉对方暂时无法给出答案，不能盲目地应答，以免付出额外的代价。

3. 敢于拒绝

在商务谈判中，当无法接受对方所提出的要求或建议时，一般己方在应答时不会直截了当地拒绝，因为有可能会立即造成尖锐、对立的气氛，以至于对整个谈判产生消极的影响。在应答情景下的拒绝，应该既要明确地表达出“不”，又要使用适宜的语言让对方理解和接受，避免给对方造成难堪和伤害，为双方以后的合作留有余地。

4. 有所“保留”

商务谈判是一个博弈的过程，因此谈判人员在应答的过程中要避免全盘托出，暴露己方的“底细”。谈判中应答时需要注意回答问题的范围，根据双方情况来判断哪些可以回答，哪些不便回答。谈判者为了避免应答中产生不必要的失误，可以将对方问话的范围缩小，或者对回答的背景加以修饰和说明。

三、应答的方式

1. 针对式应答

针对式应答是在谈判过程中效率最高、最容易获得对方好感的一种回答方式，一般是针对提问人心理预设的答案来回答问题。因此，这就要求谈判人员能够理解提问者的真实意图，应经过慎重的考虑之后再作答。

2. 局限式应答

面对对方的问题，并不完全回答提问的内容或者将对方提问的范围缩小后进行回答，一般是为了突出某种观点或为达成己方某种目的。例如，对方提出问题："贵公司系列产品的包装如何？"己方人员在回答时可以仅就包装的特点进行介绍，给对方留下包装精美的印象即可。

3. 转换式应答

在商务谈判的过程中，可能问题会涉及己方形象或者商业机密等，那么谈判人员在应答的时候可以将问题转换为相关的可回答的问题。例如，对方询问："请问贵公司的月生产力是多少？"这样的问题或多或少可能涉及己方的商业机密，己方可以回答相对应的交付周期，将问题转换至己方能够回答的范围内。

4. 反问式应答

谈判中对于一些难以回答的问题，可以用反问的形式以问代答，把问题又抛回给对方。比如，双方谈判进展得不是很顺利时，对方问"贵方是否真的能拿出诚意来完成此项目"。此时，我们可以用相近的问题把这个难题又抛给对方："请问您对我们之间合作的前景又是怎么看的呢？"一般情况下，这对于打破窘境十分有效。此外，对于一些自己不想回答又想探探对方虚实的问题，也可用反问式的回答技巧，将主动权掌握在己方手中。

5. 含糊式应答

对某些不便回答，尤其是事关谈判底牌或忌讳的问题，谈判人员可以采用含糊式回答，用模棱两可、弹性较大的回答或者绕开问题本身而谈与之相关的内容。例如，对方询问，"请问贵方计划购买多少台设备？"若这个问题设计到了谈判的底牌，可以回答："这需要根据具体情况而定，主要看贵公司的价格和优惠条件。"

知识链接

在洽谈的整个应答过程中，往往会使洽谈的双方或多或少地感受到一股非及时答复不可的压力。在这股压力下，洽谈人如何巧妙地应答每一个提问，是博弈中的一种策略。以下两种情况下，分别可采取不同的策略：

第一种情况，对某些问题需要思考时的策略：

（1）可让对方再重复一下或解释一下；

（2）如有人打岔，不妨让他干扰一下；

（3）可暗示自己的助手，适当地将话题扯远一些。

第二种情况，对某些应答问题不便回答时的策略：

（1）顾左右而言他；

（2）用数据不全或资料不全为借口；

（3）需请示领导或有关方面；

（4）"让我们研究一下"。

有些擅长应答的洽谈高手，其技巧往往在于给对方提供的是一些等于没有答复的应答。例如：

“在回答您的问题之前，我想先听听贵公司的观点。”

这句的应答技巧在于用对方再次叙述的时间来争取思考时间。

“很抱歉，对您所提及的问题，我们需要研究研究。”

这句的应答为了回避实质性的问题而采用了一种模糊应答法。

“我不太清楚您所说的含义是什么，是否请您把这个问题再说一下？”

这句的应答技巧常用于针对一些不值得回答的问题，让对方澄清他所提出的问题，或许当对方再说一次的时候，也就寻到了答案。

“我们的价格是高了点儿，但是我们的产品在关键部位使用了优质进口零件，延长了使用寿命。

这句的应答技巧是用“是……但是……”的反转语句，让对方先觉得尊重他的意见，而后话锋一转，提出自己的看法，这叫“退一步，进两步”。

四、应答的技巧

1. 留有充分的思考时间

在对方提问之后，谈判人员应该给自己留一些思考的时间，把握对方提问的目的和动机，然后决定己方的回答方式和范围，并预测在己方答复后对方的态度和反应，考虑周详之后再做应答。谈判人员应答的好坏与思考的时间往往呈正比，当提问者不断追问，迫使谈判人员在对问题没有进行充分思考的情况下仓促作答，很容易进入对方预先设下的圈套，或是暴露本方的谈判意图而陷于被动。若对方提问后长时间的沉默也有破坏谈判氛围的可能，因此面对无法立即应答的问题，谈判人员可以用喝水，调整自己的坐姿，整理资料文件，或翻看笔记等动作，借助这些自然的动作给自己考虑对方提出的问题和回答留足时间。

2. 换位思考

在商务谈判中，谈判者提出问题的目的往往是多种多样的，动机也相对复杂。有时提问者为获取更多信息，会有意含糊其词，使提出的问题模棱两可。如果在谈判中，我们没有弄清对方的根本意图，就按照常规做出应答，很可能出现漏洞，甚至会中对方的圈套。因此，在做出应答前一定要先探明对方的真实心理。一般来说，换位思考是最常用的方式，即依照提问者的立场和心理假设回答。例如，如果在谈判最后阶段对方问：“贵方产品的价格为什么比市场高出 10%？”显然这时对方希望我方降低产品价格，而不是真的想知道产品价格的构成。因此，谈判人员应当介绍产品的优点或强调产品给对方带来的利益等让对方接受价格。

3. 淡化追问兴致

在商务谈判中，如果对方提问者发现了己方应答的漏洞，常常会刨根问底地追问下去。如果谈判一方连续性地提问且提问环环相扣，步步进逼，应答方就有可能掉进对方的圈套，甚至有可能导致谈判的失败。所以，谈判人员在做应答时要特别注意不能让对方抓住某一点继续发问。如果在应答的过程中已经出现了漏洞，则需要谈判人员设法淡化对方追问的兴致。例如，“这个问题我们做过备案，十分容易解决，但现在还不是讨论的时候。”“现在讨论这个问题还为时尚早。”根据不同语境有不同的遏制对方进攻的方式，一个优秀的谈判人员甚至可以通过巧妙的语言变被动为主动，在谈判中抢占上风。

4. 不全面或不正面应答

在谈判过程中，部分问题是不适宜彻底回答的。这时，将对方问话的范围缩小或者回答之前加以修饰不做深层次的答复。一是为了突出重点，如对方问：“不知贵方的产品质量如何？”对于此类问题，己方不必把所有反映产品质量的因素都一一做详细介绍，只需从中选择几个主要因素进行回答即可。不做彻底应答的另外一种用途是避正答偏，例如，在外购买电器询价时，销售人员担心顾客可能会因为价格直接放弃产品，他可能会回道：“先生，我相信你会对价格很满意的。请让我把这台冰箱和其他冰箱不同的特殊性能先给您介绍一下好吗？”甚至谈判人员可以采取较含糊的语言作答，也可以把重点转移，既避开了提问者的锋芒，又给自己留下了一定的余地。

5. 找借口拖延答复

若对方提出问题，己方尚未思考出满意的答案，而对方又紧追不舍，这时己方应设法找借口拖延答复。一般可以用资料不全或需要请示等借口来拖延答复，例如：“对您所提的问题，我没有第一手资料来答复，我想您是希望我为您做详尽圆满的答复的，但这需要时间，我们可以后面再细谈吗？”或者可以使用职权范围限制的理由，例如：“您的提问超越了我的授权范围，我现在暂时无法给您答复。”需注意的是，拖延答复并不是拒绝答复，因此，谈判人员在拖延时要进一步思考如何回答问题。

任务五　商务谈判中的说服技巧

一、说服的内涵

说服是一门艺术，是谈判中必不可少又很难掌握的一种技巧。谈判者在谈判中应该坚持互利互信等原则，并注重各种说服技巧的应用，以有效地影响对方的态度和行为，达到预期目标。谈判的沟通是一种说服性沟通，双方都在有意识地传递有说服力的信息，化解谈判中的分歧并消除疑虑，并设法使他人改变初衷并接受己方的意见。谈判双方说服对方接受己方的部分需求，包括产品信息、支付条件、对双方未来关系的构建和交易方式等相关的看法，最终目的都是达成对己方有利的协议。

二、说服的作用

1. 利于己方利益

在商务谈判中，说服常常是为了促进谈判达成有利于己方利益的协议。在谈判中双方之间关系的构建和最终协议的达成，在很大程度上被能否有效地说服对方接受自己的观点所影响。在某些不能达成一致的问题上，谈判人员需要应用各种说服技巧取得对方的共识。若谈判人员缺乏说服技巧，无效的说服结果可能会引起争执，甚至威胁双方之间的关系建立。

2. 建立良好形象

谈判人员充分运用说服技巧不仅能够获得有利于己方的协议，也有助于建立良好的企业形象。谈判人员代表着己方企业的形象，若谈判人员在整个过程中能够客观公正地表明己方观点，沉着冷静分析双方得失，往往能在对方心中树立起良好的形象，为双方未来的谈判奠定良好的基础。

3. 提高谈判效率

谈判是双方交换信息、求同存异，以求达成共识的过程。在谈判过程中，有效的说服能够促进双方尽快消除分歧，达成一致观点。避免双方在谈判过程中产生不必要的抵触和对抗，大幅缩短磋商时间，提高谈判效率。

三、说服的原则

1. 真诚平等

在谈判的说服过程中，各方应该秉承平等、真诚的态度，尊重对方的人格和观点。商务谈判中无论各方经济实力的强弱、组织规模的大小，其地位都是平等的。谈判各方拥有相互平等的权利和地位，应当互相尊重、态度友好，不能把自己的意志强加于对方。谈判人员在说服时，既要考虑己方的利益，也要考虑被说服方的需求。在双方建立信任之后，被说服方才有可能认为说服方是在善意的前提下提出了观点。被说服方只有从内心相信这不会带来利益上的损失，才能真正接受说服方的观点。

2. 注重逻辑

谈判人员在整个谈判过程中必须注意语言表达的逻辑性，要保持思想的同一性、明确性、论证性和无矛盾性。能够有效地影响对方态度的说服必须有无懈可击的逻辑，才能使对方真心接纳。在说服的过程中尤其要注意逻辑的连贯性，说服的句与句之间要能合乎逻辑地进行推理。

3. 求同存异

面对利益分歧时，各方都在试图说服对方以获得己方利益，在谈判中稍有不慎便会陷入僵局。谈判人员应该从大局着眼，努力寻求共同利益，强调一致性比强调差异性更容易提高对方接受说服的概率。谈判是合作的利己主义，在双方互利的基础上更易达成协议。因此，谈判人员也应以己方发展的整体利益和长远利益为根本，承认双方的利益分歧，分析双方需求的差异和利益的不同，寻求可能形成的共同利益，如需求的互补和利益的契合。

四、说服的技巧

1. 说服的步骤

一般情况下，成功的说服步骤可以分为 3 步：首先，谈判人员需要理解对方的立场，获取对方的信任。谈判人员如果在对方表达完毕之后马上就提出与其对立的观点，对方很可能产生逆反心理，进而对己方提出的观点产生成见。因此谈判人员应当站在对方的立场上，先肯定对方的部分观点或表达对对方的理解。其次，针对对方的心理，发现对方的真实需要，根据其心理和真实需求，有的放矢地寻求双方的共同利益，找到说服对方的有效方法和语言。最后，根据对方的真实需要建立与己方观点的桥梁。最基本的路径是根据对方的需求找出一种全新的，同时也满足己方利益需求的观点。这种新的观点在陈述逻辑上是从满足对方需求出发的，因此更容易为对方所接受。

2. 先易后难

先易后难的说服技巧有利于消除谈判的紧张氛围，逐步提高谈判人员的自信，使谈判人员以饱满的精神和较佳的状态来攻克后续的说服难题。在谈判中遇到分歧时，谈判人员先选择谈容易取得协议的问题比富有争论性的问题更容易说服对方。一般可以先把对方容易接受的、分歧性小的内容放在前面先做说服，再把双方分歧较大的内容放在后面后做说服。并且使用横向谈判的模式，逐个讨论分歧点的过程中，若是出现了更深的矛盾和分歧，就把其放在后面讨论。这样能最大限度地避免无法说服分歧点产生的紧张焦虑情绪，可以提高谈判人员说服的思维逻辑。

3. 创造氛围

在沟通过程中清晰地分析谈判事实、从双方互利共赢的角度启发对方、鼓励对方接受己方的观点，在说服的过程中，创造出良好的“认可”氛围。切忌将对方视为必须击败的对手，将谈判视为一场非赢即输的战斗。如果将对方视为要击败的对象，这样的谈判态度甚至会构成说服过程中的一大障碍，引起谈判气氛的紧张和双方之间不信任的对抗。

4. 理解对方

谈判人员在说服的过程中可以将对方的情感体验、思维方式等与对方联系起来，站在对方的立场上体验和思考问题，与对方在情感上得到沟通，为对方接受谈判者的说服奠定基础。这就要求谈判者事先了解对方的年龄、性格、爱好等信息，充分了解对方才易理解对方的思维方式，以对方习惯的能够接受的方式、方法去开展说服工作以达到好的说服效果。

5. 强调一致性

谈判人员可以强调与对方立场、观点、需求的一致，同时淡化与对方立场、观点及需求的差异，从而提高对方对观点的认识程度和接纳程度，也可以强调对对方有利的条件，强调互惠互利的可能性和现实性，激发对方在自身利益认同的基础上接纳己方观点和意见。

6. 注重证据

谈判中的说服，应运用客观标准去处理实质性冲突，利用公平的程序去缓解双方的利益纠纷。例如，当双方因为其他同类产品价格更低而无法在本次标的物上达成一致时，谈判人员可以提供产品参数、行业标准、市场预估等此类能满足对方需要的资料、信息来增强说服的可靠性。

知识链接

有效说服的方法集锦

1. 下台阶法

当对方自尊心很强、不愿承认自己的错误时，不妨先给对方一个台阶下，说先提及对方正确的方面，再说对方错误存在的客观根据，给对方提供一些自我安慰的条件和机会。

2. 等待法

对方可能一时难以说服，不妨等待一段时间。有时对方虽然没有当面改变看法，但对己方的态度和传递的信息，会在事后加以回忆和思考。需强调的是，在说服他人时，不可急于求成，等时机成熟时再交谈往往能获得比较好的效果。等待不等于放弃，任何事情都要给他人留有一定的思考和选择的时间。

3. 迂回法

当对方很难听进正面道理时，不要强逼其进行辩论，而应该采取迂回的办法。如同作战时，对方已经防备森严，从正面很难突破。最好的解决办法就是迂回前进，设法找到对方的弱点，一举击破。当正面道理很难说服对方时，可以暂时避开主题，谈论一些对方的观点，使他感觉到己方是可以信任的，然后再把话转入主题，晓之以利害，对方可能会更加冷静地考虑己方的意见，也就更容易接受己方的说服。

4. 沉默法

当对方提出反驳意见或有意刁难时，有时己方会做些解释，但是对于某些不值得反驳的意见，则需要使用一些艺术手法，如可以表示沉默。对于一些纠缠不清的问题，或者遇上不讲道理的人，采取不予理睬的方式，对方会觉得自己所提的问题可能没有什么意义或意识到自己冒犯了他人，从而在沉默中感到没趣，也就不再坚持自己的意见，从而达到说服对方的目的。

5. 重复法

要完全消除不确切和夸大了的意见是件十分困难的事。但对一个有经验的谈判人员来说，总是可以用比较婉转的语言和方式把对方的反对意见加以重复，让对方认可，甚至改变反对意见的性质。比如对方提出："产品价格太昂贵了，太不合理了。"谈判人员可以用温和的口气和婉转的方式回答："是的，我理解你的心情，您是否认为这些产品不太便宜？"进而再回答对方提出的问题。这里"不太便宜"和"太昂贵""太不合理"虽然表面上是一个含义，但分量和强度显然有所不同，这一点对于说服对方是非常有益的。同样，这样的方法，对于某些性格自恋或顽固的谈判人员也很有效。

6. 比较法

用比较的方法说服对方，比直截了当地反驳效果要好得多。可以列举对方比较熟悉的资料和例子进行各方面的比较。例如，在销售电风扇的洽谈中，对方对产品在质量、价格、维修服务等方面提出非议或不合理的要求。不妨就这几方面的问题与对方所熟知的电风扇或名牌电风扇进行具体的比较说明。这样做远比单一的、直接的说教效果好。

任务六　商务谈判中的探测技巧

一、探测的内涵

在商务谈判中，谈判各方都有自己的底牌，如底价、权限、时限以及基本交易条件等。谈判一开始，双方就会围绕这些内容施展各自的探测技巧，以求在谈判上获得主动权，占据有利地位。在谈判沟通过程中，如何更快地探测对方的谈判意图，得到关键信息的同时又避免对方获得己方过多信息是本节的主要内容。

二、探测的要点

1. 熟悉对方

为了顺利地进行谈判，要充分了解和研究对方的谈判目标，再将其与己方的目标进行比较和权衡，然后就对方的强项、弱项以及可能采取的战略进行分析，并思考相应的对策。在对对方的民族、性格、文化背景、信仰、文化程度以及爱好都有一定的了解之后，才可能根据对方的特点进行一系列的探测，从对方最易着手的地方进行谈判。掌握对方的信息可以很好地了解对方的战略、战术，甚至价格底线。同时，也要熟悉对方的利益，然后分析出双方利益的重合点，使谈判更加顺利。

2. 保持倾听

在商务谈判中，探测对方意图最好的办法之一就是倾听对方的陈述。能否通过对方的陈述掌握可用信息，是评判一位谈判人员优秀与否的要素之一。缺乏经验的谈判者经常在无意中打断对方的回答，从而失去了连贯地从对方谈话里掌握信息的机会。在对方愿意流露更多的信息时，注意要让对方多提供一些信息，而不是把对方的谈话引到过于狭窄的话题，使其传递信息的渠道中断。成功谈判的关键在于倾听，同时不断向对方提出思索后的问题，确保自己能完全正确理解对方。倾听的过程中会获得大量宝贵信息，不但要努力地听对方的语言信息，还要仔细地听对方语言信息之外的其他信息。

3. 寻找契机

寻找契机就是寻找和创造有利的条件或抓住有利时机来实现探测的目的。在谈判过程中，需要谈判人员去分析和利用谈判进程、调控谈判氛围、把控时机，以寻求一个适宜的探测契机，来推动谈判的进程。

4. 赞美对方

在商务谈判中，赞美对方是一个非常好的拉近人与人之间距离，以便更好地探测的方式。赞美无须刻意修饰，只要发自内心，真情流露，就会收到很好的效果。要更好地发挥赞美的效果，需要注意实事求是、措辞恰当，尽量避免过度的赞美。过度的赞美，空洞的奉承，都会令对方感到难以接受，甚至感到厌恶，导致适得其反的结果。在商务谈判中，赞美对方的行为比赞美其本人更适宜，因为赞美一个人的行为时，赞许的话语会更显得真诚。赞美要具体、深入、细致，以便给对方留下深刻印象，令对方在无形中心生亲切，拉近距离，对谈判人员后续提出的要求也就能更自然地接受。

5. 投其所好

投其所好是商务谈判中经常运用的策略，在谈判过程中，从谈论对方的爱好、生活方式等入手，投其所好，从心理上接近对方，以得到对方的共鸣和信任。在此期间，也能创造一个轻松愉悦的谈判环境，使对方从心理上放松，从而较容易从与对方的聊天中获取更多的真实谈判信息。

6. 提问应答

直接发问是在处理简单探测信息时，最直接简便的方法，即直接向对方提出一个特定的问题，要求对方坦率地回答。己方回答对方的关键问题时，若是故意模棱两可，会促使对方进一步的提问，进而从对方的追问中探测到其关注要点。

三、探测的防御策略

谈判各方在整个过程中都无时无刻不在探测对方的底线、战略、目的。谈判人员需要在保持商务礼仪的情况下，避免在表述己方立场的过程中泄露己方的真实意图，并且使谈判向着有利于己方的方向发展。

1. 把握对方行为的目的

谈判者在谈判桌上的语言符号和非语言符号是多种多样的，动机也是复杂的。如果谈判人员没有经过深思熟虑，就按常规来应对的话，往往会产生不佳的后果。尤其是面对意义不明的探测，谈判人员需要认真思考，判断对方的意图，做出一个巧妙的回答。例如，曾经有一个西方记者问周恩来：“中国银行有多少钱？”周恩来回答：“中国人民银行的货币资金有18元8角8分。”因为中国人民银行发行的钱币面额有10元、5元、2元、1元、5角、2角、1角、5分、2分、1分，一共10种人民币，合计18元8角8分。一个巧妙的回答可以让对方因你的智慧而深感佩服。

2. 以退为进

己方对对方的意图并不十分清楚，而对方也在窥视自己的意图时，一般会采取以退为进的策略。让对方先表述意图，或想办法激发对方的表达意愿，促使对方首先表达自己的想法。如果对方的意图与己方不谋而合，并且能够达到双赢的效果，这是最理想的。但更多的时候可能会产生利益上的分歧，谈判人员可以委婉地表达自己对这个问题的不同态度。表达时态度要委婉，磨去说话的“棱角”，使语言变得软化一些，谈判对手才能既从理智上，又在情感上更加容易地接受新的观点。谈判人员可以尽量使用如“好吗、对吧、可以吗”一类的语气词，使对方感受到己方是在征求意见，而不是在强硬地灌输观点。

3. 语言模糊

在谈判中对方可能会提出谈判人员不愿或不便暴露真实的信息的问题。谈判人员这时给出模棱两可的回答，提问者或许会进一步提问，在对方进一步的提问中甚至可能获取更多的信息。例如，对方提到己方竞争对手的产品比己方产品更好，谈判人员可以回答各家都有自己的优点，并将话题转移到介绍产品上。这样的处理既不伤害他人的利益，又不使己方难堪。

4. 有限权力

当谈判双方就某个问题进行协商时，对方若是提出某种要求企图让己方让步，谈判人员可以运用有限权力技巧，即表明自己无权向对方做出这样的让步，或无法更改既成事实。因为权力有限，对方如果想继续只能依据谈判人员的权限考虑。这样既维护了己方的利益，又给了对方面子。谈判专家认为，受到限制的权力具有真正的力量，一个受了限制的谈判者要比拥有绝对话语权的谈判者处于更有利的地位。优秀的谈判人员必须学会利用有限的权力，并将其作为谈判的工具，避免在对方探测时透露过多的信息。

任务七　商务谈判中的非语言沟通技巧

一、非语言沟通的内涵

信息的内容往往通过语言来表达，非语言则提供解释内容的框架，以表达信息的相关部分。非语言沟通以人的仪表、服饰、姿态、动作、神情等非语言信息作为沟通媒介进行信息传递，是人际沟通的重要方式之一。这些非语言行为又称体态语、身势语、身体语言、动作语言、无声语言等，具有增强有声语言表现力和感染力的重要意义。更深层次的非语言沟通包含除语言符号之外的各种符号系统，包括形体语言、副语言、空间利用以及沟通环境等。

据统计，在信息传递的全部效果中，有 7%是词语，38%是声音，而身体语言沟通所起的效果最明显，达到了 55%。非言语沟通不仅是对交流各方利用语言进行信息交流的一种补充，更是人与人之间的心理沟通，是人的情绪和情感、态度和兴趣的相互交流和相互感应。人们在日常交往中往往会发现，有时非语言沟通可以起到语言文字所不能替代的作用。在谈判过程中，谈判人员的手势、表情、眼神、笑声等都可以影响对语言的理解和谈判的氛围。

在情感的表达、态度的显示、气质的表现等方面，非语言表达更能显示出它独有的特性和作用。巧妙地运用语言和非语言两种信息，不仅可以使人们听到绘声绘色的讲述，还可以通过丰富多彩的表情、姿态、动作，获得形象的感受。同时，准确、优美的身体语言还可以体现谈判者高尚的文化修养，增加对沟通对象的吸引力。

二、非语言沟通的特点

1. 无意识性

人们的非言语行为更多的是一种对外界刺激的直接反应，是无意识的反应。非语言沟通是在无意识中发生的，并不像语言沟通那样有确定的语法和结构。它的顺序是随机的，在谈判中与人沟通，谈判者会事先准备问题、交谈话术，但不会计划什么时候看着对方，什么时候摸头、跷腿或者站起来。在交谈的期间这些非语言动作大多是无意识的。仅有的非语言沟通规则是此种行为在某种场合是否恰当或被容许。例如，在庄重肃穆的场景，得知了令人高兴的消息，也不能过分展露在肢体或表情上。

2. 连续性

语言沟通从词语开始并以词语结束，而非语言沟通是连续的，非语言的沟通可以使人保持不间断的沟通。在谈判过程中，无论对方沉默还是言语，只要他在视线范围内，他的所有动作、表情都传递着非语言信息。比如在一家百货商店里，一名年轻女士在服装柜台前拿起几样衣物反复对比又放下，这表明她拿不定主意；一名小孩拉着母亲哭闹要新款玩具，收款员皱着眉头，可以清晰地看出他的不耐烦；一位顾客在收银台前排队，他不时地抬头张望队伍前还有多少名顾客，这表明他很着急；商店中的所有人的非语言动作都向我们传递着信息，并且是连续的，直到他们从视线中消失。

3. 真实性

在商务谈判中，可以通过观察对方的言行举止，判断出对方的合作诚意和所关心的目标等。人们很容易学会控制并操纵自己的语言，非语言行为在交际过程中可控性较小，它们很容易在沟通中不知不觉地显现出来。大多数非语言符号是人类本能、偶然的表达，这些信息发自内心深处，极难压抑和掩盖，是沟通主体内心情感的自然流露。因而，非语言符号所传递的信息常常可以印证有声语言所传递的信息真实与否。在沟通过程中，若语言和非语言所表达出来的信息有所矛盾时，人们更愿意选择相信非语言符号所代表的意义。

4. 通用性

非语言具有跨文化的特征，许多身体语言符号在不同的文化背景下是相同的。非语言沟通几乎可以在任何文化背景的人之间发生，无论男女老少，无论民族、国家、地区，都可以用类似的非语言符号来表达同样的情感。借助这些体态语言信号，人们可以实现有效的沟通。但非语言信息的展现，与说话人的性格、气质也紧密相关，因此商务谈判中需要在了解对方个性特征的前提下解读其所展现的非语言符号。

5. 民族性

除了通用的非语言符号外，一部分非语言沟通在很大程度上受种族、地域、历史、文化、风俗习惯等影响。一般来说，大多数非语言行为是在孩童时期形成的，由家庭教育和社会环境耳濡目染而来。特定的社会和文化群体，形成某些独特的特性和风格。很多非语言符号对人们所隶属的文化或亚文化而言是独有的。当面对全球不同文化时，差异往往会更大，比如当人们第一次相遇时，美国人多用目光接触，身体接触局限在有力的握手上；太平洋的麦可尼西亚群岛人既不说话也无身体接触，他们通过挑起眉毛或点头问候对方；波兰则不一样，男士在第一次与女士相见时，可以吻对方的手以示礼节。

三、非语言沟通的作用

1. 加强作用

在沟通过程中，非语言沟通与语言沟通关系密切，经常相伴而生。通过非语言信息符号的传达，语言信息通常能得到补充与强化。人们使用自己的语言沟通时，若附带有相应的表情和其他非言语符号，能起到重复言语所表达的意思或来加深印象的作用。例如，在谈判中提到核心问题时，手轻敲桌面示意人们集中精神，或通过语调来强调有关信息的重要性。

2. 辅助作用

非言语符号又称“伴随语言”，作为语言沟通的辅助工具，使语言表达得更准确、有力、生动、具体。人们说话时的声调高低、强弱或说话的停顿和沉默都会产生言外之意的效果。非语言行为是伴随语言行为发生的，是生动的、持续的，它可更直观形象地表达语言行为所表达的意思，比语言行为更接近事实。

3. 替代作用

非语言信息作为一种特定的形象语言,它甚至可以产生语言沟通所不能达到的交际效果，传递许多用语言不能传递的信息。比如，谈判中某一方即使没有说话，也可以从其非言语符号中获取信息，皱眉避而不答表示反对意见，点头微笑表示赞同意见。在某些场合，非语言符号甚至比使用语言符号更为合适，比如在噪声较大的施工场所，人们无法听见对方讲话，便可以用手势来指挥塔吊的工作、停车的位置和距离；在实弹射击场，老师在学生射击过程中，除在射击前和射击结束时下达正常的口令外，在射击过程中不针对单个或部分学生下达口令，只是简短提示，以免惊吓其他学生而发生意外事故。值得注意的是，这种替代是有条件的，需要在同样文化氛围或者是普遍被人们认同的规则下才能应用，否则可能引起误解。

4. 调整作用

在商务谈判中，通常借助非言语符号调整和控制语言，来表示交流沟通中不同阶段的意向，传递自己意向变化的信息。例如在谈判初期，谈判者抱胸皱眉呈防守状态可以给对方施加压力，到谈判渐入佳境后，肢体动作和面部表情呈放松态，这样的变化能使双方的谈判状态做出转变，甚至影响整体谈判风格和谈判策略。在面试中，面试官适时的微笑有助于营造和谐融洽的交流氛围，适度的微笑往往给予初次面试的应聘者莫大鼓励，从而有助于面试的顺利进行。

5. 表情答意作用

非语言符号能够表达超语言意义，在许多场合非语言要比语言更具有雄辩力。高兴的时候开怀大笑，悲伤的时候失声痛哭，认同对方时深深地点头，这些都要比语言沟通更能直接地表达当事人的心情。运用较多的非言语工具是目光语和手势语，目光语和手势语等非言语在许多情况下具有语言文字所不能替代的表情答意的作用。

6. 增进情感作用

特定环境下的非语言行为具有特定的意义，它能够稳定对方的情绪，改善对方不良的心理状态，增强对方的信心，使交流的氛围更和谐。交流双方可通过观察对方的表情、动作、手势等了解对方的心理需求和心理变化，针对性地去满足对方的生理及心理需要。交流双方恰到好处地应用非语言沟通，能弥补某些状态下语言交流的不足，促进双方沟通，提高交流质量。比如在对方表述时，身体前倾做出专心聆听态，则表示倾听者对讲话人的看法很重视，能使其对己方产生信赖和好感，使讲话者形成愉悦、宽容的心理，在谈判中也易使双方的关系更加亲和，有利于双方达成一致协议。

四、不同类型的非语言沟通技巧

按照非语言沟通信息传递的介质分类，非语言沟通可以分为副语言沟通、身体语言沟通和环境语言沟通。

（一）副语言沟通

副语言沟通是指有声但没有具体意义的辅助语言，包括说话者的音质、音调、语速以及停顿和叹词。副语言虽然有声音，但因为本身没有具体的语义，所以不能称为语言。尽管如此，副语言沟通却能传递出非常丰富的信息，在某些场合甚至胜似语言。比如：在“你在做什么”一句中，当人们将重音放在“做”字上时，常常仅表示想了解对方状态；而当人们将重音放在“在”字并将“什么”一词尾音拉长时，通常展现出了一种质问对方的态度。

因此可以看出，一句话的含义不仅取决于其字面意思，还取决于它的弦外之音。语音表达方式的变化，尤其是语调的变化，可以使字面相同的一句话具有完全不同的含义。在谈判中，也需要结合对方的性格特点、谈判风格来综合判断对方所表达的含义。

（二）身体语言沟通

身体语言既包括先天性的身体的特征，也包括后天训练或者展现的，如发型、服饰、身体动作和身体姿态等。本部分将常用的身体语言分为肢体语言、面部表情、形象语言 3 种类型。

1. 肢体语言

肢体语言包括人们的躯体、四肢动作、姿势、身体和物体之间的触摸等具有传递信息功能的动作语言。对各种肢体语言做细致的分析，就能理解身体动作语言这种沟通形式的复杂现象。掌握不同的肢体语言表达的含义是谈判能够顺利进行的重要保证。

（1）身体姿势。走路的姿势、站立的姿势、就座的姿势都是身体姿势的一部分，这些姿势在谈判中都能够传达信息。男士站姿一般要求抬头挺胸，双脚大约与肩膀同宽站立，重心自然落于脚中间，肩膀放松；女士则宜丁字步站立，保持腰背挺直。坐姿方面，以大方得体为基本原则。坐得太直，会让人感觉僵硬不配合；坐得太松弛，又会让人觉得不被重视而显失礼。

（2）头部动作：人们在沟通的过程中，常注视对方的眼睛，因此头部的一举一动都非常容易被关注。头部动作所表达的含义十分细腻，需结合不同的语境，根据头部动作的程度对头部动作信息进行判断。

① 低头。低头的含义较多，一般表示谦恭、臣服、认错、顺从，或害羞，另外还有深表谢意的意思。若对方面露微笑上半身前倾并低头，这是一个表达友好的动作。如果头低得较深，那么甚至表现出了类似鞠躬的谦恭。但若是压低下巴低头则意味着否定、审慎，甚至是具有攻击性的态度。通常情况下，在谈判中若对方低着头，这时往往会形成批判性的意见。

② 仰头。仰头可以传达的信息较多，需要根据其他非语言符号综合理解其含义。一般仰头可以代表比较激昂的情绪，如自信、激越、悲愤、不服气等。在谈判中若是对谈话内容持中立态度时，往往会做出微微抬头的动作。通常，随着谈判的继续，这个姿势会一直保持并附加偶尔地轻轻点头。用手触摸脸颊时也常伴随着抬头的姿势，这是许多人在认真思考时的无意识动作。如果把头部高高昂起，同时下巴向外突出，让自己的视线处于更高的水平，显示出了强势、无畏或者傲慢的态度。

③ 点头。点头常常能传达出友好的态度，是一种优雅的社交语言。在对方说话的时候轻轻点头，一般表示理解、认可、赞同、肯定，频频点头示意容易引起对方沟通的兴趣。同时点头的动作也具有回答的效果，一般表示“我正在听你说话”或“请继续说”。对方接收到“对方明白我的方案”或“对方接受我的说法”的信息后，会觉得受到赞同或欣赏，有助于谈判双方达成一致意见。点头的频率能够显示出聆听者的耐心程度，接收方所理解的意思也会有所差异。例如，在聆听对方讲话的时候，人们缓慢地点头表示对内容感兴趣，或者认为言论很有道理。所以在谈判中对方陈述自己的观点时，应该向对方缓缓地点，表现出认真倾听和思考的态度。而频繁急速地点头，则可能会让对方认为你不耐烦，或者想催促对方马上结束自己的发言。

④ 摇头。摇头一般表示拒绝、否定、不可以、不行。在一些特定背景下，轻微地摇头还有沉思和暗示的含义。有时人们也会用摇头来表示无奈或者无能为力。摇头的速度和幅度也传达了不同的心理信息。如果左右移动的次数比较少并且动作很慢，则说明正在考虑对方的做法或说法，只是心里还有疑虑；如果头部左右晃动的速度特别快，则说明对对方的看法极其反对，绝对不会妥协。

（3）手部动作。手是身体动作中最重要、最容易被关注的部分，手部动作在非语言沟通中的作用巨大。人们常以不同的手部动作，配合自己的语言，以求更加有效地传递所表述的含义。手部动作一般被分为两大类：功能性手势和辅助性手势。

① 功能性手势：一般用来指示事物的方位或描述事物的形状。比如工作人员用手指向文件，向客户说“具体售后事宜在这本宣传册上有详细的介绍”，手指向身边的高楼对问路的人说“就在这里”或者用手比画某物的形状大小。

② 辅助性手势：人们自觉或不自觉配合自己的语言表达、喜怒哀乐所使用的手势。比如当说话者激动时，手臂不由自主地快速摆动，强调正说着的话。又如在演讲时使用适当的手部动作配合语言，用来表达说话者喜、怒、哀、乐的强烈情感，使之形象化、典型化。

手掌方向：谈判时观察对方手掌的活动是判别对方是否诚实的有效途径之一。常见的掌语有掌心向上和掌心向下两种。前者表示诚实、谦逊和屈从，不带任何威胁性；后者则是压制、指示的表示，带有强制性，容易使人们产生抵触情绪。通常情况下，敞开手掌象征着坦率、真挚和诚恳。当有所隐瞒时则往往双臂交叉，不露手掌或将双手插在兜内。

摩擦双手：一般表现出了有所期待的心理。正如成语“摩拳擦掌”就形容跃跃欲试的心态，表示人们对某一事情结局的一种急切期待的心情。有时，人们做搓手动作有时也表明情绪紧张，需要摩擦双掌来缓和紧张的情绪。若双手摩擦的同时还伴以俯视、踱步等则表示陷入思考。

背手姿势：不同的背手姿势表现出了人们的不同状态，可能是极度自信的表现也可能是极度紧张的表现。当手握手的背手，常代表了至高无上、自信甚至狂妄的态度。当一个人极度紧张不安时，也常常会背手，以缓和这种紧张情绪。当人们心绪不宁，处于被动状态的时候常用一手握住另一手的腕、肘、臂并背手，表示沮丧不安并竭力自行控制。握的部位越高，沮丧的程度也越高。

用手抱头：若是将双手交叉，十指合拢抱在脑后，是一种暗示所有权的手势，表明当事者对某地某物的所有权，是体现权威和优越感或对某事抱有信心时的一种非常典型的高傲动作。但若是单手或双手撑于头侧并俯视则表示沉思、沮丧或懊恼。若双眼凝视，单手或双手支撑着头或握拳支撑在太阳穴部位则是人们惯有的一种思考时的动作。

手指动作：手指的各种变化动作也常有通俗的含义。大拇指常常用于积极的动作，如大拇指朝上表达了对他人的赞赏，但用大拇指指向他人则是嘲弄和藐视的信号；当分开食指和中指做成 V 字形并将手掌朝向他人时，意味着“胜利”，但若手背朝向他人则意味着藐视；手指紧握，伸出食指呈指点状，表示挑衅、教训、镇压，一般带有很大威胁性；用手做梳子捋发表现出当事人对某事感到棘手，或内心不安而以此掩饰；十指尖相触撑起呈塔尖式，表示自信或耐心，而如果再伴之以身体后仰，则会显得高傲；十指交叉表示当事人可能出现了敌对和紧张情绪，试图控制沮丧心情的外露。

手腕动作：若在谈话过程中特别亮出手腕，一般是在表达自身的优势，如“铁腕人物”这样的词语就是人们对腕部力量信服的体现。若在谈判过程中，挽袖亮出腕部是一种力量的展示，显示出了积极的态度。

手臂动作：双臂交叉抱于胸前，常表现出戒备、防御和敌意的姿态；双臂自然下垂，双手插袋插裤袋表示孤傲自居或冷漠；双臂展开则表示热情和友好。

以上是常见的手部动作所传达的信息，需要注意的是手势并没有固定的模式。因为个人的习惯、讲话的具体情况、沟通双方的情绪等都会影响手部动作的展现。谈判双方采用何种手势，都要因人、因情、因事、因境而异。

肩膀动作：人们在受到惊吓时，会紧张得保持一定时间的耸肩动作。在西方人的沟通中运用较多的一般是轻松地耸耸肩膀，摊开双手，表示一种无奈或不理解。

腿部动作：常因不易观察而被忽视，人们也不会特别注意自己的腿部动作，以至于可以通过观察更直观地揭示对方的心理。如抖腿常代表了自身心情放松愉悦，但在正式场合是一种失礼的表现；交叉跷腿的坐姿（俗称“二郎腿”），常伴以消极的手势，会展现出紧张、缄默和防御态度；两腿分开，相距肩宽，挺胸抬头目光平视对方，则说明对交谈内容有兴趣、有信心；双腿合拢，上身微前俯，头微低目视对方，则表示谦恭有礼，愿意听取对方的意见。

身体接触：沟通双方通过身体某一部位的接触来传递某种沟通信息，握手、拍肩膀、拥抱等都是典型的身体接触。握手是商务交往中最常见的礼仪，握手时的手部力量、姿势和时间长短均能传递不同的信息。另外，身体与物体的接触也能传达信息，如在谈判过程中转动手中的笔会传递出漫不经心、毫不在乎的态度。常见的还有摘下眼镜，伴以揉眼或者擦拭镜片的动作，传达出了当事人感到疲劳或者厌倦的状态。身体的哪些部位可以触及，哪些部位是触摸的禁忌区，不同的文化也都有一些约定俗成的习惯。

知识链接

不同的握手方式

1. 支配性与谦恭性握手

当握手时手心向下，会传递给对方支配性的态度。掌心向上与人握手，会传递一种顺从的态度，愿意接受对方支配，展现出自己的谦虚恭敬。若两个人都想处于支配地位，握手则是一场象征性的竞争。双方的手掌都处于平直状态则表现出了对等，同事、朋友、社会地位相等的人之间往往会出现这种形式的握手。

2. “无力”式握手

一方几乎将他的手掌全部交给另一方任其摆握。这种方式握手时，我们常常接到一只软弱无力的手，这种握手使人感到对方无意交流，受到冷落，交谈结果将会十分消极。

4. 手扣手式握手

手扣手式握手在西方亦被称为“政治家的握手”。这种方式是右手握住对方的右手，再用左手握住对方的手背，双手夹握。接受者能够感受到热情真挚，诚实可靠。但若在初次见面时使用此种握手方式，也可能会起到相反的效果。

6. 轻握指尖式握手

不是亲切地握住对方整个手掌，而是轻轻地握住对方的 4 个指尖。这种方式是与女性握手时使用，保持与对方的距离以示尊重。

7. 拽臂式握手

这种方式是将对方的手拉过来与自己相握，因此被称为“拽臂式”，主动但身份低于对方的人多用此式，但可能会给人以不舒服的感受。

8. 双握式握手

右手与对方握手，左手伸出加握对方的腕、肘、上臂、肩等部位，部位越往上，越显得诚挚友好，肩部最为强烈。用这种方式握手的人是想向对方传递真挚友好的情感。比如老朋友见面拍拍胸脯则表示一种亲切、热情和关心。领导对下属拍肩膀表示关心、鼓励和信任，是关系融洽的一种体现。

2. 面部表情

面部表情语言，即通过五官（包括眼、嘴、舌、鼻、脸等）的动作形态传递信息。美国学者巴克经过研究发现，仅仅是人的面部，就能做出大约 25 万种不同的表情。在谈判过程中，沟通双方最易被观察的“区域”莫过于面部。人的情绪变化以及性格特征等信息，会从一些习惯性的表情和稍纵即逝的微表情中展现出来。微表情往往只持续 0.04 秒，需要细心观察才能从表情动作中洞察到他人内心的真实情绪和动机。

眉毛：眉毛的动作可以传递问候、惊讶、恐惧等信息。眉毛还和眼睛一起构成仪表的重要部分，表现了主人的心情。比如“眉飞色舞”“扬眉吐气”“眉开眼笑”都表现出心情很好的状态，“横眉冷对”则说明威严且愤怒，“双眉紧锁”则表明了苦恼。

眼睛：暴露人们心灵秘密的首先是眼睛瞳孔的变化，眼睛形态及变化可以反映出其内心世界的喜怒哀乐和喜恶。在沟通过程中，自信、主动的人往往凝视着对方，被动、缺乏自信的人会躲避他人的目光。良好的眼神交流并不意味着一直盯着对方的眼睛，一些沟通专家推荐持续 4 ~ 5 秒的眼神交流。

眼部最主要的作用是注视，注视分为 3 类：公务注视、社交注视、亲密注视。公务注视的注视区间范围一般是以两眼为底线，以前额上部为顶点所连接成的三角区域。注视这一部位能造成严肃认真、居高临下、压住对方的效果，在商务谈判中采用，有助于掌握谈话的主动权和控制权。社交注视的范围是以两眼为上限，以下颚为顶点所连接成的倒三角区域，是人们在普通的社交场合中常采用的注视区间。注视这一区域容易形成平等感，因此在谈判前的会面、茶话会、舞会、酒会以及其他一般社交场合使用。注视谈话者这一区域，会让对方轻松自然，双方能比较自由地将自己的观点、见解发表出来。另外，在谈判过程中，倾听时注视对方，表示对谈话内容比较关注。若作为发言的人则不宜再迎合对方目光，直到说完最后一句话时，才将目光移到倾听者眼睛上。这传递了一种询问和暗示“你认为我说得对吗”，或者暗示倾听者发言。

鼻：尽管鼻子在沟通中较少使用，但也会泄露个人的真实感情。比如说谎的时候，会不自觉摸鼻子；不满的时候，会在鼻子里发出哼哼的声音；愤怒的时候，鼻孔会轻微张大，鼻翼甚至会翕动；紧张的时候，鼻尖会发红，甚至微微流汗。

嘴部：嘴的表情通常是由口型变化来体现的。比如开心微笑时嘴角上翘，生气或不屑时嘴往下撇，忍耐时紧咬下唇，惊讶时张大嘴巴，气急时嘴唇发抖等。嘴部是展现微笑最直接的部位，真诚的微笑能够在对方心中产生轻松愉悦和可信的感觉。如果只是停留在表面的微笑，可能会给人留下做作的印象，甚至会弄巧成拙。微笑的培养可以先从面对镜子开始，回忆一些令人愉快的事，然后得体地让这种感受呈现在自己的脸上，仔细观察自己的微笑动作，对着镜子多次练习让自己习惯嘴型微笑的幅度。当然，更要注重内心活动的酝酿，直到能够辨认出真诚的微笑，才算达到培养微笑的目的。

脸部表情：脸部表情是情绪的真实写照，集合五官全部的喜怒哀乐都会表现在脸上。笑容是脸部所有器官与脸色本身组合使用而形成的，是人类独有的表情。若脸部肌肉放松说明心情也很轻松，而脸色阴沉则是遇到了烦恼。与此相反，当人们悲伤、沮丧、绝望、愤怒或紧张的时候，会有嘴角下垂的表情。

3. 形象语言

谈判人员自身不仅是作为沟通的对象出现的，更是作为他人的审美对象出现的，展现出来的形象在信息的传递中起着至关重要的作用。一般情况下，发型、化妆、服饰都是形象语言沟通的重要组成部分。

发型：以干净整洁、美观大方为宜。在商务谈判场合，尤其需要注重发型的正式性，不要使用少见的颜色、夸张的发饰等。

化妆：在商务谈判中，适宜着淡妆，突出自身优点，修饰缺点。

服饰：服饰的搭配遵循正式商务场合的原则即可，保持服装的整洁平整、色彩协调、配套齐全、饰品搭配适宜。着装需要符合自身的年龄、职业和身份，必要的时候，整个商务谈判团队还可以统一着装颜色和风格。

（三）环境语言沟通

所有沟通的信息和情感的交互都必然发生在特定的环境中，环境是沟通必备的要素，包括时间环境和空间环境。

1. 时间环境

不同沟通时间的安排，反映出沟通主体对于沟通事项及对象的态度。在谈判的时间选择上，要避免连续紧张高强度的工作；避免休息日后的第一天早上，因为大部分人难以进入工作状态；避免在身心处于低潮时进行谈判，尤其是异地谈判一定要预留充分的修整时间再进行。据研究 16:00—18:00 是人一天在心理上、肉体上最疲劳的时候，思考力减弱，容易焦躁不安，谈判效率较低，因此要避免在 16:00 点之后才开始谈判。

2. 空间环境

人们在交谈中，相处距离的远近，常常表示了一定的人际关系。空间环境在非语言沟通中指沟通者之间的空间距离，包括位置、距离和朝向 3 个方面。人们在交际中有 4 种空间距离：亲密距离、私人距离、社交距离、公众距离。

亲密距离：不超过 46 厘米的距离称为亲密距离，在这个距离可以随意触摸对方或交流重要信息，一般是恋人、夫妻、父母子女、至爱亲朋之间的交往距离。亲密距离的近位距离在 0 ~ 15 厘米，是一个亲密无间的距离空间，可彼此肌肤相触，能够直接感受到对方的体温和气息。远位距离在 15 ~ 46 厘米，是一个可以肩并肩、手挽手的空间，在公众场所不允许一般人进入这个空间。

私人距离：一般在 46 ~ 122 厘米，这是一个更有“分寸感”的交往空间。这是人们与朋友或熟人在进行非正式的个人交谈时常保持的距离。同样分为近位距离和原位距离，近位距离在 46 ~ 76 厘米，谈话双方会有一种亲切感，双方可以亲切握手，一般在酒会的交际中比较常见；远位距离在 76 ~ 122 厘米，在此距离内双方都把手伸直并有可能相互触及，这一距离有较大的开放性，亲密朋友、熟人可随意进入这一区域。

社交距离：一般在 1.22 ~ 4 米，是一种体现了较正式的人际关系、社交性的空间距离，适用于面试、社交性聚会和访谈等非个人事件。社交距离的近位距离在 1.22 ~ 2.13 米，是商务谈判中常用到的距离，领导对部属谈话，布置任务听取汇报等一般保持这个距离。社交距离的远位距离在 2.13 ~ 4 米，正式社交场合如商业活动、国事活动等常采用这一距离以体现交往的正式性和庄重性。

公众距离：4 米以上的距离都被称为公众距离，这是人际接触领域观念中最大距离，是一切人都可以自由进入的空间。公众距离通常被用在公共演讲中，这种距离上的沟通更正式，同时人们互相影响的机会极少。公共距离的近位距离在 4～8 米，通常是小型活动的讲话人与听众之间的距离；8 米之外的称为远位距离，是大型报告会、听证会、文艺演出时报告人、演讲者、演员与听众、观众之间应当保持的距离，以便增强权威感和安全感。

四、非语言沟通的要点

1. 非语言信号的处理

人们可以通过多种方式交流信息，眼神接触、手势、姿势、身体动作和语调这些信号都能传达重要的信息。在商务谈判的过程中，这些信息并不是用文字表达出来的，需要谈判人员密切关注他人的行为，分析总结经验提高自身的非语言交流能力。

2. 关注不一致的行为

研究表明，当言语不能与非语言信号相匹配时，人们倾向忽略已经说过的内容，转而专注于非语言信号对情绪、思想和情绪的无言表达。因此，在商务谈判时，对方的肢体语言似乎暗示了别的东西时，就需要额外注意那些微妙的非语言暗示。

3. 沟通语气的变化

语气可以传达大量的信息，从热情到冷漠到愤怒。商务谈判中要注意自身的语调如何影响别人的反应，并试着用语调来强调自身想表达的内容。例如，当想对某事表现出真正的兴趣，可以用一种激动的语气表达热情。

4. 询问非语言信号

尽管大家对非语言符号有相似的理解，但因人的性格和表达不同，如果对他人的非语言信号感到困惑，可以直接询问理清含义。较常用的方式是重复说过的话和需要澄清的解释，如“您刚刚说的是……”，这样简单一问就能让情况变得明朗。

5. 观察整体的信号

一个人的整体的非语言符号信息远比一个单独的符号更能准确地传达信息。一个手势可以表示任意数量的东西，甚至可能是什么都没有。准确地阅读非语言行为的关键是寻找一组信号来强化共同点。同时，还需要考虑沟通的情况和背景。有些商务谈判需要更正式的行为，在评判对方传达的非语言符号含义和自身表达时还需要考虑非语言行为是否适合语境。如果想提高自己的非语言沟通能力使其更能传达出自身真实的想法，应努力将非语言信号与情境相匹配，以确保传达出真正想要传达的信息。

【项目小结】

本项目阐述了商务谈判的语言沟通、陈述、提问、应答、说服、探测、非语言沟通等方面的概念及技巧。通过本项目的学习，学生应全面了解商务谈判中沟通的技巧类型，理解沟通技巧的作用，掌握语言沟通和非语言沟通的概念、特征和功能，掌握提高自身谈判沟通技巧的方法，能够在商务谈判活动中正确使用陈述、提问、应答、说服、探测等相关技巧。

【谈判实训】

实训内容 16-1：王先生负责一家软件开发公司的战略发展。近年来，公司决定收购有前景的软件战略，代替以往的自主开发战略。王先生把目标瞄准了一家小型的新起步公司，该公司开发出一种新型软件，能够让职业妇女用办公室的电脑控制家中的厨房用具。公司总裁让王先生继续进行项目，但是，公司研发部的负责人却不怎么热心，他不断质疑该产品的商业存活力。在公开场合，他阐述的理由是产品的市场不够大，不足以验证成本和付出是否合理，但这个项目获得研发部门的赞同和支持是非常重要的。

依据案例背景，为王先生设计一个与研发部门有效沟通的方案，并针对方案进行交流和讨论。

实训目的：通过制作相关案例 PPT 并演讲，增强对商务谈判沟通技巧的认知。

实训对象：全体上课学生。

实训步骤：

1. 全体学生分成若干个小组进行方案设计。
2. 制作时间为 10 分钟左右的 PPT。
3. 上台阐述自己的 PPT。
4. 集体讨论。
5. 教师点评。

参考文献

[1] 赵洪立，陈景山，何平和. 商务谈判[M]. 南京：南京大学出版社，2011.

[2] 龚荒. 商务谈判与沟通：理论、技巧、案例[M]. 北京：人民邮电出版社，2018.

[3] 程春英，李娟. 商务谈判[M]. 北京：清华大学出版社，2018.

[4] 徐斌，工军旗. 商务谈判实务[M]. 北京：中国人民大学出版社，2016.

[5] 陈文汉. 商务谈判实务[M]. 2 版. 北京：清华大学出版社，2018.

[6] 杜海玲，许彩霞. 商务谈判实务[M]. 3 版. 北京：清华大学出版社，2019.

[7] 徐建华，罗阿玲.现代商务礼仪教程[M]. 北京：科学出版社，2016.